数字货币原理与实验

王小燕 主编
刘炳男 卢 桥 田小丹 副主编

清华大学出版社
北京

内容简介

本书紧密结合社会发展的前沿技术,阐述了数字货币的起源、基本理论、发展历程和数字货币的发行与流通的技术基础,列举了国内外的主流数字货币,特别是中国中央银行数字货币的演进和推广,介绍了数字货币的主要应用场景,强调了数字货币的监管工作。本书共分10章,包括货币的基础理论、数字货币概述、数字货币的技术基础、主流的私人数字货币、私人数字货币的发行与流通、中央银行数字货币、我国的中央银行数字货币、数字货币的应用案例、数字货币监管、数字人民币综合实验等内容。本书注重理论与实践相结合,技术与政策相支撑,运用图表生动讲解,内容丰富,重点突出,帮助读者全面了解数字货币相关专业知识,引领读者深入数字货币的运作流程及不同的应用场景,洞悉数字货币的区块链本质,逻辑清晰,适读性强。

本书可作为高等院校相关课程的教材或教学参考书,也可供从事区块链、数字货币领域的工作人员阅读。

本书配有丰富的教学资源(包括教学课件、实验工具和习题答案),可扫描前言二维码获取。

本书封面贴有清华大学出版社防伪标签,无标签者不得销售。
版权所有,侵权必究。举报:010-62782989,beiqinquan@tup.tsinghua.edu.cn。

图书在版编目(CIP)数据

数字货币原理与实验 / 王小燕主编. —北京:清华大学出版社,2023.1
ISBN 978-7-302-62053-2

Ⅰ. ①数… Ⅱ. ①王… Ⅲ. ①数字货币-研究 Ⅳ. ① F713.361.3

中国版本图书馆 CIP 数据核字 (2022) 第 193004 号

责任编辑:	高 屾
封面设计:	周晓亮
版式设计:	方加青
责任校对:	马遥遥
责任印制:	宋 林

出版发行:清华大学出版社
网　　址:http://www.tup.com.cn,http://www.wqbook.com
地　　址:北京清华大学学研大厦 A 座　　邮　编:100084
社 总 机:010-83470000　　邮　购:010-62786544
投稿与读者服务:010-62776969,c-service@tup.tsinghua.edu.cn
质 量 反 馈:010-62772015,zhiliang@tup.tsinghua.edu.cn

印 装 者:大厂回族自治县彩虹印刷有限公司
经　　销:全国新华书店
开　　本:185mm×260mm　　印 张:20.25　　字　数:468 千字
版　　次:2023 年 2 月第 1 版　　印　次:2023 年 2 月第 1 次印刷
定　　价:79.00 元

——————————————————————————————————

产品编号:095675-01

前 言

当前，科技正在以前所未有的方式重塑货币和支付系统。

回顾历史，货币的形态从最早的贝壳、石头到贵金属，再到纸币，其不断发展的背后，一方面是技术的进步，另一方面是信用制度的变革。人类社会经历了由个人信用(商品货币)到企业货币(如银行货币)，再到国家信用(法定纸币)的过程。区块链技术的迅速发展，进一步催化了数字金融和资产交易，不难预料，从货币演化的角度来看，未来货币或可演进至基于社会共识信用(consensus)的"数字货币"。

1996 年，美国学者尼葛洛庞帝在其出版的《数字化生存》一书中提出，以"比特"为存在物的数字化时代已经到来。2008 年 11 月，一位化名"中本聪"的学者首次提出了比特币的概念，并在 2009 年 1 月由其本人挖出了第一批的 50 个比特币。因为比特币所应用的区块链底层技术具有匿名性、去中心化、可追溯性、不可篡改等特征，使得随后在区块链技术上形成的加密数字货币受到世界各国广泛的关注。

随着以大数据、云计算、物联网、区块链、人工智能、5G 通信等新兴技术为主的数字化革命在全球上演，数字化、在线化、智能化成为未来社会发展趋势，数字货币正在和一个国家的金融体系、金融战略紧密结合在一起。2019 年 6 月，Facebook 宣布推出天秤币 Libra，其目标是要建立一套简单的、全球流通的货币和为数十亿人服务的金融基础设施，这对主权货币提出了挑战，在一定程度上推动了各国中央银行对数字货币的研发与实践，建设数字货币核心技术和领先监管成为重要竞争领域。根据国际清算银行 BIS 的调查报告，在 65 个国家经济体的中央银行中，大约有 86% 的国家已经开展了对数字货币的研究，正在进行实验或者概念验证的中央银行比例从 2019 年的 42% 增加到 2021 年的 60%。目前，全球数字货币呈现出三种明显的趋势：一是以美国为代表的国家或地区，将美元与区块链结合，以稳定币的方式形成一种新型的美元形态；二是中国、欧盟等国家和地区，由中央银行直接推出数字货币；三是瑞典、新加坡等国家，通过交易市场推动多种数字货币在本国发挥作用，并且渗透到越来越多不同的传统金融服务领域。

大多数国家中央银行数字货币(central bank digital currency，简称 CBDC)的实验都是基于区块链技术开展的，主要有两种 CBDC：一种是仅限于金融机构、主要用于银行间交易和金融结算的批发型 CBDC；另一种是公民和企业直接持有、作为数字现金的零售型 CBDC。其中，大多数零售型 CBDC 项目主要关注国内问题和使用案例。支付和市场基础设施委员会 (CPMI) 2020 年对 CBDC 的调查显示：中央银行发行 CBDC 的主要动机是发展普惠金融和提高国内支付效率与安全性，坚守货币政策立场和维持金融稳定。目前，CBDC 被许多中央银行视为改善跨境支付的机会。

我国中央银行从 2014 年开始研究数字人民币 DC/EP，目前正在从理论研究走向现实应用，其必要性、可行性和安全性正在接受市场检验。中国人民银行已经在深圳市、苏州市、雄安新区、成都市、上海市、海南省、长沙市、西安市、青岛市、大连市、天津市、重庆市、广州市、福州市、厦门市和杭州市 16 个省、市和地区及 2022 年北京冬奥会场景开展了三轮数字人民币试点，基本涵盖了长三角、珠三角、京津冀、中部、西部、东北、西北等不同地区。截至 2021 年 12 月 31 日，数字人民币试点场景已超过 808.51 万个，累计开立个人钱包 2.61 亿个，交易金额 875.65 亿元，覆盖零售交易、生活缴费、政务服务等多个场景。

数字货币正在进入民众生活，如何正确认识数字货币和数字货币的技术应用，以及数字货币会对社会经济发展产生哪些影响等，这些问题都值得我们思索。与此同时，随着研发、测试、推广的持续推进，金融机构对数字货币人才的需求变得迫切。不仅需要从事数字货币及相关底层平台的软硬件系统的架构设计和开发工作的技术人员，还需要战略管理类和产品类人员，如数字人民币清算管理、运营管理、个人钱包管理等人员。目前，由于国内高校针对数字货币的教学刚刚起步，对数字货币教材的建设变得非常迫切。鉴于此，我们在查阅大量相关文献资料的基础上，通过对国内外现有数字货币发展状况及研究成果的梳理，构建了关于数字货币的理论框架。同时，通过对国内外中央银行的数字货币实践项目的介绍和大量数字货币应用场景与案例剖析，希望使学习者领悟到数字货币在未来全球数字经济竞争中的核心作用。为了更好地理解数字人民币，本书还特别设计了实验环节，完整展示了数字人民币的生成、发行、兑换、支付、流通、追踪等多个环节。可以看到，人民币数字化、可编程化后，可以定制使用场景，可以追踪其支付流程，可以监控其支付行为。同时，智能合约与数字人民币的结合能让企业间的业务行为更加智能化、规范化等。

本书配有丰富的教学资源（包括教学课件、实验工具和习题答案），读者可扫描右侧二维码获取。

教学资源

本书得到以下项目的资助：
- 2021 年广东省本科高校教学质量与教学改革工程项目：数字金融虚拟仿真联合实验室（粤教高函〔2021〕29 号）
- 广东金融学院 2021 年"冲补强——特色高校提升计划"项目：国家级学科教学平台条件支撑建设（高水平学科教学成果培育）

本书能够顺利完成，还要特别感谢谢添德老师完成移动支付技术部分的撰写，北京知链科技有限公司产研经理刘富潮参与实验部分的撰写。在写作过程中，本书参考和借鉴了相关领域专家、学者的理论和著作，在此向他们致以诚挚的感谢！本书得到了清华大学出版社编辑的精心指导，在此致以衷心的感谢；同时，非常感谢参与本书资料收集工作的研究生孙越、高凤、伊童同学。

由于作者水平有限，书中的疏漏和不足甚至错误都在所难免，希望广大读者多提宝贵意见，以便日后充实和完善。

王小燕
2022 年 12 月

目 录

第 1 章 货币的基础理论 ………………………………………………………… 1
  1.1 货币的定义 …………………………………………………………… 2
  1.2 货币的基本特征 ……………………………………………………… 3
  1.3 货币的基本职能 ……………………………………………………… 3
  1.4 货币的演进 …………………………………………………………… 5
  1.5 货币制度 ……………………………………………………………… 8
  1.6 货币供应量 …………………………………………………………… 12

第 2 章 数字货币概述 …………………………………………………………… 15
  2.1 数字货币的产生及其必然性 ………………………………………… 16
  2.2 数字货币的内涵与特性 ……………………………………………… 18
  2.3 数字货币的类型 ……………………………………………………… 21
  2.4 数字货币与电子货币、虚拟货币的比较 …………………………… 24

第 3 章 数字货币的技术基础 …………………………………………………… 30
  3.1 密码学技术 …………………………………………………………… 31
  3.2 区块链技术 …………………………………………………………… 38
  3.3 移动支付技术 ………………………………………………………… 52

第 4 章 主流的私人数字货币 …………………………………………………… 75
  4.1 私人数字货币概述 …………………………………………………… 76
  4.2 比特币 ………………………………………………………………… 76
  4.3 天秤币 Libra ………………………………………………………… 90
  4.4 其他主流私人数字货币 ……………………………………………… 96

第 5 章 私人数字货币的发行与流通 …………………………………………… 99
  5.1 私人数字货币的发行 ………………………………………………… 99
  5.2 私人数字货币的流通 ………………………………………………… 110

第 6 章　中央银行数字货币···116

- 6.1 中央银行数字货币概述···117
- 6.2 中央银行数字货币的定义与内涵·································120
- 6.3 中央银行数字货币的优势··121
- 6.4 中央银行数字货币的类型··122
- 6.5 中央银行数字货币的设计··124
- 6.6 中央银行数字货币的发行与流通模式··························130
- 6.7 国外典型的中央银行数字货币实践······························133

第 7 章　我国的中央银行数字货币·······································138

- 7.1 我国的中央银行数字货币的探索实践··························139
- 7.2 数字人民币的特征··143
- 7.3 数字人民币的研发必要性··144
- 7.4 数字人民币的设计框架···145
- 7.5 数字人民币系统的运行框架······································157
- 7.6 数字人民币系统的顶层设计······································157
- 7.7 数字人民币与微信、支付宝的比较····························165
- 7.8 数字人民币的试点推进···167

第 8 章　数字货币的应用案例··173

- 8.1 数字货币的应用场景概况··173
- 8.2 大额支付结算的应用案例··175
- 8.3 零售支付的应用案例···183
- 8.4 跨境支付的应用案例···186

第 9 章　数字货币监管··198

- 9.1 数字货币面临的主要风险··198
- 9.2 数字货币的监管意义···203
- 9.3 数字货币的监管模式···205
- 9.4 数字货币的监管实践···210

第 10 章　数字人民币综合实验··215

- 10.1 实验概述··215
- 10.2 中国人民银行生成数字货币实验······························218
- 10.3 中国人民银行发行数字货币实验······························234
- 10.4 开通数字货币钱包··247
- 10.5 向商业银行兑换数字货币···263
- 10.6 定制数字货币追踪方法···273

10.7 关联存管账户 ·· 278
10.8 筹资人/投资人完成合同签订 ··· 285
10.9 投资双方签署智能合约 ·· 289
10.10 支付数字货币 ·· 294
10.11 更新智能合约状态 ·· 304
10.12 公司工商变更 ·· 307

参考文献 ··· 311

第 1 章
货币的基础理论

在历史的进程中，货币随着经济发展和技术进步而变迁，货币在形态上经历从实物货币、金属货币、纸币、电子货币到数字货币的演化，并使货币内涵不再囿于"金银天然不是货币，但货币天然是金银"的货币金属论[①]，延展到信用货币、高流动性金融资产等更广义的货币层次。如果说纸币实现了信用货币从具体物品到抽象符号的第一次飞跃，那么建立在区块链技术基础上的数字货币实现了信用货币由纸质形态向无纸化方向发展的第二次飞跃。数字货币并没有改变货币背后的信用背书，仅改变了货币的存在形式。本章介绍了货币的定义、货币的基本特征、货币的基本职能、货币的演进，以及货币制度、货币供应量等内容。

学习目标

1. 了解货币的定义与基本特征。
2. 理解货币的基本职能。
3. 了解货币形态的演进历史。
4. 掌握货币供应量的层次分类。

---

① "金银天然不是货币，但货币天然是金银"这句话是马克思说的，金银贵金属在商品交换发展的初期只是很普通的商品，参与物物交换，所以说"金银天然不是货币"；随着商品交换发展到以一般等价物为媒介的阶段时，人们在实践中觉得在许多曾充当一般等价物的商品中金银自身所具有的体积小、价值大、便于携带和保存、容易分割、不易磨损等特点使其最适合充当一般等价物，当金银固定充当一般等价物时，货币就产生了，即能充当货币的最适合的是金银，即"货币天然是金银"。

知识结构图

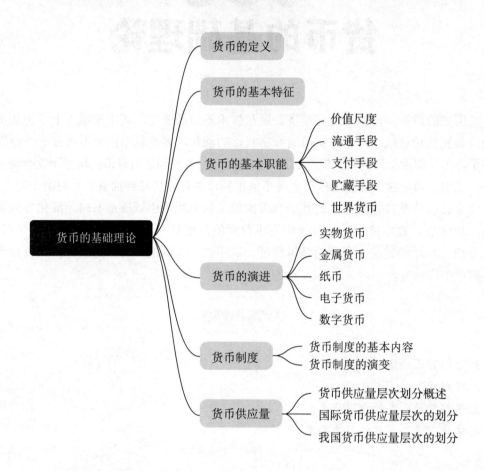

1.1 货币的定义

为了解决人类最初简单的物物交换难题而产生的货币，可以说在人类社会漫长的商品经济活动发展中承担了举足轻重的角色。

马克思从劳动价值学说的角度将货币定义为"从商品世界中分离出来的固定地充当一般等价物的特殊商品，它体现了商品生产者之间的社会生产关系"。其中，一般等价物是指一些商品本身具有价值，可以用自身价值去衡量其他一切商品的价值。例如金银，人们可以用金银去买羊、买土地、买斧头、买衣服等，说明金银可以衡量这些东西的价值，因此金银可以充当一般等价物。社会生产关系是指货币作为交易的媒介，不仅体现了商品生产者之间的社会关系，也体现了商品不同的所有权。

货币在经济学中的定义是"人们普遍接受的用于支付商品劳务和清偿债务的物品"。现代西方经济学家弗雷德里克·S. 米什金 (Frederic S. Mishkin) 将货币定义为"在产品和服务支付及债务偿还中被普遍接受的东西"。如在过去人们借了东西后，会选择用一定数量的谷物来进行偿还，如果人们普遍接受用谷物作为偿还物品，那么谷物就可以当作货币。如支票可以作为购买行为的支付物，支票账户存款同样可以被看作货币。

货币与财富、收入有一定的区别。财富是指用于价值储藏的各项财产的总和，它不仅包括货币，还包括债券、普通股、艺术品、土地、家具、汽车和房屋等。收入是指在单位时间段内收益的流量，而货币是存量概念，是某一特定时点上的一个具体的金额数量。

1.2　货币的基本特征

货币在充当一般等价物时，具有以下两个基本特征。

(1) 货币能够表现一切商品的价值。在长期商品交换中，货币从商品世界中分离出来，商品可以划分成两类：一类是可以作为一般等价物的特殊商品，一类是除特殊商品之外的其他一切商品。货币本身就要有价值(如黄金、白银货币)，或者要有价值作为它的支撑或者基础(如纸币、信用货币由国家信誉和国家权力使其具备价值，成为一般等价物)。

(2) 货币具有与所有商品直接交换的能力。货币的交换能力是超越使用价值特殊性限制的，具有直接的交换性质。货币作为一般等价物，在实际交换中，双方对其交换能力达成既定的共识，并不存在对其使用价值特殊性的认识差异。

1.3　货币的基本职能

货币作为商品经济不可或缺的要素，很早就进入学者们思考和研究的范畴。学者们在思考什么是货币的同时，也在思考货币到底在商品经济中履行着什么样的职能。所谓货币职能，是指货币在商品经济中所起的作用，是货币本质的具体体现。马克思认为货币的基本职能主要包括价值尺度、流通手段、支付手段、贮藏手段和世界货币5种，之后西方经济学家对货币职能的认识也基本在这个框架内。

1.3.1　价值尺度

货币的价值尺度是指货币衡量和表现商品价值量大小的职能，它是货币最基本、最重要的职能。

如同衡量长度的尺子本身有长度、称东西的砝码本身有重量一样，衡量商品价值的货币本身也是商品，也需要有价值。商品的价值都是人类劳动的凝结，价值量由物化在该商品内的社会必要劳动量决定。不同的商品在量上之所以可以进行比较是因为它们有相同的质。商品的价值是看不见、摸不到的，需要通过另外一种商品来表现。

货币出现以后，一切商品的价值都可以用货币来表现，它是商品内在价值尺度即劳动时间的必然表现形式。货币作为价值尺度，就是把各种商品的价值表现为一定的货币量，以表示各种商品的价值在质的方面相同，在量的方面可进行比较。执行价值尺度职能时，不需要现实的货币，只需要观念上的货币即可。如1辆自行车价值1克黄金，只要贴上标签就可以，在人们作价值估量时，黄金直接地表现商品的价值，直接地执行价值尺度职能。

而纸币在执行价值尺度职能时是间接的，纸币的出现代表着货币本身价值与实际交易价值发生了分离。传统的观点认为纸币没有价值，它不是以其自身的价值量来衡量商品的价值的，而是以它所代替的金属货币来衡量商品的价值大小，当然，纸币究竟代替多少金属货币，必须以实际流通中所需要的货币量来决定。因此，我们说纸币间接地执行价值尺度职能。

1.3.2　流通手段

货币的流通手段是指货币充当商品交换媒介的职能，即货币可以用来购买产品或服务。货币的价值尺度职能是其作为流通手段职能的前提，流通手段职能是价值尺度职能的进一步发展。

货币流通是以商品流通为基础的，是商品流通的表现。在进行商品交换时，商品出售者把商品转化为货币，然后用货币购买其他商品。商品经过一定的流通后，必然会离开流通领域最终进入消费领域。但货币与商品不同，它始终在流通领域，不断地从购买者转移到出卖者的过程中实现货币流通。

货币作为流通手段，需要有与商品量匹配的一定数量的货币。在一定时期内，商品流通需要的货币量与商品价格总额成正比，与货币流通速度成反比，可用下列公式表示：

$$流通中所需的货币量 = 商品价格总额 / 同一单位货币的平均流通次数$$

可以看到，商品价格总额越大，流通中需要的货币量就越多；商品价格总额越小，流通中需要的货币量就越少。货币的流通速度越快，流通中需要的货币量就越少；货币的流通速度越慢，流通中需要的货币量就越多。由于货币可以多次流通，因此流通中所需要的货币量可能会大大小于商品价格总额，这就是货币流通规律。

1.3.3　支付手段

货币的支付手段是指货币作为独立的价值形式进行单方面运动时所执行的职能，如清偿债务、缴纳税款、支付工资和租金等。

货币作为支付手段是为了适应商品生产和商品交换发展的需要。由于各种商品生产时间和销售时间上的不同，某些商品生产者在自己的商品还没有生产出来或还没有销售出去之前，需要向其他商品生产者赊购商品，赊购使得商品的让渡与价格的实现在时间上产生了分离，按约定日期清偿债务时，货币执行的就是支付手段的职能。货币被当作支付手段使用时，买者和卖者之间不再是简单的买卖关系，而是形成了一种债权债务关系。其表现为：货币作为价值尺度计量所卖商品的价格；货币作为购买手段使商品从卖者转移到买者时，没有货币同时从买者转移到卖者。

货币作为支付手段，一方面，可以减少流通中所需的货币量，促进商品流通的发展；另一方面，会扩大商品经济的矛盾，因为在赊买赊卖的情况下，许多商品生产者之间都形成了债权债务关系，如果有的到期不能支付，就会引起连锁反应，使整个信用关系遭到破坏。如某人在规定期限内没有卖掉自己的商品，他就不能按时偿债，支付链条上某一环节的中断可能会引发货币信用危机。

1.3.4 贮藏手段

货币的贮藏手段是指货币退出流通领域，充当独立的价值形式和社会财富的一般代表而储存起来的一种职能。

货币作为贮藏手段是随着商品生产和商品流通的发展而不断发展的。在商品流通初期，有人会把多余的产品换成货币存起来，这是一种朴素的货币贮藏形式，如贮藏金银被看成是富裕的表现。随着商品生产的连续进行，生产者需要不断买入生产资料和生活资料，但由于生产商品和卖出商品需要花费一定的时间，为了实现不断地买入，就必须将之前卖出商品获得的货币贮藏起来，这就是商品生产者的货币贮藏。再随着商品流通的扩展，货币的权力日益扩大，一切东西都可以用货币来买卖。谁拥有的货币越多，谁的权力也就越大，贮藏货币的欲望开始变得强烈，这是一种社会权力的货币贮藏。

作为贮藏手段，货币发挥着蓄水池的作用，可以自发地调节货币的流通量。当市场上商品流通量缩小而流通中的货币过多时，一部分货币就会退出流通被贮藏起来；当市场上商品流通量扩大而对货币产生的需求量增加时，一部分贮藏货币又会重新进入流通领域。

1.3.5 世界货币

世界货币是指货币在世界市场上执行一般等价物的职能，它表现为国际支付手段、购买手段和财富转移手段。

由于国际贸易的产生和发展，货币流通超出了一国范围，开始在世界市场上发挥作用，于是货币就有了世界货币的职能。作为世界货币，必须是足值的金和银，原来在各国国内发挥作用的铸币及纸币等在世界市场上都将失去作用。

1.4 货币的演进

在数千年货币的演进过程中，充当货币的材料种类繁多、形态各异。从历史上看，货币主要经历了从实物货币到金属货币、从金属货币到纸币，从纸币到电子货币、从电子货币到数字货币4次大的革命与飞跃。

1.4.1 实物货币

实物货币属于货币发展的第一阶段。实物货币，也称为商品货币，它是以自然界存在的某种物品或人们生产的某种物品充当货币。充当货币的物品一般都是能被大家共同认可的、普遍接受的、能充当商品交换媒介的某一物品。在人类历史上，有许多种类不同的物品曾充当过货币，如在古代人们使用布帛、贝壳、牲畜等实物作为货币。

但实物货币的不足之处在于：①不易携带，如将牛作为货币时，会因牛的体积太大带来交易的不便；②价值量不稳定，如牛会因变肥变瘦的波动导致价值量不稳定；③价值不易均分，如牛的身体有值钱的部位和不值钱的部位，如何合理分割是个难题。

1.4.2 金属货币

金属货币是指以金、银、铜等贵金属作为商品货币来充当交易的媒介。商品经济的进一步发展促使货币由实物形态过渡到了金属形态,特别是金、银、铜等贵金属由于能很好地解决实物货币存在的不足,人们逐渐用它们取代实物货币,如我国古代出现的古铜币有刀币、布币、环钱等。

但金属货币的不足之处有以下几点。①价值量不稳定。金属货币在长时间的使用和流通过程中,有可能因被磨损导致价值量发生改变。②供给数量有限。金属货币天然储存量有限,同时又受到开采、冶炼铸造水平的限制,而经济的发展对货币的需求量又具有无限性,致使两者形成不可调和的矛盾。

1.4.3 纸币

由于金属货币不易携带,便出现了用于兑换金属货币的纸质货币,如中国古代的银票、飞钱,17世纪西方私人银行发行的银行券等都是早期纸币的雏形。现代经济社会中流通的纸币是代替金属货币进行流通、由国家发行并强制流通和使用的货币符号,与贵金属完全脱钩,不再直接代表任何贵金属的信用货币。目前世界上较为重要的纸币有美元、欧元、人民币、日元和英镑等。

纸币制作成本低,易于保管、携带和运输,还可避免铸币在流通中的磨损。但与金、银等贵金属不同,纸币自身并没有价值。纸币本质上是一种信用货币,人们在商品交换中之所以接受纸币是基于发行方的信用,以建立在整个国家可交换的社会财富基础上的国家信用作为担保的信用货币被称为法定货币,如人民币就是我国的法定货币。为使一个国家的货币总量与其财富规模保持基本对应,就必须将货币总量控制权收到国家层面统一掌控。

受第一次世界大战和第二次世界大战的影响,货币一度非常混乱。在认识到货币混乱会严重制约国际生产和贸易后,美国主导建立了布雷顿森林货币体系(Bretton Woods System)。新的国际货币体系实行双挂钩,即美元与黄金挂钩,其他货币与美元挂钩。但由于内在的特里芬难题[①],双挂钩不能长期维持。在经历了多次美元危机后,布雷顿森林体系于1976年解体,黄金与美元也正式脱钩。自此,纸币与贵金属挂钩的历史画上了句号,人类社会进入完全的纸币化时代。

纸币的不足之处有以下几点。①纸币自身价值低于它代表的价值,由于背后没有足额的金属货币作为保证,会存在一定的通货膨胀风险。②纸币只能执行货币的流通手段、支付手段的职能,部分国家的纸币还可以执行世界货币职能,如美元、欧元等。③纸币有一定的使用风险,使用过程中容易遗失、出现假币等。

---

① 特里芬难题是指在布雷顿森林体系下,作为国际货币的美元,其流动性和稳定性之间存在不可调和的矛盾。由于美元是国际货币,世界经济增长会带动世界对使用美元进行交易的需求增加,此时世界各国都需要美国发行更多的美元。对美国而言,增加美元的供给将给美元带来贬值压力,使美元与黄金的固定比价难以维持。如果美国为了稳定美元币值而减少美元供给,又会导致市面上的美元不足,进而导致美元的流动性降低,不利于世界经济的发展,也会导致美元作为国际货币的地位下降。

1.4.4 电子货币

电子货币是为适应人类进入互联网时代的需要产生的一种新兴的电子化货币,它是货币史上的一次重大变革。电子货币有狭义的电子货币和广义的电子货币之分。

1. 狭义的电子货币

欧洲中央银行在1998年发布的《电子货币报告》中将电子货币定义为:"电子化存储于技术设备中的货币价值,可被广泛应用于除发行者之外的其他方进行支付;并且电子货币作为一种无记名的预付工具,在交易中不需要与银行账户相关联"。

欧洲议会与理事会在2002年发布的《电子货币指令》中将电子货币定义为:"对发行者的债权所代表的货币价值,需要满足两个条件:一是存储在电子设备中;二是作为支付方式能够被除了发行者之外的其他方所接受。"该《电子货币指令》在2004年被欧盟国家转译为各国的法律并实施。

简单地讲,电子货币是将法定货币电子化后的一种流通形式,常以磁卡或账号的形式存储在金融信息系统内,主要以贮藏和支付为目的。电子货币本质上仍属于信用货币。

电子货币的出现是为了更加便捷地完成资金的转移,它最初是以银行借记卡的形式出现的。银行借记卡是一种通过计算机网络连接银行活期账户的接入设备,用户在使用借记卡时,对商家进行的是一种电子化支付方式,资金以电子支付的形式从消费者银行账户转移到商家的银行账户。电子货币支付要依赖于电子信息网络,所以只能在有电子货币网络终端设备的场所使用。电子货币不具有价值储藏职能,无法替代传统货币。如借记卡卡片本身并不能存储价值,只是用于识别用户账户身份。

狭义的电子货币要满足"能被除了发行者之外的其他方所接受"特点,我们生活中使用的电话卡、公交卡等储值卡不属于电子货币。

2. 广义的电子货币

巴塞尔银行监理委员会在1997年将电子货币定义为:"电子货币是指在零售支付机制中,通过销售终端、不同的电子设备之间,以及在公开网络上(如互联网)执行支付的储值和预付机制"。

国际清算银行在2004年将电子货币定义为:"记录消费者能够使用的资金或价值的储值或预付产品,这些产品储存在消费者持有的设备上"。该定义包括预付卡[①]及使用计算机网络的预付软件产品。

广义的电子货币是指在商品服务的电子化支付或在债务的电子化偿还过程中被普遍接受的一般等价物,即只要在交易过程中使用电子化支付方式来实现价值转移,那么被转移价值的载体就是电子货币,因此公交卡、超市卡等储值卡就属于电子货币。但与银行卡不同,储值卡既不需要身份识别,也不需要关联账户,卡片本身就代表了一定的价值。

目前,电子货币在流通、信用和法律监管等方面还存在着不足,具体如下。①电子货币的流通性问题。如果不同发行者发行的电子货币在实际的流通中无法通用,就不符合货币流通的统一性特点,这显然会影响电子货币的使用与发展;如果电子货币具有广泛的通用性,就会面临不同发行者之间的债权债务清算问题,一旦电子货币的发行者出

---

① 有时被称为电子钱包。

现违约或者破产，谁来负责承担电子货币所有者的损失是一个棘手的问题。②电子货币容易滋生信用风险。广义的电子货币发行主体可以是非银行机构，对发行人缺乏严格的资本管制，如发行储值卡的商家一旦出现信用风险，消费者的预付资金和办卡押金可能全部或部分不能得到追偿，货币的请求权将无法实现。③电子货币给反洗钱带来挑战。电子货币交易具有明显的数字化、匿名性等特点，这就为洗钱犯罪活动提供了便利，藏匿和转移赃款变得更容易，识别和发现洗钱变得更加困难。

1.4.5 数字货币

区块链技术的创新应用催生了以比特币为代表的各种私人数字货币的出现，随着数字货币在全球接受程度的不断提高和交易范围的日益扩大，也引起了各国中央银行对中央银行数字货币(Central Bank Digital Currency，CBDC)的广泛关注与探索。虽然目前国内外学者尚未对数字货币形成统一的定义，但在技术层面上基本形成共识，认为数字货币是基于区块链技术或分布式记账技术产生的一种新型的加密货币。

数字货币还会用到加密算法、智能合约等，因此在运行体系、运行方式上会与现有的电子货币存在不同。如私人数字货币与电子货币之间最大的不同在于没有类似于中央银行的"中央发行者"，它的发行数量是基于复杂的数学算法决定的。

以上可以看到，货币形态在按"实物货币、金属货币、纸币、电子货币、数字货币"这样一条由实物到虚拟的路径演进。货币形态发展变化的主要动因是人们在商品交换过程中对交换效率不断提升的要求，越是高级阶段的货币满足商品交换的效率就越高。由于世界各国经济发展程度的不同，同一时期不同国家货币发展程度也可能不一致，导致不同形态的货币会在同一时期并存。

1.5 货币制度

货币制度又称"币制"，是指国家以法律形式规定的货币流通、结构和组织形式。根据货币的不同特性，货币制度分为金属货币制度和不兑现的信用货币制度；依据货币制度作用的范围不同，货币制度包括国家货币制度、国际货币制度和区域性货币制度。

1.5.1 货币制度的基本内容

货币制度主要包括确定货币材料与货币单位、规定本位币与辅币的发行与流通、货币的发行准备等内容。

1. 确定货币材料与货币单位

货币材料是指一国规定货币用什么材料制成。确定货币材料是构成一国货币制度的基本要求，使用哪一种材料制作本位币是由客观经济条件及资源禀赋所决定的，并不是任意规定的。

货币单位是一国规定货币的名称。在金属货币条件下，需要确定货币单位名称和每一货币单位所包含的货币金属量，即货币单位由两方面构成。①货币的名称。目前世界上的货币名称有100多种，其中用元、镑、法郎作为货币名称的较多。根据统计，用

"元"作为货币名称的国家有 52 个,如中国的人民币元、美元、日元等;用"镑"作货币名称的国家有 12 个,如英镑、苏丹镑等;用"法郎"作货币名称的国家有 32 个,如法国法郎、瑞士法郎、马里法郎等。②单位货币的价值。在 1973 年以前,各国通过规定单位货币含金量来表示该货币的价值;1973 年以后,各国相继取消了货币含金量。

2. 规定本位币和辅币

1) 本位币

本位币是"本位货币"的简称,又被称为"主币""无限法偿货币",是一个国家货币制度规定的基本通货和法定的计价、结算货币。

在金属货币制度下,本位币是用货币金属按照国家规定的货币单位铸成的货币,因而是足值货币。金属货币制度下的本位币有三个特点:①本位币是足值货币,即本位币的实际价值(金属价值)和名义价值(面值)是相等的。②国家允许每个公民自由地向国家铸币厂提供货币金属,请求政府代为铸造本位货币。③本位币在支付上具有无限法偿能力。按法律规定,在商品劳务交易支付中和债务清偿上,债权人不得拒绝接受。

2) 辅币

辅币是"辅助货币"的简称,是指本位币单位以下的小额货币,供日常零星交易或找零之用。辅币多由铜、镍及其合金等贱金属铸造,有些辅币是纸制的。

在金属货币流通条件下,辅币有三个特点:①辅币属于非足值货币,辅币的名义价值大于实际价值。②辅币一般是有限法偿性的。辅币与主币可自由兑换,辅币在使用上有一定限制,超过一定的数量,债权人可以拒绝接受。但不少国家规定辅币和主币一样具有无限清偿的能力,我国采取了这种做法。③辅币不能自由铸造,只准国家铸造,辅币收入为国家所有,它是财政收入的重要来源。

3. 对货币法定支付偿还能力的规定

对货币法定支付偿还能力,是指通过法律对货币的支付偿还能力做出规定,即规定货币是无限法偿还是有限法偿。其中,无限法偿是指无论支付数额多大,无论属于任何形式的支付,对方都不能拒绝接受;有限法偿是指在一次支付中若超过规定的数额,收款人有权拒收。本位币一般都具有无限法偿能力,有限法偿主要是针对辅币而言的。

4. 规定货币铸造发行流通程序

在金属货币流通条件下,辅币都是国家铸造发行的,但本位币即金属货币基本上实行自由铸造。信用货币出现以后,各国逐渐通过法律把银行券的发行权收归中央银行。

5. 货币发行准备制度的规定

货币发行准备制度的规定是指中央银行在货币发行时以某几种形式的资产作为其发行货币的准备,从而使货币的发行与某种金属或某几种资产建立起联系和制约关系。

1.5.2 货币制度的演变

我们可以根据不同的本位货币材料来区分不同的货币制度,在货币制度发展史上曾存在 4 种不同的货币制度,依次为银本位制、金银复本位制、金本位制和纸币本位制。

1. 银本位制

银本位制是历史上最早出现的,也是实施时间最长的一种货币制度。它是以白银为货币金属,以银币为本位币的一种货币制度。但银本位制最大的缺点是白银价值不稳定。

银本位制在1816年开始逐渐被金本位制所代替。因为随着资本主义经济的发展,商品交易规模日益扩大、大宗商品交易日益增多,用白银这种价值相对较低的货币进行支付会有诸多不便,如交易商参与一笔大宗交易时需携带大量的白银,在交通不发达、信用制度比较落后的条件下,携带大量白银既不方便、也不安全。

2. 金银复本位制

在金银复本位制下,法律规定金银两种贵金属都是铸造本位币的材料。金币和银币可同时流通,都可以自由铸造,具有无限法偿性。

金银复本位制经历了平行本位制、双本位制和跛行本位制三种形式。

1) 平行本位制

平行本位制,即金币和银币是按照它们所包含的金银实际价值进行流通的,金币和银币按市场比价进行交换。例如,英国1663年铸造的金基尼和原来流通的银先令并用,两者按它们所含有的生金、生银的市场比价进行交换。

平行本位制的缺陷是显而易见的,因为在金银复本位制下,商品具有货币表示的双重价格,金银市场比价波动必然引起商品双重价格比例波动,商品交易中遇到很多麻烦。

2) 双本位制

双本位制是国家以法律形式规定金银两种货币的固定比价,并要求按法定比价进行流通的货币制度。

双本位制虽然克服了平行本位制下"双重价格"的缺陷,但是由于违背了价值规律,又产生了"劣币驱逐良币"的现象。在双本位制下,官方的金银比价与市场上金银的比价平行并存,官方比价弹性小,市场比价弹性大,当市场比价发生变化而官方比价没有及时调整时,就会引起金币和银币的实际价值与名义价值相背离,从而使实际价值高于名义价值的货币被收藏、熔化,退出流通领域,而实际价值低于名义价值的货币充斥市场,市场上实际只有一种货币在流通。

例:金银的法定比价为1:15,市场比价为1:16,可以判断金币是良币,银币是劣币,银币(劣币)驱逐金币(良币)的过程如图1-1所示,按如此循环一周便可得到1元银币的利润。这一规律的发现告诉我们一个国家在同一时期内只能流通一种货币。

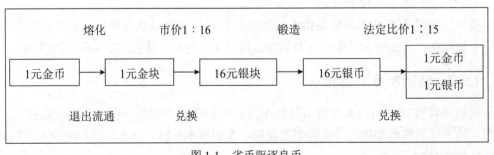

图1-1 劣币驱逐良币

3) 跛行本位制

为了克服复本位制下"劣币驱逐良币"的现象,许多国家实行了跛行本位制。所谓跛行本位制,即规定金币和银币都为本位币,都具有无限法偿能力,金币和银币按法定比价流通和兑换;但同时规定金币可以自由铸造,而银币不能自由铸造。

这种货币制度中的银币实际上已成为了辅币,两种货币的地位不平等,所以叫跛行本位制。跛行本位制是由复本位制向金本位制过渡的一种形式。

3. 金本位制

金本位制是指以黄金作为本位币的货币制度。金本位制主要有金币本位制、金块本位制和金汇兑本位制三种形式。

1) 金币本位制

金币本位制是以黄金为货币金属的一种典型的金本位制。金币本位制是一种相对稳定的货币制度,它的相对稳定性主要表现在两个方面:一是在实行金本位制的国家内,货币数量适当;二是在实行金本位制的国家内,其货币的对外汇率相对稳定。

金币本位制的主要特征是:①金币可以自由铸造、自由熔化;②金币可以自由流通;③一切价值符号可以自由兑换为金币,如辅币和银行券。

2) 金块本位制

金块本位制是指由中央银行发行、以金块为准备的纸币流通的货币制度。

当商品经济发展速度大大超过贵金属产量增长速度的情况下,金属铸币不能满足商品流通和支付的需要,于是出现了银行券和纸币。金块本位制与金币本位制的区别在于:其一,金块本位制以纸币或银行券作为流通货币,不再铸造、流通金币,但规定纸币或银行券的含金量,纸币或银行券可以兑换为黄金;其二,规定政府集中黄金储备,允许居民当持有本位币的含金量达到一定数额后兑换金块。

实行金块本位制可以节省黄金的使用,减少了对黄金的发行准备量的要求,暂时缓解了黄金短缺与商品经济发展之间的矛盾,但并没从根本上解决问题。

3) 金汇兑本位制

金汇兑本位制,又称虚金本位制,是指以银行券为流通货币,通过外汇间接兑换黄金的货币制度。

金汇兑本位制与金块本位制的相同之处在于规定货币单位的含金量,国内流通银行券,无铸币流通,但规定银行券可以换取外汇,不能兑换黄金。

实行金汇兑本位制的国家对外贸易和财政金融必然会受到与它相联系的国家的控制,所以金汇兑本位制实质上是一种附庸的货币制度,一般为殖民地和附属国所采用。第一次世界大战之前,殖民地国家如印度、菲律宾等实行这种制度。第一次世界大战以后,法国、意大利、奥地利、中国、波兰等都实行这种制度。第二次世界大战结束前夕,在美国的新罕布什尔州布雷顿森林召开的国际货币会议上确立的布雷顿森林体系,实际上是一种全球范围的金汇兑本位制度。这一体系规定"各国货币与美元挂钩,美元与黄金挂钩"以美元为中心的货币制度,把各国货币都变成了美国货币的依附货币。直到1973年,由于美国宣布美元与黄金脱钩,金汇兑本位制才正式停止。

4. 纸币本位制

纸币只有名义价值没有实际价值，它由国家垄断发行，发行权集中于中央银行或政府指定的发行银行。纸币本位制又称为信用本位制，是指一个国家的本位货币使用纸币而不与黄金发生任何联系的一种货币制度。

纸币本位制下，世界各国不再把金、银作为本位币，纸币成为独立的本位币。纸币本位制的主要特点是：①纸币的发行不受黄金储备的限制，其发行量取决于实现货币政策的需要；②纸币的价值决定于它的购买力，纸币的购买力与发行量成反比，与商品供应量成正比；③纸币的流通完全决定于纸币发行者的信用；④政府通过法律手段保证纸币具有一定的强制接收性。

对纸币制度自实行之日起就存在着不同的争论。赞同纸币本位制的人则认为，在当今的经济社会中，货币供应量的变化对经济的影响十分广泛，政府通过改变货币供应量以实现预定的经济目标，已经成为经济政策的不可或缺的组成部分。而主张恢复金本位的人认为只有使货币能兑换为金，才能从物质基础上限制政府的草率行为，促使政府谨慎行事。

1.6 货币供应量

货币供应量是指一国在某一时期内为社会经济运转服务的货币存量，它由包括中央银行在内的金融机构供应的存款货币和现金货币两部分构成。由于货币在现代经济中扮演着极其重要的角色，所以对货币供应量划分层次是具有现实意义的。

1.6.1 货币供应量层次划分概述

货币供应量层次是指各国中央银行在确定货币供给的统计口径时，以金融资产流动性的大小作为标准，并根据自身政策目的的特点和需要，划分货币层次。

货币供应量可以按照货币流动性的强弱划分为不同的层次。所谓流动性，是指一种资产随时可以变为现金或商品，而对持款人又不带来任何损失。货币的流动性程度不同，在流通中的周转次数就不同，形成的货币购买力及其对整个社会经济活动的影响也不一样。

现金被认为是流动性最强的资产，随时都可以直接作为流通手段和支付手段进入流通过程，从而引起市场供求关系的变化。商业银行的活期存款，由于可以随时支取、随时签发支票而进入流通，因此其流动性也很强，也是影响市场供求变化的重要因素。居民和企业的储蓄存款、定期存款虽然也会形成购买力，但必须转换为现金或活期存款，或提前支取才能进入市场购买商品，其流动性相对较差，它们对市场的影响不如现金和活期存款直接与迅速，因此被认为是流动性较低的货币。

对货币供应量划分层次是世界各国的普遍做法，按流动性标准划分货币供应量的层次，对中央银行而言，有两个方面的意义：一方面，有利于为中央银行的宏观金融决策提供一个清晰的货币供应结构图，有助于掌握不同的货币运行态势，并据此采取不同的措施进行调控；另一方面，通过对各层次货币供应量变动的观察，有助于中央银行掌握经济活动的状况并预测分析变化趋势。

1.6.2 国际货币供应量层次的划分

各个国家的金融资产的种类不同，货币层次的内容也不相同。国际上采用的是国际货币基金组织划分方法。根据货币资产流动性强弱、变现能力大小，国际货币基金组织一般把货币分为 M0、M1、M2 三个层次：

M0= 流通于银行体系之外的现金

M1=M0+ 活期存款 (包括来源于银行的私人活期存款)

M2=M1+ 储蓄存款 + 定期存款 + 政府债券

其中，层次越靠前，流动性越强；层次越往后，流动性越弱。第一层次的货币供给量 (M0)，现金是流通中最活跃的货币，它构成了对消费品的直接需求，是反映消费品市场当期供求状况的一个重要指标。第二层次的货币供应量 (M1)，它构成对消费品和投资品的直接需求，是反映消费品和投资品市场当期供求状况的一个重要指标。第三层次的货币供应量 (M2)，它反映了一定时期的社会总需求。

1.6.3 我国货币供应量层次的划分

我国现行货币统计制度将货币供应量划分为流通中的现金 (M0)、狭义货币供应量 (M1) 和广义货币供应量 (M2) 三个层次。

- 流通中的现金 (M0)，是指单位库存现金和居民手持现金之和，即 "M0= 流通中的现金"。其中，"单位" 是指银行体系以外的企业、机关、团体、部队、学校等单位。
- 狭义货币供应量 (M1)，是指 M0 加上单位在银行的可开支票进行支付的活期存款，即 "M1=M0+ 单位在银行的可开支票进行支付的活期存款"。
- 广义货币供应量 (M2)，是指 M1 加上城乡居民个人在银行的各项储蓄存款和单位在银行的定期存款及证券公司的客户保证金，即 "M2=M1+ 准货币 (定期存款 + 居民储蓄存款 + 其他存款)"。

在以上三个层次的货币供应量中，M0 是流动性最强的货币。我国之所以将现金单独划为第一层次是出于管理和控制的需要，因为与发达国家相比，现金在交易中所占比重较大、影响范围较广，单独对其进行监测有特殊意义。M1 反映社会现实购买力，流动性仅次于 M0。M2 不仅反映社会现实的购买力，还反映社会潜在的购买力，体现了社会总需求的变化。若 M1 增速较快，则消费和终端市场活跃；若 M2 增速较快，则投资和中间市场活跃。

本章小结

1. 马克思从劳动价值学说的角度将货币定义为 "货币是从商品世界中分离出来的固定地充当一般等价物的特殊商品，它体现了商品生产者之间的社会生产关系"。货币的基本职能主要包括价值尺度、流通手段、支付手段、贮藏手段和世界货币 5 种。

2. 在货币数千年的演进过程中，货币在形态上主要经历了从实物货币到金属货币、从金属货币到纸币、从纸币到电子货币,从电子货币到数字货币 4 次大的革命与飞跃。

3. 货币供应量可以按照货币流动性的强弱划分为不同的层次。我国现行货币统计制度将货币供应量划分为流通中的现金 M0、狭义货币供应量 M1 和广义货币供应量 M2 三个层次。

复习思考题

1. 钱、货币、通货、现金是一回事吗?银行卡是货币吗?
2. 货币种种形态的演进有何内在的规律?流通了几千年的金属货币被纸币和存款货币所取代,为什么是历史必然?
3. M0、M1、M2 分别代表什么?
4. 你认为货币最终会消亡吗?请说说你的理由。

第 2 章 数字货币概述

数字货币从字面上是由"数字"和"货币"组成的复合词,它既要满足货币的属性、具有货币的基本职能,又是一种应用数字化技术以数字形式存在的加密货币。数字货币具有的不可重复交易性、匿名性、加密性、不可逆性等特性使其能更好地适应数字经济社会发展的需要。为了全面理解数字货币,本章主要介绍数字货币的内涵与特性、数字货币的类型,以及数字货币与电子货币、虚拟货币的区别等。

学习目标

1. 理解数字货币的内涵与特性。
2. 了解数字货币的类型。
3. 了解"货币树"的基本内容。
4. 理解数字货币与虚拟货币、电子货币的差异。

知识结构图

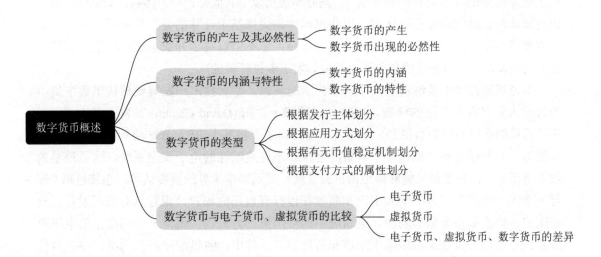

2.1 数字货币的产生及其必然性

2.1.1 数字货币的产生

数字货币是数字经济发展到一定阶段的必然结果，数字货币是在密码学不断演进的基础上发展起来的。基于货币的开放性和安全性要求，数字货币需要做到既开放又安全，才能被大众所接受。

在 1976 年之前，数字货币并不能同时满足开放性和安全性，因为当时还处在对称密码阶段，加密解密共用一个密钥，如何在开放系统中大规模地分发密钥的同时保证足够的安全性，是对称密码体系难以解决的问题。

1976 年，迪菲和赫尔曼 (Diffie and Hellman) 发表了题为《密码学的新方向》的论文，他们提出了一种完全不同于对称密码体系的新思路。二人将原来对称密码体系下的一把钥匙一分为二，其中一个是加密的密钥，用来加密信息；另一个是解密的密钥，用来从密文中恢复信息。因用来加密与解密的密钥不同，该思想被称为非对称密码体系。其中，用来加密的密钥称为公钥 (public key)，它可公开；用来解密的密钥称为私钥 (private key)，它由个人负责，不公开。公钥和私钥具有以下特点：一是私钥可推导出公钥，而公钥很难推出私钥；二是私钥持有人可应用私钥发出的信息签名，任何获得信息的人都可应用公钥对签名进行验证。

1977 年，美国麻省理工学院的罗纳德·李维斯特 (Ron Rivest)、阿迪·萨莫尔 (Adi Shamir) 和伦纳德·阿德曼 (Leonard Adleman) 三位学者联合发表了《获得数字签名和公钥密码系统的方法》的论文，他们构造了基于因子分解难度的签名机制和公钥加密机制，这就是著名的 RSA 非对称加密算法[①]。同时期还出现了其他公钥密码体制，如厄格玛尔公钥密码体制、椭圆曲线密码体制，这些密码体制同样基于计算的复杂性问题。可以说非对称密码体制的出现是密码学的一次重大革命，它不但解决了开放系统中密钥大规模分发的问题，而且可以加密信息并可以对信息发送者进行验证。

加密解密技术主要解决了数字货币流通的问题。签名技术的发展则解决了数字货币的发行人和持有人身份的问题。1982 年，戴维·乔姆 (David Chaum) 发表了题为《用于不可追踪的支付系统的盲签名》的论文，他提出了一种基于 RSA 算法的新密码协议——盲签名，并利用盲签名构建一个具备匿名性和不可追踪性的电子现金系统，这是最早的数字货币理论，也是最早能够落地的试验系统，得到了学术界的高度认可，系统包括"银行—个人—商家"三方，个人用户和商家在银行有自己的账户，银行具有货币发行、验证账户、修改账户余额等功能，是系统中的可信第三方机构。戴维·乔姆提出的电子现金系统有两项关键技术，即随机配序和盲化签名。其中，随机配序产生的唯一序列号保证数字现金的唯一性；盲化签名确保银行对该匿名数字现金的信用背书。

戴维·乔姆的理论及其研发的电子现金 (E-cash) 激发了研究者们对数字货币的兴趣。

---

① RSA 加密算法是最常用的非对称加密算法，由罗纳德·李维斯特 (Ron Rivest)、阿迪·萨莫尔 (Adi Shamir) 和伦纳德·阿德曼 (Leonard Adleman) 于 1977 年共同提出，RSA 就是他们三人姓氏开头字母拼在一起组成的。

经过近 40 年的发展，数字货币已经在戴维·乔姆的基础上融合了包括群盲签名、公平交易、离线交易、货币的可分割性等在内的新概念。在 2008 年之前，大部分数字货币都是基于电子现金的中心化架构，同时缺乏国家信用的支撑，一旦中央服务器崩溃或者发行组织出现问题，发行的数字货币就面临信用破产，因此在此阶段大部分对数字货币的尝试都以失败告终。2008 年，一位化名中本聪 (Satoshi Nakamoto) 的学者发表了一篇《比特币：一种点对点的电子现金系统》的论文，提出了一种全新的支付思路，即建立完全通过点对点技术实现的两方模式的电子现金系统，他将戴维·乔姆构建的"银行—个人—商家"三方模式的货币模型[①]变为去中心化的点对点交易模式，提出了一套"基于密码学原理而非信用，使得任何达成一致的双方能够直接进行支付，不需要第三方中介参与"的电子支付系统。

比特币的出现使去中心化的数字货币得以大规模试验，数字货币技术开始了新的飞跃，人们将运用的前沿技术称为区块链技术。随后，以太坊对智能合约的创新性应用更是将区块链深入到资产数字化、客户识别等领域。自此，数字货币领域的创新已然成风，世界各国也开始努力开发中央银行数字货币，探索各种数字货币的使用场景。

2.1.2　数字货币出现的必然性

1. 满足人类交易便利性的需要

人类对交易便利性的要求与现行货币交易中不便性之间的矛盾是推动货币形式演变的主要动力。货币形式之所以演变的根本原因是为了满足交易便利性的需要，这也是数字货币产生的根本原因。数字货币是以去中心化为特征的区块链技术作为支撑，防伪性大大增强，同时使参与者的信息共享性大大增强。

2. 现代数字信息技术发展推动的结果

纵观人类货币形式发展的 4 个阶段，每一阶段货币形式的产生都与人类生产力的进步和科学技术的发展紧密相关。数字货币是第三次科技革命中的电子计算机与信息技术充分发展的产物，同时也是分布式网络技术的成熟与密码学理论发展的结果，特别是移动通信技术、区块链技术等为数字货币从概念到应用、从应用到推广提供了坚实的技术支撑。技术的进步促使货币交易的便利性与安全性不断提高，使数字货币的产生具有必然性和可行性。

3. 满足现代商业发展的需要

货币形态的演进与其同一时期的商业环境紧密相关。现代商业的发展趋势正在向全球化、网络化、智能化发展，有形的纸币越来越不能满足更加高效的、数字化的商业需求。因此，基于互联网、移动互联网支付系统的各类型数字货币应运而生。数字货币基于其技术优势，可实现价值所有权的实时转让、交易透明、交易可监管等优势，能满足现代商业跨行业、跨行政管辖、跨国家地域等复杂性需求，能更好地满足这一阶段商业环境对货币的需求。

---

① 银行是一个权威的中心化机构，个人与商家之间的交易必须依赖这个中心化机构才能完成。

2.2 数字货币的内涵与特性

2.2.1 数字货币的内涵

目前，无论是各国的金融机构、监管部门还是专家学者对数字货币 (digital currency) 的概念还没有形成统一的认识，根本原因是数字货币与货币的数字化进程紧密相关，正如国际货币基金组织 (IMF) 所言："由于数字货币的快速发展，数字货币的含义可能随着数字货币生态系统的发展而变化。当前数字货币仍处在发展早期，随着技术的不断创新，数字货币内涵也会不断演化和完善。

1. 专家学者的观点

目前，关于数字货币具有代表性的观点主要有以下 4 种：

(1) 数字货币是电子货币与实物现金的一体化。

(2) 数字货币是一种资产价值的数字化表现形式，发行人既可以是私人机构，也可以是货币当局。

(3) 数字货币是基于区块链技术和分布式记账技术的加密数字货币。

(4) 数字货币应从发行主体进行界定，只有各国中央银行发行的数字货币才是真正的数字货币。

2. 各国金融机构、金融监管机构的定义

欧洲中央银行 (European Central Bank) 是最早关注数字货币的。2012 年，它就明确指出"比特币属于数字虚拟货币"，并将虚拟货币定义为"一种由开发者发行和控制的，在特定虚拟社区中使用的不受监管的数字货币"。2015 年，欧洲中央银行又重新定义了数字货币，认为"数字货币是一种价值的数字表现形式，由非中央银行等发行，在特定情况下可充当货币的替代品"。

欧洲银行业管理局 (European Banking Authority) 认为，"数字货币是一种价值的数字化表示，它不由中央银行或政府当局发行，也不与法定货币挂钩，但因被公众所接受可以作为支付手段，能够以电子形式转移、存储或交易"。

国际货币基金组织 (International Monetary Fund) 认为，"数字货币是分布式账本中的计价单位，一种是数字货币本身具有内在价值，一种是存在于分布式账本之外的实体资产的数字化表现"。

反洗钱金融行动特别工作组 (Financial Action Task Force on Money Laundering) 认为，"数字货币是价值的数字表示，其可用于数字化交易，同时可作为交换媒介、记账单位或用于价值储存"。

国际清算银行 (Bank for International Settlements) 在 2015 年的研究报告中指出，"数字货币是基于分布式账本技术、采用去中介化支付机制的虚拟货币"，并认为数字货币属于广义的电子货币。之后，国际清算银行在 2017 年的报告中从货币的发行者、物理形态、发行范围、流通机制等 4 个属性，对中央银行的数字货币进行了定义。

从字面上理解，数字货币就是"数字"+"货币"的组合体，它既体现了货币的属性，也体现了数字特性，具体体现在以下 4 个方面。

(1) 数字货币仍属于货币。数字货币应满足货币的本质属性，货币的本质是商品和劳务价值量，价值尺度是货币的核心职能，要发挥货币的价值尺度职能，最基本的要求就是要保持数字货币币值相对稳定。同时，数字货币应具备流通和支付职能，可用它购买商品和服务。

(2) 数字货币是一种信用货币。信用货币从有形的纸币、硬币发展到无形的数字货币，其背后也有信用支撑。从价值支撑层面考虑，可以将数字货币分为私人数字货币和法定数字货币。法定数字货币以国家信用为价值支撑，能够有效发挥货币功能，稳定货币价值。私人数字货币的信用来源于数字货币发行方的信用，容易受到市场流动性、投资者的信心及各国政府监管的力度的影响，因此私人数字货币的价值起伏较大并且难以预测。

(3) 数字货币是以数字形式存在的货币。数字货币是一种非实物货币，是价值的数字表现形式。数字货币表现为代表一定价值量的数字化信息，它不以任何物理介质为载体，是"1"和"0"组成的计算机代码。

(4) 数字货币是一种应用数字化技术的加密货币。数字货币应用区块链技术、P2P网络、密码学、共识算法等数字技术可直接进行点对点的交易。现在关注的数字货币一般特指以密码学技术特征为基础的、含有多种隐藏信息的加密数字串，所以更多场合称之为加密货币 (cryptocurrencies) 或者密码学货币。

2.2.2 数字货币的特性

与其他货币形态相比，数字货币的特性主要有以下几种。

1. 不可重复交易性

数字货币拥有者不可将数字货币先后或同时支付给一个以上的用户，即防止数字货币重复支付，也被称为"双花问题"。基于代币形式的数字货币交易与现金交易类似，它可以在用户之间以独立匿名方式进行，无须中央银行的授权和记录。但不同的是，现金交易需要接收方验证货币的真假，而数字货币交易需要接收方验证数字货币是否已经被消费过，要避免重复支付现象的发生。为了防止交易的双重支付，传统的数字货币方案引入可信第三方检验每一笔交易，并在每一笔交易结束后，回收货币重新发行．这种方案使得整个系统完全依赖于可信第三方。比特币采用的解决方法是将这笔交易公开，让全网所有节点共同验证交易，从而代替第三方。

2. 匿名性

数字货币产生之初就是基于电子现金，所以它应具有现金的属性。其中，匿名性是现金的主要属性，它实现了对用户隐私的保护，因此数字货币应具有匿名性特点。目前，数字货币普遍应用区块链技术和密码学技术实现匿名性。数字货币是创设在独立的、点对点的网络系统上，其初始获得、交易均在虚拟网络中完成，没有机构对数字货币持有人的身份进行验证，因此确保了数字货币的交易历史过程与用途不可追踪。但与现金完全不能被追踪不同，建立在区块链上的数字货币可以设计为可控匿名，能够满足中央银行和金融机构对于合规性的要求。

去中心化数字货币匿名性对比如表2-1所示。

表 2-1 去中心化数字货币匿名性对比[①]

数字货币	方法	优点	缺点
比特币	区块链	具有匿名性	不具有不可链接性
门罗币	区块链；环签名；一次性随机地址；去中心化混合	实现不可链接性；无混合费用；混合不需要其他用户参与	存在与混合方案相同的由交易面额引发的问题
Zerocoin	区块链；零知识证明；货币转换	通过货币转换实现用户地址和交易的不可链接性	不能有效地拆分和组合；不隐匿交易金额
Zerocash	区块链；zk-SNARKs；货币转换	交易的验证效率高；匿名性强	产生证明的速度慢

3. 加密性

数字货币是一种加密货币。数字货币在制造和发行过程中,通过加密等多种安全技术手段保障货币不能被非法复制和伪造。数字货币之所以设计成加密货币主要考虑到两个方面。一是数据确权。目前互联网是完全公开透明的,我们在享受互联网带来便利的同时,也把各种行为数据无偿提供给了中心化的互联网机构,而这些互联网机构利用这些数据来从事营利性商业活动。二是隐私保护。我们在互联网上遗留的行为数据需要隐私保护,金融交易数据更需要加密保护。

4. 交易不可逆性

与数据库系统可以实现对数据的增加、删除、修改、查询等操作不同,数字货币系统只有增加和查询两种操作,这意味着数字货币系统中的任何一笔交易只有成功和失败两种状态。数字货币交易具有不可逆性,一旦出现交易错误,不能对交易数据进行撤销,只可以再增加一笔交易进行修正。

5. 可流通性

数字货币的不可重复交易性、匿名性、不可逆性等特点,能更好地解决支付信任问题。这些特性优化了流通手段职能,同时,还增强了由此派生的支付功能。

数字货币运行于区块链或分布式账本系统上,与法定的电子货币交易是账户之间数字的传输、特定账户上数字增减不同,数字货币交易基于账户或地址之间"1""0"计算机代码的交换和数据的交互。

6. 可编程性

区块链的可编程性使得人们可以编制智能合约,一旦双方或多方事先约定的条件达成,计算机将监督合约自动执行。可编程性使中央银行具有了对货币流向追踪的能力,从而更加精准执行货币政策、精准预测市场流动性。可编程性也能使金融交易实现自动化和实时清算,可降低金融机构后期结算业务成本,提升金融交易效率,提高资金周转速度,降低运营成本。

---

① 付烁. 数字货币的匿名性研究 [J]. 计算机学报,2019(5):1052.

2.3 数字货币的类型

2.3.1 根据发行主体划分

根据发行主体不同,数字货币分为法定数字货币和私人数字货币两类。

1. 法定数字货币

法定数字货币是指由中央银行发行,用国家主权信用背书的数字货币,属于中央银行主权信用货币。法定数字货币在本质上仍然是中央银行对公众发行的债务,形式上是一段加密数字,它具有内在价值的稳定性,具有法偿性,同时受到货币当局的监管。法定数字货币具有价值尺度、交换媒介、支付手段、贮藏手段等货币基本职能。

2. 私人数字货币

私人数字货币是由私人或机构发行,不具备法偿性和强制性等特征的数字货币。按照体系结构,可以将私人数字货币分为两类:一类是中心化数字货币,典型代表为戴维·乔姆的研发的 E-Cash;另一类是去中心化数字货币,典型代表为比特币。二类货币的主要区别在于是否存在中心节点控制货币的发行、流通等生命周期的各个环节。如比特币系统采用基于互联网的 P2P 网络架构,该网络具有去中心化、开放性的特点,任何用户都可以随时加入比特币网络中,参与货币的发行、流通,进行比特币的交易。私人数字货币没有锚定任何资产,它的价格容易波动,因此对它的价值目前还没有达成共识。由于私人数字货币具有较大的风险,在我国把它定性为虚拟商品,不具有法定货币的法律地位。

中央银行数字货币与私人数字货币在其发行机制、价值机制、存储与交易方式等方面有诸多的不同,如表 2-2 所示。

表 2-2 中央银行数字货币与私人数字货币比较

		中央银行数字货币	私人数字货币
发行机制	由中央银行发行	是,中心化	否,中心化或非中心化
	发行量	灵活	固定
	决定因素	货币政策目标	电脑程序、"挖矿"者
	原生形态	数字化	数字化
	发行成本	低	高
	受中央银行调节	是	否
	底层技术	区块链技术、密码学	区块链技术、密码学
价值机制	内在价值	有	无
	是否为中央银行负债	是	否
	价值尺度	是,替代纸币	否,地下数字货币
	交易媒介	是	小范围
	贮藏手段	是,有通胀风险	是,有波动风险和信用风险
存储与交易	存储方式	数字化	数字化
	交易方式	数字化	数字化

2.3.2 根据应用方式划分

目前市场上的数字货币种类较多,根据应用方式不同,可分为支付型数字货币、应用型数字货币和资产型数字货币三类。

1. 支付型数字货币

当特定人群接受某种数字货币用于支付、购买商品或服务时,该数字货币实际上承担了货币的交易媒介职能,就属于支付型数字货币。其中,比特币就属于典型的支付型数字货币,从它问世的第一天起,其开发者就希望它能代替传统货币成为一种新型货币,当前越来越多的商家也愿意接受比特币进行支付。

2. 应用型数字货币

应用型数字货币是由单一或特定的数字货币发行方发行,持有该类数字货币的用户可以使用或凭借该数字货币享受数字货币发行方或其关联方提供的特定服务,即该类数字货币为用户提供的是对于产品或者服务的访问权或使用权。如数字货币交易平台币安网 (Binance) 发行的加密货币币安币 (BNB),就是典型的应用型数字货币。币安币的所有者使用币安币可以抵扣在币安网平台上交易的手续费、获得相应的折扣,还可以在币安网平台上进行投票决定新上平台的数字货币的种类。如果有新发行的数字货币希望在币安网平台进行发行,新的数字货币发行方需要在市场中购买一定数量的币安币,用于在币安网平台上发行数字货币前的投票。币安币的抵扣、投票机制便是应用型数字货币典型的应用过程。

3. 资产型数字货币

资产型数字货币,也称为证券型数字货币,是由特定的发行方来发行、代表发行人所拥有的资产,包括但不限于股权、债权、房地产等资产。当持有者拥有资产型数字货币时,就相当于拥有了资产型数字货币所代表的发行人的权益或是底层资产的权益,此时资产型数字货币就与股票、债券或是金融衍生品等代表不同权益的投资产品相类似。

2.3.3 根据有无币值稳定机制划分

根据有无币值稳定机制,数字货币可分为无币值稳定机制数字货币和稳定币两类。

1. 无币值稳定机制数字货币

目前市场上有超过 2 000 种数字货币,很多数字货币没有与法定货币直接兑换的机制,其中比特币是典型的价格不稳定的数字货币。比特币的信任来源是公众的共识,它的价格通常取决于市场流动性、投资者的信心及各国政府监管的力度,这就造成了比特币价格起伏较大,由于比特币价格无涨幅和跌幅的限制,因而对价格难以预测。如 2010 年价值 30 美元的比萨饼被程序员用 1 万枚比特币价格换得,比特币价格约为 0.003 美元,但 2021 年比特币价格最高超过 68 000 美元,价格实现了 2000 万倍的增长。

2. 稳定数字货币

主流加密货币价格的高波动性为交易带来较大风险,交易成本高。因此对价格稳定的数字货币的需求得以凸显,这促使了稳定币的产生。稳定币的出现有助于数字货币服务于货币的根本目的,发挥价值尺度、流通手段、支付手段和贮藏手段的职能。

稳定币是指相对于目标价格(通常是美元)保持稳定价格的加密数字货币,通过流动性抵押品(如黄金或美元)或稳定算法机制,或者用其他的数字资产作为抵押品为数字货币价格提供计算基础。稳定币的稳定机制能够最大限度地降低稳定币与法定货币之间的兑换波动幅度。

2.3.4 根据支付方式的属性划分

在国际货币基金组织(IMF)发布的一份名为《数字货币的崛起》(*The Rise of Digital Money*)的研究报告中指出"随着支付宝、微信、Libra、M-Pesa、Paxos、稳定币、Swish、WeChat Pay、Zelle等越来越多新型数字货币的出现,数字货币对传统货币的冲击甚至取代已经成为可能"。在该报告中,IMF提供了一个"货币树"的概念框架,如图2-1所示,从支付方式的类型、价值、担保和技术等4个属性来分类新型的数字货币。

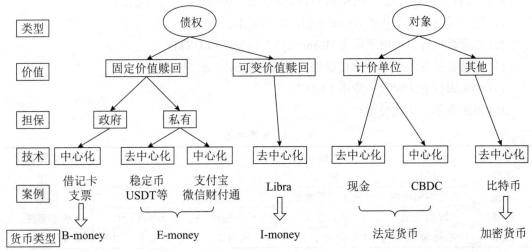

图2-1 IMF的"货币树"

1. 支付方式的类型

确定支付方式的第一个属性是"类型",即基于债权还是基于对象。如购买咖啡可选择现金或借记卡方式支付,如果选择使用现金方式支付,就属于基于对象的支付方式,只要交易双方认为现金有效就表示交易成功,无须信息交换;如果选择使用借记卡支付,就属于转移有价债权,刷卡就意味着发出了将银行资产从一方转移到另一方的指令。基于债权的支付简化了交易,不必携带现金,但需要复杂的基础架构。当前的大多数支付方式都是基于债权形式的。

2. 支付方式的价值

支付方式的第二个属性是"价值"。当支付方式的类型是债权时,面对的一个重要问题就是以货币的形式赎回债权时,债权的价值是固定的还是可变的。固定价值的债权可以确保以某种计价单位进行计价,按预先设定好的面值来赎回债权,这些债权类似债务工具,可按面值要求赎回,可能支付利息、也可能不支付利息。对于支付来讲,"价值"属性允许交易各方很容易地计算债权规模,比如10欧元可以兑换成10欧元面值的票据。其他类型的债权可以以可变价值兑换成货币,即支持债权资产的市价。此类债权类似于股票工具，既有上行风险，也有下行风险。

3. 支付方式的担保

支付方式的第三个属性是"担保"，只适用于固定价值的"债权"。这一属性的核心在于债权的赎回是由政府信用担保背书的，还是仅仅依赖于发行人的私有商业行为和一定的法律约定。如果是后者则称之为"私有"。支付方式的担保方式十分重要，因为它会影响用户对不同货币形式的信任，以及监管机构的监管方式。

4. 支付方式的技术

支付方式的最后一个属性是"技术"，即使用的是"中心化的"技术还是"去中心化"的技术。基于中心化技术的交易要通过中心化专有服务器，而基于去中心化技术的交易使用分布式账本技术或区块链技术可以在多个服务器之间进行结算。这些可以被限制在少数可信任的(被许可的网络)或对公众开放的(无许可的网络)。

根据支付方式的上述4个属性，可以划分出5类货币(见表2-3)：

(1) 银行发行的电子货币(B-money)，如借记卡；

(2) 私营机构提供的电子货币(E-money)，如稳定币 USTD[①]；

(3) 由私募投资基金发行的投资性货币(I-money)，如 libra；

(4) 中央银行的法定数字货币 CBDC；

(5) 加密货币，如比特币。

表2-3　5类货币

货币类型	B-money	E-money	I-money	CBDC	加密数字货币
类型	债权	债权	债权	对象	对象
价值	固定价值赎回	固定价值赎回	可变价值赎回	计价单位	其他
担保	政府信用	私人信用	私人信用	政府信用	数学算法
技术	中心化 & 区块链	中心化 & 区块链	区块链	中心化 & 区块链	区块链

2.4　数字货币与电子货币、虚拟货币的比较

在一段时间内，数字货币一直与电子货币(electronic money，E-money)、虚拟货币(vitual money)混淆。为更好地理解数字货币，下面对数字货币与电子货币、虚拟货币的区别进行介绍。

2.4.1　电子货币

1. 电子货币的定义

电子货币最早的构想是德国发明家提出的IC卡，而真正的产品化是在1984年由法国一家通信服务公司将其应用在电话卡上。当消费者进行消费时候，可以从电子装置上直接扣除相应价值，在零售支付中十分方便。随着电子商务的发展，电子货币应用越来越广泛。

[①] USDT(泰达币)是 Tether 公司推出的基于稳定价值货币美元(USD)的代币 Tether USD，它给予了1∶1美元兑换的承诺，每1枚USDT能够兑换成1美元。

1998年，巴塞尔委员会(BCBS)将电子货币定义为："在零售支付机制中，通过销售终端、不同的电子设备之间及在公开网络上(如互联网)执行支付的储值和预付支付机制"。其中，所谓"储值"产品，是指保存在物理介质(硬件或卡介质)中可用来支付的价值，这种物理介质可以是智能卡、多功能信用卡、"电子钱包"等，所储价值使用后，可以通过电子设备进行追加。所谓"预付支付机制"，是指存在于特定软件或网络中的一组可以传输并可用于支付的电子数据，通常被称为"电子现金"，由一组二进制数据和数字签名组成，可直接在网络上使用。

欧盟支付系统工作小组 1994 年向欧洲货币当局提交的《预付价值卡》报告认为："电子货币是一种最近出现的新型支付工具，被称为"电子钱包"或多用途卡，它是包含真实购买力的卡片，为了获得该卡片，消费者必须预先支付其价值"。

2009 年，中国人民银行首次对电子货币给出了具体的定义："电子货币是存储在客户拥有的电子介质上，作为支付手段使用的预付价值。按照收到的资金不低于发行的货币价值来发行，被发行人之外的其他企业及个人当作支付手段"。

按照对传统货币的定义，电子货币可被定义为：电子货币是指在商品或劳务的电子化支付过程中，或者债务的电子化偿还中被普遍介绍的任何东西。即只要在交易的过程中，使用电子化支付的方式转移价值，那么被转移价值的载体就是电子货币。

2. 电子货币的分类

1) 根据存储介质划分

根据存储介质不同，电子货币可分为电子钱包和电子现金两类。

(1) 基于芯片的电子钱包。金额记录在植入塑料卡、移动电话等装置中的 IC 芯片中，并由自制系统和应用软件管理。

(2) 基于互联网服务器的电子现金。不需要任何物理装置，其金额记录和管理由电子货币提供商的计算机服务器集中处理。

2) 根据发行主体划分

根据发行主体不同，电子货币可分为金融机构类电子货币和非金融机构类电子货币两类。

(1) 金融机构类电子货币。金融机构类电子货币是指由银行发行，以银行信用作为担保的存款货币，主要包括商业银行发行的各种银行卡。如商业银行开展的网上银行业务、电话银行业务、手机银行业务、刷卡支付等，均是这类存款货币的典型应用。

(2) 非金融机构类电子货币。非金融机构电子货币有两种：一种是非金融机构的储值卡，它有真正的发行主体，如电信的电话卡、公交公司的公交卡、商家发行的购物卡、单位的饭卡等。消费者用传统货币购买储值卡并对储值卡充值，其主要目的是支付方便。支付的对象为电子货币发行人，也就是消费者不能使用储值卡上储存的电子货币向发行人之外的商家进行支付，如公交 IC 卡不能用来支付手机话费。另一种是互联网企业推出的第三方支付账号，它是应电子商务交易中支付的需要而推出的，如 PayPal、阿里巴巴的支付宝、腾讯的微信等在线支付账号。虽然不是像银行卡、储值卡一样的物理卡片，但它本质上仍然是基于法定货币金融系统下的电子货币，用来补充和优化现有金融支付体系。

3. 电子货币与传统货币的区别

电子货币与传统货币的区别体现在以下 6 个方面。

1) 货币的本质不同

传统的货币本质上是一般等价物，而电子货币没有具体的物理形态，它仅仅是一种电子结算工具。

2) 发行机制不同

(1) 发行主体不同。传统货币是由中央银行垄断发行，发行机制由中央银行独立设计、管理与控制；电子货币的发行主要通过中央银行、商业银行及专门成立的发行机构，从目前的发行量看，商业银行和发行机构是主要的发行主体。

(2) 担保方式不同。传统货币是以国家信用作为担保的法定货币，风险低；电子货币主要是以各发行机构的信用和资产作为担保，不同发行者发行的电子货币风险不同。

(3) 传统货币由于是法定货币，所以被强制接受和使用；电子货币是由不同机构自行设计的、具有个性化特征的产品，没有统一的规定性，是否选择使用某一机构发行的电子货币是由消费者和商家自行决定的。

3) 匿名性不同

传统货币属于面对面交易，匿名性较强。电子货币既可以是非匿名的，即能够详细记录交易者信息和交易信息；也可以完全匿名的，很难追踪到使用者。

4) 安全性不同

传统货币的防伪依赖于物理设置，主要通过在现钞上加入纤维线、金属线、水印和凹凸纹等方法来实现，这些方法在防伪技术上并不能完全杜绝制造假币。电子货币的防伪主要依赖加密算法或认证系统实现，在使用中可以通过中央数据库对电子货币进行验证，并且可以附带电子签名，被伪造可能性小、安全性高。

5) 成本不同

电子货币具有很强的成本优势，它可以减少货币的印钞、发行、现金流通、物力搬运和点钞等大量社会劳动和费用支出；同时突破时空限制，信息流、资金流传递迅速便捷。

6) 便利性不同

电子货币为交易带来巨大的便利性，集中表现为以下 4 点。

(1) 实现即时支付。电子货币加快交易速度，实现支付和结算同时完成。

(2) 便于分割。理论上电子货币可以零成本地进行任意等分，传统货币中困扰大家的辅币问题将不再存在。

(3) 便于实现微支付。电子货币单笔交易成本低，有利于小金额交易，支付灵活方便。

(4) 流通突破地域限制。依托于互联网，消费者可以很容易获得不同国家发行机构发行的电子货币，只要商家愿意接受，消费者就可以选择使用。

4. 电子货币的局限性

电子货币存在一定的局限性。

1) 存在信用风险

电子货币发行主体一旦发生违约导致信用风险的发生，预付资金和办卡押金可能全部或部分不能得到追偿,使用者的货币请求权将无法实现。

2) 流通性问题

在实际流通中,不同发行主体发行的电子货币若不能通用,就不符合货币流通的统一性,从而影响电子货币的使用与发展。若电子货币具有广泛的通用性,就会存在不同发行主体之间的债权债务清算问题。

2.4.2 虚拟货币

1. 虚拟货币的定义

对虚拟货币的理解,一般有狭义和广义之分[①]。

1) 狭义的虚拟货币

狭义的虚拟货币也被称为网络虚拟货币、代币,是指在网络空间上由网络服务运营企业发行并应用于网络虚拟空间的货币。由于虚拟货币在一定的空间和时间范围内才能执行等价物的功能,因此只能称之为代币。如腾讯公司发行的Q币,各大网络游戏公司发行的游戏币都属于虚拟货币。

在我国的《网络游戏管理暂行办法》(文化部令2010年第49号)中将虚拟货币规定为"网络空间上的游戏代币",并规定"网络游戏虚拟货币的使用范围仅限于兑换自身提供的网络游戏产品和服务,不得用于支付、购买实物或者兑换其他单位的产品和服务"。该规定限制了网络游戏虚拟货币仅可在有限范围内使用,不能实施双向兑换,属于典型的封闭式、不可转换式虚拟货币。但现实中个别虚拟货币,如Q币,不仅能够购买发行企业的虚拟商品,而且能够购买其他网络企业的商品。

2) 广义的虚拟货币

广义的虚拟货币是指没有实物形态的货币,它主要包括电子货币和数字货币。

2. 虚拟货币与电子货币的区别

虚拟货币与电子货币的区别体现在以下两方面。

1) 担保不同

由银行等金融机构发行的电子货币,如信用卡、电子钱包等,是法定货币的另一种储存形式,本质上还是法定货币,它仍属于银行的负债,有黄金等发行储备作为保障。但虚拟货币不同,发行者是网络运营商,属于网络运营商的负债,它的发行是一种商业行为,需要使用运营商的商品或服务来偿还。

2) 流通性不同

电子货币与法定货币之间可自由兑换。但虚拟货币不同,政府出于稳定金融体系的要求,规定虚拟货币不可以进行双向流通,一旦购入虚拟货币,持有者一般不能要求发行商赎回该虚拟货币。

3. 虚拟货币的局限性

虚拟货币的单向流通性决定它无法充当现实世界的现金或电子货币,只能是互联网企业用来服务于自身用户的一种商务模式。人们对虚拟货币的信任完全来自对互联网发

---

① 本书中我们谈的虚拟货币主要指狭义范畴的虚拟货币。

行企业的信心,这注定了虚拟货币只能局限于某一领域。虚拟货币不具有强制支付效力,在特定虚拟空间外,任何人可有权拒收。

2.4.3 电子货币、虚拟货币、数字货币的差异

在形式上,电子货币、虚拟货币和数字货币三者都是属于非实物货币,都是建立在一定的信息技术基础上的货币,三者的差异如表2-4所示。

表2-4 电子货币、虚拟货币和数字货币的差异

	电子货币		虚拟货币		数字货币
本质不同	是一种支付方式		是一种支付方式	属于货币	
发行主体	金融机构 第三方支付企业	大型企业	网络运营商	私人主体	各国中央银行
使用范围	一般不限	企业范围	网络企业内部	不限	不限
发行数量	法定货币决定	—	发行主体决定	数量一定	法定货币决定
储存形式	磁卡或账号	磁卡	账号	数字	数字
流通方式	双向流通	单向流通	单向流通	双向流通	双向流通
货币价值	与法定货币对等	—	与法定货币不对等	与法定货币不对等	与法定货币对等
信用保障	政府信用背书	机构信用背书	机构信用背书	数学算法背书	政府信用背书
支付方式	依赖第三方	依赖第三方	依赖第三方	点对点交易	点对点交易
法律属性	支付效力得到法律保障,具有法偿性	—	属于虚拟财产,不具有强制支付效力	法律属性不明确	法定货币,适用货币所使用的法律规则
安全性	较高	较高	较低	较高	高
交易成本	较高	较高	较低	较低	较低
底层技术	计算机技术	计算机技术	计算机技术	区块链技术	区块链技术,可编程
运行环境	外联网、读写设备	内联网、外联网、读写设备	企业服务器与互联网	开源软件及P2P网络	P2P网络
典型代表	银行卡、支付宝等	公交卡等	Q币、盛大币、各论坛积分等	比特币、莱特币等	中央银行数字货币

本章小结

1. 本章对数字货币的基本理论进行了介绍。当前数字货币仍处在发展早期,数字货币内涵随着数字技术的不断创新也在不断演化和完善中。与其他形态的货币相比,数字货币具有不可重复交易性、匿名性、加密性、不可逆性、可流通性和可编程性等主要特性。

2. 为了更好地理解数字货币,可从发行主体、应用方式、有无币值稳定机制等不同维度认识。按发行主体不同,数字货币可以分为法定数字货币和私人数字货币;按应

用方式不同，数字货币可分为支付型数字货币、应用型数字货币和资产型数字货币；按有无币值稳定机制，数字货币可分为无币值稳定机制数字货币和稳定币数字货币；按支付方式属性不同，可分为银行发行的电子货币 (B-money)、私营机构提供的电子货币 (E-money)、投资性货币 (I-money)、法定数字货币 CBDC 和加密货币。

3. 数字货币、电子货币和虚拟货币都属于非实物货币，都是建立在一定的信息技术基础上的，但三者又具有明显的区别。

复习思考题

1. 数字货币的特性主要有哪些？
2. 私人数字货币与法定数字货币的主要区别有哪些？
3. 简述国际货币基金组织的"货币树"的基本内容。
4. 数字货币与虚拟货币的主要区别是什么？

第 3 章
数字货币的技术基础

本章主要介绍数字货币所依赖的密码学技术、区块链技术及移动支付技术三大核心技术。本章主要内容包括：Hash 函数、公钥私钥非对称密码和数字签名技术等密码学主要技术；区块链技术的概念、特征、类型及价值；移动支付技术的概念、移动支付技术标准体系、移动支付模式、远程支付技术和近场支付技术原理。

学习目标

1. 了解数字货币依赖的核心技术。
2. 理解区块链技术的概念、特征和价值。
3. 掌握公有链、私有链和联盟链的特点。
4. 熟悉移动支付技术标准体系及主要模式。
5. 理解远程支付、近场支付基本原理。
6. 理解 Hash 函数的特征和主要应用场景。
7. 了解数字签名技术的基本原理。

知识结构图

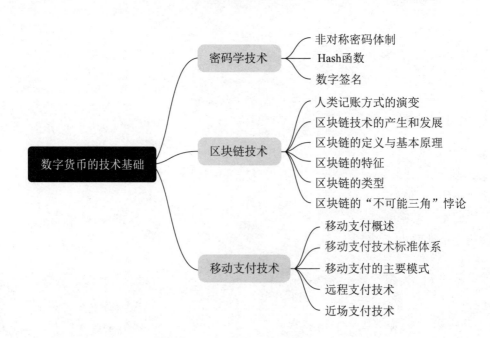

3.1 密码学技术

伴随数字货币的快速发展,人们始终聚焦在确保数字货币的安全性上。事实上,数字货币依赖密码学技术提供的安全编码规则体系来确保交易主体、交易行为、交易历史的可信性。为了能够深刻理解数字货币,我们需要深入了解它所依赖的有关密码学技术。

密码学 (cryptology) 起源于保密通信技术,是结合数学、计算机、信息论等学科的一门综合性、交叉性学科。密码学又分为密码编码学 (cryptography) 和密码分析学 (cryptanalysis) 两部分。其中,密码编码学主要研究如何设计编码,使信息被编码后除指定接收者外的其他人都不能读懂;密码分析学主要研究如何攻击密码系统,实现对被加密信息的破译或信息的伪造。这两个分支既相互对立又相互依存,正是由于这种对立统一的关系,才推动了密码学自身的发展。

随着计算机科学技术的发展和现代数学方法的产生,为加密技术提供了新的概念和工具,同时也给密码破译者提供了有力的武器。现代密码学的主要内容与联系如图 3-1 所示。这些密码技术为信息安全中的机密性、完整性、认证性和不可否认性提供基本保障,也为公开密钥体系技术 (public key infrastructure,缩写为 PKI)、认证技术、安全协议、密码协议、电子商务等实际应用提供基本的工具。本部分主要介绍在区块链技术中用到的相关密码学知识。

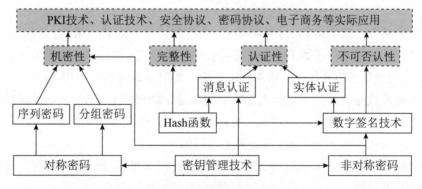

图 3-1 现代密码学的主要内容与联系

3.1.1 非对称密码体制

非对称密码体制模型如图 3-2 所示。

在信息发送前,发送方先要获取接收方发布的加密密钥,加密密钥也称为公开密钥,简称"公钥",使用公钥将明文加密成密文;在信息解密时,接收方使用解密密钥将密文还原成明文,解密密钥被称为私有密钥,简称"私钥",私钥需要保密,非对称密码体制的通信安全性取决于私钥的保密性。

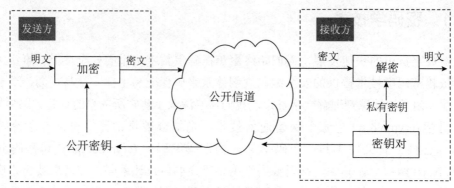

图 3-2 非对称密码体制模型

1976 年迪菲 (Diffie) 和赫尔曼 (Hellman) 在《密码学的新方向》一文中提出了公钥密码的思想，他们虽然没有给出一个真正的公钥密码算法，但首次提出了单向陷门函数的概念，将公钥密码体制的研究归结为单向陷门函数的设计，为公钥密码的研究指明了方向。

函数 $f(x)$ 被称为单向陷门函数，必须满足以下三个条件。

(1) 给定 x，计算 $y=f(x)$ 是容易的。

(2) 给定 y，计算 x 使 $x=f^{-1}(y)$ 是困难的①。

(3) 存在 δ，已知 δ 时对于给定的任何 y，若相应的 x 存在，则计算 x 使 $y=f(x)$ 是容易的。

对于以上条件，仅满足第 (1) 条和第 (2) 条的称为单向函数。第 (3) 条称为陷门性，δ 称为陷门信息。当用陷门函数 f 作为加密函数时，可将 f 函数公开，这相当于公开加密密钥 p_k。f 函数的设计者将 δ 保密，用作解密密钥，此时 δ 即为私有密钥 S_k。

由于加密函数是公开的，任何人都可以将信息 x 加密成 $y=f(x)$，然后发送给函数的选取者。只有他拥有 S_k，才可以利用 S_k，求解 $x=f^{-1}(y)$。单向陷门函数的第 (2) 条性质也表明：窃听者由截获的密文 $y=f(x)$ 推测 x 是不可行的。

利用公钥密码体制，通信双方无须事先交换密钥就可以进行保密通信。公钥密码体制可以提供以下功能。

- 机密性：通过数据加密来保证非授权人员不能获取机密信息。
- 完整性：通过数字签名来保证信息内容不被篡改或替换。
- 认证性：通过数字签名来验证对方的真实身份。
- 不可否认性：通过数字签名来实现发送方不能事后否认他发送过消息，消息的接收方可以向第三方证实发送者确实发出了消息。

公钥密码体制采用的加密密钥（公钥）和解密密钥（私钥）是不同的。由于加密密钥是公开的，密钥的分配和管理就很简单，而且能够很容易地实现数字签名。在实际应用中，公钥密码体制并没有完全取代对称密码体制，这是因为公钥密码体制基于某种数学难题计算非常复杂，它的运行速度远比不上对称密码体制。因此，在实际应用中可以利用二者各自的优点，采用对称密码体制加密文件，而采用公钥密码体制加密"加密文件"

---

① 计算 $x=f^{-1}(y)$ 困难是指计算上相当复杂，无实际意义。

的密钥,这就较好地解决了运算速度和密钥分配管理的问题。

自公钥密码体制思想提出以来,国际上已经出现了多种公钥密码体制,这些密码算法的安全性都是基于复杂的数学难题。对于某种数学难题,如果应用通用算法计算出密钥的时间越长,那么基于这一数学难题的公钥密码体制就被认为越安全。根据所基于的数学难题来分类,公钥密码体制可以分为三类:基于大整数分解问题的公钥密码体制、基于有限域上离散对数问题的公钥密码体制、基于椭圆曲线离散对数问题的公钥密码体制。

3.1.2 Hash 函数

随着网络应用的不断发展,需要保障信息在存储、使用、传输过程中不被非法篡改,即保证信息的完整性。其中,通过密码学 Hash 函数进行消息认证是保证信息完整性的重要措施之一。

1. Hash 函数的特性

Hash 函数也称散列函数、哈希函数、杂凑函数等,是密码学的一个重要分支。Hash 函数可以将"任意长度"的输入经过变换以后得到固定长度的输出,用它可以来生成"消息"(也称为"消息摘要")或者其他数据的"数据指纹",因此可用来实现消息认证。同时,Hash 函数具有单向特征,Hash 函数可以被看作一种单向密码体制,是一个从明文到密文的不可逆映射,即只有加密过程,不能解密。

一般地,Hash 值的生成过程可以表示为 $h=H(M)$,其中:H 代表 Hash 函数,M 是"任意长度"的消息,h 是固定长度的 Hash 值。Hash 函数应用于消息认证时,生成的 Hash 值作为消息的认证,要求它可以抵抗攻击,使 Hash 值可以代表消息原文,因此 Hash 函数必须具有以下性质。

(1) H 可以用于"任意长度"的消息,"任意"是指实际存在的。

(2) 定长性:H 产生的 Hash 值是固定长度的,这是 Hash 函数的基本性质。

(3) 可用性:对于任意给定的消息 x,计算 $H(x)$ 值相对容易。

(4) 单向性(抗原像性):对于给定的 Hash 值 h,要找到 M 使得 $H(M)=h$ 在计算上是不可行的。

(5) 抗弱碰撞性(抗第二原像性):对于给定的消息 M_1,要发现另一个消息 M_2,使满足 $H(M_1)=H(M_2)$,在计算上是不可行的。

(6) 抗强碰撞性:找任意一对不同的消息 M_1、M_2,使 $H(M_1)=H(M_2)$ 在计算上是不可行的。

(7) 消息对应 Hash 值的每一字段应与消息的每一个字段有关联。当消息原文发生改变时,对应的 Hash 值必须相应变化。

到目前为止,Hash 函数的设计主要分为两类:一类是基于加密体制实现的,例如使用对称分组密码算法的 CBC 模式来产生 Hash 值;另一类是直接构造复杂的非线性关系实现单向性,后者是目前使用较多的设计方法。

2. 经典 Hash 算法

Hash 算法中比较著名的是 MD 系列和 SHA 系列。其中,MD 系列是在 20 世纪 90

年代初由麻省理工计算机科学实验室(MIT Laboratory for Computer Science)和RSA数据安全有限公司(RSA Data Security Inc.)的Rivest设计的，MD是消息摘要(message digest)的缩写，MD2(1989)、MD4(1990)和MD5(1991)都产生一个128位的消息摘要。安全散列算法SHA(secure hash algorithm)系列是美国国家标准技术研究所NIST根据Rivest设计的MD4和MD5开发的算法，美国国家安全局发布SHA作为美国政府标准。

1) MD系列介绍

原始的MD算法从未公开发表过，第一个公开发表的是MD2，接下来是MD4和MD5。1989年Rivest开发出MD2算法。在该算法中，首先对消息进行数据补位，使消息的字节长度是16的倍数；然后以一个16位的检验并追加到消息末尾，并且根据这个新产生的消息计算出散列值。

为了加强算法的安全性，在1990年Rivest又开发出MD4算法。MD4算法中信息被处理成512位迭代结构的区块，而且每个区块要通过三个不同步骤的处理。研究人员很快发现了攻击MD4版本中第一步和第三步的漏洞，利用一台普通的个人电脑在几分钟内就找到MD4的碰撞，对不同的内容进行加密却可能得到相同的加密结果。

于是在1991年Rivest对MD4进行改进并设计了MD5算法，MD5生成128位的消息摘要，MD5运算流程如图3-3所示。MD5算法比MD4算法复杂，并且速度较MD4快了近30%，并在抗安全分析方面表现更好，因此在实际应用中受到欢迎。

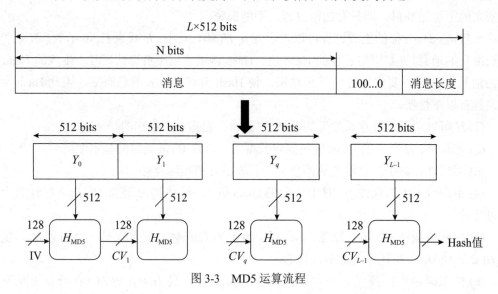

图3-3　MD5运算流程

2) SHA算法介绍

美国国家标准技术研究所NIST在1993年开发的另一个Hash算法称为SHA。两年之后，这个算法被修改为了今天广泛使用的形式。SHA接受任何有限长度的输入消息，并产生长度为160比特的Hash值，因此抗穷举性更好。SHA-1设计时基于和MD4相同的原理，它有5个参与运算的32位寄存器，消息分组和填充方式与MD5相同，主循环也同样是4轮，但每轮进行20次操作，非线性运算、移位和加法运算也与MD5类似，但非线性函数、加法常数和循环左移操作的设计有一些区别。随后，NIST在2008年对国家标准进行更新，规定了 SHA-1、SHA-224、SHA-256、SHA-384 和 SHA-512 这几种单向散列算法。其中，SHA-1、SHA-224 和 SHA-256 适用于长度不超过 2^{64} 二进制位的消息。SHA-384 和 SHA-512 适用于长度不超过 2^{128} 二进制位的消息。

在 MD5 被王小云为代表的中国专家破译之后，世界密码学界仍然认为 SHA-1 是安全的。2005 年 2 月 7 日 NIST 发表声明 SHA-1 没有被攻破，并且没有足够的理由怀疑它会很快被攻破。而仅仅在一周之后，王小云就宣布了破译 SHA-1 的消息。王小云的研究成果表明了从理论上讲，电子签名可以伪造，必须及时添加限制条件，或者重新选用更为安全的密码标准，以保证交易的安全。

SM3 哈希算法是我国自主设计的密码哈希算法，适用于商用密码应用中的数字签名、验证消息、认证码的生成与验证及随机数的生成，可满足多种密码应用的安全需求。为了保证哈希算法的安全性，产生的哈希值的长度不应太短，例如 MD5 算法输出的是 128 比特哈希值，输出长度太短影响其安全性，SHA-1 算法的输出长度为 160 比特，SM3 算法的输出长度为 256 比特，因此 SM3 算法的安全性要高于 MD5 算法和 SHA-1 算法。

对于 Hash 函数，攻击者的主要目标并不是破解原始的明文，而是用非法消息替代合法消息进行伪造和欺骗。对 Hash 函数的攻击也是寻找碰撞的过程，Hash 函数比较常见的攻击方法有生日攻击、比特追踪法、模差分方法等。

3. Merkle 树（梅克尔树）

Merkle 树 (Merkle Tree，MT) 是 R.C Merkle(拉尔夫·梅克尔) 在 1979 年提出的一种平衡二叉哈希树。

Merkle 树的结构如图 3-4 所示，是由一个根节点、一组中间节点和一组叶节点组成的二叉树，最下面一层的叶节点用来存储数据元素的哈希值，每个中间节点是它的两个子节点内容的哈希值，根节点是根的两个子节点内容的哈希值。

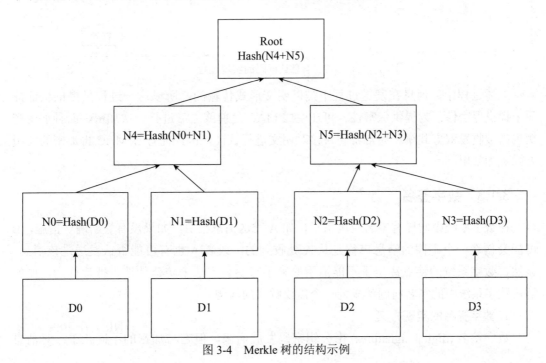

图 3-4　Merkle 树的结构示例

由二叉树节点的组成规则可知，一棵树的根节点的值与所有叶节点的值都是有关系的。任何一个中间节点的值都与该节点子树下面的所有叶节点的值有关。这种特点使得任何一个叶节点都能快速地被认证。由于 Merkle 树的这种特点使得其非常适用于安全领域，在比特币中就是使用 Merkle 树来记录交易信息，验证交易是否存在的时候只需要使用验证路径进行 $\log_2(N)$ 次的计算就可以证明在含有巨量信息的区块链中的上千个交易中的某笔交易的存在。

4. 消息认证技术

消息认证的目的主要是验证消息来源的真实性和完整性。消息认证码 MAC(messages authentication codes)，也称消息鉴别码，是一种重要的消息认证技术，它利用消息和双方共享的密钥通过认证函数来生成一个固定长度的数据块，并将该数据块附在消息后，消息认证码的实现过程如图 3-5 所示。生成消息认证码的方法主要包括基于 Hash 函数的认证码和基于加密函数的认证码。

消息认证码是与密钥相关的 Hash 函数。与 Hash 函数类似，消息认证码具有单向性。此外，消息认证码还带有一个密钥，由于不同的密钥会产生不同的 Hash 函数，这样就能在验证发送者的消息有没有被篡改的同时，验证是由哪个发送者发送的，即验证消息的来源。

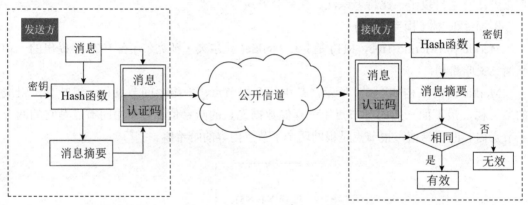

图 3-5　消息认证码的实现过程

上述过程中，消息在发送过程中是以明文形式传输的，所以这一过程只提供认证性而未提供保密性。为提供保密性，可在生成 MAC 之前或之后进行一次加密，而且加密密钥也需被收发双方共享。通常希望直接对明文进行认证，因此先计算 MAC 再加密的使用方式更为常用。

3.1.3　数字签名

在数字系统中同样有签名应用需求，如 A 发送消息给 B，如果没有签名确认措施，B 可能会伪造一个不同的消息声称是从 A 处收到的，或者 A 也有可能否认发送过该消息。显然，数字系统的特点决定了不能沿用原来手写签名方法来防范伪造、抵赖行为，如何解决数字系统中的签名问题就成为一个需要解决的问题。

1. 数字签名的实现方案

数字签名 (digital signatures) 由公钥密码发展而来，但它与加密的不同在于：对消息的加密可能是一次性的，只要求消息在解密之前是安全的；而一个签名消息却可能要作为法律上的一个文件(如合同)需要验证签名。因此，对数字签名有两个要求：第一，只能自己生成自己的签名，但任何看到签名的人都可以验证其有效性；第二，数字签名只与某一特定的文件发生联系，该签名不能用于表明你同意或支持另一份不同的文件。

数字签名的实现原理如图3-6所示。

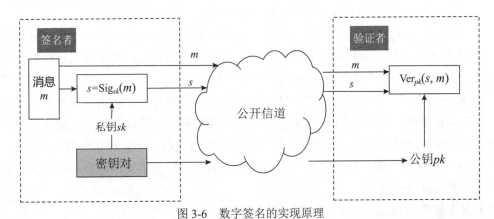

图3-6　数字签名的实现原理

(1) 发送方对消息进行数学变换，所得消息要与原始消息唯一地对应。在发送方的数学变换过程就是签名过程，通常对应某种加密算法。

(2) 接收方进行逆变换，得到原始消息。接收方的逆变换过程就是验证过程，通常对应某种解密算法。

(3) 在传递签名时，通常要把签名附在原始消息后一起传送给接收方。只要数学变换优良，变换后的消息在传输过程中就具有很强的安全性，可有效防止被破译、被篡改。

一般来说，数字签名过程主要包括系统的初始化过程、签名生成过程和签名验证过程。

1) 系统的初始化过程

需要产生数字签名所需要的基本参数，包括秘密的参数和公开的参数。这些基本参数为 $(m，s，k，\text{Sig}，\text{Ver})$，其中，$m$ 代表明文空间，s 代表签名空间，k 代表密钥空间，Sig 为签名算法集合，Ver 为验证算法集合。其中，签名算法(签名密钥，即私钥)由签名者自己安全保存；验证算法(验证密钥，即公钥)是公开的，以方便他人进行验证。为了使签名方案在实际中便于使用，要求它的每一个签名算法 $\text{Sig}_{sk} \in \text{Sig}$，验证算法 $\text{Ver}_{pk} \in \text{Ver}$ 都是多项式时间的算法。

2) 签名生成过程

签名者使用某一特定签名算法对消息进行签名。签名生成的主要步骤：①选取密钥对；②生成"消息摘要"后，用私钥对"消息摘要"进行签名。

3) 签名验证过程

验证者使用公开的验证算法对消息签名进行验证，以判断签名的有效性。签名验证的主要步骤：①验证者获得签名者的可信公钥；②根据消息生成"消息摘要"并对该"消息摘要"利用验证算法进行验证；③比较由验证算法计算出的消息与原始消息是否一致，若一致，表示签名有效；若不一致，表示签名无效。

2. 数字签名的特点

数字签名要具有以下特点。

(1) 不可否认性：必须可以通过签名来验证消息的发送者。

(2) 不可抵赖性：必须可以通过签名对所签消息的内容进行认证。

(3) 可仲裁性：必须可以由第三方通过验证签名来解决争端。

数字签名与手写签名的不同表现在以下 4 个方面。

(1) 签名对象不同。手写签名的对象是纸质文件；而数字签名的对象是网络中传输的消息。

(2) 实现方式不同。手写签名是将一串字符串附加在文件上，若文件页数多，还需对每一页进行手签；而数字签名是对整个消息进行某种运算。

(3) 安全性不同。对手写签名的验证是与已有的签名进行对比，由于模仿他人签名不是一件困难的事情，所以它的安全性得不到有效的保证；而对数字签名的验证是通过一种公开的验证算法对签名进行计算，任何不一致都会被发现，因此具有极高的安全性。

(4) 保密性不同。数字签名可以实现对文件的加密，保证了文件内容的机密性，而手工签名很难实现这一点。

3. 数字签名的功能

数字签名的主要功能体现在以下 4 个方面。

1) 可防范身份被伪造

由于私钥由签名者自己保管，所以使用私钥签名的文件可以表示该签名者的身份，任何其他人不可能伪造出该签名结果。

2) 可防止信息被篡改

数字签名是对整个文件进行加密运算，它与文件组成了一个整体，可有效地防止文件内容被篡改，因为任何的内容改动都会对签名结果产生影响。

3) 可防止收发双方否认

一方面，发送者一旦签名后就无法否认被签署过的文件；另一方面，因为要求接收者收到文件后要回送一个报文，或者引入第三方仲裁机制来防止接收者否认已接收到文件，因而，双方无法否认曾经发送或接收过文件。

4) 可防范信息重放

如在债务方面，数字签名可以防止债权人重复利用一张收据对借款人进行勒索，因为数字签名可以利用对借条添加流水账号和时间戳等技术来有效防止重放攻击。

3.2 区块链技术

3.2.1 人类记账方式的演变

无论是国际经济贸易，还是个人日常消费，都离不开记账这一看似普通、却不简单的操作。无论是资金的流转，还是资产的交易，实际上都是通过银行、交易机构中的账本记录来实现的。人类的记账历史经历了数千年的演化，整体发展趋势由简单到复杂、由粗放到精细、由中心化到分布式。可以不夸张地说，整个人类文明的发展历程都是伴随人类记账方式变化不断演化的。按科技创新特点,人类的记账行为从古至今的演化过程大致可分为 4 个阶段,如图 3-7 所示。

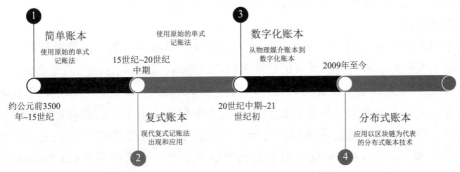

图 3-7　人类记账行为演化过程的 4 个阶段

1. 简单账本

在人类文明的早期,就已经有了记账的需求和活动。最早的账本是于 1929 年发掘于幼发拉底河下游右岸的伊拉克境内的"库辛 (Kushim) 泥板",如图 3-8 所示。据鉴定,库辛泥板属于公元前 3500～前 3000 年的乌鲁克城①(Uruk),其上的文字记录内容为"37 个月收到了 29086 单位的大麦,并由名叫库辛的人签核",库辛泥板也是目前已知的最古老的人类文字记录。

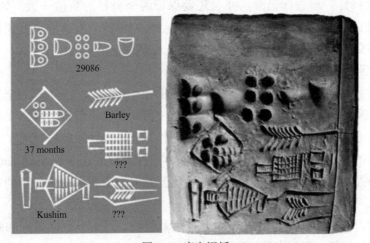

图 3-8　库辛泥板

另外,包括古中国、古埃及、古希腊、古罗马等古代文明,也有与账本相关的考古发现。类似通过单条记录进行账目记录的方法,被称为"简单记账法"或"单式记账法"。此后相当长的一段时间里,人们都是通过简单记账法进行记账,无论是早期记录在泥板、绳索,还是后来的纸质账本,虽然所用的物理媒介不同,但核心方法都是一致的。

简单记账法自然易用,适合小规模的简易账务。但当面对大规模特别是涉及多个实体的记账需求时就暴露出了问题:第一,账本容易出错。以库辛账本为例,如果经常发生大麦入库和出库交易,记录多,就很难确认账本上所记录的跟实际情况一致;即使发

---

① 美索不达米亚西南部苏美尔人的古城。

现不一致,也很难找到是哪次记录出现问题。第二,账本容易被篡改。因账本只有一个,所以只能保管在个人手里,一旦记账的人不诚实,他可轻易地通过修改已有的单条记录从仓库中盗取大麦,其他人很难发现账本是否被篡改过。

2. 复式账本

随着商业活动数量增加,交易规模变大,以及交易参与方增多,简单记账技术越来越无法满足人们的需求。代表现代记账技术核心思想的"复式记账法"应运而生。

14世纪的意大利是世界贸易的门户,来自各国的商人、学者、艺术家、工匠齐聚于此,揭开了文艺复兴时期的序幕。此后长达三个世纪里,整个欧洲涌现出大量商业、文化、艺术、科技多方面的创新成果,对全世界都产生了深远的影响。有关复式记账法最早的文字记载出现在1494年意大利著名的数学家卢卡·帕切奥利(Luca Pacioli)的著作中,演化到现在主要有了增减记账法、收付记账法、借贷记账法三种。目前最常用的是借贷记账法,它是基于"资产=负债+所有者权益"这一会计恒等式对每笔交易进行记录。

复式记账法一出现便得到了广泛的应用,它已经成为现代会计学的重要基础。复式记账法的原理并不复杂,由于交易的本质是某种价值从来源方转移到了目标方,因此可对每笔交易分别在借方(目标方)和贷方(来源方)科目进行记录,并且借贷双方的总额应该保持相等。如果库辛收到大麦入库时用复式记账法记账,就要在"库存大麦科目"和"应收大麦科目"都进行记录,并且还要保证两个科目的数值一致。如果要做审核,可以对不同科目分别进行统计,所有科目最终结果应保持一致。应用复式记账法不但能够很容易追踪交易的来龙去脉,而且便于验证账目是否记录正确。

3. 数字化账本

早期的计算机很重要的用途就是进行与账目相关的统计。1951年的全世界第一台商用计算机UNIVAC就由美国人口普查局使用。使用计算机不但可以提高大规模记账的效率,而且可以避免人工书写的错误。之后,人们为更好地管理数据发明了专门的数据库技术。从最早的网状数据库(network database)、层次数据库(hierarchical database)到有开创意义的关系型数据库(relational database),再到互联网出现后由大量新的需求催生出大数据、NoSQL等技术,在根源上都与记账相关。

这一阶段,记账方法本身的思想并没有太多创新,但由于数字媒介和数据库技术的应用,使账本的规模、复杂度及记账处理速度都有了天翻地覆的提升。

4. 分布式账本

复式记账法是一种中心化模式,这种模式存在一些问题:如因账本掌握在个体的手中,一旦账本丢失就无法找回;如涉及多个交易方的情况下需要分别维护各自的账本,容易出现不一致、对账困难的情况。因此可以很自然地想到,借助分布式系统的思想来实现分布式账本(Distributed Ledger),由交易多方一起共同维护同一个账本。但在分布式的情景下,如何避免参与方恶意篡改账本或破坏记录,如何决定由谁负责将交易记录写入账本等这些问题一直没有得到很好地解决。

直到2008年,基于区块链的比特币的问世让人们认识到区块链这种数据结构恰好解决了分布式记账存在的问题。但由于基于区块链的分布式账本解决方案还处于发展初期,还面临包括权限管理、隐私保护、性能优化等需要解决的问题。伴随着社会的发展,"大规模、高安全、易审计"始终是账本科技应用中最受关注的。

3.2.2 区块链技术的产生和发展

2009年1月,比特币发行交易系统正式开始运行,伴随着区块链中第一个区块的生成,比特币由此诞生,人们开始关注比特币底层运用的区块链技术。在区块链技术的应用发展过程中,主要经历了区块链1.0、区块链2.0和区块链3.0三个阶段,如图3-9所示。其中,区块链1.0是区块链技术的萌芽,区块链2.0是区块链在金融和智能合约的技术落地与实现,区块链3.0是为了解决各行各业的互信问题与数据传递安全性的技术落地与实现。

图 3-9　区块链技术的应用发展过程的三个阶段

1. 区块链1.0阶段 (2008—2012年)

区块链1.0,也称为可编程货币,是指以比特币为代表的私人数字货币时代,主要目标是实现货币的去中心化。这一阶段区块链技术被欧美等国家市场所接受,催生了大量的数字货币交易平台,实现了数字货币的流通、支付职能。

区块链1.0的典型特征包括如下几点。

(1) 区块为单位的链状数据块结构。一是区块链系统各节点通过一定的共识机制选取具有打包交易权限的区块节点,该节点需要将新区块的前一个区块的哈希值、当前时间戳、一段时间内发生的有效交易及其梅克尔树根值等内容打包成一个区块,向全网广播。二是由于每一个区块都是与前一区块通过密码学证明的方式链接在一起的,当区块链达到一定的长度后,要想修改某个历史区块中的交易内容,就必须将该区块之前的所有区块的交易记录、密码学证明进行重构,从而有效实现了防篡改。

(2) 全网共享账本。在典型的区块链网络中,每一个节点都能够存储全网发生的历史交易记录,拥有完整的、一致的账本。对个别节点账本数据的攻击、篡改不会影响全网总账的安全性。同时,由于全网节点是通过点对点的方式连接的,没有单一的中心化服务器,因此不存在单一的攻击入口,网络稳定性好。

(3) 非对称加密。典型的区块链网络中,账户体系由非对称加密算法下的公钥和私钥组成,如果没有私钥,就无法使用对应公钥中的资产。

(4) 源代码开源。区块链网络中设定的共识机制与规则等都可以通过一致的、开源的源代码进行验证。

区块链1.0的技术架构如图3-10所示。

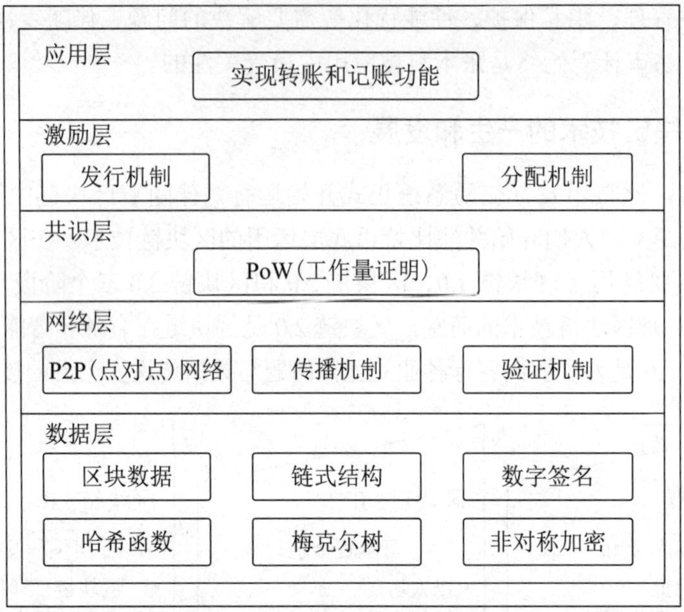

```
┌─────────────────────────────────────────────────┐
│ 应用层                                            │
│         ┌─────────────────────┐                  │
│         │ 实现转账和记账功能  │                  │
│         └─────────────────────┘                  │
│ 激励层                                            │
│   ┌──────────────┐         ┌──────────────┐      │
│   │   发行机制   │         │   分配机制   │      │
│   └──────────────┘         └──────────────┘      │
│ 共识层                                            │
│            ┌──────────────────────┐              │
│            │   PoW(工作量证明)    │              │
│            └──────────────────────┘              │
│ 网络层                                            │
│  ┌───────────────┐ ┌──────────┐ ┌──────────┐     │
│  │ P2P(点对点)网络│ │ 传播机制 │ │ 验证机制 │     │
│  └───────────────┘ └──────────┘ └──────────┘     │
│ 数据层                                            │
│  ┌──────────┐   ┌──────────┐   ┌──────────┐      │
│  │ 区块数据 │   │ 链式结构 │   │ 数字签名 │      │
│  └──────────┘   └──────────┘   └──────────┘      │
│  ┌──────────┐   ┌──────────┐   ┌──────────┐      │
│  │ 哈希函数 │   │ 梅克尔树 │   │非对称加密│      │
│  └──────────┘   └──────────┘   └──────────┘      │
└─────────────────────────────────────────────────┘
```

图 3-10　区块链 1.0 的技术架构

2. 区块链 2.0 阶段 (2013—2017 年)

在比特币和其他山寨币的资源消耗严重、无法处理复杂逻辑等弊端逐渐暴露后，业界将关注点转移到了比特币底层支撑技术区块链上，产生了运行在区块链上的可自动执行的智能合约，这大大拓展了区块链的应用范围，区块链由此进入 2.0 阶段，也称为可编程金融。2015 年被称为世界区块链元年，因为在这一年区块链技术得到迅速发展，《华尔街日报》刊文称"区块链是最近 500 年以来在金融领域最重要的突破"，《经济学人》杂志在《信任的机器》一文中称区块链为创造信任的机器。这一阶段区块链的应用范围从在数字货币领域的创新，延伸到金融交易、证券、清算结算、身份认证等金融领域应用场景的创新。

与区块链 1.0 架构相比，区块链 2.0 架构最大的特点就是支持智能合约，代表就是以太坊。在以太坊中，我们可以使用智能合约开发工具开发合约程序，并且编译好部署到以太坊的区块链账本中，部署后的智能合约是运行在以太坊虚拟机上的。正是通过智能合约的实现，扩展了区块链系统的功能，同时在以太坊中仍是支持数字货币的。

区块链 2.0 的典型特征包括如下几点。

(1) 智能合约。区块链系统中的应用，是已编码的、可自动运行的业务逻辑，通常有自己的代币和专用开发语言。

(2) 分布式应用 (decentralized application，缩写 DAPP)，也被称为去中心化应用，包含用户界面的应用，如以太坊钱包。

(3) 虚拟机。用于执行智能合约编译后的代码，虚拟机是图灵完备的。

区块链 2.0 的技术架构如图 3-11 所示。

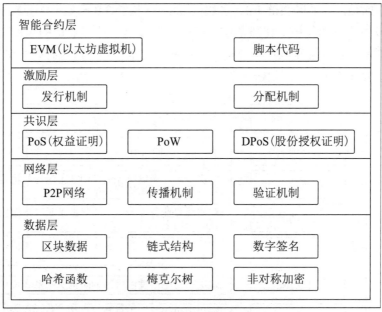

图 3-11　区块链 2.0 的技术架构

3. 区块链 3.0 阶段 (2017 年至今)

区块链 3.0，也称为可编程社会，是指将区块链技术作为一种泛解决方案，基于实物资产映射、以高速并行的分布式智能网络计算技术为基础。这一阶段区块链可应用于行政管理、文化艺术、企业供应链、医疗健康、物联网、产权登记等金融之外的其他领域。由于区块链可以解决信任问题，而不再仅依靠第三方建立信用和信息共享，从而提高整个行业的运行效率。

区块链 3.0 的技术架构，如图 3-12 所示。一是数字货币不再是一个必选组件。二是新增了网关控制，实际上就是增加了对安全保密需求的支持，并且通过数据审计加强对数据的可靠性管理。三是通过对框架的配置和二次开发来适应各个行业的需求，其中，核心节点中的"可插拔共识"，就是指共识机制不是固定的，而是用户可以自己选配的。

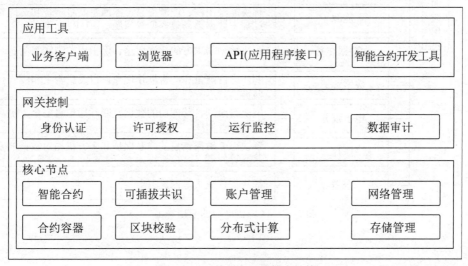

图 3-12　区块链 3.0 的技术架构

需要说明的是,当前区块链 1.0、区块链 2.0、区块链 3.0 都处于平行发展阶段,在各自的领域内发挥应有的作用。伴随数字经济的不断发展,从产业链的角度看,区块链生态圈主要包括基础设施层和应用平台层。其中在应用平台层,既包括在金融领域的应用,也包括在实体领域的应用。区块链产业的应用领域如图 3-13 所示。

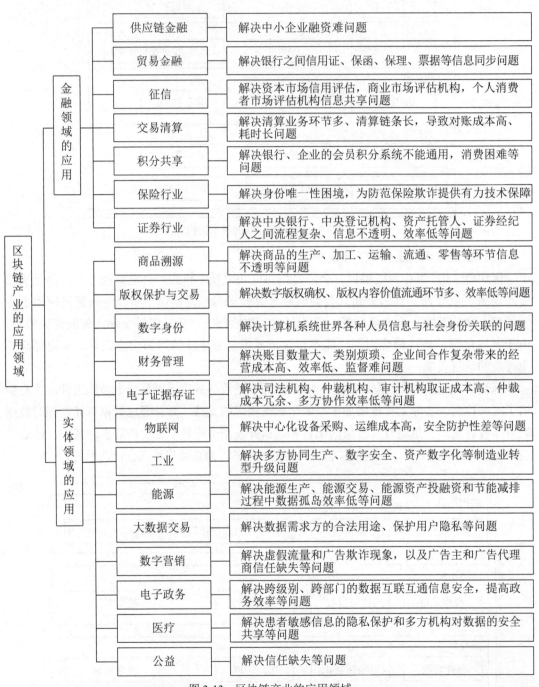

图 3-13 区块链产业的应用领域

3.2.3 区块链的定义与基本原理

1. 区块链的定义

中国区块链技术和产业发展论坛编写的《中国区块链技术和应用发展白皮书(2016)》是关于区块链技术的第一个官方指导文件。该白皮书中将区块链定义为:"分布式数据存储、点对点传输、共识机制、加密算法等计算机技术的新型应用模式",并对区块链从狭义和广义两个角度给出了诠释。

1) 狭义的区块链

区块链是指"一种按照时间顺序将数据区块以顺序相连的方式组合成的一种链式数据结构,并以密码学方式保证数据不可篡改和不可伪造的分布式账本"。

狭义的区块链强调了区块链在本质上是一个去中心化的数据库,相当于是一个分布式总账。

2) 广义的区块链

区块链是指"利用块链式数据结构来验证与存储数据、利用分布式节点共识算法来生成和更新数据、利用密码学的方式保证数据传输和访问的安全、利用由自动化脚本代码组成的智能合约来编程和操作数据的一种全新的分布式基础架构与计算范式"。

从广义的区块链定义可以看出:区块链并不是单一的技术,而是各种技术的集成,主要包含了基于区块的链式数据结构、P2P网络技术与共识算法、密码学、自动化脚本代码等计算机技术。我们可以将区块链看作一个维护公共数据账本的系统,一切技术的设计与应用都是为了更好地维护好这个公共数据账本,其中,通过共识算法达成节点的账本数据一致;通过密码算法确保账本数据的完整性和不可篡改性、数据传送的安全性;通过脚本系统扩展账本数据的表达范畴。

2. 区块的结构与生成

1) 区块的结构

区块(block),是一种记录交易的数据结构。它是构成区块链的基本单位,一个区块由区块头和区块体两部分组成,如图3-14所示。

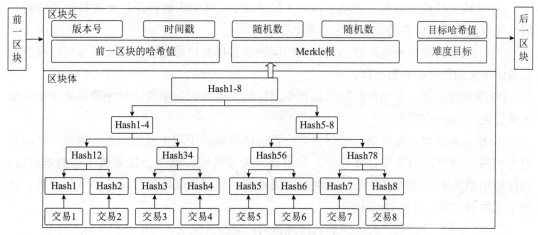

图3-14 区块组成

(1) 区块头：主要包括版本号、前一区块哈希值(父区块)、时间戳、随机数、难度目标、目标哈希值、本区块的 Merkle 根(梅克尔树根)字段构成，各字段的具体含义如表 3-1 所示。

表 3-1 区块头的字段及描述

字段	描述
版本号	标识软件及协议的相关版本信息
前一区块哈希值	引用的区块链中父区块头的哈希值，将区块与前一区块建立一一映射关系，组成首尾相连的区块链，并且这个值对区块链的安全性起到了至关重要的作用
时间戳	区块产生的具体时间，精确到秒
随机数	用于工作量证明算法的计数器
难度目标	区块产生的难度，该区块工作量证明算法的难度目标
目标哈希值	区块的哈希值
Merkle 根	梅克尔树根主要用于检验一笔交易是否在本区块中存在

(2) 区块体：用来储存某段时间所有的交易信息，是一串交易列表。一个区块体至少包括一个交易。

区块结构具备两个显著特征：①数据的完整性。每一个区块如同一本"总账"中的一页，需要记录上一个区块被创造后至本区块被创建出的这一段时间内所发生的所有交易信息，这一特征保了证"总账"的完整性。②数据的不可篡改性。新区块一旦被创造并上链后，由于区块包含前一区块的哈希值，使一个个区块之间形成了有着严格顺序关系的链条结构。某个区块中的数据一旦被篡改，被篡改区块在下一个区块头的哈希值就会改变，因此不可篡改的特征保证了"总账"的真实性。

2) 区块的生成

一个区块的生成过程如下。

(1) 记录所有交易信息：把在本地的交易信息记录到区块主体中。

(2) 生成交易的 Merkle 树：在区块主体中生成本区块中所有交易信息的 Merkle 树，并把 Merkle 树根的值保存在当前区块的区块头。

(3) 生成父区块哈希值：把前一区块(父区块)的区块头数据通过哈希算法生成哈希值，保存在当前区块头的前一区块哈希值字段。

(4) 生成本区块哈希值：对当前区块的区块头数据通过哈希算法生成哈希值，保存在当前区块头的目标哈希值字段。

(5) 生成时间戳：把当前时间保存在当前区块头的时间戳字段，时间戳用来证实区块于某特定时间是存在的。

(6) 确定难度值：难度值会根据之前一段时间区块的平均生成时间进行调整，以应对整个网络不断变化的整体计算总量。如果计算总量降低，系统会提高数学题的难度值。如比特币系统中，自动调整每个区块的生成难度，如减少或增加目标值中 0 的个数，使每个区块的生成时间是 10 分钟。

(7) 加入区块链：在当前区块加入区块链后，立即开始下一个区块的生成工作。

3. 区块链的形成

区块链中通过应于时间戳机制，能保证区块按时间顺序连接起来。同时，由于在每个时间戳对应的区块中都包含前一个区块的哈希值，这样就形成了区块链，如图 3-15 所示。

图 3-15 区块链示意图

从应用角度看，区块链可以被看作一个根据时间顺序记录了某一时间段内所有已发生的交易的完整"账本"，这个账本是由所有参与者共同记录、共同维护。区块链实际上就是一个关于整个交易状态变化的日志记录。如果把区块链看作一个状态机，则每次交易就是试图改变一次状态。每次通过共识机制生成的区块，就是参与者对区块中交易所导致的状态改变结果进行确认。

区块链在实现上要注意以下几点。

(1) 先假设存在一个分布式的数据记录账本，这个账本只允许添加数据，不允许删除数据。

(2) 账本底层的基本数据结构是一个由区块连接组成的链表。

(3) 要加入新的交易数据，就必须将数据放到一个新的区块中，任意节点都可以提议生成一个新的区块。

(4) 新的区块及区块里的交易是否合法，其他结点可以通过计算哈希值的方式快速验证，经过一定的共识机制对最终选择上链的区块达成一致，如图 3-16 所示。

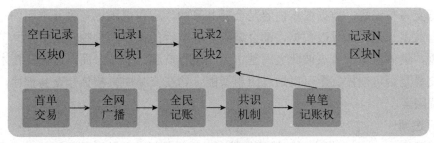

图 3-16 区块链的形成

3.2.4 区块链的特征

区块链主要有去中心化、防篡改、去信任、可追溯及自治性等主要特征。

1. 去中心化

去中心化 (decentralized) 是相对于中心化而言的，区块链系统采用分布式存储和计算，因此网络中的每个节点都可以成为中心独立运行。网络中没有中心化的服务器或管理机构，每个节点权利与义务均等，任意节点之间都可以进行点对点交易而无须第三方机构介入。同时，如果有节点出现故障或者遭受攻击，也不会影响整个网络的运行。在金融交易中，去中心化能够最大程度地降低交易成本。

但在联盟链与私有链中，并非绝对的去中心化。

2. 防篡改

防篡改 (untampered) 是指在区块链系统中因全网所有节点集体维护数据信息，每个节点都保存有一致的完整历史交易数据账本，一旦交易数据经过全网节点验证并添加到区块链后，就很难被修改或者删除。

区块链的数据结构使它具有防篡改性。前面讲过，每个区块的区块头都储存有上一个区块的哈希值，一旦链上某一区块记录的数据发生变动，该区块的哈希值就会随之改变，这就意味着后续所有区块内容都会发生变动。因此，所有节点都能发现数据被篡改并会丢弃且不认可该无效数据，从而保证了区块链数据的不可篡改。

当然，区块链中的分布式账本也不是完全不能被篡改，但不易篡改，原因如下。第一，篡改成本非常高。所有节点都拥有一个完整的账本，对单个节点的账本修改无效，需要控制网络中 51% 以上的节点才能实现数据被篡改，这使得篡改成本非常高。第二，篡改难度非常大。当区块链延伸到一定长度的时候，攻击网络中 51% 以上的节点实际上是非常困难的，所以区块链的数据具有较高的稳定性和可靠性。

3. 去信任

去信任 (trustless) 并不是不需要信任，而是指区块链在去中心化的前提下节点之间实现了点对点直接交易。区块链技术本身就是在创造信任，它通过构建一套独特的信任机制实现了去信任。网络节点交易无须建立预设信任机制，如交易双方因熟悉产生信任或者依赖第三方中介产生信任，从而实现了去第三方信任机构，也证明了区块链技术的公开性与透明性。

区块链网络节点之间的信任产生于数据、算法和程序。一方面，区块链技术的数据防篡改性为信任创造奠定了良好的基础。区块链系统中每个节点都必须要遵循同一共识算法进行交易与记账，数据账本内容是公开共享的，运作规则也是公开透明的。任一节点有恶意欺骗行为，如篡改数据，都会遭到其他节点的排斥和抑制，由于全网节点共同维护数据，集体监督，节点彼此之间基本无法进行欺骗。另一方面，区块链技术不但能够判断交易是否可信，甚至可以通过应用智能合约在交易中直接执行交易程序，消除了人为干扰因素。

4. 可追溯

可追溯 (traceability) 指由于区块链是带有时间戳的链式区块结构，区块链上发生的任何一笔交易都有完整记录，时间戳能使交易信息按时间顺序全程追溯至起始区块。

我们知道，区块的区块头中存有区块产生的时间戳，一个新区块生成后会按生成时间的先后顺序将区块相连，因此时间戳技术保证了交易信息全程追溯。同时，区块的区块头中都包含前一个区块的哈希值的设计，使数据也可追溯至起始区块。数据的可追溯在间接上也保证了数据的公开透明性。

5. 自治性

自治性 (autonomy) 指区块链是基于协商一致的规范和协议，使网络所有节点能够在去信任环境中按照共识规则来记录、共享分布式账本。

区块链技术的自治性还体现在智能合约的应用。密码学家尼克·萨博(Nick Szabo)1994年首次提出了智能合约，它是指一旦条件触发合约就会不受干扰地自动执行，可防止人为恶意篡改行为，从而实现了从对"人"的信任到"机器信任"的转变。

3.2.5 区块链的类型

根据应用场景与设计体系不同，区块链可以分为公有链、联盟链和私有链三种。

1. 公有链

公有链是指网络中不存在任何中心化的服务节点，各个节点可以自由加入和退出网络，并参与链上数据的读写，运行时以扁平的拓扑结构互联互通。所谓"公有"，就是完全对外开放，没有权限的设定也没有身份认证之类，任何人都可以任意参与使用，而且发生的所有数据都可以任意查看，完全公开透明。如比特币就是一个公有链网络系统，大家在使用比特币系统的时候，只需要下载相应的软件客户端，创建钱包地址、转账交易、"挖矿"等，这些功能都可以自由使用。

公有链系统完全没有第三方管理，关键依靠的就是一组事先约定的规则，这个规则要确保每个参与者在不信任的网络环境中能够发起可靠的交易事务。通常来说，凡是需要公众参与，需要最大限度保证数据公开透明的系统都适用于公有链，比如数字货币系统、众筹系统、金融交易系统等。这里要注意，公有链环境中节点数量是不固定的，节点是否在线也是无法控制的，甚至节点是不是一个恶意节点也不能保证。实际在公有链环境下这个问题没有很好的解决方案，目前最合适的做法就是不断地互相同步，网络中大多数节点都同步一致的区块数据所形成的链就是被承认的主链，这也被称为最终一致性。

当前公有链中一般采用工作量证明机制(PoW)或权益证明机制(PoS)共识算法，用户对共识形成的影响力取决于他们所拥有计算资源的占比，因此容易带来较大的算力、电力等资源消耗，并且容易遭受51%攻击。此外，由于需要全网节点参与共识过程，因而给监管带来较大困难，并且极大地降低了交易速率。目前，公有链主要采用社区方式进行维护，代码完全开源，典型的公有链平台有比特币区块链、以太坊区块链等。

2. 联盟链

联盟链是指各个节点通常有与之对应的实体机构组织，通过授权后才能加入和退出网络。各个机构组织组成利益相关的联盟，共同维护区块链的运转。联盟链的网络范围在公有链与私有链之间。与私有链一样，联盟链系统节点的数量往往是确定的，一般也具有身份认证和权限设置。

联盟链提供成员管理、认证、授权、监控、审计等管理功能，经过联盟认证的机构才能加入联盟链，对联盟链的写入及查询等操作均可通过联盟授权控制。联盟链的共识过程由预先选好的节点控制，每个区块的生成由预先选好的节点共同决定，其他接入节点可以参与交易，但不过问记账过程，任意节点可通过联盟链提供的开放API进行限定查询，一般适用于B2B场景。例如，由多家银行组建一个联盟链用以实现银行间的支付、清算、结算，各家银行将网关节点作为记账节点，为了使生成区块生效，则需要至少获得联盟中2/3节点的确认。联盟链可根据应用场景来决定对外开放读取程度，可开放给每个人，或者只限于联盟参与者，或采用混合型路线，例如区块的根哈希及其 API 对外公开，API 可允许外界用来做有限次数的查询和获取区块链状态的信息。由于参与共识的节点较少，联盟链一般不采用 PoW 机制，而是采用实用拜占庭容错 (PBFT)、Paxos[①]、Raft[②] 等算法。

相比于公有链，联盟链是多中心化结构，尽管只是部分改善信任问题，但其具有以下优点：①联盟链对区块链数据的访问可以进行权限设定和控制，因而拥有更高的可应用和扩展性。②联盟链节点的数量通常已知，彼此间有稳定的网络连接，因而可以设计更简单、效率更高的共识算法，极大地降低读写成本和时间，提高交易效率。③联盟链继承了部分中心化的优点，同时避免了高度中心化所带来的垄断压力。目前联盟链主要由联盟成员团队进行开发，代码一般部分开源或定向开源，典型的联盟链平台有超级账本 Hyperledger[③]、摩根大通区块链平台 Quorum[④] 等。

3. 私有链

私有链，也称专有链，是与公有链相对的一个概念。私有链是指各个节点的写入权限收归内部控制，而读取权限可视需求有选择地对外开放。所谓"私有"，就是指不对外开放，仅仅在组织内部使用的系统。

尽管私有链的共识、验证等过程均被严格限制在私有机构范围内，但仍然具备区块链多节点运行的通用结构，一般可认为私有链是一个小范围系统内部的公有链。从系统外部看，私有链可看成是中心化的；但从系统内部每个节点看，私有链是去中心化的。因此私有链完全有存在的价值，一般被应用于特定机构内部的数据库管理与审计等。目前，典型的私有链平台有 Hydrachain 等。

私有链与联盟链比较：联盟链可被看作结合了公有链的"低信任"和私有链的"单一高度信任"的混合模型，而私有链本质上可看作带有一定程度数字加密的可审计的中心化系统。

与公有链相比，私有链具有以下优点。①规则可改变。私有链中允许特权的存在，即运行着私有区块链的共同体或公司可以修改该区块链的规则，还原交易，修改余额等。②交易效率高。私有链所有节点和网络环境都是可控的，可采用共识算法减少区块生成时间，提高交易效率。③交易成本低。私有链中交易只需被几个授信的高算力节点验证就可以了，而不是需要所有节点的确认，因此交易成本相对较低。④较好的隐私保护。私有链中读取权限受到限制，因此可提供更好的隐私保护。⑤可以没有经济激励机制。私有链中参与记账的节点基本上都是属于某个机构内部的节点，记账本身就是该机构或上级的要求，因此不一定需要通过经济奖励来激励每个节点进行记账。

---

① Paxos 算法是一种基于消息传递的分布式一致性算法。

② Raft 是一种共识算法，用于管理多副本状态的日志复制。它通过逻辑分离，使之更容易理解和实现。Paft 提供了一种在计算机系统集群中分布状态机的通用方法，确保集群中的每个节点都同意一系列相同的状态转换。

③ 超级账本 (Hyperledger) 是 linux 基金会下的众多项目中的一个，是由 IBM、英特尔，还有金融公司 J.P.摩根及其他联合机构，于 2015 年提出的区块链项目，超级账本还包括 5 个框架项目 (Sawtooth、Iroha、Fabric、Burrow、Indy) 和 3 个工具项目 (Blockchain explorer、Cello、Composer)。

④ Quorum 是 J.P.Morgan(摩根大通) 推出的基于以太坊协议的开源区块链平台。它为金融、供应链、零售、房地产等行业提供支持隐私交易和隐私合约的以太坊联盟链。

公有链、联盟链和私有链三种不同类型的区块链对比如表 3-2 所示。

表 3-2 不同类型的区块链对比

	公有链	联盟链	私有链
参与节点	所有节点进入或退出不受限制	任何节点必须经过授权才可进入	通常在一个公司内部
匿名性	节点通常是匿名	对节点身份进行审核	对节点身份进行审核
共识机制	PoW/PoS/DPoS 等 任何人能参与共识	PBET/Raft 等	PBET/Raft 等
记账人	所有参与者	联盟成员协商确定	自定义
激励机制	需要	可选	可选
中心化程度	去中心化	多中心化	（多）中心化
突出优势	信任的自建立	效率和成本优化	信息透明和可追溯
信任问题	完全解决信任问题	不完全解决信任问题	不完全解决信任问题
数据写入能力	3~20 次/秒	1000~1 万次/秒	1000~20 万次/秒
典型场景	比特币、以太坊、加密数字货币、存证	跨境支付与清算、公益	企业审计、内控

3.2.6 区块链的"不可能三角"悖论

"不可能三角"悖论就是指区块链无法同时满足去中心化、高效性和安全性三个指标，只能在三者中选其二。

1. 追求"去中心化"和"安全性"就无法完全实现"高效性"

去中心化和安全性被认为是区块链最主要的特征和最大优势，但因它依赖分布式账本技术，区块交易数据要在全网广播和须被网络中的每个节点验证，因此"效率低"成为区块链应用的最大缺陷，主要原因有以下几点：

一是数据结构上，区块链基于时间戳的区块链式结构虽在数据的可追溯、防篡改上具有安全优势，也易于数据同步，但若需要对数据进行查找和验证时，则会涉及对链的整个遍历操作，而遍历是较为低效率的查询方式。

二是数据存储上，区块链利用强冗余性来获得强容错、强纠错能力，使得网络可以自动运转，每个节点都能下载、存储所有数据，但同时带来了巨大的数据校验成本和存储空间消耗。与分布式数据库不同，它不是随着节点的增加通过分布式存储提高存储能力，而是通过增加副本。随着区块链所承载的内容增多，未来对单个节点的存储能力提出了挑战。

三是内容验证上，区块链的每个节点都拥有所有的交易数据，同时对区块内的所有交易数据要进行哈希运算，这增强了网络的民主性和安全性。但由于这种设计不是以引用地址的方式存储数据，其在对大量数据的处理上存在效率问题。

四是并发处理上，区块链通过只允许一个节点获得记账权以建立区块，实质上是对拥有所有数据的整个"链条"在进行串行的"写"操作，这种机制虽能有效保证网络运行的安全和稳健，但效率远低于我们常用的关系数据库。

以比特币交易为例，交易结算平均至少需要 10～60 分钟才能确认，有时甚至需要超过 1 天时间。未来随着更多的比特币被"挖"出来，比特币区块链数量和总账本规模都在增加，交易验证时间将因账本规模的增加而进一步延长。国际清算银行研究发现，即便是与在线支付 PayPal 相比，比特币等私人数字货币的交易效率仍存在巨大差距，主要私人数字货币与传统支付方式的交易效率比较如表 3-3 所示。

表 3-3 主要私人数字货币与传统支付方式的交易效率比较[①]

类型	VISA	MASTER	PayPal	比特币	以太币	莱特币
交易效率（次/秒）	3526	2061	241	3.3	3.18	0.26

2. 追求"高效性"和"安全性"就无法完全实现"去中心化"

从共识机制的角度，在确保"安全性"前提下，为解决区块链技术所采用的工作量证明方式的低效性，权益证明机制、股份授权证明机制等都被采用。但无论是基于网络权益代表的权益证明，还是利用受委托人通过投票实现的股份授权证明，实际上都是对完全"去中心化"的退让，最终形成了部分中心化。

如私有链的区块建立则掌握在一个实体手中，且区块数据的读取权限可以选择性开放，为了安全和效率，它已经完全演化成为一种"中心化"的技术。联盟链只允许预设的节点进行记账，加入的节点都需要申请和身份验证，实质上是在确保安全和效率的基础上进行的"部分去中心化"或"多中心化"的妥协。

3. 追求"高效性"和"去中心化"就无法完全实现"安全性"

一个极端的案例便是基于 P2P(Peer-to-Peer) 的视频播放软件。过去，当在线观看人数增多时，基于中央服务器设计的视频服务器会因承载压力变大而速度缓慢。为了提高效率，P2P 视频播放软件的做法为：第一，资源的分享是不再依赖于中央服务器的"去中心化"模式，每个节点不仅是下载者，也是服务器。一个人在下载、观看视频文件的同时，也能将数据传输给别人。去中心化的网络参与的节点越多，数据传输也越快、效率也越高。第二，视频一秒 24 帧，少量图片的局部数据损坏并不影响正常的视觉感官，但因数据校验而出现的图像延迟是不可接受的。P2P 视频播放软件牺牲了"安全"性，允许传输的数据出现少量错误。当然，对于金融业来说，数据错误是不可接受的，安全性是金融业首要考虑的问题。

"不可能三角"的重要意义在于不能完全抛开"三角"中的其他两者而孤立地去谈其中之一。近年来，对区块链的很多研究工作都聚焦如何权衡"不可能三角"而努力，但从当前的技术条件看尚无法同时满足三者。若对这三者中的一个或两个条件进行妥协，所产生的新技术集合可能因更符合实际需求，在实际应用中的吸引力更强。

3.3 移动支付技术

3.3.1 移动支付概述

移动支付为用户带来了更便捷、更安全的支付体验，它已经改变了人们的生活方式。与以往银行卡联网中的参与者仅是银行主体、商户不同，移动支付业务运营参与者范围

---

① 资料来源：Bank for International Settlements. BIS Annua Economic Report 2017/2018, https://www.bis.org/publ/arpdf/ar2018e.htm。

有了极大的扩展，包括移动通信运营商、非金融支付机构等。

1. 移动支付的概念

所谓移动支付，就是允许用户使用移动终端对所消费的商品或服务进行账务支付的一种方式。作为智联网时代一种新型支付方式，移动支付以移动终端为中心，通过移动终端对所购买的产品或服务进行支付结算。

2. 移动支付的本质

移动支付的本质是金融业务。移动支付以智能手机等移动终端中的安全模块作为用户账户、身份认证等敏感数据的存储载体，利用线上移动互联网络或线下POS机、ATM机等支付受理网络终端实现不同账户之间的资金转移或支付行为。

在我国现行的金融法规与监管体制下，企业或者个人的银行账户是支付业务资金流动的起点和终点。银行账户体系是移动支付业务的基础，非金融机构的支付账户是移动支付业务的有效补充。正因如此，移动支付技术带来的业务创新并没有引发对现行监管体制下的相关法律、规章制度等大范围的修订。

3. 移动支付的优势

移动支付的优势集中体现在以下4点。

1) 安全性更高

移动支付由账号、密码、生物特征等完成认证才能支付以确保交易安全。在有客户数据或账户的同时，需要客户的指纹、瞳孔或脸部特征完成验证，实现支付操作。双重认证方式下，即使账号与密码被盗窃，但由于得不到生物特征的认证，相应的支付也是无法完成的。

2) 账户管理更便捷

移动支付为用户提供了更便捷的支付方式。用户可以方便地通过手机客户端使用线上移动互联网络，随时随地查询账户余额、交易记录、实时转账信息及修改密码等。用户还可以通过手机客户端或者UIM卡开发工具包UTK(UIM card Tool Kit)菜单对离线钱包进行空中充值，充分体现移动支付的移动、便捷、突破时域等特点。

3) 费用更低

移动支付将消除或减少信用卡费用。如之前的小企业，需要将其信用卡收入总额的2%~3%返回给信用卡机构。移动支付可以大幅降低手续费用，绝大多数商家支持移动支付。如微信支付向大部分商户收取0.6%的手续费，向用户收取0.1%的提现手续费。支付宝向商家收取的费率取决于商家使用哪种收款产品，大多数产品的费率也是0.6%；与微信支付一样，向用户收取0.1%的提现手续费。

4) 支付数据与营销结合

移动支付不仅是一种支付方式，更是一种营销工具。一旦客户选择消费中使用移动支付方式，商家就可以通过移动支付系统与客户建立联系。商家在获得客户的购买数据后，不但可以改进自身产品，还可以通过移动支付系统的会员与营销功能，发放会员福利、卡券优惠等，与客户建立良好互动来促进客户再次消费。

4. 移动支付的意义

移动支付的意义集中体现在以下 4 个方面：

(1) 有利于推动实现以"联网通用、安全可信"为目标的技术体系架构，促进各参与方在合理的商业模式支持下形成互惠关系和合作机制，实现"终端共享、成本分摊、一卡通用"；

(2) 有利于避免基础设施的重复建设，降低社会成本；

(3) 有利于融合线上线下支付渠道，整合金融 IC 卡（芯片银行卡）、互联网支付等优势资源；

(4) 有利于营造各产业链单元公平、开放、合作、共赢的良好局面，推动移动支付向服务更加丰富、应用更加广泛、功能更加强大的移动金融普惠方向发展。

3.3.2 移动支付技术标准体系

移动支付发展虽然潜力巨大，但因缺乏统一的移动支付标准一直制约着产业的发展。为引导和规范我国金融移动支付业务发展，实现资源共享和有效配置，推动移动支付产业化发展进程，营造安全可信的产业生态环境，中国人民银行于 2012 年发布了《中国金融移动支付技术标准体系报告》（以下简称《标准》）。《标准》的制定既有利于增强我国移动支付安全管理水平和技术风险防范能力，又有利于营造产业链各方开放、合作、共赢的良好局面。

该《标准》适用于参与移动支付业务的商业银行、支付机构、卡组织等，也适用于芯片、卡片、嵌入式软件、客户端软件、安全元件（SE，secure element）的应用、非接触式读卡器、手机终端等产品的制造商和第三方服务提供商。

《标准》的内容主要包括以下三个方面。

(1)《标准》的层次体系共分为 6 层，如图 3-17 所示。主要包括设备层、安全技术层、应用基础层、联网通用层、应用层、安全保障层，覆盖了目前较成熟的关键性、基础性内容，部分新技术应用由于尚未得到充分的验证，暂未纳入技术规范。

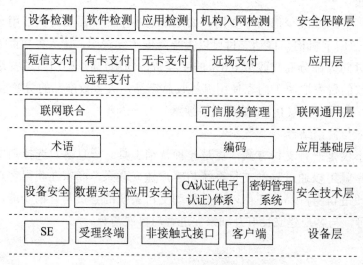

图 3-17 移动支付技术标准体系的层次架构

(2)《标准》主要规定与移动支付相关的术语、非接触式接口、安全元件(SE)、多应用管理、交易处理流程、报文接口、业务运营的相关要求。其主要包括应用基础类、联网通用类、设备类、应用类、安全保障类和安全技术类6大类,其中,安全技术类的标准涉及其他各类标准,将安全技术类进行拆分并归属于各个类别,形成了5大类35项移动支付技术标准体系,如图3-18所示。

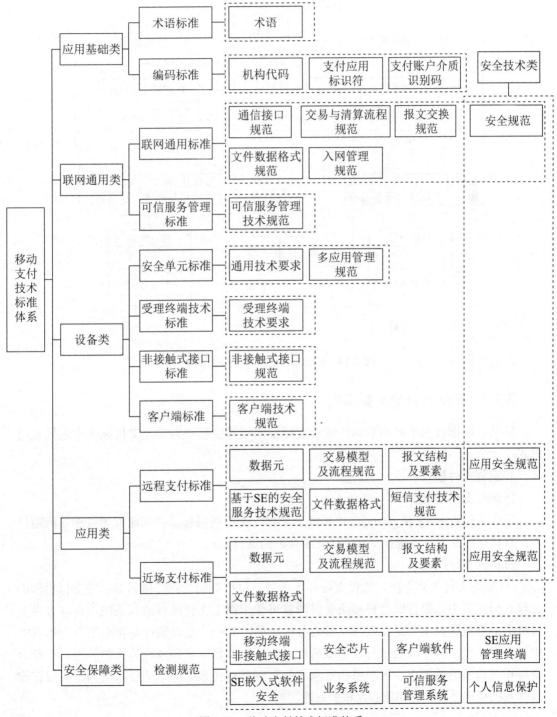

图 3-18 移动支付技术标准体系

(3)《标准》从产品形态、业务模式、联网通用、安全保障等方面明确了系统化的技术要求，覆盖金融移动支付各个环节的基础要素、安全要求和实现方案，包括非接触通信频率、安全载体形态、可信服务管理、电子认证等关键技术方案的选型和技术路线，确立了以"联网通用、安全可信"为目标的技术体系拓扑架构，如图 3-19 所示。

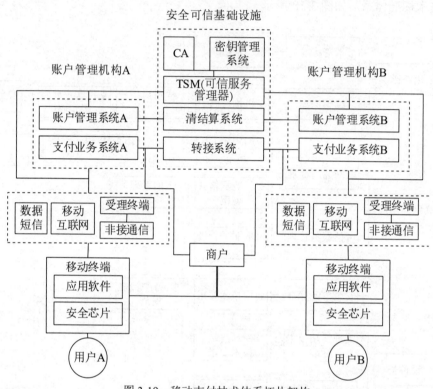

图 3-19　移动支付技术体系拓扑架构

3.3.3　移动支付的主要模式

目前，根据技术手段的不同，移动支付技术模式主要分为远程支付模式和近场支付模式。

1. 远程支付模式

1) 远程支付的概念

远程支付 (remote payment)，也称线上支付，是指利用移动终端通过无线通信网络接入，直接与后台服务器进行交互完成交易处理的支付方式。

2) 远程支付的类型

(1) 根据支付主体不同，远程支付分为金融支付机构的远程支付和非金融支付机构的远程支付。其中，银行的远程移动支付清算可使用网上支付跨行清算系统；而非金融支付机构的远程支付主要是互联网支付业务的延伸，其账户是以银行备付金账户为基础的中间账户。考虑到银行账户与非金融机构支付账户监管要求和风险等级的差异，在符合金融相关政策的前提下，可采用相对独立的与现有转接系统类似的技术架构，以保证金融体系的稳定性及业务的兼容性和扩展性。

(2) 根据交易对象不同,远程支付技术可分为个人对个人的远程转账和个人对企业的远程在线支付。

(3) 根据应用技术不同,远程支付技术主要包括短信支付、客户端支付(无卡支付)、智能卡支付和移动终端外设支付 4 种,如表 3-4 所示。在移动支付的早期,远程支付通常依靠短信支付方式完成,但短信方式由于指令较为复杂、用户记忆不便,现在应用比较少。目前,主要依赖于移动终端的支付客户端。

表 3-4 远程支付技术类型

远程支付技术	说明
短信支付	指用户通过编辑、发送短信完成的支付
客户端支付	指用户通过移动互联网浏览器或支付客户端与支付平台交互完成支付
智能卡支付	指用户通过存储支付数据的智能卡,并进行安全认证完成远程支付
移动终端外设支付	指通过移动终端的外接设备完成刷卡支付

3) 远程支付流程

通常,一个完整的远程支付系统是由以下 4 个子系统构成的:

(1) 商品和支付信息来源管理系统;

(2) 商户方或者服务方结算系统;

(3) 移动支付服务提供系统;

(4) 交易支持系统。

远程支付系统的 4 个子系统的交互流程如图 3-20 所示。

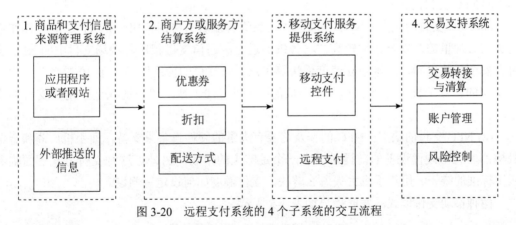

图 3-20 远程支付系统的 4 个子系统的交互流程

从该流程中可以看出,关键的部分是移动支付服务提供系统,在应用、网络、系统、管理和终端 5 个层面,均利用移动支付控件技术来实现安全认证和加密。因此系统应具有高强度的自主安全体系架构以抵抗各种网络攻击。

2. 近场支付模式

随着移动支付的流行,蓝牙、红外线、RFID(无线射频识别)等近距离通信技术成为移动支付领域的主流技术。近场通信(near field communication,NFC)技术,又称为近距离无线通信技术,是一种短距离的高频无线通信技术,允许电子设备之间进行非接触式点对点数据传输(一般在 10 厘米以内),实现安全的近场支付。

1) 近场支付的概念

近场支付 (proximity payment)，是指移动终端 (主要是指智能手机) 通过实体受理终端 (如 POS 机、ATM 机)，利用近距离通信技术在交易现场以联机或脱机方式完成交易处理的支付方式。

2) NFC 支付的应用现状

在我国，移动终端通过 NFC 进行移动支付。无论各家的 Pay[①]，还是主机卡模拟 (host card emulation，HCE) 都用到了银联的云闪付服务。

国内主要的 Pay 类 NFC 支付有 Apple Pay、Samsung Pay、Huawei Pay、Mi Pay、Meizu Pay 等，但没有 Android Pay。它们都用到 NFC 的卡模拟模式，但在手机内并非绑定的是银行卡的完整卡片信息，而是形成特殊 Token 号。在支付时，通过 NFC 通信把 Token 传递给 POS 机，POS 机再把 Token、交易金额发送给银联和银行，进行验证后完成交易。在这个过程中手机是无须联网的，相当于一张实体银行卡。这类 Pay 为了保证安全性，还需要内置安全模块，用于存储 Token 信息。如 Apple Pay 利用指纹识别 (touch ID) 进行 Token 的读取和交易确认，而 Samsung Pay、Huawei Pay、Mi Pay 用到的是 Electron SE 模块，实现原理基本是一样的。

近场支付还有通过主机卡模拟方式 HCE，包括 NFC-SIM 卡和银联云闪付卡。其中，NFC-SIM 卡需要运营商提供的特制 SIM 卡，配合运营商的钱包 App 来使用。银联云闪付卡则较为简便，只需要在支持 NFC 功能的手机上，安装云闪付 App 或各大银行的 App 就可以使用。

3) NFC 支付的优缺点

(1) NFC 支付的优点。NFC 是双向的，最终解密后的密钥有加密算法，又是存储在手机加密芯片里的，安全系数较高。与传统的近距离通信支付相比，近场支付中的 NFC 支付有安全系数更高、连接建立速度更快等优点。该支付的使用距离小于 10 厘米，可避免设备间的相互干扰。此外，其建立连接的时间小于 0.1 秒，较好地保证了用户支付的安全性。

(2) NFC 支付的缺点。NFC 的普及需要有大量的硬件设备来支持，而手机厂商和金融机构部署大量硬件设备的前提是要有一个足够大的市场。另外，这种支付方式还面临着应用标准的统一、用户手机丢失怎么解决、支付额度如何设定等问题。

两种移动支付模式的发展趋势如表 3-5 所示。

表 3-5 移动支付模式的发展趋势

移动支付模式类型	发展趋势
近场支付模式	近场支付由于其快捷性和便利性，未来将会逐渐普及 未来的发展主要取决于智能卡技术、移动终端技术，以及两者如何结合
远程支付模式	未来的发展主要取决于创新的业务模式和成功商业模式 HTML5 等新技术的引入将对移动远程支付模式的发展产生影响

---

① Pay：一种移动支付方式。

3.3.4 远程支付技术

远程支付技术主要包括短信支付技术、客户端支付技术、智能卡支付技术、移动终端外设支付。

1. 短信支付技术

1) 技术方案

在短信支付交易过程中,包含支付信息的短信指令从用户的移动终端(一般指手机)发送到短信处理平台,通过识别、审核和交换后,支付信息被转发到移动支付接入平台与账户管理系统完成相关业务。短信支付的应用系统架构如图3-21所示。

短信处理平台由移动运营商建立和管理,依约定的格式,在移动终端和移动支付接入平台之间进行短信转发。为保障短信支付的安全性,短信的传输应采用健全的通信传输协议来保证传输可靠性,而且不能在一条短信中同时出现账号、密码等敏感数据。

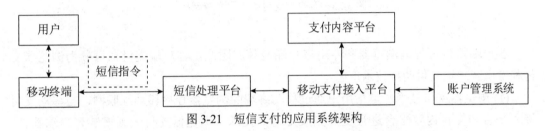

图3-21 短信支付的应用系统架构

2) 技术特点

短信支付的方案实现简单、便捷,技术门槛低,而且现有的移动终端和通信网络环境无须做任何改造就能实现,业务实施成本低。但因短信支付方案的用户交互体验较差,且无法保障短信传输的可靠性,在需要复杂交互的支付业务方面存在困难。

3) 典型业务

典型的短信支付业务有中国的上海电信推出的手机缴费业务和肯尼亚电信运营商推出的M-PESA业务。在上海电信推出的手机缴费业务中,用户首先将自己的手机号码与一个支付账户绑定,并针对要缴费的业务申请开通手机缴费功能。每月该业务账单生成后,系统向用户发送账单信息(包括条码号、金额等)。用户可以编辑并发送短信到特定的支付服务接入号,发起手机缴费。具体流程如图3-22所示。

图3-22 上海电信手机缴费业务的交易流程

M-PESA在肯尼亚当地的斯瓦希里语中,就是"移动货币"的意思,M-PESA是肯尼亚电信运营商Safaricom推出的全球首个由移动运营商独立开发和运作,传统商业银行不参与运营的新移动银行业务。M-PESA是一种虚拟的电子货币,用户开通M-PESA业务后,只需要通过发送短信就可完成转账,并且汇款人和收款人都不要求拥有银行账户,收款人持收到的转账短信即可到M-PESA代理点兑换现金。

2. 客户端支付技术

1) 技术方案

客户端支付是指用户使用移动终端，由移动终端客户端软件接受用户的支付请求，并通过移动互联网将支付请求发送给后台服务器，由账户管理系统进行资金转移的操作，然后将操作结果通知移动终端和服务提供方完成支付的业务。整个过程在线完成，不需要其他现场受理终端的参与。

客户端支付的应用系统架构如图 3-23 所示。

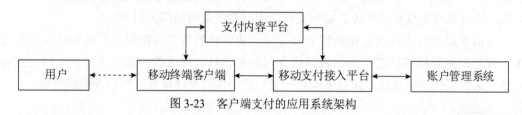

图 3-23　客户端支付的应用系统架构

2) 技术分类

客户端软件可分为浏览器和专用客户端两种。因此，客户端支付也可分为浏览器支付和专用客户端支付两种技术形态。

(1) 浏览器支付技术。是指用户通过移动终端的浏览器连接移动互联网，与移动支付接入平台和支付内容平台进行交互完成支付的技术。浏览器支付无须安装客户端软件，可通过浏览器或双因子验证方式完成支付操作。

(2) 专用客户端支付技术。是指用户使用专用的移动终端客户端软件，连接移动互联网，与移动支付接入平台和支付内容平台进行交互完成支付的技术。专用客户端支付是专门针对某类支付业务设计的，功能强大，流程灵活，用户体验较好，并且可端到端加密。

3) 典型业务

典型的客户端支付业务有客户端版手机银行业务，如银行推出的客户端版手机银行。银行的用户可在 iPhone(苹果系统)、Android(安卓系统) 等智能手机或平板电脑中下载安装银行的手机银行客户端，使用银行卡或信用卡账户登录后，可办理银行账户查询、转账汇款、信用卡还款、充值缴费、申购赎回基金及理财产品等多种金融应用。客户端版手机银行功能如表 3-6 所示。

表 3-6　客户端版手机银行功能

功能	说明
账户管理	实现银行一卡通、信用卡的账户余额查询、交易记录查询、密码管理、挂失、ATM 机/POS 机/网银额度管理等功能
卡内转账	实现用户银行注册账户之间的转账，注册账户包括一卡通、信用卡、存折账户，实现一卡通账户的定期活期互转
投资管理	实现基金查询、基金申购/赎回、理财专户管理、证券行情、受托理财购买赎回、银证转账、实物黄金交易、延期黄金交易、黄金行情查询、资金库存持仓查询、委托/成交查询、黄金专户开户、黄金专户转账、客户信息修改、专户密码修改/重置、交易账号变更等

续表

功能	说明
转账汇款	实现各类转账汇款业务，包括转同城同行、转异地同行、转同城他行、转异地他行，手机号转账，收款方信息管理，转账支付功能申请，交易查询等
一卡通/信用卡自助缴费	实现缴手机费、电话费等缴费功能
外汇管理	实现外汇购汇、外汇结汇功能
信用卡管理	实现信用卡额度管理、交易明细查询、还款设置、积分管理等功能

3. 智能卡支付技术

1) 技术方案

智能卡是指集成了安全运算元件和安全存储的集成电路卡片，包括用户身份模块 SIM 卡 (subscriber identity module card)、用户识别模块 UIM 卡 (user identity model card)、SD 卡 (secume digital card)、手机内置 SE 等卡片。

智能卡支付技术以具有安全芯片的智能卡作为银行卡、电子钱包、电子现金等支付账户的载体，提供基于中国人民银行规范流程的安全计算和存储，实现身份验证、交易数据保护、交易数据完整性和不可抵赖性的技术支持，从而保证支付交易的整体安全。

智能卡远程支付的应用系统架构如图 3-24 所示。

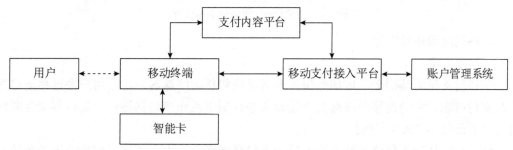

图 3-24　智能卡远程支付的应用系统架构

用户通过移动终端访问支付内容平台，选择相应商品并发起支付请求，订单生成后，通过移动终端与智能卡进行交互，读取并认证卡内的支付账户后，将交易请求发送至移动支付接入平台，并最终转发至账户管理系统完成支付交易操作。

智能卡支付具有安全、高效的特点，可全方位支持各类支付交易，不必使用"签约绑定"等额外安全手段，而且可以使用客户端，用户交互体验良好。

2) 典型业务

典型业务有银联 UP(UnionPay) 卡类业务和银联 SD 卡远程支付业务等。CUP Mobile(China UnionPay) 是中国银联 2005 年推出的移动支付应用平台，CUP Mobile 包括 UP Cash、UP Cards、UP Voucher 等移动支付业务。

UP Cards 支持目前的银联标准卡(磁条)应用和中国人民银行 2.0 借/贷记应用。将持卡人持有的银联标准卡，通过一定机制安全地存储在手机中嵌入的智能卡内，实现了与传统银行卡一样的使用接口，提高了支付的便利性和安全性。持卡人可以同时将多张银行卡的信息存储在手机上，在实际支付时可以方便地选择手机内存储的任何一张银行卡账户进行支付。UP Cards 业务的基本流程如图 3-25 所示。

使用智能卡进行远程支付时，用户先选择要支付的业务，后台系统生成订单后，发送数据短信给手机智能卡，激活其中的 STK/UTK(SIM tool kit/UIM card tool kit) 支付菜单，用户在菜单中输入密码后，手机智能卡通过加密的数据短信发送银行卡磁条信息和支付密码到移动支付后台系统，后台系统验证通过后完成支付操作。

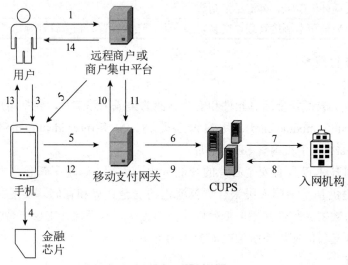

图 3-25　UP Cards 业务的基本流程

4. 移动终端外设支付

1) 技术方案

在移动支付的基础上，增加外接读卡器模块和移动终端客户端，用户通过移动终端发起支付请求，并通过移动终端的外接设备进行刷卡或账户访问操作，再由移动互联网与支付平台交互完成支付操作。

移动终端外设支付将移动终端改造为支付受理终端，大大拓展了银行卡等设备的受理环境，而且成本低，部署便捷，适合有收款需求的小型商户。但技术门槛的降低同时也带来了安全隐患，例如，存在非法商户恶意收集用户银行卡等账户信息的风险。对于个人用户而言，用户必须同时携带手机和外接读卡器，较其他移动支付方式便捷性差。

2) 典型业务

典型的移动终端外设支付业务有国外的 Square 支付产品。Square 公司的支付产品是一个带音频接口的外接读卡器，插入移动终端的音频接口后，用户可在读卡器上刷银行卡，读卡器将刷卡信息转换成音频信号，由安装在 iPhone 或 Android 移动终端上的 Square 客户端软件将音频再转换成数字信息，然后将支付应用和刷卡付款信息用加密的方式传输到服务器端，服务器端再返回刷卡是否成功的信息，完成刷卡支付。通过这种方式，将用户的移动终端变成一个刷卡 POS 终端，使得用户无须开通网银即可享受在线支付服务。

Square 产品的主要应用场合是商户收款。商户需要收款时，在手机支付界面中输入金额等订单信息和持卡人的手机号码，生成支付订单；用户 (持卡人) 确定订单信息，通过 Square 刷卡，并输入密码、银行卡卡号及密码信息，通过网络送到后台进行验证；验证成功后，后台系统向用户发送成功短信，完成支付。

3.3.5 近场支付技术

1. 近场支付技术的来源

移动支付技术的主流是近场无线通信 (near field communication，NFC) 技术，也被称为近场支付技术。NFC 技术是由 Philips(飞利浦) 公司和 Sony(索尼) 公司 2002 年共同联合开发的新一代无线通信技术。该技术最初只是非接触式射频识别 (Radio Frequency Identification，RFID) 技术和互联技术的简单合并，现在已经演变成一种近距离无线通信技术，并且发展态势相当迅速。

2004 年，Nokia(诺基亚)、Philips、Sony 公司成立了一个非营利性标准组织 NFC 论坛，共同制定了行业应用的相关标准以推动 NFC 的发展和普及，促进 NFC 技术的实施和标准化，确保设备和服务之间的协同合作。

目前，NFC 已成为 ISO/IEC IS 18092 国际标准、EMCA-340 标准与 ETSI TS 102 190 标准。NFC 标准兼容了 Sony 公司的 FeliCa[①]TM 标准，以及 ISO 14443 A、B，也就是使用 Philips 的 MIFARE[②] 标准。在业界简称为 TypeA，TypeB 和 TypeF，其中 A，B 为 MIFARE 标准，F 为 FeliCa 标准。

2. NFC 设备构成

NFC 设备在通信层面，由 NFC 芯片和 NFC 天线组成。① NFC 芯片。芯片具有相互通信功能，并具有计算能力，在 FeliCa 标准中还含有加密逻辑电路，在 MIFARE 的后期标准也追加了加密 / 解密模块 (security authentication module，SAM)。② NFC 天线。天线是一种近场耦合天线，耦合方式是线圈磁场耦合。

3. NFC 技术的特点

NFC 技术的特点主要包括以下 4 点。

1) 近距离无线通信

与 RFID 一样，NFC 信息也是通过频谱中无线频率部分的电磁感应耦合方式传递。但与 RFID 不同的是，NFC 技术具有双向连接和识别特点，在 13.65MHz 频率运行距离在 20 厘米内。

2) 较低的传输速率

NFC 技术传输速度有 106kb/s、212kb/s 和 424kb/s 三种。

3) 非接触式点对点连接

NFC 终端设备无须发现、无须配对，其反应时间只需 0.1 秒，几乎不消耗电量。

4) 多以被动连接方式

主要采用主动和被动两种读取模式，其中，主动模式需要使用电池，还需要独立发射模组；被动模式不需要使用电池，但无法独立发射信号。

---

① FeliCa：索尼公司开发的射频识别技术，非接触式智能卡。
② MIFARE：飞利浦电子公司拥有的 13.56MHz 非接触性辨识技术。

4. NFC 的连接与传输技术

NFCIP-1(near field communication interface protocol) 标准中规定了帧结构、调制机制、编码、传输速率、射频接口，还有初始化过程、冲突检测和传输协议等规则。

1) 帧结构

不同的传输速率具有不同的帧结构。在 106kb/s 的速率下存在三种帧结构：短帧、标准帧、检测帧。速率 212kb/s 和 424kb/s 的帧结构相同，由前同步码、同步码、载荷长度、载荷和校验码顺序组成。

2) 初始化过程

NFC 设备的默认状态均为目标状态，目标设备不产生射频场，保持静默以等待来自发起设备的指令，应用程序能够控制设备主动从目标状态转换为发起状态。设备进入发起状态后开始冲突检测，只有在没有检测到外部射频场时，才激活自身的磁场。应用程序确定通信模式和传输速率后，开始建立连接传输数据。初始化过程如图 3-26 所示。

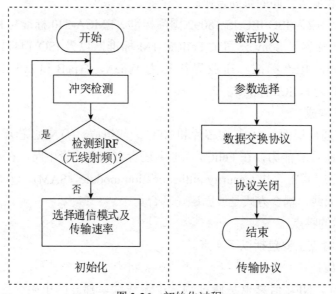

图 3-26 初始化过程

3) 冲突检测

(1) 冲突避免：即防止干扰其他正在通信的 NFC 设备和同样也工作在此频段的电子设备。标准规定所有 NFC 设备必须在初始化过程开始后，首先检测周围的射频场，只有不存在外部射频场时，才进行下一步操作。

(2) 单设备检测：NFCIP-1 标准中定义了 SDD(single device detection，单设备检测) 算法，用于区分和选择发起设备射频场内存在的多个目标设备。SDD 主要是通过检测 NFC 设备识别码或信号时隙来实现的。

4) 传输协议过程

传输协议过程包含以下三个步骤：第一，协议激活。负责发起设备和目标设备间属性请求和参数选择的协商。第二，数据交换协议。半双工工作方式，以数据块为单位进行传输，包含错误处理机制。数据交换协议中的多点激活 (multi-activation) 特性允许发起设备在同一时刻激活存在于射频场内的多个目标设备，使发起设备能够同时和多个目标设备进行通信。第三，协议关闭。在数据交换完成后，发起设备执行协议关闭过程，包括撤销选中和释放连接。撤销选中过程停止目标设备，释放分配的设备标识符，并恢复到初始化状态。释放连接使发起设备和目标设备均恢复到初始化状态。

5. NFC 的通信模式

NFC 终端主要有三种通信模式，即主动模式、被动模式和双向模式。

1) 主动模式

在主动模式下 NFC 终端可以作为一个读卡器，发出射频场去识别和读/写别的 NFC 设备信息。NFC 主动通信模式如图 3-27 所示。

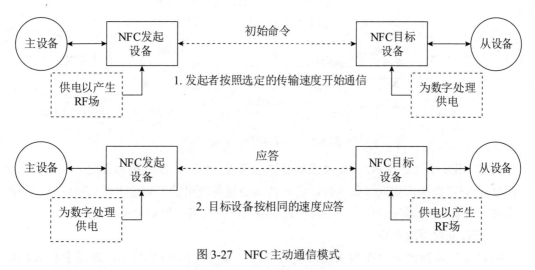

图 3-27　NFC 主动通信模式

(1) 为 NFC 发起设备 (主设备) 供电，使 NFC 发起设备产生射频电磁场 (radio frequency, RF 场后)，NFC 目标设备 (从设备) 感应电流以驱动自身电路工作，此时两个 NFC 设备会约定好通信协议、传输速度等，而且感应电流为数字处理供电。

(2) 目标设备应答发起设备时，需要目标设备为其 NFC 模块供电，产生其自身的射频电磁场，并按照第一步约定的协议进行应答，而发起设备的 NFC 模块感应目标设备射频电磁场产生电流并驱动自身电路工作。

2) 被动模式

在被动模式下正好和主动模式相反，此时 NFC 终端则被模拟成一张卡，它只在其他设备发出的射频电磁场中被动响应，被读/写信息。NFC 被动通信模式如图 3-28 所示。

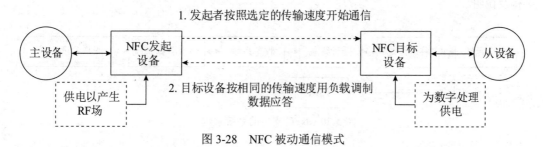

图 3-28　NFC 被动通信模式

整个通信过程一直由发起设备 (主设备) 向其 NFC 模块供电，并产生射频电磁场，而目标设备 (从设备) 感应发起设备产生的射频电磁场产生电流来驱动自身 NFC 模块电路工作。

3) 双向模式

在双向模式下 NFC 终端双方都主动发出射频场来建立点对点的通信。相当于两个 NFC 设备都处于主动模式。NFC 双向通信模式如图 3-29 所示。

支持 NFC 的设备可以在主动或被动模式下交换数据。在被动模式下,启动 NFC 通信的设备,也称为 NFC 发起设备(主设备),在整个通信过程中提供射频场。它可以选择 106kb/s、212kb/s 或 424kb/s 其中一种传输速度,将数据发送到另一台设备。另一台设备称为 NFC 目标设备(从设备),不必产生射频场,而使用负载调制技术,即可以相同的速度将数据传回发起设备。

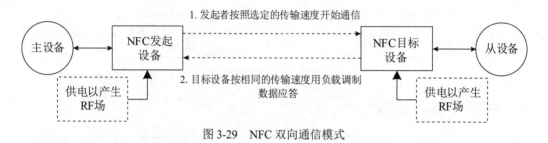

图 3-29　NFC 双向通信模式

目前,我们常见的 NFC 工作模式就是被动模式。例如,刷手机乘公交、购物等,这些都是将 NFC 终端模拟成一张卡片,它只在其他设备发出的射频场中被动响应。主动模式常见于读取 NFC 标签信息等,双向模式多用于信息交换,例如交换名片。

6. NFC 支付解决方案

NFC 支付是指消费者在购买商品或服务时,即时采用 NFC 技术,通过手机等移动终端设备完成支付交易,属于移动支付中的近场支付范畴。在支付过程中,具有 NFC 功能的 POS 机或自动售货机等读取同样有 NFC 功能的移动终端设备(如手机、可穿戴设备等)上的银行卡、密钥等相关支付信息,然后转接至指定支付系统网络,进行支付信息的验证,并最终完成支付交易流程。

支付的处理在现场进行且无须依赖移动网络,整个交易流程如果需要有网络验证服务,则可通过 POS 机或自动售货机接入相应支付网络完成。

中国人民银行颁布的中国金融移动支付的标准中定义了两种移动支付方式,即近场支付和远程支付。其中,近场支付即采用 NFC 的方式进行非接触支付,远程支付即移动终端通过移动网络,如 5G 网络,接入远程支付系统中进行支付。图 3-30、表 3-7 描述了 NFC 支付的系统架构及说明。

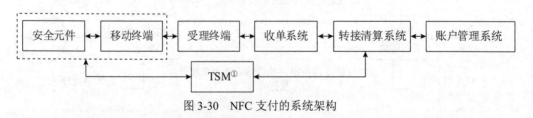

图 3-30　NFC 支付的系统架构

---

① TSM,trusted service manager,可信服务管理器。

表 3-7　NFC 支付的系统架构说明

NFC 支付的系统架构	说明
移动终端	指在移动支付业务使用过程中，用户在移动状态下使用的终端设备，如手机、穿戴设备等
受理终端	指参与移动支付交易的交易专用终端设备，如 POS 机、ATM 机
收单系统	负责联机交易信息的产生和转接，以及结算数据的收集、整理和提交等
转接清算系统	指实现跨机构支付业务转接、清算和结算功能的系统
账户管理系统	指为银行卡账户或非银行卡结算账户提供资金管理、结算等业务的系统
可信服务管理器 TSM	负责移动支付安全元件管理及生命周期管理的实体
安全元件 SE	用于安全敏感数据的存储，如对交易的关键数据进行安全存储和运算，确保敏感交易具有安全认证和不可抵赖性。安全元件以 SIM 卡、SD 卡或单芯片的形式存在

在 NFC 前期的解决方案中 (HCE 未出现前)，一般以安全元件 SE 的硬件来记录和存储以上敏感信息，安全元件 SE 本质是具有加 / 解密逻辑电路的芯片，硬件层面的安全级别可谓是最高的，其对所加载的 SE 安全模块宿主来说，里面存储的信息是完全的黑盒子，只能看到加密后的信息。

在移动支付领域，因 SE 搭载的方式不同，衍生出了三种解决方案：NFC-SD 卡方案、全终端方案及 NFC-SIM 卡方案。

这三种不同的解决方案其实并没有本质差别。衍生出这三种方案实际代表着移动支付各行业参与者的利益诉求结果。其中，NFC-SIM 方案对电信运营商 (移动、联通、电信等) 有较大好处；全终端方案则对手机厂商更加有利，NFC 全链路的支付硬件和底层都在手机厂商的控制范围内；而对于 NFC-SD 卡方案，因手机存储能力的逐年提升导致该方案不会成为主流解决方案。

1) NFC-SD 卡方案

NFC-SD 卡方案是指将安全元件 (SE) 集成在 SD 卡中的方案，如图 3-31 所示。在传统的 SD 卡内嵌入安全元件芯片之后，形成用于金融交易的智能 SD 卡，主要由国内金融机构推动。目前，已经成立了相关产业联盟，HTC、天语等手机厂商也推出了商用手机；中国建设银行、重庆农村商业银行等推出了采用 SD 卡的手机支付业务。

SD 卡中的安全元件与 CLF(contactless front, 非接触前端) 相连。这里 CLF 特指实现 NFC 功能的 NFC 芯片。当进行移动支付时，运行在安全元件中的移动支付应用通过 CLF 与受理终端，如 POS 机或 ATM 机进行 NFC 通信，从而完成金融交易。该方案需要修改手机硬件 SD 卡的相

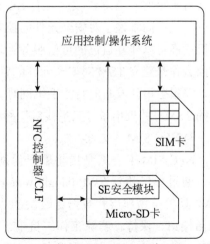

Micro-SD卡方案或叫NFC-SD卡方案：将SE安全模块内置到SD卡中，NFC控制器与SE安全模块通过SWP(单线协议)接口连接。

图 3-31　NFC-SD 卡方案

关电路,才能支持 CLF 与 SD 卡之间的通信。

2) 全终端方案

全终端方案指将安全元件集成在手机的主板上,或者与 CLF 芯片集成在一个 SOC (system on chip,系统级芯片) 芯片中,如图 3-32 所示。安全元件芯片的厂商主要是意法半导体集团,比如,意法半导体公司推出的 ST33F1M 安全芯片,搭载了金雅拓公司开发的安全操作系统。该操作系统基于 Global Platform GP 2.2/Java 3.0.1 平台,是目前市场上最先进的 NFC 安全支付平台之一。另外,意法半导体公司推出了集成安全芯片的 NFC 芯片 ST33。

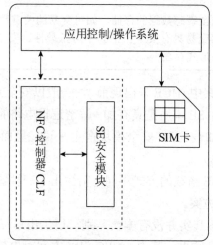

全终端方案:在手机主板上集成SE安全模块,也可将SE安全模块和NFC芯片封装成单一芯片。

图 3-32　全终端方案

对于全终端方案,安全元件 SE 芯片集成在手机电路板上,或集成在 SOC 芯片中,所以手机厂商掌握了对安全元件的控制权,给手机厂商提供了更多参与移动支付的机会。手机厂商可以建立自己的可信服务管理器 TSM(trusted service manager),或与其他业务提供商合作来建立 TSM 对安全元件的管理,从而在移动支付产业链中获取更大的利益,例如,三星公司新发布的智能手机同时支持 SWP SIM 和全终端方案。三星公司也建立了自己的 TSM,并推出了"三星钱包"移动支付业务。

3) NFC-SIM 卡方案

NFC-SIM 卡方案是指将用户识别模块 SIM(subscriber identity module) 卡作为安全元件,通过单线协议 SWP (single wire protocol) 与 CLF 芯片连接的方案,如图 3-33 所示。SWP 是关于物理层和数据链路层的协议,物理层负载 SIM 卡和 CLF 之间的物理链路的激活接口、保持、解除工作。目前,全球已经有 45 家移动运营商承诺支持和执行基于 SIM 卡的 NFC 解决方案和服务,主要手机厂商都发布了支持的手机系列。在商业运作方面,欧洲各国及新加坡已经建立了较为成熟的商业运营模式。

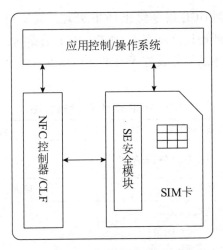

机卡协作-SWP方案或叫NFC-SIM方案：
将SE安全模块内置到SIM卡中，增加
SIM卡与NFC控制器之间的SWP接口。

图 3-33　NFC-SIM 卡方案

以安全元件 SE 的硬件来记录和存储以上敏感信息的三种 NFC 解决方案虽无本质上的区别，但它们在基本特征、安全性、可用性、兼容性上却有着各自的不同性能。三种解决方案的性能对比如表 3-8 所示。

表 3-8　三种解决方案的性能对比

	主要性能	SD 卡方案	SIM 卡方案	全终端方案
基本特征	SE 所处位置	集成到 SD 卡	集成到 SIM 卡	集成到手机上
	载体形态	SD 卡	SIM 卡	SMD 模组
	SE 和基带 / 应用处理器通信接口	SD 接口	7816 接口	SPI 等通信接口
	SE 和非接射频模块通信接口	SWP 接口	SWP 接口	内部接口
安全性	芯片和 COS 安全防护	相同		
	直接到 SE 寻址的安全通道	无	OTA(空中下载技术) 安全通道	无
可用性	多应用管理	相同		
	射频穿透性	依赖手机上集成的非接射频模块		
	手机应用访问 SE	直接访问	透过基带访问，需要基带支持	直接访问
兼容性	手机兼容	需要定制手机	需要定制手机，且手机兼容性好	直接访问
	读卡器兼容	兼容现有金融 IC 卡受理机具 (如 POS 机等)		

4）NFC-HCE 方案

NFC-HCE(host card emulation，主机卡模拟) 方案是指一种用软件模拟安全元件 (SE) 而实现 NFC 支付功能的 API(application programming interface，应用程序接口) 技术方案。让提供支付服务的 HCE 服务或应用充当 SE 安全模块的角色，CLF 芯片类似一个分包员，

Android 系统告知 CLF 遇到 HCE 指令就让 HCE 处理。而支付服务或应用对指令处理的具体实现可以在本地 App 或通过云端实现。NFC-HCE 方案有云端支付和前端支付两种模式，分别适用于不同的业务场景并兼容现有卡支付体系，可平滑过渡升级。HCE 两种认证模式对比如表 3-9 所示。

表 3-9 HCE 两种认证模式对比

模式	前端支付模式	云端支付模式
卡数据存储位置	存储在前端；密钥保存在软件 APP 中	存储在后台
交易速度	较快	稍慢；依赖于网络速度
适用场景	小额快速脱机交易	大额联机交易
建议适用的业务类型	电子钱包；电子现金；有限额的预付费卡；定额卡；会员 ID 卡；门禁、考勤等	借/贷记卡；额度较大的预付费卡等
安全体系需求	需要设计具有较高强度的数据安全存储机制，确保卡数据存储和调用安全	需要设计较为完整的 App 认证机制，确保对 App 进行认证和鉴权后才能调用后台卡数据

HCE 方案面临的最大难题还是其安全性问题。用软件（或云端服务）模拟了 SE，如果把卡号等敏感信息保存在手机中，在手机遗失或被 root[①] 后，信息可能被窃取。无论是本地软件还是云端 SE 的方案都没有硬件级别的安全性高。对于金融级别的移动支付，HCE 技术最可行的解决方案还是基于云端 SE 的方法，将支付数据存储在云端并且采用一些技术（如 Token 或者非对称密钥等）确保从 HCE Host 到云端服务器的数据传输通道的安全性、可靠性。解决安全性问题才能在金融业务方面有实现 HCE 标准的可能。

7. NFC 交易模型与流程

1) NFC 交易模型

中国人民银行发布的《中国金融移动支付近场支付应用第 2 部分：交易模型及流程规范》中定义了 4 种交易模型。

(1) 联机交易模型。联机交易模型分为线下非接触 PBOC 交易模型、线下 qPBOC 交易模型和线上交易模型。线下非接触 PBOC 交易是指受理终端使用非接触 PBOC 交易方式在本地或接入收单网络完成处理的交易；线下 qPBOC 交易是指受理终端使用 qPBOC 交易方式在本地或接入收单网络完成处理的交易；线上交易是指通过移动终端的无线通信网络，与后台服务器之间进行交互，由服务器端完成处理的为近场支付服务的交易。

(2) 脱机交易模型。脱机交易模型是指用户通过移动终端与受理终端交互进行支付，由受理终端直接承兑或拒绝，并在交易完成后通过收单系统和转接清算系统将交易通知或文件转发至账户管理系统进行清算处理。

(3) 移动终端交易模型。移动终端交易模型是指交易只在移动终端中的客户端和安全元件之间交互的交易模型。

(4) 应用管理交易模型。应用管理交易模型是指用户使用移动终端通过客户端或应用管

---

① root，是 Android 手机系统中唯一的最高权限，具有系统中所有的权限。即指获取最高权限，其主要作用是删除系统自带的一些程序和修改一些系统内容。

理终端完成如应用下载、应用删除、应用个人化和应用锁定等管理类交易的交易模型。

2) NFC 交易流程

中国人民银行发布的《中国金融移动支付近场支付应用第 2 部分：交易模型及流程规范》中主要有 3 种交易流程。

(1) 线下 PBOC 交易流程。中国人民银行 PBOC (The People's Bank of China) 规范又称为《中国金融集成电路 (IC) 卡规范》，该规范描述了电子钱包 / 存折应用，与 EMV 标准 (国际三大银行卡组织标准，Europay(欧陆卡)、MasterCard(万事达卡) 和 Visa(维萨)) 兼容的借 / 贷记应用，非接触式 IC 卡物理特性标准，电子钱包扩展应用指南，借 / 贷记应用个人化指南等内容。该规范最新的版本为 PBOC 3.0。

在线下非接触 PBOC 交易的处理流程中，安全元件与受理终端的交互过程及相关步骤说明如图 3-34、表 3-10 所示。

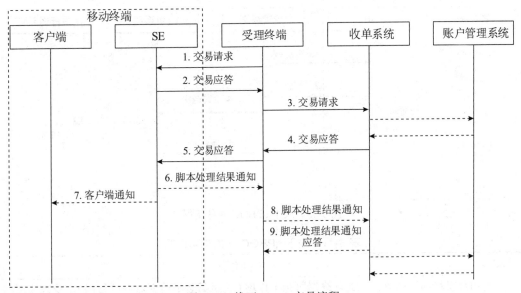

图 3-34　线下 PBOC 交易流程

表 3-10　线下 PBOC 交易步骤说明

步骤	内容说明
1	用户将移动终端放置于受理终端的射频场中，受理终端向安全单元发送命令，以获取发起交易所需的数据信息
2	SE 响应受理终端发起的命令，并将处理结果返回给受理终端
3	受理终端向收单系统发送交易请求
4	收单系统向受理终端返回交易应答
5	受理终端向 SE 发送外部认证命令，SE 响应外部认证命令，以进行发卡行认证
6	如果受理终端交易应答中存在脚本，则 SE 执行脚本，并将脚本执行结果反馈给受理终端
7	客户端向用户提示本次交易信息 (此步骤可选)
8	受理终端将发卡行脚本的执行结果反馈给收单系统
9	收单系统向受理终端应答脚本执行结果通知

上述流程适用于非接触 PBOC 方式下完成的 POS/ATM 联机交易,包括余额查询、消费、预授权等交易过程。

(2) 线下 qPBOC 交易流程。qPBOC 又称为快速 PBOC,定义了快速借记/贷记非接触式支付应用,以保证非接触快速交易。qPBOC 对标准的借记/贷记应用流程进行调整和优化,主要体现在:把多条命令压缩成尽可能少的命令,以减少交易的时间。将卡片和受理终端的交互过程集中完成,当卡片离开受理终端的通信范围后,受理终端再进行脱机数据认证、终端风险管理和终端行为分析,并允许卡片离开受理终端射频场感应范围之前或之后进行密码操作,使卡片在受理终端射频场感应范围停留的时间尽可能短。

在线下 qPBOC 交易的处理流程中,安全元件与受理终端的交互过程及相关步骤说明如图 3-35、表 3-11 所示。

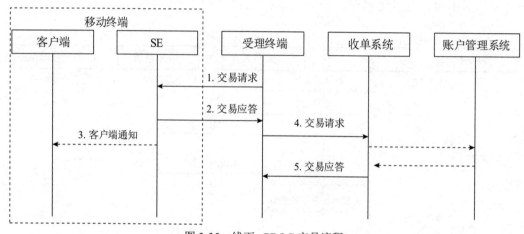

图 3-35　线下 qPBOC 交易流程

表 3-11　线下 qPBOC 交易步骤说明

步骤	内容说明
1	用户将移动终端放置于受理终端射频工作场(直至第 2 步结束后方可移出),受理终端向安全单元发送命令,以获取发起交易所需的数据信息
2	安全单元响应受理终端发起的命令,并将处理结果返回受理终端
3	客户端向用户提示本次交易信息(此步骤可选)
4	受理终端向收单系统发起交易请求,收单系统请求账户管理系统获取交易结果
5	收单系统向受理终端返回交易结果,受理终端显示交易结果

上述流程适用于 qPBOC 方式完成的线下联机交易,包括余额查询、转账、消费、预授权等。

(3) 脱机交易流程。在脱机交易的处理流程中,安全元件与受理终端的交互过程及相关步骤说明如图 3-36、表 3-12 所示。

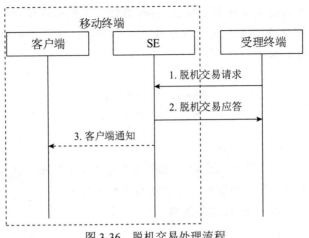

图 3-36 脱机交易处理流程

表 3-12 脱机交易步骤说明

步骤	说明
1	用户将移动终端放置于受理终端射频场内（直到第 2 步结束后方可移出），受理终端发起脱机消费交易
2	安全元件响应受理终端发起的命令并将脱机交易处理结果返回受理终端
3	客户端向用户提示本次交易信息（此步骤可选）。受理终端在同一清算日向收单系统上传清算数据

上述流程适用于非接触 PBOC 或 qPBOC 方式完成的脱机交易，包括脱机消费、脱机余额查询等交易。

本章小结

1. 数字货币所依赖的核心技术主要有密码技术、区块链技术及移动支付技术三大技术。

2. 区块链技术是数字货币的底层技术。它是一项集成了计算机科学、数学、密码学、经济学等多学科领域研究成果的组合式创新技术。区块 (block) 是构成区块链的基本单位，它是一种记录交易的数据结构。每个区块由两部分组成：区块头和区块体。区块结构具备两个显著特征：一是数据的完整性，二是数据的不可篡改性。区块链技术具有去中心化、可追溯性、防篡改性、去信任及自治性等特征。根据应用场景与设计体系不同，区块链被划分为公有链、联盟链和私有链。区块链技术与云计算、大数据、物联网、人工智能等新一代信息技术融合，为数字货币的发展提供了强大的技术基础。

3. 当前的区块链技术存在"不可能三角"，也就是无法同时满足高效性 (scalability)、安全性 (security) 和去中心化 (decentralization) 三个方面。

4. 移动支付技术就是允许用户使用移动终端对所消费的商品或服务进行支付的一种服务方式。根据技术手段的不同，移动支付技术模式可分为远程支付模式和近场支付模式。远程支付技术和近场支付技术是实现数字货币支付的主要技术。

5. 数字货币应用的密码学技术主要有 Hash 函数、公钥私钥非对称密码和数字签名技术。Hash 函数生成的消息摘要能有效保证信息的完整性,非对称密码技术和数字签名技术保证了数字货币的安全性。

复习思考题

1. 区块链技术有哪些主要特征?
2. 什么是私有链、公有链及联盟链,它们三者的主要区别是什么?
3. 什么是移动支付?简述金融移动支付的技术标准体系。
4. 简述 NFC 支付解决方案与交易流程。
5. 简述 Hash 函数的性质。
6. 说明数字签名与手写签名的主要区别。

第 4 章
主流的私人数字货币

　　私人数字货币没有国家信用背书,它不具备货币职能,本质上不属于货币。虽然私人数字货币发展受到众多国家的约束,但它产生的巨大影响力是毋庸置疑的。私人数字货币根据是否应用分布式账本技术分为加密数字货币和非加密数字货币两类,目前最被广为人知的是比特币。本章主要介绍比特币、天秤币、莱特币、门罗币和零币这几种主流的私人数字货币。

学习目标

1. 了解私人数字货币的概念与主流的私人数字货币。
2. 理解比特币的典型特征和运行机制。
3. 理解工作量证明机制。
4. 了解天秤币的价格稳定机制及技术特征。

知识结构图

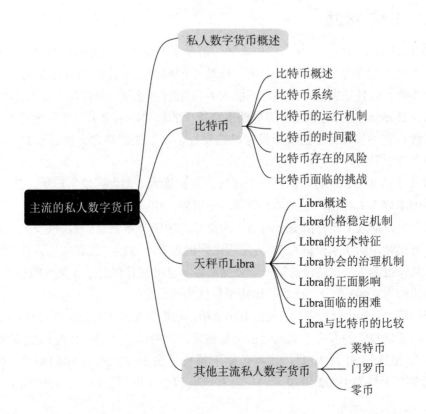

4.1 私人数字货币概述

私人数字货币发行先后经历了以比特币 (Bitcoin) 和以太币 (Ether) 为代表的第一代，以泰达币 (USDT) 和天秤币 (Libra) 等稳定币为代表的第二代。截至 2022 年 7 月 3 日，全球数字货币市场共有币种 20 091 种，总市值约为 8 708 亿美元。比特币是目前全球市值最大的数字货币，市值约为 4 040 亿美元，占全球数字货币总市值的 44.09%；以太币和泰达币分别占全球数字货币总市值的 15.48% 和 7.92%，是全球市值第二、第三大数字货币。

私人数字货币根据是否应用分布式记账技术 (distributed ledger technology，DLT) 可分为两类。一类是加密数字货币，最典型的特点就是采用了 DLT 技术。其中，比特币是最具代表性的加密数字货币，较为知名的还有以太币、天秤币、莱特币、门罗币、零币、狗狗币、点点币等。另一类是非加密数字货币，是指未采用 DLT 技术的数字货币，瑞波币 (Ripple) 就是典型的非加密数字货币的代表。

近十年来私人数字货币的发展表明它拥有的去中介化、交易匿名和隐私保护等特征成为其存在的理由。因为私人数字货币币值波动幅度过大，目前除极少数国家和极少数交易接受比特币等作为支付工具外，其他的私人数字货币主要被用于投机炒作和非法经济活动。尽管众多国家对持有交易私人数字货币进行约束，但由于私人数字货币拥有的高市值，其产生的影响力是毋庸置疑的，任何国家都无法忽视其存在。

4.2 比特币

4.2.1 比特币概述

2008 年 11 月 1 日，一位化名"中本聪"的学者发表了一篇奠基性论文《比特币：一种点对点的电子现金系统》，首次提出了比特币的概念。比特币的目标是为了建立一个新的货币体系，而且是去中心化的、不能人为调控的，成为一个客观、公正公平的货币。中本聪结合 B-money 和 HashCash 等早期数字货币的思想，创建了一个完全去中心化的电子现金系统，它不依靠特定的货币发行机构发行，而是依据特定算法通过的大量计算而生成的数字货币形式。

2009 年 1 月 3 日，比特币的第一个区块，又被称为"创世区块"诞生，第一批 50 个比特币由中本聪本人挖出，如图 4-1 所示。一周后，中本聪发送了 10 个比特币给密码学专家哈尔芬尼，形成了比特币史上的第一次交易。2010 年 5 月 22 日，佛罗里达程序员拉丝勒用 1 万比特币购买了价值为 25 美元的比萨优惠券，这标志着真实世界首个比特币交易诞生，从而也诞生了比特币的第一个公允汇率。这笔交易包含了 5 美元的服务费，1 比特币的价值约为 0.003 美分。此后，比特币价格快速上涨。

比特币是迄今为止最为成功的加密数字货币。根据区块链实时监控网站 Blockchain.info 统计显示，平均每天约有几十亿美元的交易被写入比特币区块链，目前已生成超过 70 万个区块。在 2021 年 11 月 10 日，比特币创下每枚兑换 68 928.90 美元的历史高值，而同期每盎司黄金价格为 1 852.50 美元。在没有政府和中央银行信用背书的情况下，去中心化的比特币已经依靠算法信用创造出与欧洲小国体量相当的全球性经济体。

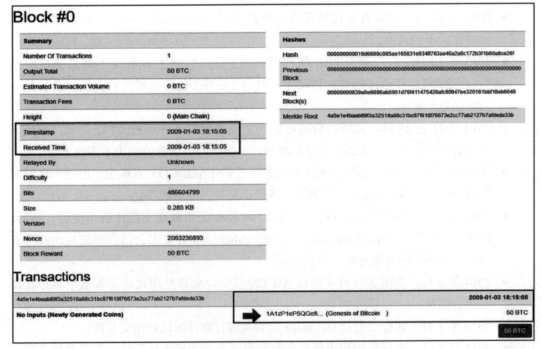

图 4-1　第一批比特币诞生 (Blockchain.info)

回望比特币的发展，主要经历的大事件如下：
- 2010 年 7 月 17 日，第一个比特币交易平台 MT. Gox 成立。
- 2011 年 2 月 9 日，每枚比特币的价格首次达到 1 美元，引起人们关注。
- 2011 年 4 月，中本聪退出公众视野，将比特币代码开发与网络建设的重任留给了欣欣向荣的社区成员。而"中本聪"究竟是谁，时至今日仍然是未解之谜。
- 2011 年 6 月，比特币获得《时代》周刊和《福布斯》的关注，开始吸引主流媒体的目光。同年 8 月 20 日，第一次比特币会议和世博会在纽约召开，在谷歌趋势 (GoogleTrends) 中，比特币的关注度创新高。2012 年 11 月 25 日，欧洲第一次比特币会议在捷克首都布拉格召开。
- 2012 年 12 月 6 日，首家在欧盟法律框架下进行运作的比特币交易所——法国比特币中央交易所诞生，这是世界上首家被官方认可的比特币交易所。
- 2012 年 12 月 28 日，比特币产量第一次减半。比特币产量每四年会减半。
- 2013 年 3 月，比特币区块链出现硬分叉，强迫大型矿池返回 0.7 旧版本后，分叉重新合并，问题得到解决。
- 2013 年 5 月 14 日，美国国土安全部获得法院许可，冻结了全球最大的比特币交易所 Mt. Gox 的两个账户。同年 5 月 28 日，美国国土安全部以涉嫌洗钱和无证经营资金汇划业务取缔了位于哥斯达黎加的汇兑公司 Liberty Reserve 的虚拟货币服务，美国检察官称这将成为历史上最大的国际洗钱诉讼案，洗钱规模达到 60 亿美元。
- 2013 年 7 月 30 日，泰国中央银行禁止购买、出售比特币及任何附带比特币交易的商品和服务，禁止接受或向泰国境外人士移交比特币，泰国开全球先河，封杀比特币。

- 2013年8月19日,德国政府正式承认了比特币的合法货币地位,纳入国家监管体系,德国也成为全球首个认可比特币的国家。
- 2013年10月,世界首台比特币自动提款机在加拿大启用,在这里可办理加拿大元与比特币的兑换。
- 2013年10月2日,美国FBI(联邦调查局)正式取缔了著名线下毒品交易网站"丝绸之路",在这次的查抄活动中,共有2.6万个比特币被没收,当时总价值为320万美元左右。
- 2013年11月29日,比特币价格达到历史上的新高——每枚1 242美元,而当天的黄金价格为每盎司1 240美元。此后,比特币的市场价值经历了多次波动。
- 2014年2月25日,当时全球最大的比特币平台MT. GOX宣称由于网络安全漏洞导致85万个比特币被盗,关闭网站并停止交易,随后破产。
- 2014年5月,美国卫星电视巨头Dish Network公司宣布支持比特币支付。随后,Dell、eBay旗下子公司Braintree、新蛋、Microsoft等多家公司宣布支持比特币支付,越来越多的企业开始支持比特币。
- 2014年6月,美国加州最终通过AB-129法案,允许使用比特币等数字货币在加州进行消费。
- 2015年1月,比特币公司Coinbase成为美国首家持牌比特币交易所。
- 2015年5月,高盛集团在报告中称数字货币成为市场大势所趋,联手其他投资公司向比特币公司Circle注资5 000万美元,开展区块链技术的技术储备和探索。
- 2015年6月,桑坦德银行宣布通过金融技术投资基金InnoVentures进行区块链试验。英国第二大银行巴克莱银行与比特币交易所Safello达成协议,将探索区块链技术如何赋能金融服务业。
- 2016年5月,日本首次批准数字货币监管法案,并定义比特币为财产。
- 2016年7月,比特币产量第二次减半。
- 2017年7月1日,日本政府正式取消征收8%的比特币消费税,将有更多商家开启比特币支付。
- 2018年8月22日,美国证监会(SEC)公布否决ProShares、Direxion和GraniteShares三家机构提出的合计9只比特币ETF(交易型开放式指数基金)的上市申请。
- 2019年4月,比特币价格突然暴涨,一度达到5 000美元。2019年6月,比特币价格再度突破10 000美元。6月26日上涨至近14 000美元的高点。
- 2020年3月12日,加密数字货币遭遇"黑天鹅"事件,数字资产市场出现暴跌,仅比特币和以太币在一天内就下跌了50%。
- 2020年5月12日,比特币在区块高度630 000处,进行第三次减半。
- 2020年12月16日,比特币破2万美元,创历史新高。
- 2021年11月10日,比特币创下68 928美元的历史最高值。

我国为防范比特币风险也出台了相关的政策,主要有:

(1) 2013年12月5日,中国人民银行、工业和信息化部、中国银行业监督管理委员会、中国证券监督管理委员会、中国保险监督管理委员会联合印发了《关于防范比特风险的通知》，认为比特币为"网络虚拟商品"，而不是货币，同时规定金融机构与支付机构不得开展与比特币相关的业务。

(2) 2017 年 9 月 4 日，中国人民银行等七部门发布了《关于防范代币发行融资风险的公告》。自公告发布之日起，各类代币发行融资活动应当立即停止。加强代币融资交易平台的管理，各金融机构和非银行支付机构不得开展与代币发行融资交易相关的业务。

(3) 2018 年 1 月 26 日，中国互联网金融协会发布《关于防范境外 ICO 与"虚拟货币"交易风险的提示》，四天后比特币单价跌破 1 万美元。

(4) 2018 年 8 月 26 日，中国银行保险监督管理委员会、中共中央网络安全和信息化委员会办公室、中华人民共和国公安部等多部门发布风险提示，提醒广大民众防范以"虚拟货币"等名义进行的非法集资。

(5) 2021 年 9 月 3 日，国家发展和改革委员会等部门发布《关于整治虚拟货币"挖矿"活动的通知》，有效防范处置虚拟货币"挖矿"活动盲目无序发展带来的风险隐患，深入推进节能减排，助力如期实现碳达峰、碳中和目标。

4.2.2 比特币系统

比特币是一种开源的、基于网络的点对点的匿名数字货币。与法定货币不同，它不依靠特定的货币机构发行，而是通过其独特的"挖矿"来实现的，即它是通过特定算法生成的数字货币形式。

比特币系统一般包括 P2P 网络、分布式总账、工作量证明共识机制、比特币激励机制、椭圆曲线密码算法等关键内容，如图 4-2 所示。

图 4-2　比特币系统概览

1. P2P 网络

比特币采用点对点网络 (peer-to-peer，缩写为 P2P)，P2P 网络具有以下主要特点。

(1) 网络上所有计算机以扁平式的拓扑结构相互连通与交互，每个节点的地位对等，某一节点发出的信息，最终可扩散到网络中的所有节点。

(2) 网络中不存在任何中心化的特殊节点和层级结构。网络的维护是去中心化的，不存在独立的第三方对网络进行集中监管。

(3) 每个节点均会承担网络路由、传播区块数据、验证区块数据、发现新节点等功能。

(4) 网络中一部分节点发生故障，整个网络的通信并不会受到显著影响。

(5) P2P 网络一旦启动就无法关闭，除非所有联网的计算机全部关机，或关闭全部比特币客户端。

在比特币系统中，交易的验证、记账、存储、维护和传输等过程均基于 P2P 的分布式网络系统结构，网络去中心化的措施特征使得比特币网络异常稳固，不用担心网络被关闭、比特币被没收，因此对比特币的信心支撑非常稳固。

2. 分布式总账

比特币在本质上是一个公开的分布式总账，数据采用带有时间戳的链式区块结构存储。区块链中记录了所有账户发生的所有交易，且每个节点都有一份完整的账本，每个节点都可以独立统计出比特币有史以来每个账号的所有账目，也能计算出任意账号的当前余额。任何想隐藏或修改交易数据的行为都会被整个网络否决掉，除非有人有能力修改 50% 以上用户的账本，这就是比特币系统里所谓的 51% 攻击。

比特币软件是开源的，任何人都可以去查看它的源代码，从而信任这套去中心化的系统。它具有三个显著的特点。

(1) 它是可以无限增加的巨型账本。它就像是一本非常厚的笔记本，每一页都记录了一个包含许多信息的区块，增加区块相当于这个笔记本增加一页。

(2) 它是加密且有顺序的账本。每一个区块都会被加密，且有时间标记，不可篡改，每个区块都是按照时间顺序链接形成的一个总账本，如果试图篡改一个，就需要改变背后的庞大数据链，这基本不可能完成。

(3) 它是去中心化的账本。每个区块都是由网内用户共同维护的，是去中心化的账本。

3. 工作量证明共识机制

比特币关键的创新之一是通过应用工作量证明 (Proof of Work，缩写 PoW) 共识机制，构建了一套基于密码学原理而不是基于信用的电子支付系统，双方达成一致可直接进行交易。

所谓 PoW 共识，俗称"挖矿"，就是"矿工"通过算力的竞争获取记账权的过程。网络中的每个节点(俗称"矿工")贡献自己的计算资源，以竞争方式解决一个难度可动态调整的数学问题，成功解决该数学问题的矿工将获得区块的记账权，并将当前时间段的所有比特币交易打包记入一个新的区块，按照时间顺序链接到比特币主链上。比特币网络会自动调整该数学问题的难度，让整个网络约每十分钟得到一个有效答案，大概十分钟后一个新区块就会被创建出来，整个区块链的长度就会加一。

比特币系统的运行基本都是依赖于算力投票机制。如靠数学运算获得记账权，比特币的安全传输靠计算力投票保障，比特币交易的不可撤销靠计算力投票达成，甚至比特币规则的更改、客户端的完善都算算力投票选择。

PoW 共识机制相比其他共识机制资源消耗高、可监管性弱。同时，达成每次共识需要全网节点都参与运算,性能效率比较低,容错性方面允许全网 50% 节点出错。

4. 激励机制

比特币系统同时会生成一定数量的比特币,以奖励成功获得记账权的"矿工",并激励其他"矿工"继续贡献算力。比特币虽用来激励"矿工"参与记账,但其根本目的是保证分布式网络系统记账数据的一致性。每隔十分钟,就会进行一次全网的一致性计算,保证了去中心化的网络同步交易记录,并解决了比特币中的"双重支付"问题。

"矿工"们负责对篡改全网总账本和"双重支付"进行监督。①篡改网络总账本,意味着区块链的分叉,正确的区块链会被绝大多数的矿工维护,而被篡改的区块链只有篡改者自己维护。因此,除非能够控制超过全网 51% 的算力,否则最终篡改的记录将不被承认而被舍弃掉。②比特币交易存在"双重支付"问题。所谓"双重支付",是指同一笔比特币被支付两次。同一笔比特币被支付两次必然形成不一致的区块数据,这将会导致区块链分叉,因此"承认哪次支付、拒绝哪次支付"就由"矿工"们投票决定。

5. 应用椭圆曲线密码算法

P2P 网络虽然可以提供较好的连通性,但是还不足以解决信任问题,如在通信过程中,面临消息的来源是否真实、消息内容是否完整、是否被篡改等问题。

在比特币系统中,人们通过应用椭圆曲线密码算法来保障通信和交易的安全。其中,私钥是一个随机产生的数字串,通过椭圆加密算法可以用私钥产生公钥,然后可以通过公钥产生比特币交易地址。

1) 私钥的生成

在比特币系统中,一般通过调用操作系统底层的随机数生成器来生成 256 位由 0 和 1 组成的随机数作为私钥。这 256 位二进制形式的比特币私钥,将通过哈希算法 SHA256 和 Base58 转换,形成 50 个字节长度的易识别和书写的私钥提供给用户。

2) 公钥的生成

公钥是由私钥生成的,是对 256 位私钥经过 Secp256k1 椭圆曲线算法,生成 65 个字节长度的随机数。

3) 地址的生成

公钥可用于产生比特币交易时使用的地址 (address),也就是钱包地址,它的生成过程如图 4-3 所示。

(1) 计算公钥的 SHA256 哈希值,生成 32 个字节的字符串;再计算 RIPEMD160 哈希值,生成 20 个字节长度的摘要结果,即 hash160 结果。

(2) 取上一步结果,前面加入地址版本号 (比特币主网版本号"0x00")。

(3) 再计算两次 SHA256 哈希值,取结果的前 4 个字节 (8 位十六进制)。

(4) 把这 4 个字节加在第 (2) 步结果的后面,作为校验,这就是比特币地址的 16 进制形态。

(5) 经过 Base58 编码转换,形成 33 个字节长度的比特币地址。

需要强调的是,从私钥到公钥再到比特币地址是一个单向产生的过程,整个生成过程不可逆,也就是说,不能反向地用比特币地址推算出公钥,或者从公钥推算出私钥。

在现有的比特币系统中,根据实际应用需求已经衍生出多私钥加密技术,以满足多重签名等更为灵活和复杂的场景。

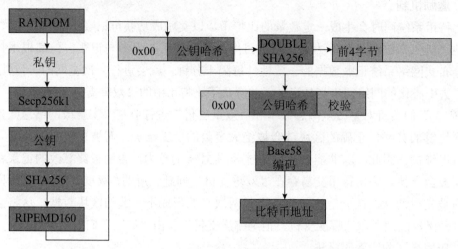

图 4-3　比特币地址生成的过程示意图

4.2.3　比特币的运行机制

1. 比特币的发行

比特币的发行是通过"挖矿"来实现的。通过对"矿工"参与记账的经济激励机制，比特币实现了"去中心化"发行。按比特币的设计原理，比特币的发行总数是 2 100 万个，前四年，每 10 分钟全球发行 50 个比特币，之后发行速率每四年递减一半。2009 年比特币诞生的时候，每笔奖金是 50 个比特币，在比特币诞生 10 分钟后，第一批 50 个比特币生成了，而此时的全网货币总量就是 50 个。随后，比特币以约每 10 分钟 50 个的速度增长[①]，但当全网总量达到 1 050 万个时，"挖矿"奖金减半为 25 个比特币；当总量达到 1575 万个，即增加 1 050 万个的 50% 时，奖金再减半，为 12.5 个比特币。事实上，87.5% 的比特币都在开始的 12 年内被"挖"出来，最后一个比特币大约会在 2140 年前后被挖出来。

比特币货币供应量变化情况如图 4-4 所示。

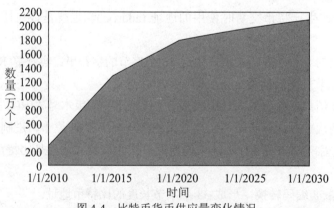

图 4-4　比特币货币供应量变化情况

---

① 每 10 分钟全体"矿工"计算一道问题。

2. 比特币的交易

比特币在全世界流通，可以在任意一台接入互联网的个人计算机上买卖，不管身处何方，任何人都可以挖掘、购买和出售比特币。比特币使用密码学的设计来确保比特币在流通各个环节的安全性。基于密码学的保障，比特币只能被真正的拥有者进行支付转移，实现了对比特币所有权与流通交易的匿名性。

所谓比特币交易，就是"从一个比特币钱包向另一个比特币钱包转入比特币"。比特币在交易时的表现形式是一串被称为"数字签名"的字符，这串字符包括了前一笔交易数据和下一个所有者的公钥信息。这串字符被发送给收款人（下一个所有者），收款人会验证这串字符串，并向全网节点广播，即交易对所有人都是公开的，如果被全网络认可交易有效，交易数据将被确认形成区块，收款人可以通过自己的私钥接受这笔比特币。

比特币的交易过程主要包括：比特币的拥有者使用私钥签名证明其所有权，比特币系统需要验证该比特币的所有权及它是否未被花费过。

比特币的交易如图 4-5 所示。

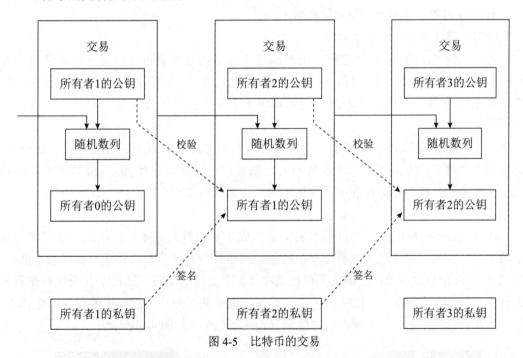

图 4-5　比特币的交易

比特币交易的本质是数据结构，在数据结构中含有比特币交易参与者的价值转移的相关信息。一笔比特币交易 (transaction，缩写为 TX) 含有若干个交易输入 (transaction input，缩写为 TXI，也可写为 Tx_in) 和若干个交易输出 (transaction output，缩写为 TXO，也可写为 Tx_out)。除创世区块 (genesis block) 中的交易外，每笔比特币交易都必有来源：一种是作为"挖矿"的奖励，在每个区块的第一笔交易中；另一种是前一个交易中，未被花费的交易输出 (unspent transaction output，缩写 UTXO)。

UTXO 模型最早由"比特币"系统提出并采用，是一种基于点对点的电子货币应用场景而设计的记录存储模型。在该模型中，使用交易输出对象 (transaction output，TXO)

存储金额，由其拥有者数字签名以确认归属权，一个 UTXO 对象内的值代表"有相应金额的货币未被花费"。

在 UTXO 模型中，应注意以下几点。

(1) 区块链并不保存用户的账户和余额等数据，区块链账本里记录的是一笔一笔的"交易"。一般来说，每笔交易都要花费 (spend) 一笔输入，产生一笔输出，而其所产生的输出就是"未花费过的交易输出"，也就是 UTXO。用户所有的资金都通过所属用户钱包地址的 UTXO 对象存储在区块链中，用户余额是该账户拥有的所有 UTXO 值之和。

(2) 一笔交易主要由交易输入 (transaction input，TXI) 和交易输出构成。每笔交易有若干笔交易输入，也就是资金来源；也有若干笔交易输出，也就是资金去向。除了货币发行交易 (Coinbase) 无交易输入外，所有交易都有至少一个可以被引用的已存在的 UTXO 对象 (由先前的交易产出) 作为交易输入，产生的交易输出通过至少一个 UTXO 对象保存。

(3) 每个 UTXO 对象仅能够被支付一次，交易后被 TXI 标记的 TXO 被认为"已花费"，新生成的 UTXO 对象拥有者变更为收款者并写入区块链中。

(4) 如果使用的 UTXO 对象金额大于需要支付的金额，余下的未花费金额将生产一个新的 UTXO 对象，其拥有者为付款者本人。

UTXO 模式遵守两个基本规则。

第一，除 Coinbase 交易之外，所有的资金来源都必须来自前面某一个或者几个交易的 UTXO。如同接水管一样，一个接一个，此出彼入，此入彼出，钱就在交易之间流动起来了。第二，任何一笔交易的交易输入总量必须等于交易输出总量，等式两边必须配平。

为了更好地理解 UTXO 模型，我们先看看与 UTXO 模型相对应的是 Account 模型，又被称为"账户余额模型"，这是最为大众熟知的一种模型。在 Account 模型中，用户的账户和余额在模型中储存为唯一标识的对象，余额在该对象中有"具体的数额"表示，如银行卡的卡号与卡中对应的余额。

在 Account 模型中，一笔最基本的交易构成主要由付款方账户、收款方账户和付款金额表示，交易可以不包含交易结果，而是通过事件的方式改变相关账户的状态。例如，张三挖到 12.5 个比特币；过了几天他把其中 2.5 个支付给李四；又过了几天他和李四各出资 2.5 个比特币凑成 5 个比特币付给王五。如果是基于账户余额模型的设计，张、李、王三人在数据库中各有一个账户，则他们三人的账户变化如图 4-6 所示。

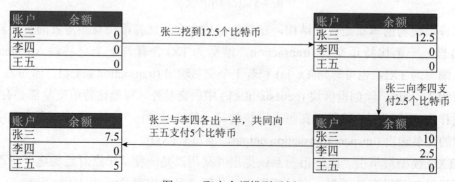

图 4-6　账户余额模型示例

账户余额模型的主要优点是模型简单，存储开销比较小，因为一笔交易只有一个交易输入、一个签名和一个交易输出，节省空间，适合轻量级客户端。账户余额模型的主要缺点是没有币的来源，所以不能追溯交易来源。

而在比特币中，上述过程是通过 UTXO 模型实现的，如图 4-7 所示。

(1) 第一个交易 #1001，张三挖到 12.5 个比特币。该交易是 Coinbase 交易，由"矿工"挖出比特币。当一个矿机找到一个合格区块后，它就可以获得创造一个 Coinbase 交易的特权。在其中放入"挖矿"所得收入，并在交易输出的收款人地址一栏中写入自己的地址，即"张三的地址"。这个 Coinbase 交易随着张三挖出来的区块被各个节点接受，永远在区块链中保留。

(2) 第二个交易 #2001，张三打算付 2.5 个比特币给李四。

首先，张三发起 #2001 号交易，这个交易的资金来源项写着"#1001(1)"，也就是 #1001 号交易，张三挖出矿的那个 Coinbase 交易的第一项 UTXO。

其次，在本交易的交易输出 UTXO 项中，把 2.5 个比特币的收款人地址设为"李四的地址"。

最后，根据输入与输出配平规则，这一笔交易必须将前面产生那一项 12.5 个比特币的输出项全部消耗，而由于张三只付给李四 2.5 个比特币，为了要消耗剩下的 10 个比特币，需要把剩余的那 10 个比特币支付给自己，即地址设为"张三的地址"。其实，并没有什么比特币，只有 UTXO。当我们说张三拥有 10 个比特币的时候，实际上是说当前区块链账本中有若干笔交易的 UTXO 项收款人写的是张三的地址，而这些 UTXO 项的数额总和是 10。

(3) 第三个交易 #3001，张三和李四打算 AA 制合起来给王五付 5 个比特币。

首先，由张三或李四发起 #3001 号交易，在交易输入部分，有两个资金来源：分别是 #2001(1) 和 #2001(2)，代表第 #2001 号交易的第 (1) 项和第 (2) 项的 UTXO。

其次，在这个交易的输出部分给王五 5 个比特币，写入王五的地址，即"王五的地址"。以后王五若要再花他的这 5 个比特币，就必须在他的交易里注明资金来源是 #3001(1)。

最后，把张三剩下的 7.5 个比特币发还给自己，写入自己的地址，即"张三的地址"。

从图 4-7 中可以看到：区块链账本里记录的是一笔一笔的"交易"，每笔交易有若干笔交易输入，也就是资金来源；也有若干笔交易输出，也就是资金去向。

一般来说，每笔交易都要花费 (spend) 一笔输入，产生一笔输出，而其所产生的输出就是"未花费过的交易输出"，也就是 UTXO。

UTXO 模型和账户余额模型有各自的优缺点，适用于不同的应用场景，所解决的问题也不同。

UTXO 模型的优点表现为以下几点。

(1) 每一笔交易都可以追溯到一个 Coinbase 交易，每笔交易的去向都可以追踪，交易与交易间像接水管一样流通起来。

(2) UTXO 没有账户状态查询和修改，交易输入不同的交易之间可以实现并发。

(3) UTXO 更加安全，更能保证匿名性。因为在比特币系统中，一个用户可以拥有多个地址，UTXO 可以将这些地址作为交易的输出地址，而其他人很难把这些地址关联起来。

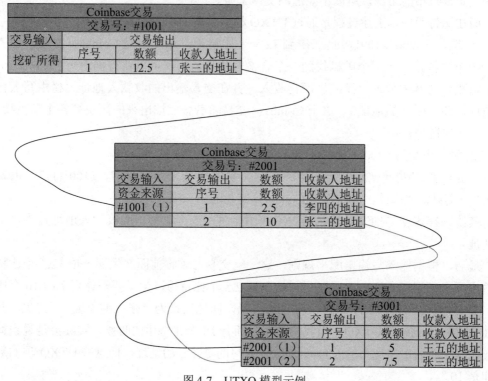

图 4-7 UTXO 模型示例

想要知道自己的地址里一共收了多少 UTXO，人是算不过来的，需要由比特币钱包代为跟踪计算。

UTXO 模型的缺点主要表现为以下几点。

(1) 需要为每一个交易输入提供解锁脚本，这使交易体积庞大。

(2) 计算余额需要遍历一个地址下所有的 UTXO，不直观。

(3) 无法实现复杂的功能。

(4) 手动创建交易时，要注意交易输入和输出。交易输入不是 UTXO 会导致交易创建失败，交易输出忘记找零则会给交易发起者自己造成损失。

表 4-1 展示了 UTXO 模型和 Account 模型的一些优势与不足。

表 4-1 UTXO 模型与 Account 模型对比

对比项目	UTXO 模型	Account 模型
简易性	较为复杂	较为简单，更易于理解
并发性	由于 UTXO 模型中没有账户，更容易并发处理	当交易之间不调用同一账户时，交易可以并发执行
计算难度	交易输出的计算可在本地钱包内进行且一般较简单，可一定程度降低区块链负担	账户状态数据保存在节点中，计算较复杂
数据存储	需要存储大量 UTXO 对象，存储空间消耗大	每一个账户都作为独立对象存在，存储空间消耗低

续表

对比项目	UTXO 模型	Account 模型
查询与遍历效率	在查询余额等方面效率较低,对验证交易先后顺序、资金流动等方面效率较高	易于查询余额等信息,验证交易先后顺序、资金流动等方面效率较低
抗重放攻击	除 Coinbase 交易外,交易输入有唯一可引用的 UTXO,交易无法被重放	交易之间没有依赖性,需要解决重放问题

资料来源:Nervos Network:《UTXO 和 Account 模型对比》,CSDN,2018 年 8 月 30 日。

下面,我们举例说明比特币的交易过程。假如 A 要给 B 发送比特币,从 A 的地址向 B 的地址转比特币,交易流程如图 4-8 所示。

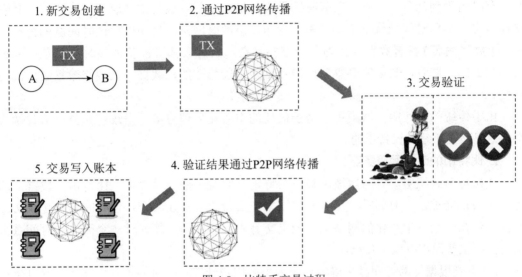

图 4-8 比特币交易过程

第一,A 使用私钥对交易信息进行数字签名。交易信息主要包括三项内容。①输入:用来记录 A 拥有的这些比特币是从哪个地址转给她的(比特币来源),假设她是从朋友 c 那里得到的。②数目:A 要给 B 转出多少个比特币。③输出:B 的地址。第二,A 的节点向全网广播已签名的交易信息。B 收到 A 的信息。第三,B 对 A 的签名信息进行验证。验证过程为:①找到上一笔的交易,确认支付方 A 的比特币来源;②计算 A 公钥的"指纹",确认与支付方 A 的地址一致,从而保证 A 公钥属实;③使用 A 的公钥解开数字签名,确认私钥属实;④确认无误后,B 认为该交易是可以执行的,但并没有确认该交易有效成功。第四,B 将交易验证进行交易广播。如果想要交易最终被确认成功,B 就要将该笔交易广播到全网,进入交易广播阶段。第五,全网验证交易并写入区块。全网其他节点验证该区块记账的正确性,确认没有错误后,将会竞争下一个区块,这样就形成了一个合法记账的区块链。

从比特币交易的传输数据和验证流程可以看到:比特币的支付过程中主要使用到支付方的交易数据、支付方的公钥和私钥。被支付方只是负责验证操作的有效性,被支付方的公钥、私钥及交易信息都没参与支付过程。因此我们可以看到,公钥、私钥主要用于比特币支付出去的场景。

4.2.4 比特币的时间戳

1. 时间戳概念的产生

时间戳源自办公室中使用的橡皮图章,用于在纸质文档上用墨水在当前日期和时间上加盖戳记,以记录接收文档的时间。如在纸质信件上的邮戳或考勤打卡纸上的"入"和"出"时间。当前,对时间戳的使用已扩展到附加在数字数据的数字日期和时间,如计算机文件包含时间戳,指示文件的最后修改时间;数码相机将时间戳添加到所拍摄的照片中,记录拍摄日期和时间。

时间戳是字符或编码信息的序列,用于标识何时发生特定事件,通常给出日期和时间,有时精确到几分之一秒。运营时间戳服务器的公司一般是由政府颁发证书的,具有法律效力。毕竟时间戳就是个字符串,为防止篡改时间戳,就要用提供时间戳的公司的私钥(数字签名)签署数据。因为有数字签名在,所有人都可以验证该时间戳是由哪家公司加上的。同时,数字签名签署后的数据是不能修改的,数据一旦被修改签名,就会作废。

由于传统的时间服务器采用了基于信任的中心化处理方案,由政府和公司信誉做背书,这显然是不适合比特币的。

2. 比特币的时间戳服务器

在比特币系统中,时间戳被用来记录特定时间发生的交易数据,比特币区块链上的每个区块都会被盖上时间戳,该时间戳用来证实特定数据在某个特定时间确实是真实存在的。但在一个去中心化的网络上,确定交易先后顺序是不能通过一个简单的时间戳来实现的,主要原因有以下几点。

(1) 不能根据交易时间戳来确定。因为每个用户计算机的时间不一定准确,并且也不能防止造假,所以比特币的一笔交易对应的底层数据中是不包含时间戳的。每个用户完成交易签名后就会发布到网上,于是网上就会形成一个交易池,由许多没有任何排序的交易组成。比特币规定区块时间戳的允许误差在两小时范围之内,这是一个非常模糊的时间,只是为了方便大家知道每个交易的大概发生的时间。事实上,"矿工"进行记账时会优先选择交易手续费设置比较高的交易进行处理,先发生的交易不一定会被优先处理。

(2) 不能根据区块时间戳来确定。每个"矿工"记录了一定量的交易后会形成一个区块,区块是有时间戳的。由于"矿工"只是网络上的一个节点,网络传播存在不均匀,不能保证其他"矿工"同时看到这个区块,因此无法就这个时间戳的准确性达成共识。所以区块时间戳也不适合作为判断交易先后顺序的依据。

实际上,在比特币创世论文中已明确给出了如何实现一个分布式的时间戳服务器的方案,该论文谈到的"时间戳"并不是我们之前说的时间戳,而是区块哈希,如图4-9所示。因为只有区块哈希才能真正地保证区块的先后顺序。区块链是一个单向的链条,只要包含在前面区块的交易,就认为比之后的交易出现得早,这个顺序跟交易真正的发起时间无关。同时,区块的顺序甚至也不一定跟区块的时间戳顺序一致。比特币区块链上允许出现在后面的区块的时间戳时间比之前的区块早。

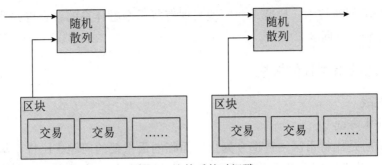

图 4-9 比特币的时间戳

4.2.5 比特币存在的风险

1. 技术风险

比特币的安全依赖于散列算法、椭圆曲线等非对称密码算法,但随着密码学和量子计算技术的发展,传统密码学中的一些基本安全假设可能会变得越来越脆弱,如大素数分解问题、离散对数问题、椭圆曲线上的离散对数问题等。据估计,以目前天河二号的算力来说,产生比特币 SHA256 散列算法的一个碰撞大约需要 248 年,但随着量子计算机等新计算技术的发展,非对称加密算法未来具有一定的破解可能性,这也是区块链技术面临的潜在安全威胁。

当然,中本聪本人曾于 2010 年就这个问题做过讨论,主要分析了以下两种情况。一种是 SHA256 突然破解成功,那么比特币社区的大部分用户可以决定:在某个区块之前的所有区块属于"诚实区块"而予以承认;而在该区块以后的,将使用新的算法进行"挖矿"。另一种是 SHA256 发现了安全隐患但并未真正破解,历史上大部分的加密算法也都是逐步发现漏洞的,那么可以逐步开发支持新算法的客户端,约定在某一个区块之后开始采用,从而实现平稳过渡。

2. 价格波动风险

比特币显著特点就是价格不稳定性,比特币价格大幅度波动与比特币自身发行机制有关,主要表现为以下几点。一是比特币的供给量固定,但需求波动大。比特币的稀缺性使得对它升值的预期比较高,这导致比特币价格长线增长,短线因负面消息的出现忽上忽下的过山车行情。二是从整体趋势看,比特币的"挖矿"成本在不断上升,主要包括"矿机"投入、"挖矿"电费和人力的消耗、全网运算能力("挖矿"难度挑战)的发展预期等,但是在比特币发行机制的设计上,"挖矿"成本的变化与其价格无关。三是比特币持有者更多选择持有而不是交易,造成比特币流动性减弱,对它的价格也产生影响。

3. 政策风险

事实上,世界各国和政府对于比特币的政策定义是影响比特币发展的重要因素。一方面,比特币去中心、自治化的特点淡化了国家监管的概念,对现行体制带来了冲击。比如,以比特币为代表的数字货币不但对国家货币发行权构成挑战,还会影响货币政策的传导效果,削弱中央银行调控经济的能力,导致货币当局对数字货币的发展保持谨慎态度。另一方面,监管部门由于对它缺乏充分的认识和预期,法律和制度的建立可能会滞后。作为一项创新技术，比特币要实现与现有货币金融体系的融合也并非易事，会面临复杂的法律和合规问题。

4.2.6 比特币面临的挑战

1. 技术挑战

1) 安全技术方面

安全性威胁是比特币区块链迄今为止所面临的最重要的问题。比特币基于工作量证明机制 PoW 的共识过程主要面临的是 51% 攻击问题。在比特币中，算力就代表了记账权，如果节点掌握了全网超过 51% 的算力，就有能力成功篡改和伪造区块链数据，进行"双重支付"。

随着比特币网络算力的爆炸性增长，个别攻击者开展 51% 攻击已经基本不可能。但与此同时，"矿池"掌握了极其庞大的算力资源，任何单一"矿池"或者几家"矿池"联合所占的算力比例过大，仍然会对系统造成潜在威胁，一旦某家"矿池"算力达到 50% 以上，将可以发动 51% 攻击。

2) 交易效率方面

比特币自问世以来交易量一直在增加，但因区块大小的上限、交易大小的下限限制，使交易处理效率受到了很大的制约，每天能添加到区块链的新交易的数量是有限的。比特币区块链上每天的实际交易量已经接近系统瓶颈，如果比特币交易效率问题得不到解决，可能造成大量交易的堵塞延迟。比特币交易处理效率低，我们从对其吞吐量进行估算可知：

一笔交易平均大小约为 250 字节，若一个区块大小限制在 1MB，那么其可容纳的交易数量为 4 000 笔。按每 10 分钟产生一个区块的速度计算，1 小时可以产生 6 个区块，那么一天可产生 144 个区块，也就是容纳 57.6 万笔交易。一天共有 86 400 秒，比特币区块链最高每秒处理 6.67 笔交易。全球最大的支付卡 VISA 的官网信息显示，其每天交易记录为 1.4 亿笔，即平均每秒 16 000 笔。因此，比特币在承载大规模、高并发的交易量上面临很大的挑战。

2. 资源消耗问题

一是对算力资源的浪费。比特币工作量证明 PoW 的共识过程高度依赖区块链网络节点贡献的算力，这些算力主要用于解决 SHA256 哈希计算和随机数搜索，除此之外并不产生任何实际社会价值，因此这些算力资源可以说是被"浪费"了。二是对电力资源的浪费。随着比特币的日益普及和专业"挖矿"设备的出现，比特币生态圈已经在资本和设备方面呈现出明显的竞赛态势，逐渐成为高耗能的资本密集型行业。

4.3 天秤币 Libra

4.3.1 Libra 概述

天秤币 (Libra) 是脸书 Facebook 于 2019 年 6 月 18 日宣布推出的加密货币，其使命是建立一套简单的、全球流通的货币和为数十亿人服务的金融基础设施。

Libra 在发展过程中主要经历了 Libra1.0、Libra2.0 和 Diem 三个阶段。

1. Libra1.0 阶段

在 Libra1.0 白皮书中，描绘了 Libra 的三个组成部分。

(1) 选择以去中心化的区块链技术作为其底层技术，Libra 建立在安全、可扩展和可靠的区块链基础上。

(2) 以一揽子强势货币计价的资产作为信用支持。相对于比特币、以太币等传统数字货币，Libra 的创新点在于"每个新创建的 Libra 加密货币，在 Libra 储备中都有相对应价值的一揽子银行存款和短期政府债券，以此建立人们对其内在价值的信任"。

(3) 由独立的 Libra 协会治理，该协会的任务是促进这个金融生态系统的发展。Libra 协会注册地是瑞士日内瓦，是一个独立非营利性组织，协会成员由 Libra 区块链的验证节点组成。

与之前发行的数字货币不同，Libra 由于具有发行主体，具有信用基础，并以真实资产作为储备，解决了之前私人数字货币普遍存在的无主权信用背书、价格波动剧烈等问题。但随之带来了超主权监管、冲击货币政策等监管上的挑战，由于它未来僭越监管的可能性，发行受到了一系列的质疑。

2. Libra2.0 阶段

在面对较大的监管压力之后，Facebook 于 2020 年 4 月 16 日发布了 Libra 2.0 白皮书。与之前的 Libra1.0 相比，Libra2.0 的愿景没有改变，依然是建立一个为数十亿人服务的金融基础设施，但在措辞上出现了微妙变化，使用了"全球支付系统"的提法，而不再提"无国界的货币"。

Libra2.0 最大的改变就是将 Libra 定位为结算币，更强调将其作为支付工具，主要表现在以下两个方面。

1) 弱化计价尺度职能

Libra2.0 将 Libra 分为两类：一是与单个法定货币按照 1：1 锚定的单货币 Libra，用于国内交易，以本国货币计价，不具有计价功能，相当于本国货币的"影子货币"；二是多货币 Libra，是通过智能合约按固定权重以多种单货币 Libra 为抵押生成的，仅用于跨境交易，避免对货币主权产生挑战。

2) 弱化价值贮藏职能

在 Libra1.0 中，提出储备资产收益可分红给初期投资者，而 Libra2.0 则提到初期投资者与用户同样不能得到回报。

同时，Libra2.0 对 Libra1.0 的风控、业务合规及与监管方的关系进行了改善。其着眼于维持币值稳定，特别提出了"除了多货币稳定币系统外，新增单货币稳定币支持""以稳健的合规框架提高 Libra 支付系统的安全性"。

3. Diem 阶段

由于 Facebook 的特殊身份，引来了各国主管机构与中央银行的关切，人们担心 Libra 将扰乱金融稳定和沦为洗钱工具。在遭到全球监管机构的强烈反对后，Libra 失去了包括维萨和万事达卡在内的主要支持者，随后在 2020 年 4 月将重心从锚定一揽子货币转为锚定单一货币。

2020年12月，Libra正式更名Diem，被业内视为Facebook向监管机构的妥协。尽管Facebook提出了该项目，但出于透明度的考虑，由Diem协会(Diem Association)负责监督该项目的整个运营。Diem协会是一个由来自不同经济部门的公司组成的团体，主要包括技术、金融科技、电信、风险投资和非营利组织。目前的计划是让Diem在获得许可的区块链上运行，因此只有Diem协会的成员才能对其进行交易。从长远来看，Diem的最终目标是帮助世界更轻松、更快捷地获得金融服务，美元、欧元、英镑和其他主要法定货币将支持Diem项目。如果该项目获得美国监管机构的批准，Diem将作为一个以区块链技术运行的全面中央银行。

Diem项目具有三个独特的部分，它们同步工作以创建一个包容性和安全的金融系统。其具体内容如下。

1) 可靠的区块链技术基础

Diem以具有可扩展性和可信赖安全性的区块链基础设施作为支付系统的技术基础，Diem的源代码在Github上是开源的，用Rust编写的源代码可供所有人访问。Diem还在开发一种名为Move的新编程语言，用于构建智能合约和执行自定义交易。

2) Novi数字钱包

Novi是Facebook旗下数字钱包服务，2020年5月26日，Facebook宣布把"Calibra"更名为"Novi"，它是Facebook进军数字货币市场雄心勃勃计划的一部分。Novi是一个独立的应用程序，它允许人们通过一款独立的App，通过Facebook Messenger和WhatsApp相互汇款，具有很强的易用性。

3) Diem硬币

Diem硬币是Facebook新的全球数字货币项目的重要组成部分之一。它有Diem储备的坚实支持，其中包括现金资产或现金等价物，还有短期政府证券，因此Diem是一种稳定币。按开发团队的说法，该代币将无法像比特币和其他许多币一样开采。在初始阶段，只有Diem协会成员可以处理交易。其计划在Diem推出的前5年内，完全过渡到无须许可的股权证明系统。

4.3.2　Libra的价格稳定机制

Libra属于链外资产抵押型稳定币，以标准化程度较高的金融资产作为储备产生即时流动性，其储备资产将被分布式地托管在金融机构中。Libra使用一揽子银行存款和短期国债作为储备资产，采用100%储备金发行方式。其价格并不锚定某一特定法定货币，而是根据其储备池中的一揽子法定货币资产决定，主要以美元、欧元、日元和英镑为主。Libra的储备资产中没有包含黄金，主要原因是黄金需要较高的运输和存储成本，同时，作为数字金融时代产物的Libra难以选择商品货币时代的象征黄金作为储备。

Libra没有独立的货币政策，其价格波动取决于外汇波动，机制类似于特别提款权(special drawing right, SDR)。超主权货币可以在克服单一主权信用货币内在风险的基础上调节全球流动性，当前具有代表性的超主权货币为SDR，但其作用至今没有得到充分发挥。Libra在经济模式上采用了超主权货币的构想。

Libra 不具备权益类资产的增值功能，也不具备投机属性。其投资收益将用于保持较低的交易手续费、覆盖系统运行成本及向协会初始成员分红。Libra 用户不具有对储备资产投资收益的分红权，仅享受便利支付的权利。Libra 协会将选择一定数量的金融机构作为授权经销商，这些经销商可与资产储备池直接进行双向交易，使 Libra 价格参考一揽子货币保持相对稳定，但用户不具备与资产储备池交易的权利。

在 Libra 内部经济系统中，Libra 协会扮演着中央银行的角色，只有 Libra 协会具有制造和销毁 Libra 代币的权利，其中，经销商用符合要求的储备资产向协会购买代币构成 Libra 的发行行为；经销商向协会卖出代币换取储备资产构成 Libra 的销毁行为。

4.3.3 Libra 的技术特征

Libra 协会认为，目前没有成熟的公有链方案可为全球数十亿用户提供稳定安全的金融服务，Libra 只能采取联盟链的方式，但健全完善的公有链是区块链的长期发展方向。在 Libra 白皮书中给出了由联盟链向公有链转化的中长期规划，过渡周期为 5 年，这体现了 Libra 项目方的务实态度，即根据客观情况在联盟链与公有链之间进行取舍。

Libra 采用的联盟链需满足以下要求：第一，安全可靠，以保障相关数据和资金的安全；第二，较强的数据处理能力和存储能力，能够为十亿数量级的用户提供金融服务；第三，支持 Libra 生态系统的管理及金融创新。在运营初期，采用的是基于 Libra 的 PBFT(实用性拜占庭容错算法) 共识机制的联盟链，即使 1/3 的验证节点发生故障，PBFT 共识协议的机制也能够确保其正常运行。

但 Libra 要实现上述要求仍然面临着严峻的挑战，最大的挑战是 Libra 协议最初仅支持 1000TPS(transaction per second，每秒事务处理量)，这显然达不到要求。在保证安全可靠的情况下，提高数据处理能力是 Libra 在技术层面需要突破的重点。

Libra 在技术上的一大创新点是采用了新型编程语言 "Move" 用于实现自定义的交易逻辑和方式。与现有区块链编程语言相比，Move 语言增强了数字资产的地位，使得开发者能够更加安全和灵活地在链上定义和管理数字资产。

4.3.4 Libra 协会的治理机制

Libra 协会选择注册在瑞士的原因主要有两方面考虑：一方面，瑞士的数字货币政策较为宽松。瑞士金融市场监督管理局于 2018 年颁布了《关于首次代币发行监管框架的查询指南》，具有较为明确的监管框架，瑞士城市楚格更是有 "数字货币之谷" 之称。另一方面，瑞士是历史上著名的中立国，注册在瑞士更有利于把 Libra 打造成一个全球性项目。

Libra 虽然最早由 Facebook 发起，但 Facebook 在 Libra 协会中并没有特殊地位，只在早期负责筹备事宜，在 2020 年决策权将被转移到 Libra 协会。

目前，Libra 协会成员包括了 Facebook、MasterCard、PayPal 等 28 个节点，涵盖了美国支付业、电信业、区块链业、风险投资业的主流公司，以及各大交易平台、非营利性组织和学术机构，具有多中心化的治理特征。

Libra 协会的职能主要包括：①继续招募成员作为验证者节点，预计数量为 100 个；

②筹集资金以启动生态系统,初期储备资金为 10 亿美元,每个验证节点出资 1 000 万美元,享有 1% 的投票权,旨在保证成员平等性和开放性;③设计和实施激励方案,包括向成员分发此类激励的措施;④制订协会的社会影响力补助计划等。

Libra 协会的各成员在 Libra 协会框架之外可能还存在合作和竞争关系,所以 Libra 协会成员关系更类似于"网络组织"。尽管从注册地、运作理念、操作模式等方面来看,Libra 是一个全球性的多中心项目,但是当前 28 个协会成员大都是美国企业。虽然投票机制设置上较为公平,但美国企业已经有 1/4 左右的投票权,可以预见的是继续吸纳的成员里,美国企业仍然可以占到相当比例,这就降低了 Libra 的全球化属性。

4.3.5　Libra 的正面影响

1. 将对各国法定货币产生一定的影响

Libra 对各国法定货币的影响不尽相同,对美元的综合效应可能表现为信用增强效应,而对欧元、日元、英镑的综合效应可能表现为信用减弱效应,对信用较弱的主权货币则可能产生重大影响。

对美元来说,Libra 的影响主要表现在两方面:一是从国际结算维度看,Libra 与美元存在竞争关系;从储备资产维度看,Libra 和美元则互相支持。二是从美国国内视角来看,Libra 是以硅谷为聚集地的科技企业第一次以群体的形式染指华尔街的金融权力,在金融科技的"金融"和"科技"两者之间,Libra 体现了科技渐强之势。

而对美元之外的法定货币,尤其是币值不稳的法定货币,Libra 可能会产生货币替代效应。进入 21 世纪后,全球美元化的程度尽管有所降低,但发生过严重通货膨胀的国家,如委内瑞拉、阿根廷等,居民仍具有较强的持有美元资产的动机。Libra 将会对 2008 年国际金融危机以来再次流行的资本管制政策造成一定程度的冲击,进一步提高通货膨胀严重的国家居民获得稳定币的积极性,并对这些国家的货币金融体系产生冲击。

2. 将刺激各国对法定数字货币的研发速度

Libra 稳定币的发行方式给各国发行法定数字货币提供借鉴的同时,也对法定数字货币研发具有刺激效应。除厄瓜多尔、委内瑞拉、突尼斯、塞内加尔及马绍尔群岛等国先后发行过法定数字货币外,各主要国家也已启动对法定数字货币的研发。如加拿大中央银行的 Jasper 项目,新加坡金融管理局的 Ubin 项目,欧洲中央银行和日本中央银行联合开展的 Stella 项目,中国人民银行对于法定数字货币的研究等。

3. 对普惠金融的发展带来积极影响

Libra 在普惠金融方面的主要表现是:第一,提高金融的可获得性,Libra 可以实现跨国界、跨平台流通,在无须相关征信的情况下触达更加广泛的受众,实现低门槛开户和零成本接入,进而提高了金融服务的可获得性;第二,Libra 协会成员具有广泛的客户基础,可在其产品上设置 Libra 接口,这将进一步提高了普惠金融的深度和广度。同时,Libra 引起了全球范围内科技行业对金融业的关注、思考,甚至参与,这也是另一种形式的普惠金融。

4.3.6 Libra 面临的困难

1. 面临各国监管的不确定性

Libra 作为多中心机制的全球性项目，各国监管的不确定性将为其带来巨大挑战。Libra 的发布对各国金融监管当局造成很大触动，不少国家的金融监管部门负责人对 Libra 进行过表态。总体而言，除了美联储主席和英国中央银行行长表态相对积极之外，美国众议院金融服务委员会主席、法国财政部部长、欧洲议会德国议员、日本中央银行行长及澳大利亚中央银行行长更多地对 Libra 表示出审慎和警惕的态度，认为 Libra 必须置于严格完善的监管框架之下。

Libra 作为一个超主权项目，需要各国监管机构和国际组织的协同合作。在 2019 年 6 月的日本大阪举行的 G20 峰会上，Libra 成为重要议题之一。2019 年 7 月，G7 集团成立 Libra 联合工作组，研究如何加强反洗钱、反恐怖主义融资及消费者保护规则等方面的监管。

2. 面临地缘经济政治博弈

货币国际化从来都不只是经济金融问题，也是政治、文化和外交等方面的问题。尽管货币具有网络外部性，理论上流通区域越广、应用场景越丰富，则边际成本越低。但在现实中由于政治、文化、历史等原因，货币一体化进程阻力重重。从各国监管层对 Libra 的态度中也能反映出地缘经济政治博弈的端倪。

3. 面临合规成本较高

(1) 由于 Libra 协会注册地是瑞士日内瓦，如果 Libra 在瑞士发行，则它应受到瑞士金融市场监督管理局监管，Libra 协会至少应具备瑞士数字货币的相关牌照。而如果 Libra 流通到其他国家和被该国居民使用后，该国监管部门则可根据属地原则对 Libra 提出监管，并要求其获得相关牌照。如果多数国家采取这一措施，将极大地提高 Libra 的合规成本。

(2) Libra 的抵押资产分布式地托管在金融机构中同样面临着诸如审计标准不统一的合规问题，甚至可能引起抵押资产的信用问题。

(3) 由于经销商分布全球，Libra 的流量入口具有多场景性，在反洗钱、反恐怖主义融资等方面的要求也会非常复杂。

4. 面临价格的波动

Libra 锚定的是法定货币计价资产，单纯依靠法定货币资产的信用支撑私人信用，并没有独立货币政策，法定货币金融体系的波动也会严重影响其价格稳定。

5. 面临从联盟链向公有链转换的难度大

在联盟链发展到一定程度之后，能否顺利过渡到公有链尚存疑问，因为联盟链状态下错综复杂的利益纠葛将增加其向公有链转换的难度。公有链意味着更高的治理水平、更加市场化的运作机制及更低的运营成本，但当前并无从联盟链向公有链转换的成功案例。Libra 一旦运行即为一个包含了大型互联网企业、支付企业、金融机构的庞大货币金融联盟，协调运转机制复杂，转型为去中心化组织的难度极大，公有链愿景能否实现具有很大不确定性。

4.3.7 Libra 与比特币的比较

与比特币相比，Libra 的创新主要体现在以下几个方面。
- 通过线下一揽子货币资产背书确保币值稳定，避免币值波动幅度过大。
- 形成了中心化和去中心化相结合的运作结构。独立的 Libra 协会，实际上具有"中心化"的特点，同时 Libra 用于区块链技术，又是"去中心化"的。
- 从发行数量上，Libra 突破了比特币 2 100 万个的上限。
- 从流通范围来看，Libra 具有遍布全球的数十亿用户，在跨境支付上拥有规模庞大、遍布全球的用户基础。

比特币与 Libra 对比，两者的主要差异如表 4-2 所示。

表 4-2 比特币与 Libra 的对比

	比特币	Libra
发行机构	无特定发行机构，由计算机算法生成，基于 PoW 协议	Libra 协会
发行数量	算法决定，总量固定为 2 100 万个	无限
发行模式	"挖矿"	用户充值
价值锚定	买卖供求	1∶1 兑换一揽子货币
兑换方	交易所	Libra 会员单位
交易透明度	匿名交易、完全保密	交易长期记录和跟踪
技术路径	公有链	联盟链
结算途径	钱包/交易所	钱包
清算	无许可区块链	许可区块链、授权节点验证
流通范围	全球	全球（前期主要为 Facebook 用户）
主要用途	投资	支付、转账

4.4 其他主流私人数字货币

4.4.1 莱特币

莱特币 (Litecoin，简写 LTC) 是一种基于 P2P 技术的数字货币。莱特币是一个开源的软件项目，它在一种开源的加密协议基础上实现交易，不受到任何中央机构的约束。莱特币已经得到了 MIT/X11 的许可，可以在短时间内向全世界任意一个用户付款。

由于创造莱特币的灵感来自比特币的技术与实现原理，所以两者有很多相同之处。但从字面的理解，Lite 是"清淡的"的意思，相较于比特币，莱特币的核心是更为轻量级的数字货币。为实现轻量级，莱特币具有以下三个特点。

(1) 莱特币的发行量更多。莱特币的总量是比特币总量的 4 倍，莱特币总量预计最终是 8 400 万个，而比特币总量是 2 100 万个。莱特币的发行速率存在一定的规律，根据其协议，每 4 年以等比数列的形式（每 84 万个）减少一半，最终的总量可达 8 400 万个。

(2) 莱特币的区块生成速度更快。比特币网络每 10 分钟产生一个区块，莱特币网络每 2 分 30 秒就产生一个区块。因此，莱特币可以提供更快的交易确认，能够应对更高频次的交易。

(3) 莱特币采用的算法计算量更低。比特币在工作量证明 PoW 中采用 SHA256 加密算法，而莱特币采用 Scrypt 加密算法。相比来说，Scrypt 的计算量要低于 SHA256，所以莱特币在普通计算机上也可以进行挖掘。

莱特币虽然具有诸多优点，但是它本身也存在一定的缺陷，主要表现在以下两个方面。

第一，Scrypt 算法在很大程度上依赖于处理单元自身的计算资源，尤其是内存，这就使得基于 Scrypt 系统的"挖矿"要使用和算力成正比的大量内存才能实现规模化，而内存的成本很高。第二，莱特币的推广工作目前还没有进展，相关应用还较少，主要的风险是激活隔离验证后，网络可能会出现潜在的漏洞和危险。

4.4.2 门罗币

门罗币 (Monero)，字面意思是世界语中的"硬币"，是一种以可扩展性和隐私保护著称的数字货币，它大量运用了密码学知识，吸收比特币社区发展出的机密交易技术隐藏交易金额，并运用环签名技术隐藏交易双方地址，提供了更完善的匿名性。

门罗币实现了比特币和莱特币未能实现的两个重要特性，即不可追踪性和不可链接性，而这两个特性在区块链的安全保护中起着至关重要的作用。

(1) 不可追踪性。不可追踪性通过一次性环签名技术实现，具体过程为：①交易的发送方任意选取一个私钥确保其私密性，然后计算对应该私钥的公钥，在这个过程中会生成一个镜像密钥，镜像与之前的每一次签名全部对应，目的是判断之前是否出现过此签名。②发送方随机选择 n 个交易，利用该交易集合，新生成的公钥、私钥、随机数集合及非交互式挑战得到最后的环签名。

(2) 不可链接性。不可链接性通过地址隐藏技术实现，具体过程为：①每次交易中，发送方用接收方的公钥制造一个临时地址，门罗币被发送到该地址；②接收方使用公钥找到发送方发出的交易。这样全网的用户虽然可以看到交易并能验证其有效性，但是无法知道交易的接收方是谁，这样就保证了用户的隐私安全。

门罗币还具有目前大部分数字货币不具备的特性，即可互换性，这也是门罗币设计的初衷。可互换性表现为：市面上流通的任意两个门罗币从根本上没有差别，具有相同的价值，可以无差别地互换。其中，不可追踪性和不可链接性这两大特性就是这种设计所带来的结果。

门罗币具有诸多优点的同时，也存在着一定的缺陷：第一，门罗币采用与比特币不同的算法，更容易"挖矿"，但也因此成为恶意"挖矿"软件的首要目标。第二，门罗币与其他数字货币最大的不同就是只有交易双方才知道具体的交易数据，这让网络不法分子可以更放心地使用门罗币进行交易。第三，门罗币的底层设计本身就存在着缺陷，该缺陷可以被用来提取个人交易信息，这是最致命的一点。

虽然现在研究人员和门罗币开发社区都已经知道这些问题，但以前的区块数据既然已经保存就不再允许篡改。因此无论是多久之后只要愿意的话，依然可以从旧的区块数据中提取交易数据，这始终成为安全隐患。针对这些问题，此后的研究人员给出了一些方案，如RingCT(ring confidential transactions)方案，改进了门罗币设计，加强了安全性并提高了效率。此后，研究人员在RingCT基础上提出了RingCT2.0，让可链接环签名得以实现。相较于RingCT，RingCT2.0最大的优点是：不论环签名中有多少节点参与，最终生成的环签名有固定的长度，这极大地节约了存储容量，但也带来了低性能、低效率和中心化严重的缺陷。

4.4.3 零币

零币 (Zcash) 是门罗币最大的竞争币之一，它是由 Zerocoin 项目衍生出的一种数字货币，Zerocoin 项目旨在增强比特币的安全保护并确保其隐私信息不会泄露。它首次将零知识证明算法 (zk-SNARK) 用于保证交易发送者、接收者和交易数额的隐私性，防止发送方和接收方的地址及交易金额等重要信息泄露。

为了加强匿名性，零币在区块链的主链上增加了侧链。交易发送方每次发送信息时，首先把要发送的信息分解为多条子信息，然后向全网发送子信息，最后把所有相关子信息收集起来，整合还原成原来的信息再发送给交易接收方。

零币也存在一定的缺陷，主要表现为：第一，在去中心化方面，零币中的交易发送方参变量的初始化有弱中心的问题，这在一定程度上违背了区块链技术的初衷；第二，在隐私保护方面，零知识证明生成的速度与其他身份认证技术相比较为缓慢，影响了效率。

本章小结

1. 私人数字货币没有国家信用背书，不具备货币职能，本质上不属于货币。私人数字货币主要包括加密数字货币和非加密数字货币，目前最广为人知的是比特币、天秤币、以太币、艾达币、瑞波币、莱特币、门罗币、零币等。

2. 比特币是一种开源的、基于网络的、点对点的匿名数字货币，它不依靠特定的货币发行机构发行，而是依据特定算法通过计算而生成的数字货币。

3. 天秤币 Libra 是 Facebook 于 2019 年推出的加密货币，其使命是建立一套简单的、全球流通的货币和为数十亿人服务的金融基础设施。Libra 形成了中心化和去中心化相结合的运作结构，并通过线下一揽子货币资产背书确保币值稳定，能够避免币值波动幅度过大。

复习思考题

1. 简述比特币的系统组成。
2. 简述比特币的交易流程。
3. 比特币中的时间戳服务器是如何运行的？
4. 天秤币 Libra 是如何稳定价格的？

第 5 章 私人数字货币的发行与流通

本章主要介绍了有关私人数字货币常见的 5 种发行方式,主要包括首次代币发行 ICO、首次分叉发行 IFO、首次矿机发行 IMO、证券化通证发行 STO 和首次交易所公开发行 IEO;还介绍了私人数字货币的流通过程,主要包括数字货币的获取、数字货币的储存和数字货币的使用三个重要环节。其中,私人数字货币的主要流通渠道有数字货币钱包、数字货币交易所和数字货币场外交易。

学习目标

1. 了解私人数字货币的 5 种发行方式。
2. 了解私人数字货币的流通过程。
3. 了解私人数字货币的主要流通渠道。
4. 理解热钱包与冷钱包的基本原理。

知识结构图

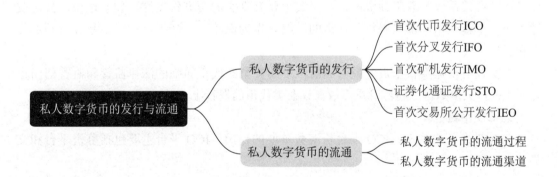

5.1 私人数字货币的发行

私人数字货币的发行主要包括首次代币发行、首次分叉发行、首次矿机发行、证券化通证发行和首次交易所公开发行 5 种方式。

5.1.1 首次代币发行 ICO

1. ICO 概述

首次代币发行 (initial coin offering,缩写为 ICO),是一种为区块链项目筹措资金的常用方式，以特定主流数字货币作为公开募集对象，并以发行新的数字货币(被称为代币)作为回报的融资方式，这是典型的数字货币传统发行方式。

2017年前后，伴随着私人数字货币的发行热潮，大量区块链项目ICO涌现，从融资手段的名称和机理看，ICO是模仿传统资本市场中的证券首次公开发行IPO(initial public offerings)，本质上属于公开募资。

2. ICO代币的类型

根据ICO所发行的代币依赖的项目不同，ICO可分为应用类代币、权益类代币和资产类代币三类。

1) 应用类代币

应用类代币是指投资者通过购买企业发行的代币，获得该企业开发的产品或服务的使用权凭证。企业开发技术产品或提供某种服务，投资者购买该企业发行的代币，获得的是产品或服务的使用权凭证，使用者将来需要花费所持有的代币才能使用项目开发的技术。

2) 权益类代币

权益类代币是指投资者获得的是资产未来的收益权，不具有实际的使用权。权益类代币持有人在未来时间内可以获得的收益可能是现金，也可能是实物分红。除此之外，有些代币持有者有投票权，能够决定所开发的技术未来的发展。名为"去中心化自治组织"的众筹代币项目DAO(decentralized autonomous organization)，项目代币DAO，众筹时间为期28天，价格大约是100个DAO兑换1～1.5个以太币，项目总共筹到了超过1 200万个以太币。

3) 资产类代币

资产类代币代表着某种资产，在现实中要有真实的资产作支撑，如泰达币，公司发行的每一个泰达币，都以银行账户里的一美元作为保障。资产类代币包括基金份额类代币和股权类代币。

在实践中权益类代币占多数。当前，不同类型的代币面临的法律监管和监管部门也有所不同，大多数国家将监管重点放在权益类代币的发行上。

3. ICO平台

在ICO发行模式中，ICO平台扮演着重要的作用。ICO平台主要包括募资平台和交易平台两类。

(1) 募资平台：这类平台是项目发行方用来发行代币以募集资金的平台，对应证券交易市场中的一级市场。发行方既可以自建网站，也可以使用第三方平台。

(2) 交易平台：这类平台是项目发行方在ICO融资完成后，为发行的代币提供转让交易的平台，对应证券交易市场中的二级市场。

ICO模式运行的核心机制在于不同币种之间的自由兑换，包括代币与主流加密数字货币、主流加密数字货币与法定货币之间的自由兑换，这种自由兑换机制方便了项目的发行方和投资者自由灵活地进入、退出ICO市场。

4. ICO的运行模式

ICO的运行主要包括融资和投资两个部分。

1) ICO 的融资

发行方通过 ICO 融资的流程如图 5-1 所示。

(1) 发行方发布 ICO 的发行时间和项目白皮书。由项目发行方在 ICO 中介平台或者发行方自建的网站上发布 ICO 的发行时间和项目白皮书,白皮书与 IPO 招股说明书类似,是 ICO 融资过程中发行方自行披露的有关项目交易对方、治理架构、项目内容、发行方案、投资者权利、项目团队等信息的集合。

(2) 发行方公开发行代币筹集数字货币。在约定的时间面向公众公开发行代币以筹集比特币、以太币等流动性好的主流数字加密货币。发行方需对发行的代币进行市值管理。为了避免构成非法集资等犯罪行为,发行方一般不直接募集法定货币。

(3) 发行方将数字货币兑换成法定货币。项目发行方将募集到的主流数字货币在数字货币交易平台兑换成法定货币,这样就完成了整个 ICO 的融资过程。

图 5-1　ICO 的融资流程

2) ICO 的投资

投资者要想参与到 ICO 中,具体流程如图 5-2 所示。

(1) 投资者用法定货币兑换主流数字货币。投资者在比特币、以太币等数字货币交易市场进行注册、开户、绑卡等操作,用法定货币去购买比特币、以太币等较成熟的主流加密数字货币,将其提取到自己的钱包。

(2) 投资者用数字货币购买代币。投资者根据项目发行方发布的白皮书等信息,用持有的加密数字货币去购买发行方发行的代币。

(3) 投资者进行代币转让获得数字货币。在发行方将项目在 ICO 二级市场上市后,投资者可以选择继续持有该代币,也可以选择将代币转让给其他人。当转让代币时,投资人获得的是比特币、以太币等加密数字货币。

(4) 投资者将数字货币兑换成法定货币。

图 5-2　ICO 的投资流程

5. ICO 的特点

ICO 具有以下几个特点。

(1) 融资标的特殊。与传统 IPO 募集的法定货币不同,ICO 募集到的融资标的为比特币、以太币等数字货币。在融资过程中并没有实质上的所有权、股权转让,投资者得到的是加密数字货币而非股权,这就避免了融资企业稀释股权的风险。

(2) 参与门槛低。ICO 对主体企业没有资质、经营状况、公司制度、高管任职条件等限制,甚至也无须备案;发行方与投资者既可以是单位,也可以是个人。

(3) 融资成本低。ICO 只要通过线上交易平台,借助区块链技术就可以在短时间内完成募集和交易,融资快、成本低。

(4) 匿名性。在 ICO 过程中,比特币等数字货币通过公钥、私钥加密技术进行交易和转账,交易全过程处于匿名状态。

ICO 的低门槛、低成本、程序简易等融资特点蕴藏着一定的风险和监管漏洞,随之出现了诈骗性 ICO 项目,为保护消费者利益,各国对 ICO 开始进行约束。在美国及欧洲部分国家,将它等同为证券发行行为对其实施监管。在我国,中国人民银行等七部门在 2017 年 9 月联合发布了《关于防范代币发行融资风险的公告》,指出"代币发行融资本质上是一种未经批准非法公开融资的行为,涉嫌非法发售代币票券、非法发行证券以及非法集资、金融诈骗、传销等违法犯罪活动"。

5.1.2 首次分叉发行 IFO

1. IFO 概述

首次分叉发行 (initial fork offering,缩写为 IFO),是一种通过分叉加密数字货币来生成新的代币并募集资金的数字货币发行方式。

与 ICO 不同,IFO 通常是建立在主流加密货币的基础上进行分叉,通过分叉前持有主流加密数字货币可获得数量相等的对应分叉的分叉币。如持有比特币、以太币等主流数字货币的人,可以在 IFO 过程中获得分叉后的新币。

关于比特币的 IFO 项目有很多,第一个是比特币现金 (bitcoin cash,BCH)。比特币区块大小只有 1MB,区块越小,容量越小,就会更容易造成区块拥堵,导致交易速度变慢。为解决比特币区块拥堵的问题,2017 年 8 月 1 日,BCH 区块链成功在区块 478559 与主链分离,BCH 的诞生标志着币圈的第一次分叉币产生,由此产生的加密货币默认区块大小是 8MB,还可以实现区块容量的动态调整。同时,原来持有比特币的人可按 1∶1 免费获得 BCH。

继 BCH 分叉成功后,越来越多新的分叉币通过 IFO 的方式产生,如比特币黄金、比特币钻石、超级比特币等,如表 5-1 所示。

表 5-1 IFO 方式发行的数字货币

分叉币名称	发起人	分叉时间	区块大小	总量(个)	"预挖"情况
比特币现金	比特大陆 CEO 吴忌寒	2017.8.1	8MB	2100 万	不"预挖"
比特币黄金	霹雳 ASIC 公司创始人廖翔	2017.10.25	8MB	2100 万	预留 1% 给原始股东,2% 给团队
比特币钻石	Evey 团队和 007 团队	2017.11.9	8MB	2.1 亿	4 000 万个用于提供用户"挖矿"和对 BCD 团队及社区奖励
超级比特币	李笑来	2017.12.12	8MB	2121 万	"预挖" 21 万个

注:大部分分叉币在正式发布前都会"预挖矿","预挖"所得到的分叉币相当于免费获取。

IFO 形式的融资活动在法律上尚未被明确定义，且不具备统一的技术标准，可能存在技术安全风险。分叉币代码开发者目前没有完全达成共识的代码，不具备攻击保护机制，未进行充分的代码测试和审查使软件难免会有大量漏洞，投资者应对分叉币的安全性引起足够重视。

IFO 继承了 ICO 大部分的特点，既是一种金融创新，也存在欺诈的可能。在国内，ICO 已被禁止，而 IFO 从方式及性质上看，触碰监管规则的可能性相对低一些。但如果 IFO 依旧无序，仍然有可能受到有关部门的严格监管。

2. IFO 与 ICO 的不同

IFO 与 ICO 虽然都是第一次发行数字货币，但是二者有所不同，主要表现为以下两点。 第一，ICO 通过募资方式发行，而 IFO 通过分叉方式发行。第二，在 ICO 体系中，无论是哪个阶段的资金募集都具有一定的融资属性；但 IFO 却没有直接的融资属性，对原本持有主流币种者来说，分叉时会自动得到新生成的代币，并不涉及投资或者融资行为。

5.1.3 首次矿机发行 IMO

1. IMO 概述

首次矿机发行 (initial miner offerings，缩写为 IMO)，是指首次通过售卖硬件，即矿机来发行代币。

公司或团队构造一种特定的区块链，只能采用该公司或团队自行发售的专用矿机才能挖到该区块链上的代币。因此要想加入这个币的"矿工圈"，就必须先购买它的"矿机"。这类项目已被法律视为违法。

IMO 与 ICO 和 IFO 相比的最大区别是：ICO 和 IFO 两者是先有各种数字代币，才可以利用矿机挖币；但 IMO 是先有矿机，才能挖新币。

2. IMO 的现状

IMO 适用于传统的 IT 互联网企业进入区块链行业，如国内的迅雷、快播、暴风影音都加入了该行列，在自己的应用服务或智能硬件基础上融入区块链技术，一方面可以转入有前景的新技术领域，另一方面发行数字货币可促进项目的生态。以 IMO 模式发行的"虚拟数字资产"如迅雷玩客云——链克 (原玩客币 WKC)、快播旗下流量矿石的流量宝盒——流量币 LLT、暴风播酷云——BFC 积分，其中，以玩客币 WKC 最为出名。

对投资者而言，最希望 IMO 产生的新数字货币具有流通性并且可以进行投资交易。此前，迅雷玩客币 WKC 与快播流量宝盒的流量币 LLT 都有上线海外交易所的情况，短期内币价暴涨而备受关注，但这种做法在国内当前的政策下显然存在巨大的风险。2017 年 1 月 12 日，迅雷的"链克"受到了中国互联网金融协会的点名批评，在中国互联网金融协会发布的《关于防范变相 ICO 活动的风险提示》中指出：一种名为"以矿机为核心发行虚拟数字资产"(IMO) 的模式值得警惕，存在风险隐患。呼吁广大消费者和投资者应认清相关模式的本质，增强风险防范意识，理性投资，不要盲目跟风炒作。以迅雷"链克"为例，发行企业实际上是用"链克"代替了对参与者所贡献服务的法定货币付款义务，本质上是一种融资行为，是变相 ICO。但也有多数学者认为迅雷"链克"不符合

ICO 的几个必要的条件，它只是利用区块链技术做共享云计算服务。因而，无论是迅雷还是暴风影音都为避免这种局面的发展，切断了与数字货币交易之间的联系。

5.1.4 证券化通证发行 STO

1. STO 概述

证券化通证发行 (security token offering，缩写为 STO)，是指以通证 (Token) 为载体进行证券的发行、记账、交易和流通。所谓"通证"，对应现实中的某种金融资产或权益，如股权、债券资产、房产、艺术品之类的实物资产，知识产权等。

STO 是随着 ICO 融资工具的逐渐冷却应运而生的，与 ICO 相比，STO 是在现有的、明确的金融法律法规等监管框架下进行的 ICO。STO 具有传统证券的性质，但底层是应用区块链技术将金融资产或权益转变为区块链上的加密数字权益凭证。

从投资者角度，STO 与 ICO 和 IPO 的主要区别如表 5-2 所示。其主要表现在以下方面。

第一，与 ICO 相比，STO 底层资产是实体有价资产，融资规模更大；处于监管下，运营更透明，安全性更高，更合规；有指定的交易所，投资门槛也要更高些。

第二，与 IPO 相比，STO 采用 T+0 方式，实现了全天候、实时、便捷的交易，有效缩短了投资周期，降低了过程中的交易摩擦，减少了融资成本，提高了资源配置效率。由于目前对 STO 认可的国家较少，投资风险相对更高。

表 5-2 IPO、ICO、STO 的主要区别

	IPO	ICO	STO
证券类型	证券	Token/权益	证券
底层资产	实体有价资产	链上资产	实体有价资产
企业类型	依交易所规定不同，总体为大中型公司	几乎全部为概念型小公司或去中心化组织	大部分为基于实体公司的创业公司
企业风险	较小	极高	较高
融资规模	大	中小	大
监管	强	弱	强
中心化	是	否	是
运营透明	是	否	是
认可国家	全球	极少数	极少数
投资风险	中	高	高
认证投资者	是	否	是
投资者保护	是	否	一般
24 小时交易	否	是	否
指定交易所	是	否	否

从发行方角度，STO 与贷款、私募、ICO 的主要区别如表 5-3 所示。如果通过银行借贷方式融资，融资难度可能较大，且利息往往较高，企业可能无法承受；如果通过私募

方式融资，企业可能面临丧失控制权的风险；如果通过 ICO 方式融资，则面临监管和破产的风险。

一方面，STO 与 ICO 类似，能够为企业带来融资和流动性；另一方面，STO 与 ICO 不同，不需要证券通证在公司的运营中发挥效用，而仅仅代表一种所有权和分享未来收入的权利。同时，因为投资者更分散，STO 将大额资金的利益摩擦降到了最低，降低了融资成本。

表 5-3 贷款、私募、ICO、STO 的主要区别

	贷款	私募	ICO	STO
融资成本	高	中	低	低
流动性	低中	低	高	中高
运营/战略压力	低	高	低	低
地点	本地	本地	多方	多方
监管不确定性	低	低	高	低中

2. STO 的分类

基于底层资产的不同，可以将 STO 分为基于资产的 STO、基于证券的 STO 和基于支付的 STO 三类。

1) 基于资产的 STO

基于资产的 STO，又被称为资产通证，类似于资产证券化的结构与设计，拥有由资产组合成的基础资产池，资产池的现金流是偿付 STO 收益的基础，并将信用增级措施、现金流归集机制、破产隔离应用到发行与交易的过程。

STO 利用区块链技术对传统资产证券化实现了多方位的拓展，主要体现在如下 4 个方面。

(1) 底层资产形成环节。资产证券化业务流程较为复杂，投资者通过传统方式穿透到底层资产时，在辨别资产的真实性、信息传递的及时性与有效性上存在困难。而区块链技术使每笔资产的账本对所有主体开放：投资者能穿透底层资产，信任度增加；管理者对资产进行尽调时有了技术支持；评级机构对资产质量的分析可以更加全面、更加透明。

(2) 在应用环节。这可以拓宽筹集资金的模式，使份额化的产品进入互联网端进行销售。同时，由于份额可以不断分割，可降低高风险投资品的进入门槛，如房地产和高端艺术品，增加了流动性。

(3) 在二级市场流动环节。流动性不足是资产证券化发展中的一大症结，而基于资产的 STO 参与主体通过共享 STO 的底层资产状况实现对资产池的监控。同时，由于资产的每一次转让都能被真实、完整地记录在区块链上，可追踪资产的所有权。链上交易内置的智能合约，可以减少人为干预，提高资产转让的效率和便利性。

(4) 在监管与合规环节。其能获得监管机构批准和许可，能自动合规与快速清算，能实名认证 (know your customer，缩写 KYC)、反洗钱自动化。

2) 基于证券的 STO

基于证券的 STO，又被称为证券通证，在产品结构和逻辑上与存托凭证（depository

receipts，缩写为 DR) 非常类似。

上市公司为提高股票的流动性和交易的便利性，将一定数额的股票委托某一存托机构保管，由存托机构通知发行人在链上发行相应数量的 STO，STO 以数字资产形式进入二级市场或进入全球范围内的证券交易所进行交易。

从投资人角度看，STO 是由存托机构发行的可转让股票凭证，证明一定数额的某上市公司股票已寄存在保管机构。STO 的持有人实际上是寄存股票的所有人，其所有权利与原股票持有人应该相同，但此类 STO 很难像股票一样明确代表资产的所有权，更像是为了实现股票交易的便利性、降低交易成本、简化交易后的清算结算所派生出的一种股票收益凭证。所以，从法律角度来讲，此类 STO 投资人是拥有所有权还是收益权，仍需做进一步的探讨。

3) 基于支付的 STO

基于支付的 STO 是区块链技术与支付手段融合的产物。基于支付的 STO，又被称为支付通证，是加密数字货币继续衍生和扩展的下一个阶段，是将更多内容写入智能合约，对股票、债券、期权等多种金融工具进行整合的产物。

纸钞上无法附加任何权利和义务，也不能背书或签名。但数字货币因其能在区块链环境中编程，故可实现功能的衍生与扩展。如在智能合约中，写入固定兑付期限、约定固定收益及到期自动归还本金和利息，加密货币经由支付转变成了零息债券；写入不固定兑付期限、挂钩不固定的收益期权，在每个财务年度结束时从公开财报中读取企业盈利数据，一旦满足智能合约触发条件，企业会向支付方自动派发股息，加密货币经由支付转变成了股票；写入未约定兑付期限但挂钩收益权行权条件，加密货币经由支付转变成了期权。

不同类型的 STO 特征，如表 5-4 所示。

表 5-4 不同类型的 STO 特征

STO 类型	特征
资产通证	在现实世界中具备对应资产；向投资者承诺权利；与资产证券化的发行和监管类似
证券通证	可转让股票凭证；存托机构线上发行；拥有收益权；未明确是否拥有所有权
支付通证	智能合约写入数字货币；通过久期、利率和兑付顺序整合债券、股票、期权；泛金融工具的趋势

3. STO 的发行流程

从证券化通证 STO 发行流程看，需要准备发行、发行和全生命周期管理三个阶段。

1) 准备发行

STO 的发行准备阶段分为以下步骤。

(1) 设计交易结构，进行资产池现金流的预测，撰写评级报告、交易文件和申报文件等，做好各项准备工作。

(2) 完成线上系统的准备，如系统测试报告、智能合约的审计报告。

(3) 组建与 STO 发行交易相关的重要参与机构，即特殊目标实体 (special purpose vehicle，缩写为 SPV)。SPV 是指由发起人建立、接受发起人的资产组合，并发行以此为支持的证券的特殊实体。它的职能是购买、包装证券化资产，并以此为基础发行资产化证券。由 SPV 作为创新主体向监管者提出申请，在获得批准后开始路演推荐、确定目标投资者、了解投资者的要求、充分发掘市场需求、采用簿记建档或招标发行来定价、完成信息披露和备案的各项监管要求。

(4) 准备发行备忘录。STO 发行备忘录的主要内容包括总体情况、发行细节、特殊考虑、市场等，如表 5-5 所示。

表 5-5 STO 发行备忘录的主要内容

事项	主要内容
总体情况	公司概况、风险和财务报告
发行细节	豁免注册规则（如是否允许公司发布广告等）
	最小投资规模，以更好地吸引价值投资者
	最大投资规模
	公司有权在某些条件下收回通证，如投资者没有完成 KYC(了解你的客户)、AML(反洗钱) 鉴证过程或没有签署认购条款
	二级市场交易受到现行证券监管的限制
	投资者可以自由选择美元、欧元、比特币或以太币等进行投资
	截止日
	所筹资金用途
	公司聘请外部法律和其他专家起草私募发行文件
特殊考虑	如税收、持续报告等
市场	公司制订营销计划

2) 发行

资产支持证券最终以 STO 模式向资产支持证券认购人发行，认购人依据缴付的认购资金或中央银行数字货币获取资产支持证券，享有该专项计划利益。

STO 的发行阶段可分为以下三个环节。

(1) KYC/AML 鉴证。KYC 是交易平台取得客户相关识别信息进行实名认证的过程。若是不符合标准的用户，将无法使用平台提供的服务。同时，执法单位也可以依据平台所提供的信息，作为犯罪活动的调查依据。反洗钱 (anti-money laundering，缩写为 AML) 是指金融机构和政府为预防和打击洗钱和恐怖主义融资等金融犯罪而使用的整体、更广泛的措施和流程。STO 应当对投资者进行 KYC/AML 鉴证，发行公司完成鉴证工作后，在平台上创建投资者账户。

(2) 通证发行。使用标准的智能合约，确认合约包括了全球所有必要的合规要求，如对投资者账户的限制、锁定期和回售限制等。

(3) 融资。依据之前发布的标准和要求，对意向投资者进行募资，将通证存入投资者钱包中，也可选择使用第三方托管服务。

3) 全生命周期管理

这一阶段包括与投资者持续沟通、二级市场交易等。沟通的细节已在发行备忘录中明确，包括定期报告和临时事件交流。限制性股票在二级市场交易上有所限制，如禁售期和不同区域投资者的数量上限,以确保合规。

表 5-6 列举了某房地产项目 STO 的整体流程,包括每一步所包含的主要任务项、预估所需时间、负责部门及在 STO 中所发挥的作用等。

表 5-6 某房地产项目 STO 的整体流程

项目	任务项	预估所需时间	负责部门	在 STO 中的作用
发行准备	公司章程	一周	公司、咨询	建议/知识分享
	发行文件	一个月	公司、咨询	建议/知识分享
	房地产特殊准备	0～4 周	公司、咨询、证券化合伙人	支持
	市场	3 个月	公司,经济-经销人	
发行	KYC/AML 鉴证	持续	证券化	主要
	发行 Token	一天	证券化	主要
	募资	一天	证券化	主要
从开始到发行共需要 2～6 个月				
全生命周期管理	持续沟通	持续	证券化/公司	执行
	二级交易	持续	证券化	主要

4. STO 的交易特征

1) 减少了第三方信用中介

传统资本市场有投资主体、证券公司、交易所、银行、中央银行、中央登记机构等多个机构,中心化的清算交割需要多方协调,程序烦琐、成本高。而在区块链技术支持的 STO 交易生态中,减少了第三方信用中介,大幅降低证券交易佣金、经手费用、过户费用,以及在清算、结算环节的成本,并且不受时间限制,全球性、全时性交易打破了传统证券市场在空间和时间上的限制,很大程度提升了资本市场的开放性,提高了市场效率。

2) 拓展了筹集资金的方式

由于通证的可拆分性,资产所有权可被切割成更小单位,从而降低了投资标的的投资门槛,可投资于房地产和高端艺术品等传统金融工具下无法拆分的标的。如目前我国 A 股股票最小买入数量是 100 股,这样的交易制度使得部分散户难以买入高价股票,以贵州茅台 (600519) 股票为例,买入 1 手需要 18 万元 (2022 年 3 月价格),这样的价格使得证券市场上很多散户无法投资茅台股票,如果将茅台股票进行通证化,并拆细通证至很小的份额来交易,将使得大多数散户投资者可以进行投资。

3) 自动合规与清算

分布式账本避免了以往中心化管理中的内部人交易、腐败操作的潜在风险,它无法篡改的、可追溯的交易记录会使违规行为显著降低,能够更好地符合监管要求降低风险。同时,STO 的发行需获得监管机构的批准和许可,将各国针对实名认证 (KYC)/反洗钱 (AML) 的规定写入智能合约,有望实现协议层面自动化管理,以及自动可编程的合规和资金归集,将合同和会计报告的数据上链。这都将更好地跟踪、监控通证的执行和流向,减少信息不对称带来的违法违规和政策套利行为。

STO 虽有很多优势，但该融资方式并不适合所有人，主要是因为：

(1) 将 STO 的证券代币作为一种证券来对待是一个新事物，仍存在不确定性；

(2) 如果没有一个长期的试验过程，STO 的表现到底如何还存在未知；

(3) 监管机构随时介入并通过合规裁决影响市场，就当前看，对证券代币进行更密切的审查有可能使过程变得更加烦琐；

(4) STO 的运营企业不能幸免于黑客威胁，数据仍存在安全性问题。

5.1.5 首次交易所公开发行 (IEO)

1. IEO 概述

首次交易所公开发行 (initial exchange offerings，缩写为 IEO)，是以交易所为核心的代币发行，即交易所公开售卖代币。

对 ICO 的严格监管和限制是催生 IEO 成长的重要因素之一。简单地讲，IEO 就是通过交易平台进行通证代币的发行，用交易所作为募资平台向该交易所用户发行、售卖代币。以后交易所会成为该代币在二级市场上的主力交易市场。

与股票市场的"打新"比较相似，IEO 的逻辑也是按"持仓—中签—申购"的申购流程，用户需在代币上线的前期，认购交易所一定数量平台币以获得参与认购 IEO 的资格，一般情况下会限制每个参与者的额度。

IEO 与 ICO 的区别，如表 5-7 所示。

表 5-7 IEO 与 ICO 区别

类型	IEO	ICO
概念	首次交易所公开发行	首次代币公开发行
资金筹集渠道	交易所	代币发行网站
融资特征	没有融资过程，由交易所审核评估直接交易，更可信	项目方公开募资，不需要审核，项目质量参差不齐，任何人都可参与
透明度	必须经过调查程序，披露公司和所有者的信息	并非要公开公司和所有者信息
KYC/AML 认证	非必要，一般由交易所实施	需要，不同项目有所不同
可以自动上线交易所	是，IEO 后可以在交易所开启交易	否，需要向交易所申请上线
投资回报率	购买的代币可以在代币销售结束后立即出售	代币销售结束后的一个月到六个月可以出售

2. IEO 的优势

以 IEO 方式进行项目募资的优势主要体现在以下三个方面。

(1) 提高了项目可信性。IEO 项目方所给出的承诺是由交易所的信用进行背书的，这在一定程度上增加了 IEO 项目可信性，增强了投资者及市场的信心。

(2) 降低了营销成本。为 IEO 项目选择交易所，就意味着项目的基础用户就是交易所的现有用户，特别是大型交易所的用户远远超过大多数新兴数字货币项目的营销用户，这就会降低项目的营销成本。

(3) 减少了欺诈行为。欺诈行为虽无法完全避免，但交易所对 IEO 项目审核程序严格，项目方还需要支付大笔比特币或以太币，在一定程度上可保障项目方不对用户施行欺诈活动。

虽然平台币具备充当平台内交易手续费、作为币币交易中介、参与平台内活动、作为支付工具等功能，但它实际上是建立在中心化上的产物，因为从募资到销售都是由交易所来完成的。而完全依赖中心化的发行方的加密数字货币交易平台，就会面临着币值价格波动、不透明性及人为操作的风险。大部分国家的法规仍不完善，将 IEO 视同 ICO，其中，IEO 在我国是被禁止的。

5.2 私人数字货币的流通

5.2.1 私人数字货币的流通过程

数字货币的流通过程主要包括数字货币的获取、数字货币的存储和数字货币的使用三个重要环节，如图 5-3 所示。

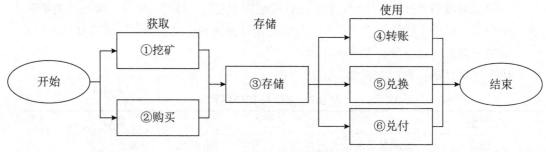

图 5-3 数字货币的流通过程

1. 数字货币的获取

数字货币的获取可以通过挖矿和购买两种方式。

1) 挖矿方式

"挖矿"是扩大数字货币市场供应量的唯一途径。任何人都可以通过下载开源的挖矿软件加入挖矿行列，挖矿需要计算机贡献算力解决数学难题，为控制数字货币和区块的生成速度，数字货币网络会调整解题难度。随着数字货币越来越被关注，越来越多的矿工加入挖矿行列，使得全网算力飙升。伴随着大量矿工的入场和矿机的不断升级，通过挖矿获得数字货币的成本变得越来越高。

2) 购买方式

向他人直接购买数字货币被认为是获取数字货币最简单、最便利的方式。购买数字货币既可以通过场外交易方式，也可以通过数字货币交易平台进行场内交易。

2. 数字货币的存储

数字货币的存储可以通过数字货币钱包实现。数字货币钱包并不是用来装比特币等数字货币的，而是用于存储和管理用户数字货币密钥的应用程序。在技术层面上，数字货币钱包就是用来存放私钥的工具，拥有了私钥就意味着拥有了所对应地址上的数字货币的支配权。数字货币钱包还具有控制用户访问权限、管理密钥和地址、创建和签署交易及跟踪余额等功能。

3. 数字货币的使用

数字货币可主要用来转账、兑换和兑付。

1) 转账

转账是指将数字货币由一个账户转移至另外一个账户。数字货币官方客户端支持转账的实现，但也存在一定限制，例如，在比特币交易过程中，如果同一时间交易笔数太多、网络拥堵、设置手续费降低，则有可能出现交易确认时间大于 1 小时甚至在 24 小时以上。相对于目前支持实时到账的网银和第三方支付，比特币的转账时间严重影响使用者的体验感。因此，出现了相应的交易平台提供数字货币充值、账目管理、提现的服务。如用户 A 和用户 B 的数字货币都由同一网站托管，网站功能类似于银行，通过收取手续费作为收入来源。现在用户 A 要向用户 B 转移 1 个数字货币，则由网站负责将 A 账户中的数字货币数量减 1，再将 B 账户中的数字货币数量加 1，此过程并未涉及真实的数字货币转移，因为交易没有上链，账户显示一般都是秒到账，无须等待 1 小时。

2) 兑换

兑换比较简单，就是将数字货币兑换成法定货币或其他类型的数字货币。

3) 兑付

兑付发生在交易方仅接受法定货币或其他数字货币的情况，它是建立在兑换和转账的基础上。其中，兑付包括了兑换和支付两个环节，两个环节要结合在一起才能完成一次交易。在操作上，可以将数字货币兑换成交易方所需货币，再发送至交易方账户；也可以将数字货币转移至交易方账户，由交易方自行兑换成所需的货币。

5.2.2 私人数字货币的流通渠道

私人数字货币的主要流通渠道包括数字货币钱包、数字货币交易所和数字货币场外交易三类。

1. 数字货币钱包

数字货币钱包(以下简称"钱包")是数字货币最主要的流通渠道。目前，钱包商已开发出了多种类型和功能的钱包。

1) 确定性钱包和非确定性钱包

根据多个密钥之间是否有关联，可分为确定性钱包和非确定性钱包。

(1) 确定性钱包是指所有的密钥都是从一个主密钥派生出来的，这个主密钥即为种子(seed)。钱包中所有密钥都相互关联，如果有原始种子就可以恢复出全部密钥。在不需要任何其他信息的情况下，用户可以仅使用密钥种子来备份和恢复钱包。

(2) 非确定性钱包是指每个密钥是由随机数独立生成的，密钥彼此之间无关，每新增一个私钥都要进行备份。

2) 中心化钱包和去中心化钱包

根据私钥是否为资产所有人持有，可分为中心化钱包与去中心化钱包。

(1) 中心化钱包是指私钥由非数字资产所有人持有，通常由钱包商控制的钱包。中心化钱包引入了第三方信用机制，其交易属性也并非一个点对点的电子现金系统，而是由中心化机构托管,当用户发起交易指令时,是由钱包商控制私钥向目标地址发送交易。

(2) 去中心化钱包是指私钥由数字资产所有人持有,钱包商不能持有私钥及操纵钱包中数字资产的交易的钱包。去中心化钱包不对交易数据进行存储,它只负责把处理好的支付信息发布出去,以及读取区块链上的交易记录等信息。同时,还把余额显示在应用的界面上。常见的去中心化钱包有 imToken、trust wallet 等。

去中心化钱包的主要优点是资产完全交由用户自己控制,资产信息记录在链。去中心化钱包取消了第三方信用机制,每一笔交易都是由持有人亲自操作,并且记录在链。但它也有缺点,主要包括:私钥不易保管,容易被盗或丢失;不是绝对安全,在生成私钥的过程中,可能钱包的载体(如手机或者钱包商)会留有后门盗窃私钥。

去中心化钱包在数字货币领域用途更为广泛,它不仅是资产储存的工具,而且基本上每一款 DAPP 都需要去中心化钱包的运行才可以进行。

3) 热钱包与冷钱包

根据钱包是否联网,可分为热钱包与冷钱包。

(1) 热钱包是指联网的钱包,它始终都连接到网络上,可以随时进行资产的转入和转出。热钱包又包括了全节点钱包与轻钱包,它们都是去中心化的钱包,其区别在于是否保存所有的区块链数据。

(2) 冷钱包是指不联网的钱包,在不联网的情况下也可以处理交易。冷钱包是安全性能最高的钱包,它将私钥存储于不联网的设备中,只要私钥不联网就无须担心黑客通过网络盗窃私钥,使用更为安全。其中,硬件钱包是冷钱包的一种,是专门用于数字资产储存和交易的智能硬件。目前常用的硬件钱包有 Ledger、库神、比特护盾等,以比特护盾为例,钱包被做成便于佩戴的手表形状,用户可以通过手机端的 App 监控并使用数字资产,使用数字资产必须要与手表相配合,从而保障了资产的安全性与易用性。

2. 数字货币交易所

数字货币交易所,又被称为数字货币交易平台、数字资产交易平台,它是最便捷的数字货币流通渠道。数字货币交易所不但是数字货币交易流通和价格确定的场所,也是数字资产和数字货币进行交换的主要场所。

1) 数字货币交易平台的产生与发展现状

数字货币交易平台的产生源于购买数字货币的需求。当前世界上主要的交易平台分布在美国、日本、韩国等国家。截至 2020 年 1 月,全球加密数字货币市场单日总交易额约为 2 000 亿元人民币,约为 2018 年年初巅峰期的 1/3。

2007 年,杰德·麦卡勒布 (Jed. McCaleb) 创建了个人的主页状态网站,并起名为 Mt.Gox,国内称为"门头沟交易所"。当时"门头沟"注册会员有 1 000 多个,月交易量有 36 万个比特币,价值 32.9 万美元。之后,为了让"门头沟"更像一个专业性的交易平台,平台将交易支持的货币范围从只接受美元变成了支持美元、欧元、加币、澳元等十种以上的货币。到 2011 年 6 月注册会员高达 3124 名,日交易量近 3 万个比特币。2013 年 5 月,"门头沟"交易平台被美国国土安全部以未注册之名查封。2010 年,世界上首个允许个人自由进行比特币与美元交换的交易平台 Bitcoinmarket.com 在美国以私人名义正式上线运营。网站最初只接受 PayPal 作为交换比特币的手段,经过一段运行后,随着比特币数量的不断增长出现了越来越多的欺诈性交易。2011年6月4日，PayPal停止了对交易平台的结算服务，随后平台交易量迅速下降并被关闭。2013年，一家称为Circle的旨在提供数字货币储存及国家货币兑换服务的美国支付金融公司在美国挂牌成立。2014年，Circle公司收购了数字货币交易所Poloniex，因为双方能产生很多的协同效应。

在我国，2013年3月至2014年1月是数字货币交易平台数量增长最快的一段时间，交易平台主要包括两类：一类是交易市场流通的主要币种，如比特币中国、火币网和OKcoin币行。其中，成立于2011年6月的比特币中国是我国第一家数字货币交易平台，平台专营比特币交易，并长期位居全球交易市场三强。到2014年3月，平台增加了莱特币。成立于2013年12月的火币网，注册地在北京市，曾依靠提供融资融币业务间接进行杠杆交易使交易量迅速攀升，名义成交量一度成为全球最大。成立于2012年11月的OKcoin币行，注册地在北京市，由北京乐酷达网络科技有限公司运营，其数字货币交易量在2017年年初比特币行业整顿后依然稳居全球前十位。另一类是交易市场上的各种币种，这种平台交易标的种类多，但多集中在一些小币种上，比较有代表性的如比特时代、比特儿和云币。其中，比特时代成立于2012年2月，由深圳智维网络有限公司运营，注册在广东省深圳市。比特时代是中国境内第一个宣称进行币种上市审核制的市场，目前交易币种有20多种。比特儿成立于2012年5月，由济南曼维信息科技有限公司运营，该平台为外商独资企业，是国内组建较早的交易市场，成交较为活跃。云币成立于2015年5月，由北京云币科技有限公司运营，云币是国内首家支持以太币交易的平台，成立后发展较快，2017年8月数字货币交易量一度跃至全球前五位。

但数字货币交易平台的急速发展也爆发了很多的资本诈骗恶性事件，为此，我国政府出台了一系列文件要求限期关闭交易平台并开展了监管行动，主要包括2013年12月到2014年4月的"比特币交易风险防范"、2017年1月到5月的"交易平台合规现场检查"和2017年9月到10月的"禁止代币发行融资"三次行动，及时制止了国内数字货币交易平台的乱象。

2) 数字货币交易平台的特点

数字货币交易所（平台）以场内交易为主，通过提供买单、卖单的撮合服务赚取手续费。场内交易，也被称为成交单优先模式，是指有交易场所将买卖双方聚集在一起进行竞价交易的交易方式，其中，交易场所负责用户的资产托管、交易撮合、资产结算、履约担保等功能，如我国的上海证券交易所、深圳证券交易所。

目前，市场上中心化的交易所（平台）占据了绝大部分，中心化交易所在功能上一般都会提供充提数字货币、资产托管、交易撮合、资产结算、杠杆交易、客户认证等业务。数字货币具有去中心化特性，数字货币交易所属于扁平型结构，资产管理本身就内置在交易所内部，所以任何一个交易所（平台）都不需要第三方机构登记结算数字货币，这带来了业务架构上的易部署特性，用户流量和资金流量最终全部汇聚在数字货币交易所。

3) 数字货币交易所业务介绍

不同于传统交易所由第三方平台托管客户财产的制度设计，数字货币交易所还要承担数字货币资产的管理与清算工作。同时，为满足投资者的投资需求，数字货币交易所还衍生出一些新型业务。

下面以创建于 2013 年，全球 Top10 的数字资产交易所 Gate.io 为例，介绍数字货币交易所（平台）涉及的主要业务类型。

(1) 法定货币交易：是指用法定货币兑换数字货币，用户可以与交易平台进行虚拟货币的买卖；或由交易平台作为担保方，与其他用户作为交易对手方买卖数字货币。由于存在政策风险，大量的法定货币交易需求由场内转向场外，如我国禁止数字货币交易平台从事数字货币相关交易业务，并且清退境内数字货币交易平台。

(2) 币币交易：是用一种数字货币兑换另一种数字货币，中间不涉及法定货币的结算。随着数字货币种类的增加，社会公众产生了对不同种类数字货币的投资需求。通过增加投资或卖出所持有的数字货币，再买入其他种类的数字货币的操作给投资者带来极大的不便，币币交易的模式因此诞生。相比法定货币交易，币币交易具有规避政策风险、满足商业需求、增加资金的经济效用和快速套利的优势。当前，币币交易已经成为交易平台内主流的交易模式。

(3) 数字货币质押借贷：是指债务人以数字货币作为质押物，通过交易平台进行中间撮合，向债权人借入法定货币或数字货币的融资方式。根据借入和支付方式的不同，可将数字货币质押借贷分为以下四种交易模式：一是借入法定货币，到期以法定货币支付利息；二是借入法定货币，到期以数字货币支付利息；三是借入数字货币，到期以法定货币支付利息；四是借入数字货币，到期以数字货币支付利息。为保障流动性，大部分交易平台接受的质押币种多为主流币种，各交易平台的质押率也不同，大多限制在 30%～70%。

3. 数字货币场外交易

场外交易 OTC(over-the-counter market) 指在交易所之外买卖数字货币。与在交易所进行的场内交易不同，OTC 没有规定成员资格，没有严格可控的规章制度，没有规定交易产品和限制，主要是由交易双方协商进行的一对一交易，在一些平台也被称为 C2C 交易。

场外交易平台，类似于淘宝购物平台，交易双方约定交易价格后，买家先把钱打给淘宝平台，卖家再把货发给买家，当买家确认收到货后，淘宝平台再将钱打给卖家。

目前，场外交易主要包括以下三种。

(1) 通过场外交易平台进行面对面交易。该交易模式具有很大的灵活性，不用实名认证就可以买到数字货币。同时，其隐私保护性强，交易信息不会留存在交易平台。由于常规的交易平台缺乏执行大型订单的基础设施、流动性和技术支持，或者政策原因（例如我国禁止数字货币的场内交易），大多数的交易发生在场外。比特币的场外交易是买家通过场外交易平台，先将法定货币（如人民币）打到卖家账户，并在平台上确认付款，然后平台将卖家的比特币锁定，在卖家确认收到法定货币后，平台再将买家购买的比特币转入买家的平台账户中。据 TABB Group 的最新报告显示，比特币的场外交易市场的交易额至少是场内交易的 2～3 倍。

(2) 通过场外交易平台进行法定货币与数字货币兑换交易的线上 C2C 平台交易。在该交易方式中，卖方将数字货币托管至交易平台并发布交易信息，买方点击"购买"后，交易平台将锁定对应的数字货币，在买方向卖方付款后，平台释放锁定的数字货币给买方，交易成功。

(3) 通过社交媒体寻找交易对象，由群主等第三人担任担保人的线上 C2C 担保交易。在该交易方式中，买卖双方不直接进行交易，而是将法定货币与数字货币转移至担保人，由担保人再将数字货币、法定货币转移至买卖双方。

本章小结

1. 通常数字货币通过 ICO(首次代币发行)、IFO(首次分叉发行)、IMO(首次矿机发行)、STO(证券化通证发行)、IEO(首次交易所公开发行)5 种方式发行。其中，首次代币发行 ICO(initial coin offering)，是一种为区块链项目筹措资金的常用方式，以发行方发行代币，投资方通过使用指定的加密数字货币购买代币的方式为项目进行众筹融资。首次分叉发行 IFO(initial fork offering)，是一种通过分叉加密数字货币来生成新的代币并募集资金的数字货币发行方式。首次矿机发行 IMO(initial miner offerings)，是利用区块链中的共识机制进行矿机发行的方式来发行代币。证券化通证发行 STO 是指以通证 (Token) 为载体进行证券的发行、记账、交易和流通。首次交易所公开发行 IEO 是以交易所为核心的代币发行。

2. 数字货币的存储目前主要由数字货币钱包来实现。数字货币钱包是指用于存储和管理用户数字货币密钥的应用程序。数字货币钱包是数字货币最主要的流通渠道，是链上流通的唯一渠道。常见数字钱包有非确定性钱包与确定性钱包、中心化钱包与去中心化钱包、热钱包与冷钱包。

3. 数字货币交易所是一种最便捷的数字货币流通渠道，是数字资产和数字货币进行交换的主要场所。

复习思考题

1. 简述私人数字货币的 5 种主要发行方式。
2. 简述数字货币场内交易和场外交易的区别。
3. 什么是数字货币钱包？

第 6 章
中央银行数字货币

在数字经济主导的世界，中央银行数字货币致力于成为新一代的金融基础设施。中央银行数字货币不但有助于优化中央银行货币支付功能，而且提高了中央银行货币的地位和货币政策的有效性。本章主要介绍了中央银行数字货币的概念、优势、分类及中央银行数字货币的设计、发行与流通等。此外还介绍了国外典型的对中央银行数字货币的探索实验。

学习目标

1. 了解中央银行数字货币的定义与特征。
2. 掌握中央银行数字货币类型。
3. 掌握中央银行数字货币的发行与流通模式。
4. 理解中央银行的"货币之花"。

知识结构图

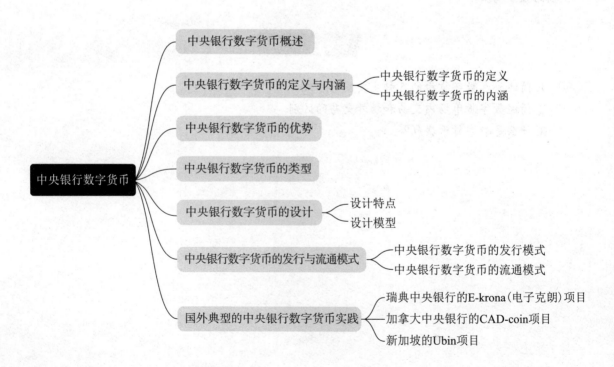

6.1 中央银行数字货币概述

近年来，从一些支付机构提出的"无现金社会"的口号及私人数字货币的发展均可以感受到传统中央银行的货币地位正在受到挑战。自 2003 年以来，我国中央银行货币与 M2 的比率下降了 5%，印度卢比下降了 7%，欧元下降了 3%，这些数据在一定程度上表明了中央银行货币在社会经济中的重要性正在下降，原因之一就是传统中央银行货币的支付功能不能完全适应现代数字经济的需求。

经历了多年的摸索与尝试后，全球各国中央银行数字货币应用落地速度在 2019 年末突然加快，2020 年是中央银行数字货币发展最迅速的一年。2020 年 1 月 21 日，国际清算银行 (BIS) 与加拿大、英国、日本、瑞典、瑞士等国的中央银行及欧洲中央银行共同成立中央银行小组，开展中央银行数字货币的研发。2020 年 2 月 8 日，国际货币基金组织 (IMF) 建议东加勒比货币联盟 (ECCU) 尝试使用一种共同的数字货币。2020 年 2 月 11 日，美联储主席表示美联储正在研究中央银行数字货币，但尚未决定是否推出数字美元。欧洲中央银行行长表示，希望评估中央银行数字货币能否为公众提供明确的用途，并支持欧洲中央银行的目标。2020 年 2 月 21 日，瑞典中央银行开始中央银行数字货币电子克朗 (E-krona) 测试。2020 年 3 月 10 日，日本中央银行副行长在 2020 年东京"未来支付论坛"上就中央银行数字货币发行发表观点，认为需要关注发行过程中的"三个变化"：无现金支付将在零售支付中稳步增长，支付服务提供商的多元化、货币和数据将更加紧密地联系在一起。2020 年 3 月 12 日，英国中央银行发布题为《中央银行数字货币：机遇、挑战与设计》的讨论报告。2020 年 3 月 27 日，法国中央银行发布中央银行数字货币实验应用方案征集令。2020 年 4 月 6 日，韩国中央银行宣布将于 2021 年进行中央银行数字货币试点测试。

从国内来看，中国人民银行一直高度重视数字货币的研发实践，也取得了重要进展。2014 年，中国人民银行率先成立数字货币研究所，对法定数字货币的发行体系、关键技术、流通环境、法律问题等进行深入的研究。截至 2020 年，我国中央银行法定数字货币 (DC/EP) 基本完成了顶层设计、标准制定、功能研发等工作，2020 年开始已在多个城市进行试点。

2020 年 8 月，国际清算银行发布了题为《中央银行数字货币崛起：驱动因素、方法和技术》的报告，指出中央银行数字货币将极大地改变人类未来的支付方式与生活方式。数据显示，在互联网上对中央银行数字货币的搜索量明显超过了比特币和 Libra 稳定币。同时，人们对中央银行是否应该发行中央银行数字货币的态度也发生了明显变化，越来越多的中央银行正在或很快将从事 CBDC(中央银行数字货币) 工作。

在全球 66 家响应调查的中央银行中，有大约 80% 的中央银行参与了数字货币的研究或试点 (见图 6-1 的左图)，其中有一半同时关注批发型 CBDC 和通用型 CBDC(见图 6-1 的中间图)，大约 40% 的中央银行已经从概念研究发展为实验或概念证明，另外 10% 已经开发了试点项目 (见图 6-1 的右图)，10% 将在未来三年内发行 CBDC，受众将占全球人口 20%。截至 2020 年 7 月中旬，全球至少有 36 家中央银行发布了零售型 CBDC 或批发型 CBDC 工作进展，其中包括厄瓜多尔、乌克兰和乌拉圭在内的至少 3 个国家完成了零售型 CBDC 试点；中国、巴哈马国、柬埔寨、韩国和瑞典等国家 CBDC 零售试点正在进行中；另外还有 18 个中央银行发表了关于零售型 CBDC 的研究，13 家银行宣布正在进行批发型 CBDC 的研发工作。

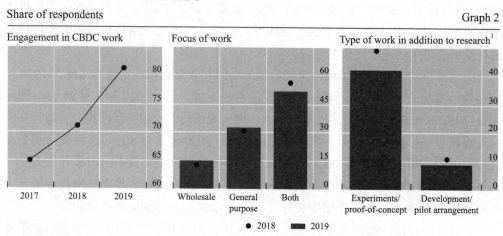

图 6-1　中央银行在 CBDC 领域的研究[①]

全球各国正在加速对数字货币研发与测试（见表 6-1），希望抢占对数字货币领域尖端技术先机，本质上也是对科技领域话语权的争夺。因为先研发出来并且规范使用的，很有可能成为全球标准。中央银行引入数字货币的原因有多种，有的希望通过研究和利用数字货币技术提升金融交易效率、增加支付的多样性、提升竞争力；有的希望借助数字货币改变现有的国际货币体系现状，使更多国家的货币参与到国际货币体系中，通过发展数字货币降低美元霸权对其经济的负面影响，推动国际合作与跨境支付。

2020 年 10 月 9 日，美国、英国、日本、加拿大、瑞典、瑞士等六国中央银行与欧洲中央银行和国际清算银行联合发布《中央银行数字货币：基本原则和核心特征》，该报告是西方发达经济体正式开始为法定数字货币的发行和监管制定国际通用标准的重要标志。

表 6-1　全球中央银行数字货币的实践一览表

国家（地区）	对中央银行数字货币的部署
美国	● 2020 年 2 月，美联储主席表示，美联储正在对中央银行数字货币进行研究，但尚未决定是否推出。 ● 2020 年 5 月，数字美元基金会发布了其数字美元项目的第一份白皮书，推动数字美元计划核心原则。 ● 2021 年 1 月，美国货币监理署批准美国银行使用区块链和稳定币技术
英国	● 2015 年，在英国中央银行授意下，英国伦敦大学研发法定数字货币原型——中央银行加密货币 RSCoin，以提供技术参照框架。 ● 2020 年 3 月，英国中央银行发表中央银行数字货币报告，探讨向数字经济转变
韩国	● 2020 年 6 月，韩国银行公布中长期发展战略，积极从事数字货币政策的研究和准备工作

---

① 资料来源：BIS，Central bank survey on CBDCs.

续表

国家（地区）	对中央银行数字货币的部署
新加坡	• 2016 年 11 月，新加坡金融管理局和区块链联盟 R3 合作推出 Ubin 项目，探索分布式账本技术在数字货币领域的应用。 • 2018 年，新加坡金融管理局和加拿大银行完成了使用中央银行数字货币进行跨境货币支付的试验。 • 2019 年 11 月，新加坡金融管理局宣布，基于区块链的多币支付系统原型 Ubin 进入第五个阶段
瑞典	• 2017 年 9 月，瑞典中央银行启动 E-krona(电子克朗) 计划，探索法定数字货币在零售支付方面的可行性。 • 2018 年 4 月，瑞典中央银行宣布将与 IOTA 区块链公司合作，研发推出国家数字货币。 • 2020 年 2 月，瑞典中央银行宣布开始测试电子克朗 (E-krona)
加拿大	• 2016 年 6 月，区块链联盟 R3 与加拿大银行共同发起法定数字货币 Jasper 项目。 • 2017 年，数字货币成为加拿大金融科技发展的核心区域。 • 2018 年，新加坡金融管理局和加拿大银行完成了使用中央银行数字货币进行跨境货币支付的试验。 • 2020 年 2 月，发布零售数字货币应急计划，在必要时发行零售类现金数字货币
菲律宾	• 2020 年 7 月，菲律宾中央银行成立委员会，研究发行中央银行数字货币的可行性及相关政策
委内瑞拉	• 2018 年 2 月，委内瑞拉推出官方石油币。 • 2020 年 6 月，宣布委内瑞拉银行的所有分行接受该国的加密货币——石油币，一周时间该国 15% 加油站已使用石油币进行支付
厄瓜多尔	• 2014 年 12 月，厄瓜多尔推出了电子货币系统。 • 2015 年 2 月，运营电子货币系统和基于该系统的厄瓜多尔币，市民可通过该系统在超市、银行等场景支付。 • 2018 年 3 月，政府宣告系统停止运行
泰国	• 2018 年 10 月，泰国政府发行数字货币 CTH 120 亿枚。 • 2019 年 7 月，泰国中央银行副行长公开表示，其与中国的香港金融管理局共同合作研发的数字货币项目正式进入第三阶段。 • 2020 年 1 月，中国的香港金融管理局与泰国中央银行公布数字货币联合研究计划——Inthanon-LionRock 项目的成果，并发表研究报告。 • 2020 年 7 月，泰国在当地公司中使用数字货币，泰国银行已开始将数字货币应用于大企业之间的金融交易
立陶宛	• 2018 年，立陶宛启动了 LBChain 区块链平台项目，积极研究区块链和数字货币。 • 2019 年 12 月，立陶宛中央银行批准数字货币 LBCoin 的实物样本，代币基于区块链于 2020 年春季发行。 • 2020 年 1 月，立陶宛中央银行表示正继续努力推进数字货币工作。 • 2020 年 7 月，已经发行了全球首枚 CBDC，但只是纪念币

6.2 中央银行数字货币的定义与内涵

6.2.1 中央银行数字货币的定义

目前，对中央银行数字货币 (Central Bank Digital Currency，缩写 CBDC) 的表述有多种，如法定数字货币、中央银行加密货币、数字基础货币等；对中央银行数字货币尚没有形成统一确定的定义，基本上都是从货币的本质与货币的技术实现两个视角来定义的。

1) 从货币的视角定义

国际货币基金组织 (IFM) 将 CBDC 定义为："一种新型的货币形式，它是由中央银行以数字化方式发行、有法定支付能力的货币"。

美国联邦储备委员会正在考虑如何将 CBDC 纳入美国货币和支付领域，CBDC 被定义："是美联储的一种数字负债，它被广泛地提供给公众，使公众能够进行数字支付"。

英格兰银行的研究人员提出 CBDC 是"面向全球使用、电子形态、7×24 小时不间断服务，以发行国主权货币单位计值计息，反映在发行国中央银行资产负债表中，由中央银行批准发出的价值承诺"[1]。

2) 从技术实现的视角定义

国际清算银行 2018 年将 CBDC 定义为："与传统的准备金或结算账户中的余额不同，是中央银行货币的数字形式，基于分布式账本技术、采用去中心化支付机制的虚拟货币"[2]。

我国学者姚国章 (2016) 将 CBDC 定义为："基于密码学原理、基于端对端交易，以国家主权为背书、并具有法定地位的数字货币"。

6.2.2 中央银行数字货币的内涵

为更好理解中央银行数字货币，下面从法律地位、价值内涵、技术方式、实现手段和应用场景 5 个方面对中央银行数字货币进行分析。

(1) 在法律地位上，中央银行数字货币是一种主权货币。它以国家主权作为背书，具有法偿性。

(2) 在价值内涵上，与纸币一样，中央银行数字货币属于信用货币。作为法定货币，它在本质上是中央银行对社会公众的负债，是不兑现的信用货币制度下的一种债务凭证。它以国家信用为价值支撑，避免了像比特币那样因没有价值支撑造成币值的剧烈波动。

(3) 在技术方式上，中央银行数字货币属于加密货币。加密技术和分布式账本技术是法定数字货币实现技术安全和可信的关键支撑。为保证中央银行在货币投放过程中的中心地位，中央银行数字货币肯定达不到完全的去中心化，所以中央银行数字货币不可能是一个完全去中心化的数字货币。

(4) 在实现手段上，中央银行数字货币是算法货币。在货币的发行环节，中央银行数

---

[1] Barrdear and Kumhof，2016.
[2] 国际清算银行 Central Bank Digital Currencies. https://www.bis.org/cpmi/publ/d174.pdf.

字货币设计上有可执行脚本的考虑，将来可以使用预设可靠的算法规则来进行发行。

(5) 在应用场景上，中央银行数字货币是智能货币。中央银行数字货币的用户体验将变得更加智能，货币政策执行也将变得更加智能。

6.3 中央银行数字货币的优势

中央银行数字货币致力于成为新一代的金融基础设施，它不仅是用户实现数字化需求的载体，也是货币适应于数字化经济的需要。CBDC 的优势集中体现在如下 6 个方面。

(1) 提高效率和降低成本。CBDC 为公众提供了更快捷的数字支付手段，交易效率和安全性高。同时，它不但可以改变纸币发行、流通成本高的不足，还可以通过顶层设计解决传统货币的防伪与损耗成本问题，并减少价值交换中产生的第三方中介机构费用。

(2) 助力普惠金融发展。一方面，中央银行数字货币有助于完善征信信息，减少信息不对称。如在传统金融服务中，因征信数据缺少、固定资产较少等原因中小企业和个人难以获得信贷服务，中央银行数字货币的应用能有效改善这一现象，提升信贷可得性。另一方面，中央银行数字货币提升了金融包容性，为公众提供更为便捷的访问金融服务的途径。

(3) 提升货币政策的效果。中央银行数字货币可完善货币政策传导渠道，提升货币政策有效性。如中央银行数字货币可通过带有"条件触发机制"的智能合约，对信贷主体和使用场景予以限制，实现贷款的精准投放，避免资金空转。同时，分布式记账技术的应用能促进中央银行数字货币交易中介的扁平化，增加金融市场的流动性，疏通利率传导渠道。

(4) 有效保护使用者隐私。与传统货币和私人数字货币相比，中央银行数字货币的安全性主要体现在具有不易伪造性和可控匿名性，能够有效保护使用者隐私。中央银行数字货币的安全性不仅依赖于硬件安全来保障，更通过 P2P 网络、区块链技术、密码学技术来保障，一经发行后任何人在交易时无法轻易更改或者非法使用。如 CBDC 可以缩短支付链条，让用户的敏感数据免于受到不可信机构的控制，更能满足数字经济时代对隐私的保护与金融安全的需求。

(5) 提升金融监管水平。中央银行数字货币有利于金融监管的实施，减小经济犯罪的可能性。不同于纸币无法被监管部门追踪，也不同于部分加密私人数字货币由于去中心化的设计具有完全匿名性，中央银行数字货币通过分布式记账技术保留了完整的交易记录，辅之以大数据分析，可进行支付行为和监管指标、反洗钱分析，能有效防止违法犯罪行为的发生。

(6) 创新中央银行调控经济目标的手段，丰富中央银行的政策工具箱。除增强财政直达性和货币把控度，未来利率或能指导 CBDC 与银行存款的相互转化，以期达到均衡的信贷规模。

需要注意的是，CBDC 是替代流通中的现金 (M0) 还是银行存款，对经济的潜在影响是不同的，如表 6-2 所示。

表 6-2　CBDC 替代现金 (M0) 和替代银行存款的不同影响

CBDC 功能	对商业银行影响	经济影响
替代现金	银行资产负债表不变	中性
替代银行存款	银行资产负债表缩小	压抑信贷与资产泡沫

6.4　中央银行数字货币的类型

1. 依据实现技术不同

1) 基于账户的 CBDC

基于账户 (Account-Based) 的 CBDC，又被称为中央银行数字账户 (Central Bank Digital Account，CBDA)，它是传统银行普遍采用的，用户开户之前需要用户登记身份信息。在确认用户身份后就证明了其所有权，用一句话概括"我是，所以我拥有"。

该体系的关键是确认用户数字身份，支付的执行取决于用户的数字身份能否被验证。在基于账户的体系中，银行具有审核开户资质及追踪资金使用的权限，隐私性与普惠性相对不足，但其身份决定所有权的特点与反洗钱、反非法融资等监管要求更加兼容。

2) 基于代币的 CBDC

基于代币 (Token-Based) 的 CBDC，又被称为基于钱包的 CBDC(Wallet-Based)、基于价值的 CBDC(Value-Based)。基于代币的 CBDC 是以公开密钥密码学为基础，其理念是用户通过掌握正确的密钥来拥有数字货币，也就是"我知道，所以我拥有"。

用户只需要拥有一个地址，而用户身份与收款地址不挂钩。由于基于代币的体系是一种完全匿名的体系，只需掌握私钥就可以获得资产归属权，从而完整地保护用户隐私。但同时也会带来洗钱和非法使用等风险。

2. 依据应用场景不同

1) 批发型 CBDC

批发型 CBDC 是"基于账户"的 CBDC，主要用于批发结算，如银行间支付清算、金融交易结算等。批发型 CBDC 是基于分布式记账技术的银行间的中央银行数字货币支付方案，通过应用分布式记账技术，进行金融机构之间的支付结算，降低金融机构间支付结算成本，提升金融系统的运行效率。批发型 CBDC 的发行可促进银行间支付，但由于只面向少数大型金融机构，如国际清算和结算体系内的银行，因而可能不会对大多数人在经济生活中的交易方式产生显著影响。

2) 零售型 CBDC

零售型 CBDC 是"基于代币"的 CBDC，是社会公众可以使用的 CBDC，主要用于零售交易、日常小额支付，但也可以有更广泛的用途。零售型 CBDC 是对现金的替代或补充，将部分或全部代替现金的流通职能，它可以降低货币贮藏、流通及运输等成本，有助于保持现行货币发行流通体系的连续性。

据 IBM 的考察，目前对零售型 CBDC 有兴趣的国家可分为以下三类：一是体量较小的经济体，维持现钞发行管理的成本较高，需要降低相关成本；二是不发达的经济体，如柬埔寨，希望借助零售型 CBDC 改善其落后的小额结算状况，同时发行零售型 CBDC

也是提高金融包容度、扩大普惠金融受众面的良机;三是美元化国家或地区,如马绍尔群岛,以及国家货币主权沦陷的,如拉美一些国家的铸币税收入落入国外。

表 6-3 为全球十大零售型 CBDC 项目。

表 6-3　全球十大零售型 CBDC 项目

排名	地区	CBDC 项目	项目特点
1	北美洲	巴哈马中央银行 Sand Dollar	Sand Dollar 于 2020 年 10 月由巴哈马中央银行正式推出,即数字版的巴哈马元,所有居民使用移动应用程序或实体支付卡访问数字钱包
2	亚洲	柬埔寨国家银行 Project Bakong	基于 DLT 的银行间支付系统,于 2020 年 10 月正式上线,目前连接了 11 家国内商业银行和支付处理商,允许银行间的实时电子交易,并促进柬埔寨瑞尔交易
3	亚洲	中国数字人民币 DC/EP	2020 年 4 月,中国成为世界上第一个试点数字货币的主要经济体,其目标是提高零售支付系统的便利性、效率和弹性,进一步加强人民币的货币主权和国际化,主要用于替代 M0。在技术设计上采用拟合方法,由中国人民银行向商业银行发行 DC/EP,再由商业银行向公众发行
4	欧洲	乌克兰国家银行 E-hryvnia	2018 年 9 月,乌克兰国家银行 (NBU) 启动了试点项目,探索推出一个创新、低成本、安全和可操作的零售支付和交易平台的潜力。在试点项目期间,NBU 发行了 5443 E-hryvnia,并测试了中央银行数字货币 (CBDC) 的推出和运行
5	南美洲	乌拉圭 E-peso	乌拉圭于 2017 年 11 月发起了 CBDC 试点项目,即电子比索。在试点阶段,电子比索主要用于注册商店和企业的支付交易及点对点转账。该系统采用即时结算,无须互联网连接
6	南美洲	厄瓜多尔 DE	厄瓜多尔是第一个开始 CBDC 测试的国家。2014 年,该宣布由厄瓜多尔中央银行 (BCE) 发行电子货币 DE,推出一年后,BCE 使用户可以通过移动应用程序开立账户和转账
7	美洲	东加勒比 DXCD	东加勒比中央银行 (ECCB) 与金融科技公司 Bitt 签订合同,启动试点项目,打造一种数字版的东加勒比元 (DXCD 或 DCash) 作为法定货币。DCash 不是为了取代现金而设计的,而是计划与实物纸币和硬币一起流通。ECCB 将通过私人许可的区块链网络向银行和经批准的非银行金融机构发行现金支持证券
8	欧洲	瑞典 E-krona	2019 年 4 月,瑞典中央银行宣布在现金使用减少的推动下,他们正在研究引入一种公众可以使用的中央银行数字货币,即电子克朗。电子克朗的目标是提高电子交易的安全性和效率
9	亚洲	韩国 E-won	韩国银行 (BOK) 于 2020 年 3 月启动了为期 22 个月的探索数字货币的试点,试点项目包括三个阶段。第一阶段于 2020 年 7 月完成,旨在确定设计和技术要求,包括确定将使用的技术。第二阶段定于 2020 年 9 月至 2020 年 12 月,旨在分析与外部伙伴关系在 CBDC 推广的业务程序。第三阶段是 12 个月的测试和实施期,在有限的虚拟环境中启动试点系统,并对平台的功能和安全性进行测试
10	亚洲 欧洲	土耳其 Digital Lira	土耳其中央银行前行长纳西·阿格巴尔 (Naci Agbal) 于 2020 年 12 月 25 日宣布,该中央银行已完成数字里拉的概念验证,试点测试于 2021 年上半年开始

各主要国家或经济体研发中央银行数字货币的重点各有不同，有的侧重批发交易，有的侧重零售系统效能的提高，如表 6-4 所示。

表 6-4　各国 CBDC 类型比较

国家名称	技术手段	发行流通体系	使用用途	存在形式	储备账户
加拿大	基于区块链技术	二元	批发型	基于账户	现金抵押品
新加坡	基于区块链技术	二元	批发型	基于账户	等额现金抵押
瑞典	借鉴区块链技术，对其他技术也持开放态度	二元	零售型	基于账户或代币	价值等同于瑞典克朗
厄瓜多尔	基于区块链技术	一元	零售型	基于代币	琥珀蜜蜡
乌拉圭	没有使用区块链技术	二元	零售型	基于代币	乌拉圭比索
委内瑞拉	基于区块链技术	一元	零售型	基于代币	实物资产

资料来源：管弋铭，伍旭川. 数字货币发展：典型特征、演化路径与监管导向 [J]. 金融经济学研究，2020.

6.5　中央银行数字货币的设计

6.5.1　设计特点

目前，各国中央银行数字货币仍处于研发阶段，尚未实际全面发行。但从已有的公开资料来看，各国在中央银行数字货币模型设计上初步达成共识，表现出以下主要特点：

1. 保证数字货币生命周期闭环可控

数字货币本身的设计应力求简明高效，数字货币之上的商业应用尽可能交给市场来做。同时，把技术标准与应用规范做好，构建由中央银行、商业银行、第三方机构、消费者参与的完整的均衡有序的数字货币生态体系，保证数字货币的发行、流通、回收全生命周期闭环可控。

2. 主要以分布式账本作为底层技术

虽然比特币等私人加密数字货币普遍采用去中心化的区块链技术，但随着对中央银行数字货币研究的推进，中央银行数字货币由于具有中心化的特点，区块链技术暂时无法满足中央银行数字货币在零售场景中的高并发交易需求。同时，对区块链技术在货币支付清算应用弊端逐渐有所认识，对中央银行数字货币的特征的认知也出现了保持技术中立路线的趋势。

中央银行数字货币发行与流通技术框架将基于市场竞争环境演进，在技术迭代过程中，要确保中央银行数字货币的底层技术满足以下 4 点：①合作性记账，即大量第三方机构参与维护，更新账本，通过"共识过程"以确保账本所有节点都同步存储相同的信息。②数据共享，即分布式账本提供访问范围更广的账本读取权限和更新账本数据的权限。③加密技术，包含加密技术的一系列特征，例如使用公共密钥来验证发送付款指令者的权限。④可编程性，即创建"智能合约"用于自动执行协议条款并发起相关交易，无须人工干预①。

---

① 巴曙松，张岱晁，朱元倩. 全球数字货币的发展现状和趋势 [J]. 金融发展研究，2020(11)：3-9.

3. 满足风险可控基础上的匿名设计

中央银行数字货币能够提供接近现金的流动性和匿名性，较现金更具有便携性。同时，由于中央银行数字货币会得到其司法管辖区的中央银行的支持，因此有可能被广泛接受和使用。匿名、便携性、广泛使用这些特点对于以洗钱和恐怖融资为目的的罪犯和恐怖分子极具吸引力。金融行动特别工作组 (FATF) 强调中央银行数字货币应履行"反洗钱、反恐怖融资、反逃税"义务，在《FATF 就所谓稳定币向二十国集团财政部长和中央银行行长报告》中指出，"与现金相比，中央银行数字货币可能带来更大的洗钱和恐怖融资风险。因为中央银行数字货币可以提供给公众用于零售付款或作为账户使用，并且在理论上允许匿名的点对点交易"。

完全匿名的中央银行数字货币是不可行的。中央银行数字货币的匿名是以风险可控为前提的有限匿名。国际清算银行总裁卡斯滕斯在《数字货币与货币体系的未来》中明确指出"完全匿名的概念不切实际，完全匿名的系统不会存在"。他认为"绝大多数使用者会接受由一个可信任的机构，如银行或公共服务部门来保管基本信息。保留一定的身份识别对于支付系统的安全、反腐败、反洗钱、反恐怖融资至关重要，需要在便利性与可追溯性之间寻求一个均衡"。中国人民银行数字研究所所长穆长春强调"在保护合理的匿名需求的同时，也要保持对犯罪行为的打击能力，两边都不能太偏，偏向哪一边，都会有非常大的问题"。

同样，国际清算银行与欧洲中央银行、美联储等 7 家中央银行共同编写和发布的《中央银行数字货币：基本原则与核心特征》报告同样否决了完全匿名的可能性。报告指出"虽然有人认为中央银行数字货币可能带来的主要好处是某种程度的电子支付匿名性，但完全匿名是不合理的。虽然反洗钱和反恐怖融资的要求不是中央银行的核心目标，也不会成为发行中央银行数字货币的主要动机，但中央银行数字货币的设计应符合这些要求。"

4. 监管方面普遍采用多层级的匿名监管设计

尽管大部分国家对中央银行数字货币仍然停留在概念讨论阶段，但可以发现在匿名监管框架的设计方面具有一定共性，且普遍采用多层级的匿名监管设计。例如，部分中央银行使用分布式账本技术 (DLT) 为反洗钱、反恐怖融资的合规性程序提供了一种数字化解决方案，即反洗钱相关机构会定期向每个中央银行数字货币用户发布附时间限制的匿名凭证，在一定的额度内用户可选择保持交易的匿名性，中央银行或中介机构无法查看用户的身份和交易历史，满足使用群体的客观需求和法律的监管要求。但一旦超过额度后，交易无法使用匿名凭证，必须接受反洗钱相关机构的审查[①]。

6.5.2 设计模型

1."货币之花"模型

1) "货币之花"模型 I

国际清算银行的支付与市场基础设施委员会负责人莫滕·贝赫 Morten Bech 和美国加州圣塔巴巴拉大学经济学家、BIS 技术顾问罗德尼·加勒特 Rodney Garratt 于 2017 年发

---

① Benoît Coeuré. 2019. Digital Challenges to the International Monetary and Financial System [EB/OL].https://www.bis.org/review/r190918b.pdf.

表《中央银行加密货币》,首次提出"货币之花"概念模型,如图 6-2 所示,从 4 个方面对数字货币进行分类与定义:

(1) 货币发行人,即是中央银行发行还是其他机构发行;
(2) 货币的形态,即有形的实物还是数字的;
(3) 货币的普遍通用性,即普遍通用还是获取使用受限;
(4) 货币的转移,即是集中式还是分布式的点对点。

"货币之花"模型既反映了一些支付创新带来的货币属性、分类的变化,同时也对未来可能出现的两类 CBDC 进行了区分。他们用维恩图 4 个椭圆来表示货币的 4 个关键属性,如图 6-2 所示,从右到左各圈分别代表点对点支付、中央银行发行、电子形态、普遍通用性。按维恩图法则,两个区域的交集,也就是阴影"花蕊"部分表示它们有公共元素。其中,零售型 CBDC 是图 6-2 中唯一具有 4 种属性的货币类型,即中央银行发行(中央银行的负债)、电子形态、普遍通用性和点对点;批发型 CBDC 不具有普遍通用性,这种 CBDC 只用于银行间的结算转账。

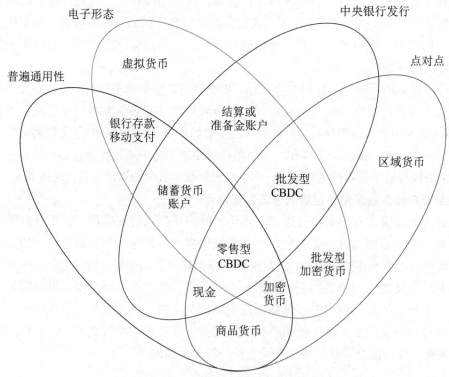

图 6-2 2017 年 Bech 的货币之花模型

2)"货币之花"模型 Ⅱ

随着对中央银行数字货币研究的推进,对分布式账本技术和区块链技术在货币支付清算应用弊端逐渐有所认识,发现比特币等私人加密货币的"去中心化"技术不适用于中央银行数字货币的应用场景,2018 年,又提出了修改后的"货币之花"模型,如图 6-3 所示。该模型提出中央银行数字货币的 4 个关键属性:

(1) 货币发行人,即中央银行或非中央银行;

(2) 货币形态，即数字或实物形态；

(3) 可获取性，即广泛接受或受限制；

(4) 实现技术，即基于账户或基于代币。

该模型中，"货币的转移"，即分布式还是集中式支付技术已不再是 CBDC 的主要属性，而是用"基于账户还是基于代币"取而代之作为货币的一种属性，把交易时验证币还是验证账户持有人身份作为确保 CBDC 安全性和完整性的重要措施。

Bech 等人还提出了一些 CBDC 的其他重要设计特征，如通用性 (7*24/ 日内创建、发行和赎回)，匿名性，转移机制 (点对点 / 通过第三方)，计息 (计息 / 不计息，利率可设置为不同水平)，持有使用数量限额，等等。

BIS 的"货币之花"在相当程度上是对当时各国货币当局和学者对 CBDC 研发成果的总结提炼，经过货币之花模型的创建到二次修正，CBDC 的形象、内涵丰满起来。

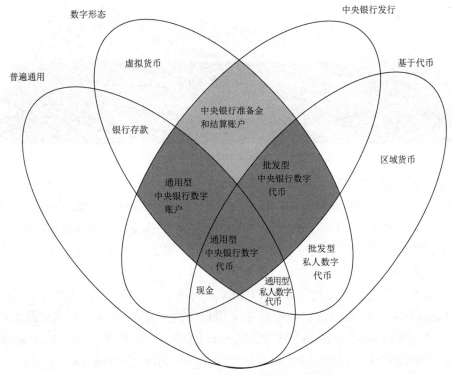

图 6-3　2018 年 Bech 修改的货币之花模型

2."CBDC 金字塔"模型

国际清算银行 BIS 的论文《零售型中央银行数字货币技术》描绘了一个 CBDC 的金字塔选择模型，启发我们可以依据用户需求，在运营架构、账本模式、获取方式和使用范围等多个维度灵活设计。

在"CBDC 金字塔"模型中，将消费者需求映射至中央银行相应的 4 个设计选择上，如图 6-4 所示。模型中，左侧列出了用户对零售 CBDC 的需求及有关特征；右侧则是针对这些需求和特征对 CBDC 设计方案的选择。需要考虑 4 个层级的问题，其中，位于金字塔底部的用户需求是最基本的，只有做出了相应的设计选择之后，才能确定上层选择何种技术。

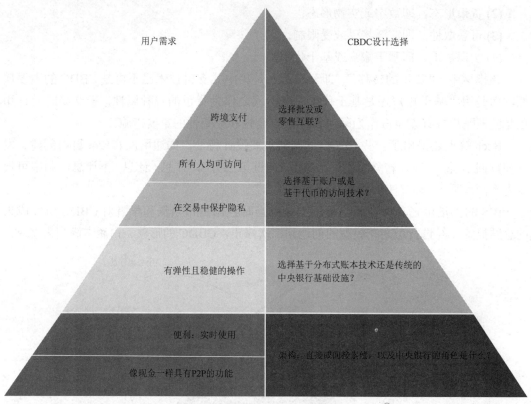

图 6-4　2020 年 Auer 和 Böhme 创建的金字塔图[①]

1) 考虑运营架构类型和中央银行的角色

在第 1 层中，用户要求零售 CBDC 要和现金一样安全和使用方便，否则消费者完全可以选择其他替代性支付工具。针对这一需求，CBDC 在运营架构设计要解决的是：

(1) CBDC 是中央银行的直接负债还是间接负债，还是作为中央银行直接负债但由中介机构来处理 KYC 和零售业务相结合的方式；

(2) 采取什么样的运营架构，是直接 CBDC、间接 CBDC 或者混合 CBDC。

国际清算银行 (BIS) 根据 CBDC 在法定债权结构和中央银行保存的记录上的不同设计，将当前的 CBDC 分成直接 CBDC(Direct CBDC)、间接或综合 CBDC(Indirect or Synthetic CBDC)、混合 CBDC(Hybrid CBDC) 和中间 CBDC(Intermediated CBDC) 四种不同的运营体系架构，其主要特点如表 6-5 所示。

与直接 CBDC 或间接 CBDC 架构相比，混合 CBDC 架构作为一种中间解决方案，既有优点也有缺点。第一，它可能比间接 CBDC 更具弹性，但代价是中央银行运营基础设施的难度加大。第二，由于中央银行不直接与零售用户交互，因此它可以专注于数量有限的核心流程，而中介机构则负责包括即时支付确认在内的其他服务。中间 CBDC 是一种类似于混合 CBDC 的架构。

---

① 图片来源：国际清算银行 BIS Auer，R and R Böhme (2020a)："The technology of retail central bank digital currency"，BIS Quarterly Review，March，pp 85-100.

表 6-5 四种不同的 CBDC 体系架构

架构类型	主要特点
直接 CBDC	(1) CBDC 为中央银行的直接负债； (2) 中央银行运营支付系统直接向公众提供零售支付服务； (3) 中央银行维护所有交易账本，并执行零售支付
间接 CBDC	(1) CBDC 为中介机构的负债； (2) 中介机构运营支付系统向公众提供零售支付服务
混合 CBDC	(1) CBDC 为中央银行的直接负债； (2) 中介机构为公众提供零售支付服务； (3) 中央银行对所有交易集中记账，并提供备份技术基础设施，允许其在中介机构支付失败时重新启动支付系统
中间 CBDC	(1) CBDC 为中央银行的直接负债； (2) 中央银行只维护批发交易账户，而不对零售交易集中记账； (3) 中介机构为公众提供零售支付服务

2) 要考虑账本模式是依赖中心化账本还是分布式账本技术

第 2 层中，用户要求零售 CBDC 的系统具有弹性和稳健性，要防止出现网络攻击、系统故障等技术问题，所对应的账本模式选择，是集中式还是分布式账本技术，对它的选择是依据基础架构的选择。

如果选择直接的 CBDC 架构，因为数据吞吐量可能很大，基本上只能采用中心化账本模式，即每笔交易都只由中央银行一个中心化节点更新。如要采用分布式账本，则意味着需要类似于比特币的区块链技术，任何人都可以参与记账并公开广播，并保证单点故障或恶意攻击不会影响账本一致性，但这种做法的代价就是支付效率低下，对系统性能要求高。

如果选择间接的 CBDC 架构，可以用分布式账本技术，因为许多批发支付系统的交易数量与现有区块链平台的交易数量相当。比如加拿大中央银行采用的 Corda 就是一个典型的例子，在加入共享账本之前，金融机构需要先获得审核许可，加入后不再需要每次交易都去核对账本一致性，从而大幅提升效率。

3) 要考虑获取方式是基于账户还是基于代币

第 3 层中，是用户对 CBDC 交易中隐私保护和通用性的需求，既要达到消费者持有使用 CBDC 带来的信息保护要求，也要符合法律法规对客户告知、反洗钱等方面的要求。

针对获取方式，主要有基于账户和基于代币两种选择。

(1) 基于账户的方式需要直接验证持币人身份，在有些国家或地区可能存在通用性不足的问题；

(2) 基于代币的方式是通过验证 CBDC 的真伪来间接验证持币人身份，即持币人在获取 CBDC 时应该经过不同程度的身份验证，才可能持有钱包等，这种方式有相对较大的通用性，但存在着资金丢失、反洗钱、合规性差的可能性。

4) 要考虑使用范围是零售型还是批发型

第 4 层中，是用户对零售 CBDC 跨境支付使用的需求。BIS 年度报告中提到，一笔 200 美元的跨境汇款如果通过传统银行体系平均成本高达 10% 的交易总额，时间上代理行模式下的跨境支付往往需要耗费数天[①]。

如果采用的是代币，CBDC 的使用不依赖于用户身份。从技术上来看，用户都体现为系统中的一个地址，不存在境内和境外两者的区别。任何两个用户地址都可以直接点对点进行交易，交易在技术层面没有境内、跨境和离岸的区别。因此，海外用户与国内居民使用 CBDC 并无区别，天然支持跨境应用。

如果采用的是账户，CBDC 的跨境应用则需要整合批发功能，零售 CBDC 与批发 CBDC 连接打通向外支付的渠道。

各国 CBDC 实现路径分布如图 6-5 所示。

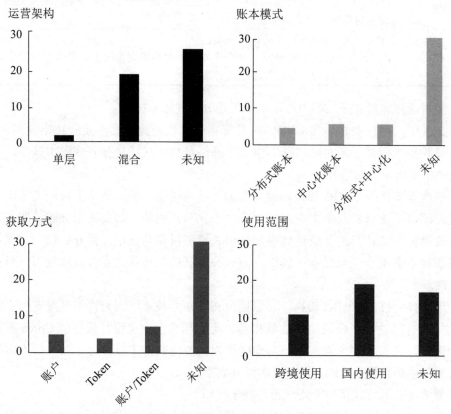

图 6-5　各国 CBDC 实现路径分布 (截至 2021/4)[②]

6.6　中央银行数字货币的发行与流通模式

6.6.1　中央银行数字货币的发行模式

目前，中央银行数字货币发行模式主要有一元发行模式和二元发行模式两种。

1. 一元发行模式

一元发行模式，也被称为中央银行独家发行模式，即"中央银行—公众"的模式，

---

① 以 112 个国家为样本。
② 资料来源：BIS，ICBC International.

如图 6-6 所示。该模式是中央银行直接面向公众发行数字货币，并直接负责全社会法定数字货币的流通、维护等服务，市场交易主体可以直接在中央银行开立账户。如 2020 年 2 月，瑞典中央银行测试的 E-krona 数字克朗是由中央银行直接向公众发放的数字货币。

一元发行模式主要流程如图 6-6 所示：①根据宏观经济形势及货币政策调控的需要，中央银行确定数字货币的最优发行量，直接向公众发行法定数字货币；②公众作为中央银行的直接债权人，在中央银行开户并通过个人数字钱包保管数字货币。

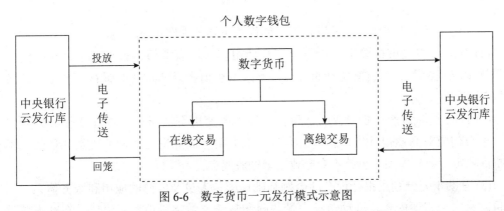

图 6-6 数字货币一元发行模式示意图

从理论上看，一元发行模式有利于提升发行效率、降低流通成本，但这种模式会带来以下两个突出问题：

(1) 由于中央银行直接对公众投放数字货币，中央银行的数字货币会与商业银行存款形成竞争关系。以中央银行背书的数字货币的信用等级要高于商业银行存款货币，将会对商业银行存款产生挤出效应，可能会出现"存款搬家"，这就会抬高商业银行的融资成本，进而影响商业银行的贷款投放能力。此外，商业银行吸收存款能力的降低会增加其对同业市场的依赖，抬高资金价格，增加社会融资成本，容易引发"金融脱媒"。

(2) "中央银行—公众"一元模式与现行的货币发行流通体系相悖，会从根本上改变现行货币发行体制，对现有金融体系产生较大的颠覆。中央银行独自发行数字货币，相应的技术风险和经营性风险高度集中，不利于数字货币的长期、稳定发展。

2. 二元发行模式

二元发行模式，也被称为联合发行模式，即"中央银行—商业银行—公众"，如图 6-7 所示。该模式是由中央银行负责数字货币的发行和回笼，但中央银行不与公众（个人/企业）直接对接；商业银行受中央银行委托向公众提供数字货币的兑换、存取等服务，并与中央银行一起维护中央银行数字货币的发行、流通的正常运行。目前，大多

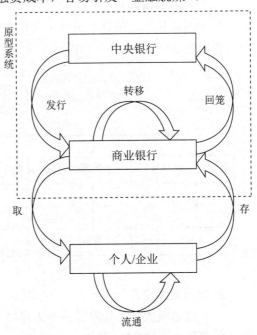

图 6-7 数字货币二元发行模式示意图

数国家选择这种二元发行模式。

二元发行模式主要流程如下：①中央银行先将中央银行数字货币统一存放到发行库；②商业银行向中央银行申请兑换数字货币，为保证货币不超发，需要向中央银行按100%缴纳全额储备金，以避免数字货币过度发行造成的恶性通货膨胀，维持数字货币的价值和金融体系的稳定；③在中央银行同意商业银行数字货币申请后，数字货币从发行库调入商业银行库；④社会公众向商业银行申请提取数字货币，得到允许后进入其数字钱包。

与一元发行模式相比，二元发行模式的优势主要表现在以下三点。

(1) 有助于中央银行数字货币的推广和使用。在现有货币运行框架下，让法定数字货币逐步取代纸币，不颠覆现有的货币，不改变当前大众通过商业银行办理金融业务的习惯。

(2) 有助于得到各商业银行的认可。因为不改变现有的货币投放体系和二元账户结构，不会构成对商业银行货币存款的竞争，不会增加商业银行对同业市场的依赖，不会影响商业银行放贷能力，也就不会导致"金融脱媒"。

(3) 有助于充分利用银行现有的金融基础设施、人员及成熟的应用和服务体系。用市场机制来实现资源配置，调动市场力量共同参与法定数字货币发行流通，有助于节省资源、分散风险、促进创新，推动新型金融生态的形成与发育，从而更好地服务实体经济和社会民生。

6.6.2 中央银行数字货币的流通模式

根据以上中央银行数字货币的两种发行模式，其流通模式也分为一元流通模式和二元流通模式两种。

1. 一元流通模式

一元流通模式，是指单位或个人直接通过其在中央银行设立的数字货币账户实现数字货币的流通或收付划转，如图6-8所示。

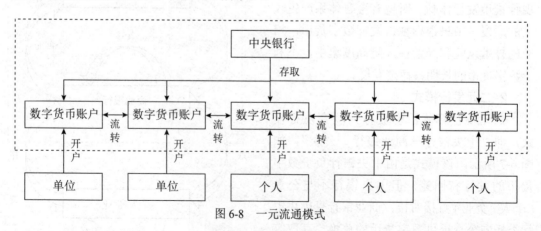

图6-8 一元流通模式

2. 二元流通模式

二元流通模式，是指单位或个人通过其在商业银行或支付机构的数字货币账户实现货币的流通或收付划转，如图6-9所示。

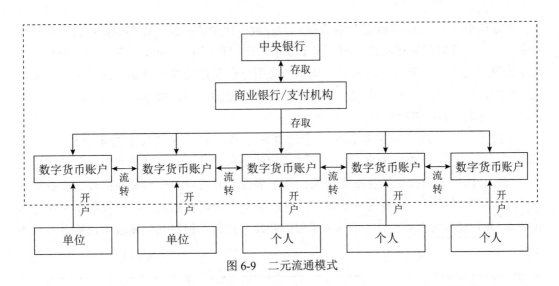

图 6-9 二元流通模式

6.7 国外典型的中央银行数字货币实践

目前,不少国家对于法定数字货币持积极态度,其中,美国、加拿大、新加坡、瑞典等国在中央银行数字货币方面进行了积极的探索和国际合作,也取得了一定的实质成果。下面主要介绍零售型 CBDC(如瑞典中央银行的 E-krona)和批发型 CBDC(如加拿大中央银行的 CAD-coin 项目、新加坡的 SGD-L)。

6.7.1 瑞典中央银行的 E-krona(电子克朗)

在日益数字化的背景下,瑞典支付市场发生了巨大变化,因为近年来电子支付工具的盛行,瑞典正逐渐变为无现金国家。瑞典中央银行 2018 年的调查报告显示,在瑞典零售支付市场上,现金使用比例正大幅减少,瑞典人最近一次购物只有 13% 以现金付款,相比于 8 年前的 39%,比例大幅下滑。随着现金使用率的减少,货币周转和流通逐渐由私人公司等商业力量把控,瑞典中央银行正在丧失对货币的控制权,其控制货币流通的作用被大大削弱。"现金的边缘化"问题,对瑞典中央银行支付系统的安全性和有效性提出了巨大挑战。

为了捍卫中央银行控制货币发行、调节货币周转从而调控经济的能力,并给公众提供一个更加安全、有效的支付系统,2017 年 3 月,瑞典中央银行启动了"E-krona"电子克朗项目,以此探索法定数字货币在零售支付方面的可行性。拟将电子克朗作为一种通用的电子支付手段和对现金的补充,并确定瑞典中央银行在未来支付体系中的角色。

在瑞典中央银行发布的"E-krona"项目第二阶段研究报告中,具体计划安排如图 6-10 所示。瑞典中央银行发行 E-krona,以在现金不再被普遍接受的情况下,保护公众获得中央银行资金的机会。电子克朗主要用于小额支付,其不附息且价值等同于瑞典克朗,能被公众用于实时支付,即每周 7 天、每天 24 小时都可以使用,而大额支付依然交由现有的 RIX 交易系统[①]处理。

---

① RIX 是瑞典中央银行的中央支付结算系统,该系统中可处理不同银行账户之间的转账。

在存在形式上，E-krona 是瑞典克朗的一种数字化形式，既可以存放在瑞典中央银行的账户中，又可以存储在本地，例如卡上或手机应用程序中。E-krona 基于账户发行还是基于价值仍需进一步研究。现阶段，瑞典中央银行已获得瑞典中央银行法案的授权发行基于价值的电子克朗。但如果发行基于账户的电子克朗，则需要对法定货币法律进行修正，使中央银行有额外授权对公众发行。

在技术方面，瑞典中央银行给出了选择法定数字货币底层技术的 4 个基本原则：①可扩展性，即可以根据未来需求，增加相应的业务功能；②互通操作性，即该底层技术必须符合国际普遍接受的标准和框架；③可靠性，即可以有效避免网络攻击和各类欺诈手段；④可访问性，即要易于使用。同时，瑞典中央银行也认为，中央数据库和分布式账本 DLT 技术可以被用作 E-krona 模型的开发和测试，但对其他新技术也抱有开放的态度。

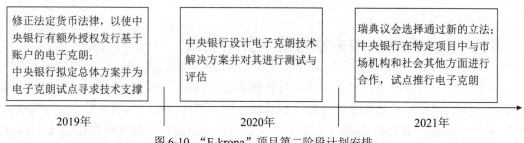

图 6-10 "E-krona" 项目第二阶段计划安排

6.7.2 加拿大中央银行的 CAD-coin

目前，加拿大使用大额支付系统作为批发支付系统，虽然该支付系统避免了传统大额结算系统使用支票进行结算等诸多弊端，但在进行银行间批发交易时，依然需要提供全额或部分抵押，因此加拿大希望通过法定数字货币构建批发支付系统，以此减少抵押品需求，从而提高银行间支付结算效率和金融系统运行效率。

2016 年 6 月，加拿大中央银行启动了基于分布式账本技术的大额支付系统 (Large Value Transfer System，简称 LVTS)，其中 CAD-coin 是在该系统中使用的数字货币，属于批发型中央银行数字货币。

这项名为 "Jasper" 的法定数字货币项目实验，初衷是通过应用分布式账本技术帮助中央银行发行、转移或处置中央银行资产，包括加拿大皇家银行、TD 银行及加拿大帝国商业银行等多家加拿大主要银行参与了该项目。

"Jasper" 项目的目的是以法定数字货币加元作为交易货币，探索使用分布式账本技术进行大额支付、清算和结算的可行性。使用分布式账本技术这一数字货币的技术核心来构建和实验银行同业支付系统，通过建立一个局部模拟系统，对使用法定数字货币进行银行间业务、日常运营及相关技术和潜在风险方面进行测试。

"Jasper" 项目实验分为三个阶段，其中，第一阶段和第二阶段重点研究运用分布式账本技术实现银行间大额现金支付、清算和结算的可行性；第三阶段则探索一个全新的证券支付结算一体化平台，验证使用区块链技术进行自动、即时的证券结算的可行性。

具体包括以下内容。

(1) 第一阶段，加拿大中央银行构建了一个区块链原型和概念验证批发支付系统，以研究中央银行数字收据在银行间同业结算中使用的情况，实现模拟资金转账。

(2) 第二阶段，加拿大中央银行使用 R3 的开源分布式记账平台 Corda，在分布式账本上发行等量的数字资产，即 CAD-coin。参与银行将现金抵押品保存到由加拿大中央银行持有的特殊账户中，中央银行随即将相同价值的中央银行数字货币 CAD-coin 发送到参与银行的分布式账户上，不同银行间使用 CAD-coin 进行交易和结算。

(3) 第三阶段，加拿大中央银行基于分布式账本技术，构建一个新的证券支付结算一体化平台，证明使用分布式账本技术进行证券清算和结算的可行性，发现将现金或其他象征性资产 (如证券) 与分布式账本技术相结合所带来的优势。

6.7.3 新加坡的 SGD-L

2016 年 11 月，新加坡金融管理局 (MAS) 联合新加坡交易所、10 家商业银行、8 家技术公司和 6 家学术机构，共同发起"Ubin"项目，旨在寻求在分布式账本技术上推出新加坡法定数字货币 (SGD-on-Ledger，以下简称 SGD-L)，探索分布式账本技术在清算结算中的实际应用，进行银行间的法定数字货币支付清算方案的试验。该项目在架构、代码等方面借鉴了加拿大"Jasper"项目。

新加坡金融管理局希望借助"Ubin"项目，使新加坡成为基于分布式账本技术发行法定数字货币的先行者和领导者。该项目关注于将分布式账本技术应用于银行间市场，试图开发出一套成本更低、安全性更高且更高效的基于法定数字货币的金融系统以取代现有的系统，以降低跨境支付和证券结算的风险和成本，提高新加坡金融系统的效率。

新加坡支持开放知识产权的创造，希望以此促进行业参与者之间的合作，创造一个充满活力、协作、创新的金融机构和金融科技生态系统。"Ubin"项目代表了新加坡在分布式账本技术 (DLT) 研发领域建立领导地位的重要机遇，符合新加坡成为智能金融中心的更大目标，新加坡希望通过此项目全面探索 DLT 对其金融生态系统的潜在益处。

清华大学金融科技研究院区块链研究中心发布的报告显示，"Ubin"项目研究得出的总体规划共 6 个阶段 (见图 6-11)，分别是新加坡法定货币新加坡元 SGD 数字化、基于 DLT 的全额实时结算系统 (RTGS)、基于 DLT 的券款对付 (DvP)、银行间跨境支付结算、目标运营模式探索、跨境支付和跨境券款对付。

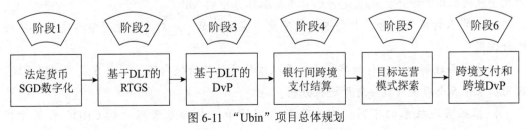

图 6-11 "Ubin"项目总体规划

"Ubin"项目第一阶段旨在评估探索 SGD-L 可能带来的影响，以及对新加坡金融系统潜在的益处，测试中央银行数字货币用于跨行支付的可行性。SGD-L 与现有的存款账户不同，它具备三个特性：

(1) SGD-L 没有利息，这降低了支付系统管理的复杂性；

(2) SGD-L 是通过抵押等额新加坡元 SGD 来实现发行的，因此不会改变总货币供应量；

(3) SGD-L 被限制在某些特定场景中使用，并可针对证券等特殊应用通过智能合约增加特性。

"Ubin"项目的第一阶段成功实现了为银行间结算研发 SGD-L 的目标，同时可以使用新加坡电子支付系统 (MAS Electronic Payment system, 缩写 MEPS+) 与分布式账本互操作 (见图 6-12)，实现抵押品自动管理。

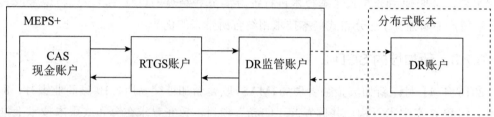

图 6-12　新加坡电子支付系统与分布式账本交互

MEPS+ 与分布式账本是独立的两个账本系统，二者之间只有账目的同步，没有资金的转移，并通过 SWIFT① 虚拟器连接。通过设立 CAS 现金账户、全额实时结算系统 (Real TimeGross System，RTGS) 账户、存托凭证 (DepositoryReceipts，DR) 监管账户，以及分布式账本中的 DR 账户，实现 MEPS+ 系统与分布式账本系统的对接和功能实现。

目前，"Ubin"项目已进行到第 5 阶段，新加坡金融管理局与摩根大通和淡马锡控股合作建立了一个基于区块链的多币种支付网络系统，该系统允许其他区块链链接、无缝整合，并开启商业应用测试，确定其整合区块链贸易应用的能力，以及探索其他支持用户场景的功能。

本章小结

1. 从货币的角度来看，数字货币也是一种债务凭证，它是数字货币发行人对数字货币持有人的一种负债。中央银行数字货币本质上是对现金的替代或电子化的现金，这里的现金包括纸币和硬币，也就是传统货币金融体系中的 M0。

2. 从技术的角度来看，中央银行数字货币实质就是"点对点+电子货币支付+中央银行信用"。

3. 要全面理解中央银行数字货币，要从法律地位、价值内涵、技术方式、实现手段、应用场景等 5 个维度对数字货币进行分析。

4. 根据实现技术的不同，中央银行数字货币可分为基于账户的 CBDC 和基于代

---

① SWIFT：环球银行金融电信协会。它是一个连接全球数千家金融机构的高安全性网络，金融机构使用它来发送安全信息和支付指令。

币的 CBDC；根据应用场景不同，中央银行数字货币可分为批发型 CBDC 和零售型 CBDC。

5. 中央银行数字货币发行模式主要有一元发行模式和二元发行模式两种，与之对应，流通模式也分为一元流通模式与二元流通模式两种。

复习思考题

1. 试述中央银行数字货币与私人数字货币的本质区别。
2. 简述中央银行"货币之花"的主要内容。
3. 试述中央银行数字货币的发行模式。

第 7 章
我国的中央银行数字货币

我国一直高度重视对数字人民币的研究与实践，数字人民币是由中国人民银行发行的数字形式的法定货币。截至 2020 年，我国基本完成对中央银行数字货币的顶层设计、标准制定、功能研发等工作，可以说我国在数字货币领域的研究走在了世界前列。从当前试点应用场景看，基本围绕消费场景展开，已全面覆盖"吃、住、行、游、购、娱"领域。本章介绍了数字人民币 DC/EP 的研发过程，设计框架、"一币、两库、三中心"的实现框架和双层运营架构，同时对它和微信、支付宝进行了对比。

学习目标

1. 了解我国中央银行数字货币的发展历程。
2. 理解我国推出中央银行数字货币的时代意义。
3. 了解我国中央银行数字货币的技术创新。
4. 掌握我国中央银行数字货币的设计特点。

知识结构图

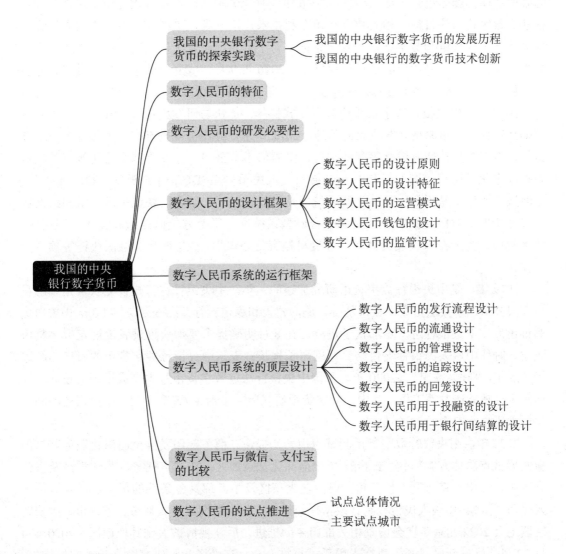

7.1 我国的中央银行数字货币的探索实践

7.1.1 我国的中央银行数字货币的发展历程

国际经验表明,支付手段多样化是成熟经济体的基本特征和内在需要。中国作为地域广阔、人口众多、多民族融合、区域发展差异大的大国,社会环境及居民的支付习惯、年龄结构、安全性需求等因素决定了实物人民币具有其他支付手段不可替代的优势。只要存在对实物人民币的需求,中国人民银行就不会停止实物人民币的供应或以行政命令对它进行替换。

中国对法定数字货币的探索起步较早并走在世界前列。2014 年,中国人民银行成立了专门的研究小组,论证发行法定数字货币的可行性,并针对法定数字货币进行研发,探讨所需的监管框架。2015 年,中国人民银行发行数字货币的系列研究报告,并完成原型方案的两轮修订，进一步对数字货币发行和业务运行框架、关键技术、发行流通环境、面临的法律问题等进行了深入研究。2016 年 1 月，中国人民银行首次提出了对外公开发行法定数字货币的目标，相关数字货币专利技术开始形成。2016 年 7 月，中国人民银行启动了基于区块链和数字货币的数字票据交易平台原型研发工作，决定使用数字票据交易平台作为法定数字货币的试点应用场景。2016 年 9 月，成立了数字票据交易平台筹备组，启动数字票据交易平台的封闭开发工作，进行数字货币的测试运行。

2017 年，中央银行数字货币研究所正式挂牌，加快与研发机构和产业结合，以实现前期法定数字货币原型开发成果的落地。2017 年末，经国务院批准，中央银行组织工商银行、中国银行、浦发银行等商业银行，中钞信用卡公司、上海票据交易所等有关机构和蚂蚁金服、腾讯等商业机构共同开展数字人民币体系 (DC/EP) 的研发。2018 年 2 月，上海数字票据交易平台实验性生产系统成功上线试运行，结合区块链技术前沿和票据业务实际情况，对前期数字票据交易平台原型系统进行了全方位的改造和完善。同年底，数字货币研究所在深圳成立"深圳金融科技有限公司"，参与贸易金融区块链等项目的开发。

2019 年，是中央银行数字货币研究加速的一年。中央银行在苏州设立长三角金融科技有限公司，承接法定数字货币基础设施的建设和稳定运行。在 6 月美国 Libra 相关白皮书推出后，中央银行进一步加快了进度，在 8 月明确提出要加快推进我国法定数字货币研发。时任中国人民银行支付结算司副司长穆长春表示中央银行数字货币的研究已经进行了 5 年，"呼之欲出"。2020 年，我国中央银行法定数字货币基本完成了顶层设计、标准制定、功能研发等工作，其中，数字货币研究所共申请了 65 个专利，中央银行印制科学技术研究所申请了 22 个专利。

2020 年，中央银行数字货币测试应用开始提速。商务部印发《全面深化服务贸易创新发展试点总体方案》，公布了 28 个全面深化试点地区。在试点任务、具体举措及责任分工中，提出"京津冀、长三角、粤港澳大湾区及中西部具备条件的试点地区开展数字人民币试点"。中国人民银行制订政策保障措施，先由深圳市、成都市、苏州市、雄安新区四地及 2022 北京冬奥会场景相关部门协助推进，后续视情扩大到其他地区。2020 年 4 月 22 日，雄安新区召开了数字人民币试点推介会，在受邀参与研究数字货币的机构中，包括工农中建在雄安的分行及蚂蚁金服和腾讯的相关负责人。此次受邀测试名单还包括 19 家 DC/EP 要落地的应用试点单位，测试的应用场景丰富多样，涉及餐饮、零售、快递、出行等多个行业。2020 年底，深圳市、苏州市人民政府趁热打铁与中国人民银行联合开展数字人民币红包试点工作，显示出数字人民币试点正在加速推进应用落地。2020 年 10 月 9 日，深圳市"礼享罗湖促消费"活动再次展开。此次活动中最大的亮点是发放 1000 万元的"礼享罗湖数字人民币红包"，每个红包金额为 200 元，红包数量共计 5 万个。市民获得数字人民币红包后，可以在罗湖区辖内已完成数字人民币系统改造的 3389 家商户进行无门槛消费。

2021 年 2 月，中国人民银行启动与香港金融管理局等的金融科技合作，共同开发跨境汇款和结算机制，有意在制定数字货币规则方面先行一步。研发试点期间，中国人民银行积极参与金融稳定理事会 (FSB)、国际清算银行 (BIS)、国际货币基金组织 (IMF)、世

界银行 (WB) 等国际组织多边交流，同各司法管辖区货币和财政监管部门、跨国金融机构及世界顶尖院校交流研讨法定数字货币前沿议题，并在国际组织框架下积极参与法定数字货币标准制定，共同构建国际标准体系。如中国人民银行、泰国中央银行、阿联酋中央银行和香港金融管理局等与国际清算银行发起多边法定数字货币桥 (m-CBDC Bridge) 项目，对法定数字货币的跨境使用展开联合研究。

中国中央银行数字货币发展历程如表 7-1 所示。

表 7-1 中国中央银行数字货币发展历程

准备阶段	2014 年	中央银行成立发行法定数字货币的专门研究小组，论证发行数字货币的可行性
	2015 年	中央银行发行数字货币的原型方案完成两轮修订，并发布系列研究报告
启动阶段	2016 年 1 月	中央银行召开数字货币研讨会，明确中央银行发行数字货币的战略目标
	2016 年 7 月	中央银行启动基于区块链和数字货币的数字票据交易平台原型研发工作
	2016 年 9 月	中央银行启动数字票据交易平台的封闭开发工作
	2017 年 2 月	中央银行推出的数字票据交易平台开始测试运行法定数字货币
	2017 年 5 月	中央银行数字货币研究所正式挂牌，研究方向包括数字货币、金融科技等
推进阶段	2018 年 1 月	数字票据交易平台实验性生产系统成功上线试运行
	2018 年 3 月	中央银行召开全国货币金银工作电视电话会议，要求扎实推进中央银行数字货币研发
	2018 年 9 月	数字货币研究所在深圳成立"深圳金融科技有限公司"
落地阶段	2019 年 3 月	中央银行在苏州设立长三角金融科技有限公司，承接法定数字货币基础设施的建设和稳定运行
	2019 年 8 月	《中共中央国务院关于支持深圳建设中国特色社会主义先行示范区的意见》指出，支持在深圳开展数字货币研究与移动支付等创新应用
	2019 年 9 月	中央银行数字货币开始闭环测试
	2020 年 2 月	中央银行完成有关数字货币的发行全流程专利申请
	2020 年 4 月	中央银行数字货币在中国农业银行内部测试，首批试点地区为深圳市、成都市、苏州市、雄安新区和 2022 北京冬奥会场景
	2020 年 8 月	商务部发文，提出在京津冀、长三角、粤港澳大湾区及中西部具备条件的试点地区开展数字人民币试点
	2020 年 9 月	中央银行数字货币研究所先后与滴滴出行、美团、B 站、京东等互联网企业达成战略合作协议
	2020 年 11 月	中国人民银行公布数字人民币第二批试点的 6 个地区为上海市、长沙市、海南省、青岛市、大连市、西安市

续表

	2020 年 11 月	深圳市、苏州市人民政府先后与中国人民银行联合开展数字人民币红包试点工作
落地阶段	2021 年 2 月	中国人民银行启动与香港金融管理局等的金融科技合作,共同开发跨境汇款和结算机制
	2022 年 4 月	中国人民银行公布第三批试点城市(天津市、重庆市、广州市、福州市和厦门市、杭州市、宁波市、温州市、湖州市、绍兴市、金华市),北京市和张家口市在 2022 北京冬奥会、冬残奥会场景试点结束后转为试点地区

7.1.2　我国的中央银行数字货币的技术创新

与数字货币蓬勃发展态势相伴的是围绕数字货币的竞争也日趋激烈,全球主要国家纷纷加快对数字货币的专利布局。美国从 2011 年开始启动区块链领域的全球专利布局,我国从 2013 年开始出现涉及区块链的专利申请。当前对数字货币专利的申请涵盖支撑技术和应用技术两大领域,涉及数据层技术、合约层技术、共识层技术、网络层技术、激励层技术等几乎所有区块链技术分支。

数字货币专利保有量已经成为企业创新能力和核心竞争力的重要评价指标,而数字货币专利授权水平则逐渐被视作行业或企业创新投入和知识产权保护力度的评价标准之一。

根据数据统计,截至 2021 年 3 月,全球公开数字货币专利申请数量达 1343 件,其中,实质审查专利 603 件,无效及失效专利共 90 件,有效专利和公开专利共 650 件,仅占比 48%①。从全球数字货币专利技术发展趋势(见图 7-1)可以看出,对数字货币相关技术的申请在 2019 年到达顶峰,2020 年专利公开 300 余件。从全球数字货币专利申请数量排名前九位的国家或地区(见图 7-2)可以看出,中国申请专利共 1113 件,占比 82%,位居第一;第二位的美国申请专利共 102 件,占比 7.5%。显然,中国在这场数字货币竞赛中跑到了前列,创新能力强。表 7-2 展示了我国数字货币专利申请机构的专利授权情况。

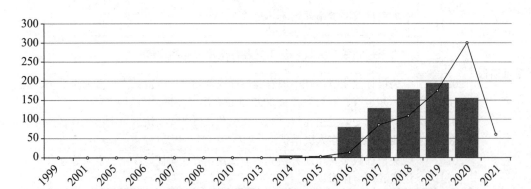

图 7-1　全球数字货币专利技术发展趋势

---

① 国家专利局网站统计数据 http://pss-system.cnipa.gov.cn/sipopublicsearch/portal/uilogin-forwardLogin.shtml.

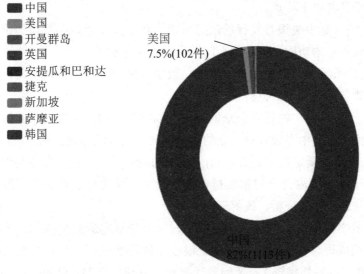

图 7-2 全球数字货币专利申请国家/地区分布

表 7-2 我国数字货币专利申请机构的专利授权情况[①]

申请机构	数量
中国人民银行数字货币研究所	65
中国人民银行印制科学技术研究所	22
杭州复杂美科技有限公司	7
中钞信用卡产业发展有限公司杭州区块链技术研究所	5
飞天诚信科技股份有限公司	5
百度在线网络技术(北京)有限公司	3
中国科学院合肥物质科学研究院	2

从表 7-2 可以看出,我国数字货币研究的主力军是中国人民银行数字货币研究所,自从 2014 年成立以来一直致力于数字货币研究,积极探索法定数字货币相关核心技术的研究、人民币数字化的建设,主要任务包括有数字货币研究与开发、数字货币原型设计与构建、数字货币试验与推广、数字货币系统建设与运维等,为我国数字货币发展做出了不可磨灭的贡献,目前申请专利数量 114 件,已获得授权 65 件。

7.2 数字人民币的特征

数字人民币,简称为 DC/EP,其中"DC"是指数字货币 (Digital Currency);"EP"是指电子支付 (Electronic Payment)。我国的 DC/EP 主要强调电子支付功能。

DC/EP 作为法定数字货币,是基于国家信用、由中央银行直接发行的数字化形式的法定货币,由指定运营机构参与运营,以广义账户体系为基础,支持银行账户松耦合功能,与实物人民币等价,具有价值特征和法偿性。

---

① 数据来源:国家专利局网站,截止于 2021 年 3 月 24 日。

数字人民币具有以下特点。

(1) 数字人民币是中央银行发行的法定货币。数字人民币具备货币的价值尺度、交易媒介、价值贮藏等基本功能，与实物人民币一样是法定货币。

(2) 数字人民币是法定货币的数字形式。数字人民币发行、流通管理机制与实物人民币一致，但以数字形式实现价值转移。

(3) 数字人民币是中央银行对公众的负债，以国家信用为支撑，具有法偿性。数字人民币与实物人民币都是中央银行对公众的负债，具有同等法律地位和经济价值。

(4) 数字人民币主要定位于现金(M0)。我国的数字人民币是一种零售型中央银行数字货币，主要用于满足国内公众日常支付需要。数字人民币将与现金并行发行，中央银行会对二者共同统计、协同分析、统筹管理。

在未来的数字化零售支付体系中，数字人民币和指定运营机构的电子账户资金具有通用性，共同构成现金类支付工具。商业银行和持牌非银行支付机构在全面持续遵守合规(包括反洗钱、反恐怖融资)及风险监管要求，且获中央银行认可支持的情况下，可以参与数字人民币支付服务体系，并充分发挥现有支付等基础设施作用，为客户提供数字化零售支付服务。

7.3 数字人民币的研发必要性

1. 现金的功能和使用环境正在发生深刻变化

(1) 现金管理成本较高，其设计、印制、调运、存取、鉴别、清分、回笼、销毁及防伪反假等诸多环节耗费了大量人力、物力、财力。

(2) 随着数字经济发展，我国现金使用率呈下降趋势。根据2019年中国人民银行开展的中国支付日记账调查显示：手机支付的交易笔数占比为66%、交易金额占比为59%；现金交易笔数占比为23%、交易金额占比为16%；银行卡交易笔数占比为7%、交易金额占比为23%。其中，46%的被调查者在调查期间未有现金交易。

(3) 流通中现金(M0)余额仍保持一定增长。根据2016年末至2020年末统计数据，中国流通中现金余额分别为6.83万亿元、7.06万亿元、7.32万亿元、7.72万亿元和8.43万亿元人民币，特别是在金融服务覆盖不足的地方，公众对现金的依赖度依然较高。

2. 数字经济发展需要建设适应安全普惠的新型零售支付基础设施

中国经济正在由高速增长阶段转向高质量发展阶段，以数字经济为代表的科技创新成为催生发展动能的重要驱动力。随着大数据、云计算、人工智能、区块链、物联网等数字科技快速发展，数字经济新模式与新业态层出不穷。特别是新冠肺炎疫情发生以来，网上购物、线上办公、在线教育等数字工作生活形态更加活跃，数字经济覆盖面不断拓展，欠发达地区、边远地区人民群众线上金融服务需求日益旺盛。近年来，中国电子支付特别是移动支付快速发展，为社会公众提供了便捷高效的零售支付服务，在助力数字经济发展的同时也培育了公众数字支付习惯，提高了公众对技术和服务创新的需求。

同时，经济社会要实现高质量发展，在客观上需要更为安全、通用、普惠的新型零售支付基础设施，作为公共产品以满足人民群众对多样化支付的需求，并以此提升基础金融服务水平与效率，促进国内大循环畅通，为构建新发展格局提供有力支撑。数字人民币的推出能提高零售支付系统效能，降低全社会零售支付成本。

3. 加密货币特别是全球性稳定币发展迅速

自比特币问世以来，私人部门推出各种加密货币。据不完全统计，目前有影响力的加密货币已达 1 万余种，总市值超 1.3 万亿美元[①]。但由于比特币等加密货币缺乏价值支撑、价格波动剧烈、交易效率低、能源消耗巨大等限制导致其难以在日常经济活动中发挥货币职能。同时，加密货币多被用于投机，存在威胁金融安全和社会稳定的潜在风险，并成为洗钱等非法经济活动的支付工具。

针对加密货币价格波动较大的缺陷，诸如 Facebook 推出的全球性稳定币 Libra，试图通过与主权货币或相关资产锚定来维持币值稳定，这给国际货币体系、支付清算体系、货币政策、跨境资本流动管理等带来诸多风险和挑战。

4. 国际社会高度关注并开展中央银行数字货币研发

当前，各主要经济体均在积极考虑或推进中央银行数字货币研发。国际清算银行最新调查报告显示，65 个国家或经济体的中央银行中约 86% 已开展数字货币研究，正在进行实验或概念验证的中央银行从 2019 年的 42% 增加到 2020 年的 60%。据相关公开信息，美国、英国、法国、加拿大、瑞典、日本、俄罗斯、韩国、新加坡等国中央银行及欧洲中央银行近年来以各种形式公布了关于中央银行数字货币的考虑及计划，有的已完成初步测试。

7.4 数字人民币的设计框架

数字人民币体系设计坚持"安全普惠、创新易用、长期演进"的设计理念，综合考虑货币功能、市场需求、供应模式、技术支撑和成本收益确定设计原则，在货币特征、运营模式、钱包生态建设、技术路线选择、监管与合规责任等方面反复论证、不断优化，形成适合中国国情、开放包容、稳健可靠的数字人民币体系设计方案。

7.4.1 数字人民币的设计原则

我国数字人民币的设计遵循了以下主要原则。

1) 坚持依法合规原则

数字人民币体系制度设计严格遵守人民币管理、反洗钱和反恐怖融资、外汇管理、数据与隐私保护等相关要求，数字人民币运营被纳入监管框架。

2) 坚持安全便捷原则

数字人民币体系突出以广义账户为基础、与银行账户松耦合、价值体系等特征，适应线上与线下等各类支付环境，尽量减少因技术、通信网络覆盖等因素带来的使用障碍，以满足公众对支付工具安全、易用的要求。数字人民币运营系统满足高安全性、高可用性、高可扩展性、高并发性和业务连续性要求。

---

① 数据来源：CoinMarketCap 网站，截至 2021 年 7 月 15 日。

3) 坚持开放包容原则

发挥指定运营机构优势和专业经验，按照长期演进技术方针，通过开展技术竞争及技术迭代，保持整体技术先进性，避免系统运营风险过度集中。支持与传统电子支付系统之间的交互；充分利用现有金融基础设施，实现不同指定运营机构的钱包之间、数字人民币钱包与银行账户之间的互联互通，提高支付工具的交互性。

7.4.2 数字人民币的设计特征

数字人民币设计兼顾实物人民币和电子支付工具的优势，既具有实物人民币的支付即结算、匿名性等特点，又具有电子支付工具成本低、便携性强、效率高、不易伪造等特点。设计中主要考虑了以下几点。

(1) 兼具账户和价值特征。数字人民币兼容基于账户 (account-based)、基于准账户 (quasi-account-based) 和基于价值 (value-based) 三种方式，采用可变面额设计，以加密币串形式实现价值转移。

(2) 不计付利息。数字人民币定位于 M0，与同属 M0 范畴的实物人民币一致，不对其计付利息。

(3) 低成本。与实物人民币管理方式一致，中国人民银行不向指定运营机构收取兑换流通服务费用，指定运营机构也不向个人客户收取数字人民币的兑出、兑回服务费。

(4) 支付即结算。从结算最终性的角度看，数字人民币与银行账户松耦合，基于数字人民币钱包进行资金转移可实现支付即结算。

(5) 可控匿名性。可控匿名即不是完全匿名，数字人民币遵循"小额匿名、大额依法可溯"的原则，高度重视个人信息与隐私保护，充分考虑现有电子支付体系下的业务风险特征及信息处理逻辑，满足公众对小额匿名支付服务需求。同时，为防范数字人民币被用于电信诈骗、网络赌博、洗钱、逃税等违法犯罪行为，确保相关交易遵守反洗钱、反恐怖融资等要求。可控匿名一方面体现了其 M0 的定位，保障公众合理的匿名交易和个人信息保护的需求；另一方面，也是防控和打击洗钱、恐怖融资、逃税等违法犯罪行为，维护金融安全的客观需要。

(6) 安全性。数字人民币综合使用数字证书体系、数字签名、安全加密存储等技术，实现不可重复花费、不可非法复制伪造、交易不可篡改及抗抵赖等特性，并已初步建成多层次安全防护体系，保障数字人民币全生命周期安全和风险可控。

(7) 可编程性。数字人民币通过加载不影响货币功能的智能合约实现可编程性，使数字人民币在确保安全与合规的前提下，可根据交易双方商定的条件、规则进行自动支付交易，促进业务模式创新。除此之外，还可以运用大数据对货币的发行、流通、贮藏等进行深度分析，了解货币运营规律，为货币政策宏观审慎监管和金融稳定分析等干预需求提供数据支撑。

7.4.3 数字人民币的运营模式

我国数字人民币采用双层运营架构，不改变现有货币投放体系和二元账户结构。所谓双层运营模式，是指数字人民币采用"自上而下"的模式发行，由中国人民银行将数字人民币发行给商业银行或其他运营机构，为保证货币不超发，商业银行或运营机构需要向中央银行按100%全额缴纳准备金，如图7-3所示。

双层运营模式与100%准备金代发模式是不同的。100%准备金代发模式是一种"自下而上"的发行模式，其发行主体是二级发钞行或其他运营机构，是商业银行或其他运营机构先行缴纳100%准备金，获得代发权后再发行数字货币。

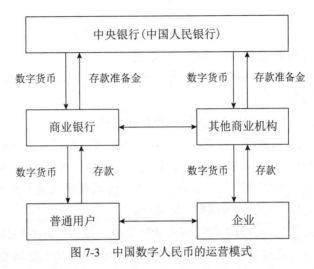

图7-3　中国数字人民币的运营模式

采取"中央银行—商业银行"双层运营模式，主要基于以下三点原因。

(1) 可以充分利用商业银行现有资源、技术及人才优势。商业银行等金融机构的IT基础设施、服务体系比较成熟，系统处理能力强，在金融科技方面积累了大量经验，人才储备也充分。中央银行数字货币在充分利用成熟的IT基础设施及服务体系的基础之上，利用它可以与银行账户"松耦合"的系统设计，拓展出更加多元化的场景，其自身的服务能力和竞争力也将进一步增强。

(2) 可以分散中央银行所承担的风险。虽然中央银行在银行间支付清算系统开发中积累了丰富的经验，但是银行间支付清算系统直接服务于金融机构。中央银行数字货币面向个人，如果仅靠中央银行自身力量进行研发，既要满足安全、高效、稳定，又要满足公众需求还是不容易的。所以通过双层运营设计，可避免将风险过度集中在中央银行。

(3) 可以有效避免"金融脱媒"。我国现有的信用货币发行遵循的是中央银行到商业银行的二元体系，延续当前的货币体系，中央银行数字货币与商业银行货币存款不会形成竞争关系，可以避免对商业银行存款产生的"挤出效应"。

7.4.4　数字人民币钱包的设计

1. 钱包的类型

数字人民币钱包是数字货币存储的载体，是专门存储数字人民币这一数字现金的软件或硬件空间。数字人民币钱包成为数字经济时代人民币流通的载体，属于中央银行与商业银行等金融机构积极构建的金融基础设施的一部分。

数字钱包设计的类型有很多种，主要有以下几种。

1) 匿名钱包和实名钱包

根据客户身份识别强度的不同,数字钱包可分为匿名钱包和实名钱包。指定运营机构对数字人民币钱包进行分类管理,主要根据实名强弱程度赋予各类钱包不同的单笔、单日交易及余额限额。最低权限钱包体现匿名设计原则,不要求提供身份信息,默认情况下,用户开立的是最低权限的匿名钱包。用户也可以根据需要自主升级为权限高的实名钱包,是否实名可由账户持有者自愿进行决定,能够最大程度保护使用者的隐私。

2) 个人钱包和对公钱包

根据开立主体的不同,数字钱包可分为个人钱包和对公钱包。自然人和个体工商户可以开立个人钱包,按照相应客户身份识别强度采用分类交易和余额限额管理。法人和非法人机构可开立对公钱包,并按照临柜开立还是远程开立,确定交易、余额限额等。

3) 软钱包和硬钱包

根据载体的不同,数字钱包可分为软钱包和硬钱包。

(1) 软钱包是安装在智能设备中的软件空间,具体表现形式就是 App 程序。

(2) 硬钱包是存储在物理设备中的电子空间,依靠内置的芯片等物理设备进行支付。在数字人民币硬钱包中发挥作用的是芯片,不论具体表现形式是卡片还是智能可穿戴设备等,对芯片的安全性、功能性等都有一定要求。

数字人民币"硬钱包"的具体使用方式就是"碰一碰",即不需要依赖智能手机即可完成支付。"碰一碰"是数字人民币的一项收付款功能,其基于近场通信 NFC 功能,实现终端与终端之间、终端与标签之间的信息交互,达到收付款目的。

根据交互设备的不同,"碰一碰"可分为手机与 NFC 标签的"碰一碰"、手机与手机的"碰一碰",以及手机与 POS 机的"碰一碰"。不过,这三种"碰一碰"支付方式不都属于"双离线"支付。"碰一碰"与"双离线支付"并不是等同的概念。简单区分就是,"碰一碰"是我们作为用户的一种技术体验,也就是如何使用,和"扫一扫"使用的感受差不多,甚至更为便捷;而"双离线"则是技术应用的效果,反映的是数据连接的方式。"碰一碰"并不都是双离线支付,双离线支付可以基于 NFC 技术,也可以使用二维码。

4) 母钱包和子钱包

根据权限的不同,数字钱包可分为母钱包和子钱包。钱包持有主体可将主要的钱包设为母钱包,并可在母钱包下开设若干个子钱包。个人可通过子钱包实现限额支付、条件支付和个人隐私保护等功能;企业机构可通过子钱包来实现资金归集与分发、财务管理等特定功能。

按照以上不同维度,形成数字人民币钱包矩阵。在此基础上,中国人民银行制定相关规则,指定运营机构采用共建、共享方式打造移动终端 App,在提供各项基本功能的基础上,与相关市场主体进一步开发各种支付和金融产品,构建钱包生态平台,实现数字人民币线上线下全场景应用,满足用户多主体、多层次、多类别、多形态的差异化需求,确保数字钱包具有普惠性,避免因"数字鸿沟"带来的使用障碍。

2. 钱包的开通方式

申请开通数字人民币钱包主要有两种途径:通过银行账户开通和通过钱包服务商开通。

1) 通过银行账户开通

选择此种设计所遵循的是基于"中央银行——商业银行"的二元运营模式，符合公众取款的习惯。当前试点中出现的数字人民币钱包可归于通过银行账户开通这一类。

通过银行账户申请开通，用户需要进行身份认证，账户行用户访问系统，将开通申请信息发送到系统，经验证通过后，为用户创建数字人民币钱包，并为其分配证书，系统将会反馈带有发钞行数字签名的登记成功信息，将银行账户与数字货币钱包进行绑定即可。具体流程如图 7-4 至图 7-9 所示。

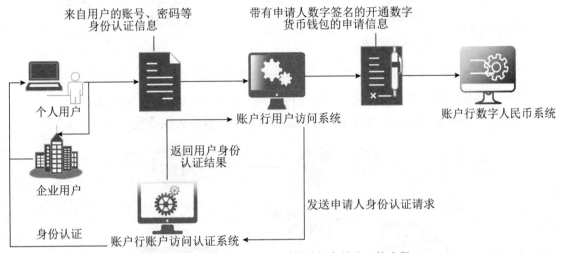

图 7-4　访问账户行认证系统进行身份认证的流程

(1) 申请人在指定的商业银行用户访问系统中建立账号和密码，并向银行账户访问认证系统发送身份认证请求，这一步与当前开立银行账户大致相同。

(2) 指定商业银行账户访问认证系统对申请人的身份进行认证，并向用户访问系统返回身份认证结果，这一步属于实名认证。

(3) 申请人通过身份认证后，账户行用户访问系统将申请人带有数字签名的开通数字人民币钱包的申请信息发送至账户行数字人民币系统。

(4) 商业银行的账户行数字人民币系统验证申请人的数字签名，验证通过后，为申请人开立数字人民币钱包并分配证书。在钱包标识和证书中都添加开通账户银行申请人的数字签名，再将其发送至中央银行的数字货币系统。

图 7-5　在中央银行登记申请人实名认证信息的流程

(5) 中央银行数字货币系统验证开通账户银行发来的数字签名，验证通过后，由中央银行登记生成数字货币钱包及数字签名。

(6) 中央银行数字货币系统将带有中央银行数字签名的登记成功的信息发回开通账户银行的数字人民币系统。

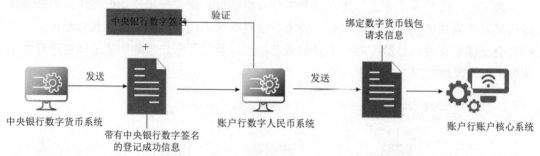

图 7-6　带有中央银行数字签名的登记成功的信息发回开通账户银行的数字人民币系统

(7) 开通账户银行的数字人民币系统在接收到上述成功信息后再发送请求信息。

(8) 账户行的账户核心系统绑定申请人的银行账户与数字人民币钱包。

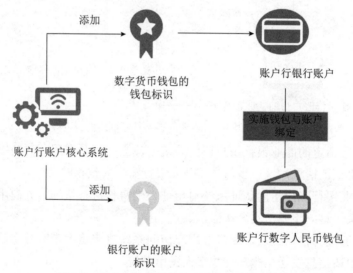

图 7-7　账户行账户系统绑定账户和钱包的流程

(9) 账户行数字人民币系统判断数字人民币钱包访问认证模式的类型，是支持银行账户访问还是钱包独立访问。

(10) 账户行钱包认证系统保存申请人的请求信息，并管理申请人的证书和私钥，设定用户访问认证机制。

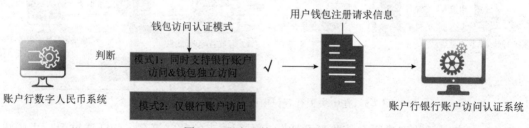

图 7-8　账户和钱包认证的流程

(11) 账户行的数字人民币系统向账户行用户访问系统返回申请成功的信息。

(12) 账户行的用户访问系统向申请人发送申请数字人民币钱包成功的信息。此时，申请人的身份发生转变，成为该指定商业银行数字人民币钱包的用户。

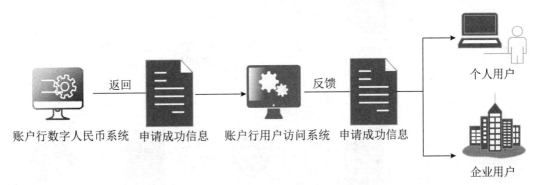

图 7-9　数字钱包申请信息反馈的流程

2) 通过钱包服务商开通

第二种方法是通过数字钱包服务商申请开通数字钱包。根据数字货币共建、共享的研发原则，已有运营机构参与数字货币的研发，通过钱包服务商开通数字人民币钱包。

通过钱包服务商申请开通数字人民币钱包比较复杂，具体流程如图 7-10 至图 7-17 所示。

(1) 用户向数字货币钱包的终端操作系统发送申请开通数字货币钱包的请求，终端操作系统向钱包终端安全模块发送验证用户访问信息的请求。

(2) 钱包终端安全模块接收到验证用户访问信息的请求后，向用户显示输入用户访问信息的入口。

(3) 用户通过访问信息的编辑入口，将用户访问信息发送给钱包终端安全模块，钱包终端安全模块对用户访问信息进行验证。

(4) 钱包终端安全模块在确认用户访问信息具有合法性之后，向钱包服务商的认证中心发送验证用户账户信息的请求。

(5) 钱包服务商认证中心在接收到验证用户账户信息的请求后，向用户显示输入用户账户信息的入口。

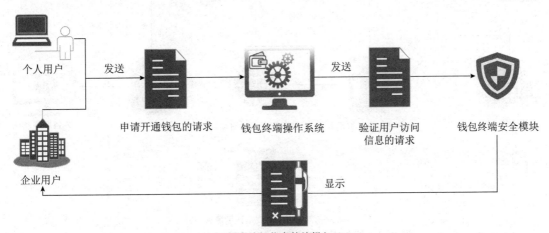

图 7-10　申请开通钱包请求并进行验证的流程

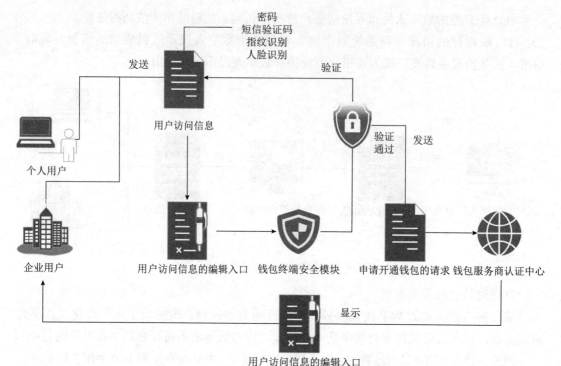

图 7-11 向钱包服务商认证中心发送验证用户账户信息的流程

(6) 用户通过账户信息编辑入口,将用户账户信息发送给钱包服务商认证中心,钱包服务商认证中心对用户账户信息进行验证。

(7) 钱包服务商认证中心在确认用户账户信息具有合法性之后,向钱包服务系统发送认证通过的通知。

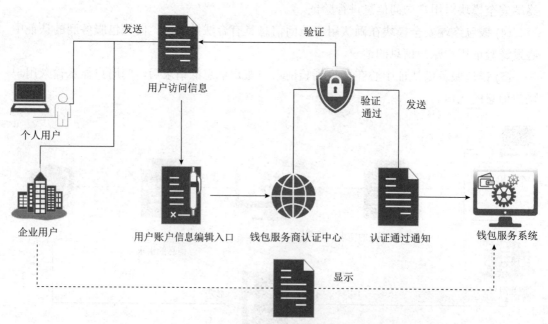

图 7-12 钱包服务商认证中心对账户信息认证的流程

(8) 钱包服务系统接收到认证通过的通知后，接收用户发送的开通数字货币钱包的请求。

(9) 钱包服务系统在接收到用户发送的开通数字货币钱包的请求后，向钱包终端安全模块发送生成密钥对的请求；终端安全模块接收到生成密钥对的请求后，生成公私密钥对，并将该密钥对中的公钥返回至钱包服务系统。

(10) 钱包服务系统在接收到终端安全模块生成的公钥之后，向数字货币核心系统发送生成数字证书的请求。

(11) 数字货币核心系统在接收到生成数字证书的请求后，将该请求发送至数字货币发行机构的认证中心，认证中心根据请求生成数字证书。

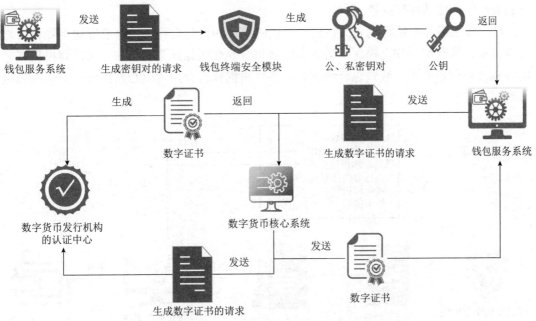

图 7-13　数字证书生成流程

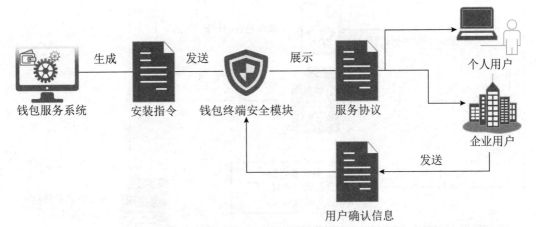

图 7-14　数字证书安装流程

(12) 认证中心将生成的数字证书返回至数字货币核心系统，数字货币核心系统将证书发送至钱包服务系统。

(13) 钱包服务系统在接收到由数字货币发行机构生成的数字证书之后，生成安装指令，并将安装指令发送至钱包终端安全模块。其中，安装指令包括钱包服务协议、钱包合约属性信息(钱包标识、数字证书)。

(14) 钱包终端安全模块在接收到安装指令之后，向用户展示安装指令中的钱包服务协议，用户通过显示的信息确认继续安装，并将确认信息发送至钱包终端安全模块。

(15) 钱包终端安全模块接收到用户发送的确认信息，继续执行安装数字货币钱包，对接收到的安装指令进行签名，以生成签名的安装指令。将签名的安装指令返回至钱包服务系统，钱包服务系统确认签名的安装指令具有合法性之后，对钱包合约代码地址和钱包合约属性信息进行签名。

(16) 钱包服务系统将签名的钱包合约代码地址和钱包合约属性信息发送至钱包终端安全模块，钱包终端安全模块确认签名的钱包合约代码地址具有合法性后，则根据签名的钱包合约代码地址下载钱包合约代码，并且根据钱包合约代码哈希值验证下载的钱包合约代码无误。

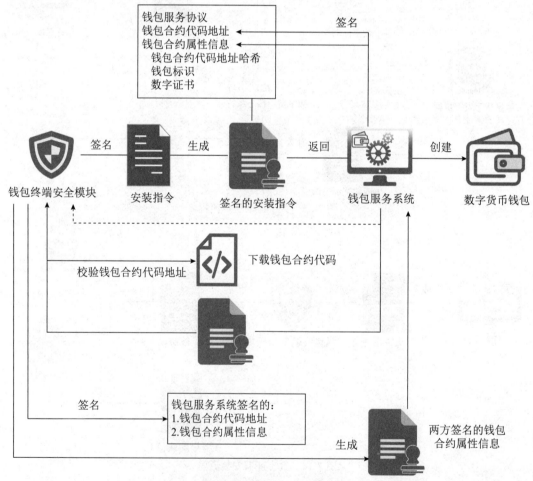

图 7-15 两方签名创建数字货币钱包的流程

(17) 确认下载的钱包合约代码无误后,钱包终端安全模块对签名的钱包合约属性信息进行签名,从而生成两方签名钱包合约属性信息。将包含两方签名钱包合约属性信息的开通请求发送至钱包服务系统。钱包服务系统确认两方签名钱包合约属性信息具有合法性后,则根据两方签名钱包合约属性信息创建数字货币钱包。

(18) 钱包服务系统创建数字货币钱包完成之后,将包括两方签名钱包合约属性信息的注册请求发送至数字货币核心系统,该签名钱包合约属性信息包括钱包标识和数字证书。

(19) 数字货币核心系统将包括两方签名钱包合约属性信息的注册请求发送至数字货币发行机构认证中心。

(20) 数字货币发行机构认证中心在接收到包括两方签名钱包合约属性信息的注册请求之后,验证注册请求的合法性;在确认注册请求具有合法性之后,向数字货币发行机构登记中心请求注册。

(21) 登记中心将两方签名钱包合约属性信息中的钱包标识、数字证书进行登记注册;注册完成之后,通过认证中心和数字货币核心系统将注册完成的通知发送给钱包服务系统。

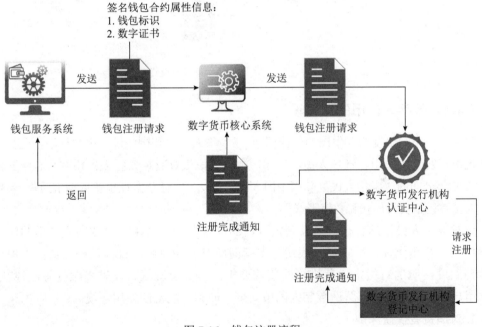

图 7-16 钱包注册流程

(22) 钱包服务系统在接收到注册完成的通知后,向账户核心系统发送账户关联的请求,账户核心系统将创建的钱包与用户的账户信息进行关联。关联成功后,将关联成功的通知返回至钱包服务系统。

(23) 钱包服务系统将钱包开通成功的通知发送至钱包终端安全模块,钱包终端安全模块将钱包与用户账户进行关联,同时将该开通的钱包与密钥进行绑定。

(24) 绑定成功后,将数字货币钱包的合约代码设置为可执行,并向钱包终端操作系统发送开通成功的通知。钱包终端操作系统在接收到开通成功的通知后,向用户显示开通成功。

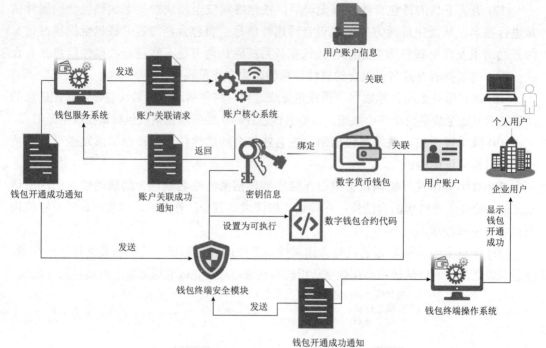

图 7-17　银行账户与数字货币绑定及向用户反馈信息的流程

7.4.5　数字人民币的监管设计

数字人民币的研发符合中国的法律框架,《中华人民共和国中国人民银行法》已授权中国人民银行发行人民币、管理人民币流通,中国人民银行有权发行人民币并具有唯一发行权。2020 年公布的《中华人民共和国中国人民银行法 (修订草案征求意见稿)》进一步明确了"人民币包括实物形式和数字形式"。

针对数字人民币的特征,还需制定专门的监管办法与要求。对数字人民币的监管应以确保法定货币属性、严守风险底线、支持创新发展为原则,目标是确立数字人民币业务管理制度,明确对指定运营机构的监管要求,落实反洗钱、反恐怖融资等法律法规,强化用户个人信息保护,营造数字人民币安全、便利、规范的使用环境。

1. 对消费者权益保护

在数字人民币体系中,对消费者权益保护内容和责任分工与目前的现金一致。主要包括:第一,中国人民银行和指定运营机构负责对数字人民币真伪进行鉴别,通过数字人民币的证书机制和数字冠字号验真。第二,指定运营机构按照相应的争议处理机制,妥善解决各种可能的争议及用户损失。第三,中国人民银行通过监管考核,对数字人民币兑换、流通中的消费者权益进行保护。

2. 反洗钱、反恐融资合规责任

数字人民币是法定货币,适用现有反洗钱、反恐怖融资国际标准及国内法律要求。一方面,负责兑换流通的指定运营机构和其他商业机构是履行反洗钱义务的主体,要承担相应的反洗钱义务,主要包括客户尽职调查、客户身份资料和交易记录保存、大额及可疑交易报告等。同时,还应当依法保护商业秘密、客户隐私信息,不得泄露客户身份信息和交易记录。另一方面，中国人民银行作为反洗钱行政主管部门，实施反洗钱监管，推动、督促各方落实反洗钱责任。

7.5 数字人民币系统的运行框架

我国数字人民币系统运行框架可以归纳为"一币、两库、三中心"。

1. 一币

"一币"是指法定数字货币是由中央银行发行的，具有强制性和唯一性。从表现形态看，是由中央银行担保签发的代表一定金额的加密字符串。

2. 两库

数字人民币采取中心化管理、双层运营。数字人民币发行权属于国家，中国人民银行在数字人民币运营体系中处于中心地位，负责向作为指定运营机构的商业银行发行数字人民币并进行全生命周期管理；指定运营机构及相关商业机构负责向社会公众提供数字人民币兑换和流通服务。

"两库"是指数字货币发行库和数字货币商业银行库。其中，数字货币发行库是中央银行在法定数字货币私有云上存放法定数字货币发行的数据库，中央银行的数字货币系统不直接面向用户。数字货币商业银行库是商业银行存放中央银行数字货币的数据库，可以在本地，也可以在中央银行数字货币私有云上。

数字货币发行库和商业银行库的设计给人感觉是对实物货币发行环节的模拟，但设计目标考虑更多的是为数字货币创建一个更为安全的存储与应用执行空间。这个存储空间可以分门别类地保存数字货币，既能防止内部人员非法领取数字货币，也能对抗入侵者的恶意攻击，同时亦可承载一些特殊的应用逻辑，这才是数字金库的概念。极端情况下，比如管理员的密钥被盗取，或者是服务器被攻击、中毒或中断链接，如何启动应急程序、保护或者重新夺回资金，保障业务的连续性是设计的重点。

3. 三中心

"三中心"是指认证中心、登记中心和大数据分析中心。

(1) 认证中心，中央银行对 DC/EP 机构和用户身份信息进行集中管理，它是系统安全的基础组件，也是可控匿名设计的关键设计。

(2) 登记中心，记录对应用户身份，完成确权登记及对数字货币的产生、流通、清点核对、消亡等中央银行数字货币全生命周期登记。

(3) 大数据分析中心，用于反洗钱、支付行为、监管指标分析等。

其中，认证中心和登记中心的数据相互隔离，若非监管和司法需要不能随意使用。

7.6 数字人民币系统的顶层设计

数字人民币系统的顶层设计主要涉及数字人民币的发行、流通和管理等环节。

数字人民币系统主要包括中央银行数字货币系统、商业银行数字货币系统及认证系统三个系统，如图 7-18 所示。三个系统的主要功能如下。

(1) 中央银行数字货币系统：主要用于产生和发行数字货币、对数字货币进行权属登记。

(2) 商业银行数字货币系统：主要用于针对数字货币执行银行功能。

(3) 认证系统：主要用于对中央银行数字货币系统与商业银行数字货币系统之间的交互提供认证，对中央银行数字货币系统与数字货币用户所使用的终端设备之间的交互提供认证。

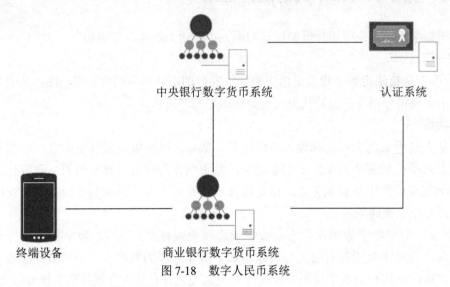

图 7-18　数字人民币系统

7.6.1　数字人民币的发行流程设计

数字人民币的发行流程设计，如图 7-19 所示：

(1) 接收申请方发送的数字货币发行请求；

(2) 对数字货币发行请求进行业务核查，如果核查通过，向中央银行会计核算数据集中系统发送扣减存款准备金的请求；

(3) 接收到会计核算数据集中系统发送的扣款成功应答；

(4) 生产数字货币，将数字货币发送至申请方。

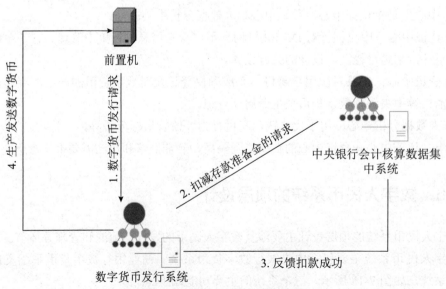

图 7-19　数字人民币的发行流程

7.6.2 数字人民币的流通设计

下面,我们看看关于数字人民币的流通的两种典型设计。

1) 专利中的设计方法

根据专利描述,数字货币的流通方法既能满足实际货币流通的要求,也能提高数字货币流通的处理效率。数字人民币的流通过程设计,如图 7-20 所示。

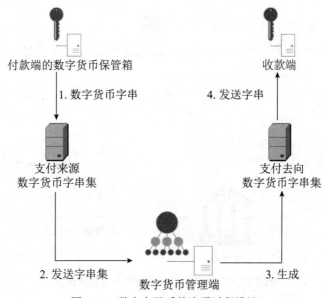

图 7-20　数字人民币的流通过程设计

(1) 付款端依据付款金额和预定义的匹配策略,从付款端的数字货币保管箱中选择数字货币字串 (付款端的数字货币保管箱中存放有一个或多个所有者标识为"付款端"的数字货币字串),然后组成"支付来源数字货币字串集";

(2) 将该"支付来源数字货币字串集"发送至数字货币管理端,其中,数字货币字串包含"所有者标识"字段和"付款金额"字段;

(3) 数字货币管理端将"支付来源数字货币字串集"中的数字货币字串登记为作废状态,并根据付款金额生成"支付去向数字货币字串";

(4) 将"支付去向数字货币字串"发送给收款端,其中,"支付去向数字货币字串"的金额为付款金额,所有者标识为收款端。

2) 数字货币研究所的设计方法

数字货币研究所也为法定数字货币设计了一种定向流通和使用的方法,通过设置用途规则,只有经过验证满足用途规则的数字货币才会发生转移。中央银行数字货币的流通与使用流程如图 7-21 所示。具体实施步骤主要包括:

(1) 数字货币系统保存预定义的用途规则;

(2) 数字货币系统在收到来自付款方的数字货币和付款指令后,激活对用途规则的监控;

(3) 数字货币系统将数字货币变更为所有者标识为付款指令指定的用款方的、带有用途规则或受用途规则控制的数字货币;

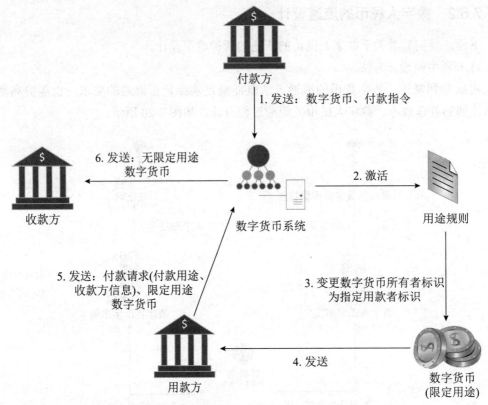

图 7-21　中央银行数字货币流通与使用流程

(4) 数字货币系统将该数字货币发送至用款方；

(5) 数字货币系统在收到用款方发来的包括"付款用途、收款方信息"的付款请求，以及带有"用途规则或受用途规则控制"的数字货币后，确认付款用途满足用途规则；

(6) 数字货币系统将数字货币变更为所有者标识为"收款方信息指定的收款方"且"不带用途规则和不受用途规则控制"的数字货币后，将该数字货币发送至收款方。

7.6.3　数字人民币的管理设计

数字人民币的管理设计主要包括了基于流向主体、基于经济状态、基于时点和基于贷款利率 4 种基于一定条件触发的管理方法和系统。

1) 基于流向主体条件触发

基于流向主体条件触发的数字货币管理方法和系统能够精准定性数字货币投放，实施结构性货币政策，减少货币空转，提高金融服务实体经济能力。

具体实施方式如图 7-22 所示：

(1) 数字货币系统向金融机构发行数字货币，并将数字货币的状态信息设置为未生效状态；

(2) 金融机构向数字货币系统发送数字货币生效请求；

(3) 数字货币系统获取生效请求对应的数字货币流向主体；

(4) 当流向主体符合预设的流向主体条件时，将数字货币的状态信息设置为生效状态。

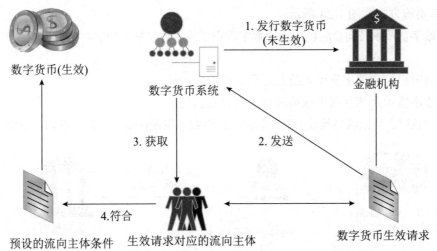

图 7-22　基于流向主体的中央银行数字货币管理示意图

2) 基于经济状态条件触发

基于经济状态条件触发的数字货币管理方法和系统能够根据回收时点的经济信息逆周期，调整金融机构对数字货币发行单位的资金归还利率，从而减少了金融机构风险特征及其贷款行为的顺周期性，避免"流动性陷阱"，实现经济的逆周期调控。

具体实施方式如图 7-23 所示。

(1) 数字货币系统在回收数字货币时，获取回收时点的经济信息；

(2) 当经济信息满足预设的经济状态条件时，基于经济信息调整数字货币的归还利率；

(3) 数字货币系统依据调整后的归还利率回收数字货币。

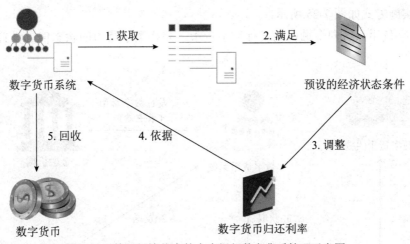

图 7-23　基于经济状态的中央银行数字货币管理示意图

3) 基于时点条件触发

基于时点条件触发的数字货币管理系统能够有效解决现有货币政策操作的当下性问题，使货币生效的时点不局限于货币发行的当下，而是延展到未来符合政策目标的某一时点，避免货币空转，减少货币政策传导时滞。

具体实施方式如图 7-24 所示。

(1) 数字货币系统向金融机构发行数字货币,并将数字货币的状态信息设置为"未生效"状态;

(2) 金融机构向数字货币系统发送数字货币生效请求;

(3) 数字货币系统获取生效请求对应的时点信息;

(4) 一旦时点信息满足预设的时点条件时,将数字货币的状态信息设置为"生效"状态。

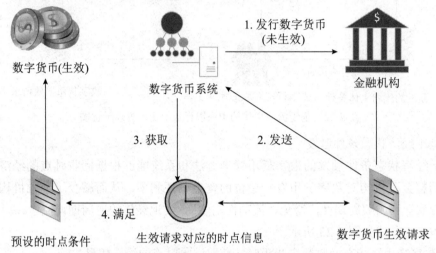

图 7-24 基于时点的中央银行数字货币管理示意图

4) 基于贷款利率条件触发

基于贷款利率条件触发的数字货币管理方法和系统能够使基准利率实时有效传导至贷款利率。

具体实施方式如图 7-25 所示:

(1) 数字货币系统向金融机构发行数字货币,并将数字货币的状态信息设置为"未生效"状态;

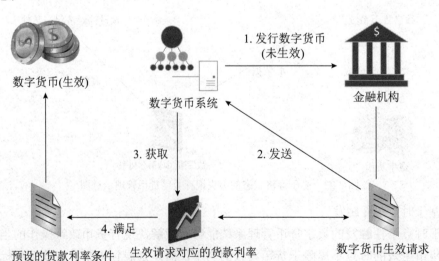

图 7-25 基于贷款利率的中央银行数字货币管理示意图

(2) 金融机构向数字货币系统发送数字货币生效请求；

(3) 数字货币系统获取生效请求对应的贷款利率；

(4) 一旦贷款利率符合预设的贷款利率条件，数字货币系统将数字货币的状态信息设置为"生效"状态。

7.6.4 数字人民币的追踪设计

数字货币追踪方法和系统能够解决资金付款方跨主体、层层追踪资金流向的问题，并且支持货币流向的定制追踪，在发起方管理范围内进行资金流向追踪，从而保护用户隐私。

具体实施方式如图 7-26 所示：

(1) 数字货币系统接收来源币所有者的追踪请求；

(2) 数字货币系统根据追踪请求向交易过程中产生的去向币中设置追踪，并保存去向币；

(3) 数字货币系统接收来源币所有者的查询请求；

(4) 数字货币系统向来源币所有者返回反映来源币后续交易过程的追踪链条。

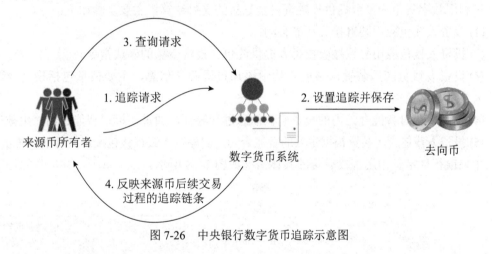

图 7-26 中央银行数字货币追踪示意图

7.6.5 数字人民币的回笼设计

根据设计，数字货币的回笼方法和系统可以优化升级法定货币发行流通体系，提高货币回笼的安全性、时效性，降低货币回笼中耗费的成本。

具体实施方式如图 7-27 所示：

(1) 数字货币系统接收申请方发送的数字货币回笼请求，数字货币回笼请求包括待回笼的数字货币；

(2) 对数字货币回笼请求进行业务核查，在核查通过的情况下，向中央银行会计核算数据集中系统发送增加存款准备金的请求；

(3) 接收到会计核算数据集中系统发送的增加存款准备金应答；

(4) 一旦应答成功，将数字货币回笼应答发送至申请方。

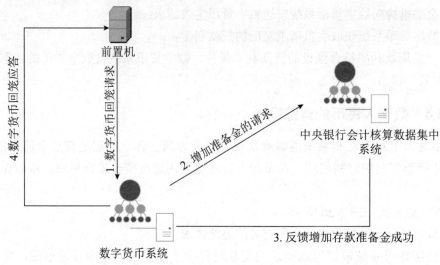

图 7-27　中央银行数字货币回笼示意图

7.6.6　数字人民币用于投融资的设计

可利用数字货币为平台提供投融资资金划拨的支付结算，主要步骤如下：

(1) 投资人钱包应用装置接收智能合约；

(2) 投资人钱包应用装置接收投资人提供的包含投资金额的确认指令；

(3) 投资人钱包应用装置向智能合约中添加投资确认信息，主要信息包括投资金额、投资人数字签名及投资人个人信息；

(4) 投资平台对智能合约内的投资确认信息进行验证，通过后标记智能合约"生效"；

(5) 投资人钱包应用装置根据生效的智能合约，向筹资人银行钱包账户支付数字货币。

中央银行数字货币用于投融资的具体情况如图 7-28 所示。

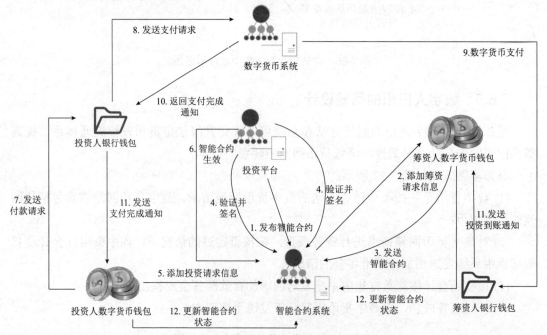

图 7-28　中央银行数字货币用于投融资

7.6.7 数字人民币用于银行间结算的设计

银行间传统结算方式与数字货币的结算方式进行融合,可提高银行结算选择的灵活性。

具体实施方式如图 7-29 所示:

(1) 发起银行系统将支付报文信息(即给接收银行付款数字货币)发送给数字货币系统;

(2) 数字货币系统根据支付报文执行预设项目的操作,并将操作成功的结果返回给发起银行系统和清算银行系统,并将清算报文发送给清算银行系统;

(3) 清算银行系统在接收到操作成功的结果后,根据接收到的清算报文,在清算报文中的接收银行在该清算银行的同业账户存款余额中增加与接收到的数字货币金额相等的额度;

(4) 清算银行系统将表征清算成功的结果发送给接收银行系统和数字货币系统;

(5) 数字货币系统将接收到的表征清算成功的结果返回给发起银行系统。

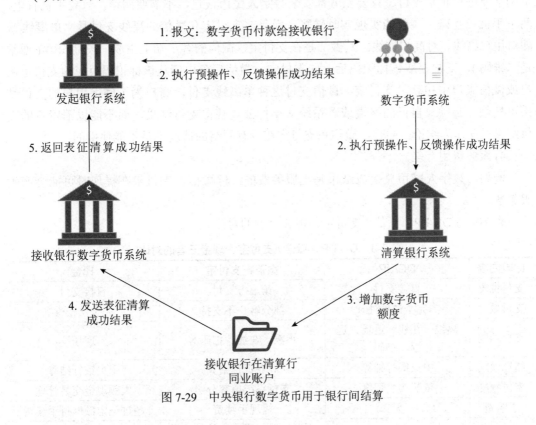

图 7-29 中央银行数字货币用于银行间结算

7.7 数字人民币与微信、支付宝的比较

微信、支付宝等相关的互联网支付平台属于典型的第三方支付平台。它们独立于商家和银行,以中介形式提供对应的支付服务。

数字人民币与支付宝、微信有本质的区别,并且在使用范围、便捷程度、有无服务费等方面也存在一定差异。

1) 本质不同

数字人民币属于货币，人们用数字货币购买商品或服务相当于直接向商家支付货币。但微信和支付宝属于一种支付渠道，如同"钱包"一样，里面有"电子货币"，当付款时就从"钱包"拿出给商家。微信和支付宝是构建在现有银行账户基础上的，相当于在各银行都开一个大账户，每个消费者的银行账户挂在大账户上。实质上，它们只是充当了银行与银行之间的中介，在内部做到点对点资金转移。

2) 使用范围不同

数字人民币货币是由中央银行担保发行的，它具有法偿性，在全面推广后任何商家都不能拒收；而微信和支付宝属于第三方支付服务，商家是可以拒绝消费者使用微信、支付宝进行支付的。

3) 便捷程度不同

数字人民币目标能够像纸钞一样实现"双离线支付"，即在收支双方都离线的情况下仍然能进行正常支付。只要双方都安装数字人民币钱包，不需要网络，只要手机有电，两个手机相互碰一碰就能实现实时转账。而目前支付宝和微信的离线支付是"单离线"，即对用户离线、对商户在线。其做法是在支付宝、微信的客户端上生成一段标识码（通常是二维码），商户获取该标识码后，向支付宝、微信后台申请从该标识码对应的支付宝账户或微信账户中扣款。支付宝、微信支付这种单离线支付，商户为了确保用户的支付结果可信赖，必须要自己的终端或者系统从支付公司获得支付结果，而不能以消费者的支付结果凭证作为结论。同时，微信和支付宝在没有网络的情况下是不能使用的。

4) 服务费用有差异

例如，数字人民币兑换成纸币是无服务费的，但微信、支付宝在提现时可能会产生服务费。

表 7-3 为 DC/EP、微信 / 支付宝、现金三者的对比。

表 7-3 DC/EP、微信 / 支付宝、现金三者的对比

比较内容	DC/EP	微信、支付宝	现金
支付性质	直接支付	第三方支付	直接支付
支付效力	完全法偿性	部分客户不支持	完全法偿性
支付功能	离线、在线、近场、远程、扫码	小额、在线、扫码等	现场
结算模式	中央银行结算	商业银行结算	中央银行结算
支付额度	依照实名程度	支付系统内容分级	大额现金交易管理
手续费	无	提现手续费	超过一定额度付手续费
安全性	高于现金、微信、支付宝	不发生泄密或盗窃等风险时高于现金	伪造、变造、盗窃、丢失
破产保护	中央银行流动性支持	支付机构的破产风险	中央银行流动性支持
风险识别	大数据识别	大数据识别	现行货币管理手段
隐私保护	可控匿名性	一定程度的匿名性	完全匿名

7.8 数字人民币的试点推进

7.8.1 试点总体情况

2019年末以来，中央银行在深圳市、苏州市、雄安新区、成都市及2022年北京冬奥会场景开展数字人民币试点测试。2020年11月份开始，又增加了上海市、海南省、长沙市、西安市、青岛市、大连市6个新的试点地区，形成了"10+1"个试点地区。2022年4月2日中国人民银行公布了新增的第三批试点城市，包括有天津市、重庆市、广州市、福州市、厦门市、杭州市、宁波市、温州市、湖州市、绍兴市、金华市，北京市和张家口市在2022年北京冬奥会、冬残奥会场景试点结束后转为试点地区。新华网融媒体未来研究院发布的《2022数字人民币社会价值报告》指出：数字人民币作为普惠的新型零售支付基础设施，正在成为提振民生消费、服务实体经济和百姓生活的新支点。从试点场景来看，基本围绕消费场景展开，全面覆盖"吃、住、行、游、购、娱"领域，截至2021年12月31日，数字人民币的试点场景已超过808.51万个，交易金额875.65亿元。

在数字人民币试点中，呈现出三个特点：

一是重点区域覆盖全面。基本涵盖了长三角、珠三角、京津冀、中部、西部、东北、西北等不同地区，有利于试验评估数字人民币在我国不同区域的应用前景。

二是试点规模扩大。不论是数字人民币钱包的交易规模，还是钱包开立数量都屡创新高，实现了不同场景的真实用户试点测试和分批次大规模集中测试，验证数字人民币业务技术设计及系统稳定性、产品易用性和场景适用性，增进了社会公众对数字人民币设计理念的理解。

三是数字货币运营体系架构搭建完整，运营机构已经全面介入。六大国有商业银行及招商、微众、网商等9家银行被列为直接运营机构。数字人民币App已上线运营，微信、美团和支付宝等互联网平台已接入数字人民币。截至2021年8月，已有24家城商行通过城银清算中心接入数字人民币互联互通平台并参与试点。

在试点期间，数字人民币注重持续探索应用模式创新，如利用智能合约技术，赋予数字人民币可编程特性，提升扩展能力，促进与应用场景的深度融合；与相关手机制造商合作，研究提供包括双离线交易等功能在内的移动支付新体验；基于智能可视卡，测试脱离手机的硬钱包支付模式。

7.8.2 主要试点城市

数字人民币试点工作推出后，先后在深圳市、苏州市、北京市、上海市等地进行了试点工作。

1. 深圳市数字人民币试点

为推动数字人民币，深圳举办了四次有意义的试点活动。

1) 第一次数字货币试点

2020年10月8日，由深圳市罗湖区政府出资，向在深圳市的个人发放1000万元"礼享罗湖数字人民币红包"，每个红包金额为200元，红包数量共计5万个。同时明确地告知社会公众此次试点的性质，即一是深圳市在疫情防控常态化期间为刺激消费、拉动内需而开展的创新实践探索，二是数字人民币研发过程中的一次常规性测试。

本次数字人民币试点中，数字人民币的获取采用抽签方式，将一定金额的资金以"数字人民币红包"的方式发放至在深个人"数字人民币钱包"。并且"数字人民币红包"只能由本人使用，并不能将其兑回至本人的银行账户，且该"数字人民币红包"具有7天6小时的有效期，超过有效期未使用会被收回。

(1) 如何获得"数字人民币红包"？

此次参与数字人民币试点运行的是在深居民通过"摇号抽签"的方式进行的。

中签个人获得数字人民币的方式是通过下载的"数字人民币 App"开通"个人数字钱包"来领取"数字人民币红包"。从预约登记到领取"数字人民币红包"，只要按照要求填写包括姓名、身份证号和手机号在内的个人身份信息，并在中国工商银行、中国银行、中国建设银行和中国农业银行中可选择一个作为"礼享罗湖数字人民币红包"领取银行。它并不需要与特定的银行账户绑定，也不需要注册特定的支付账户（类似支付宝账户或微信账户）。如果没有以上四个商业银行的账户，也可以领取 200 元"数字人民币红包"，只不过在支付的金额超过 200 元后，没有办法再通过银行卡对"数字人民币钱包"进行充值，只有在绑定银行后方可进行充值。

(2) 如何使用"数字人民币红包"？

这次主要测试的是"数字人民币钱包"的"扫一扫"支付功能，与当前使用支付宝和微信支付的"扫一扫"相同。主要方式有两种：第一种是中签者到有明确标识支持数字人民币支付的商家进行消费，商家会使用新安装的 POS 机，扫描中签者数字人民币钱包的二维码即可完成支付；第二种是中签者可以通过数字人民币钱包的"扫一扫"功能，扫商家的收款二维码完成支付。

这次测试没有对数字人民币线上支付和转账功能进行测试。在使用"数字人民币钱包"消费时，并没有实现"选择匿名"，在交易记录中可以看到付款的对象、付款金额和付款时间。

深圳市罗湖区的数字货币试点具有里程碑意义，此次试点应用将公众纳入数字货币的公开测试中来，让数字人民币从内部测试走向了公开测试，它是我国第一次面向特定区域社会公众对数字人民币进行测试，更加符合我国数字货币用于日常支付的基本功能。

2) 第二次数字货币试点

2021 年 1 月 1 日，深圳市政府开展第二轮的"数字人民币红包"试点活动。面向个人发放 2 000 万元"福田有礼数字人民币红包"，每个红包金额为 200 元，红包数量共计 10 万个。与深圳市第一次数字货币试点相比，数额涨了一倍。根据"幸福福田"官方微信公众号公布，截至 1 月 17 日 24 时，有 95 628 名中签者领取了"福田有礼数字人民币红包"，使用红包交易 13.98 万笔，交易金额 1 622.65 万元。

如何获得"数字人民币红包"？只要在深圳的个人都可以通过"深圳"系统来预约登记"福田有礼数字人民币红包"。其余步骤与深圳市罗湖区试点一样，仍然是通过抽签的方式获得"数字人民币红包"。中签者根据短信操作后下载"数字人民币"App，即可获得数字人民币 200 元。只要商户的收款系统经过改造可以接受数字人民币付款，中签者就可以在有"数字人民币"标识的商家进行消费。

与第一次测试相比,此次试点的特点表现为:

(1) 参与人数、参与商业银行和商业主体更多。如参与的行业不局限在百货零售,还有餐饮、出行、教育培训等多个领域,参与商户从 3 000 多家增至 10 000 余家,支持银行从 4 家增至 6 家。

(2) 涉及的区域更加广泛。第一次数字人民币试点仅限于深圳市罗湖区门店,而此次数字人民币试点活动使用场景扩大至全市。

(3) 支付功能测试上,除了支持"扫一扫"支付功能外,还支持"碰一碰"支付功能。具体操作就是使用者打开"数字人民币"App 后,点击支付二维码下方的"碰一碰"功能,再将手机靠近商家的 POS 机等收款设备,一秒钟即可完成支付。

(4) 充值功能测试上,试点中部分中签者还能对"数字人民币钱包"进行充值,即用绑定的银行卡向"数字人民币钱包"充值,充值消费金额达 151.97 万元。

深圳市福田区试点活动结束后,中签个人的"数字人民币钱包"仍可正常使用。完成数字人民币系统改造的商户仍可接受数字人民币付款,这意味着数字人民币的使用可能很快会走入寻常百姓家。

3) 第三次数字货币试点

2021 年 1 月 20 日,深圳市龙华区开启"龙华数字人民币春节留深红包"活动,面向辖区内商业主体中购买社保的春节留深人员,发放 10 万个"数字人民币红包",每个红包金额 200 元,共计 2 000 万元。此次数字货币试点活动是在新冠肺炎疫情防控期间鼓励员工留深过年的补贴。2 月 1 日上午 9 时起,活动主办方向中签人员发放"数字人民币春节留深红包",中签人员可在有效期内(2 月 1 日上午 9 时至 2 月 9 日 24 时)到龙华区指定商户进行无门槛消费,和其他地方数字货币试点相同,中签人员不能将"数字人民币红包"转给他人或兑回本人银行账户。

4) 第四次数字货币试点

2021 年 4 月 10 日至 23 日,深圳市推出数字人民币试点"升级版",测试人群再扩容 50 万名。本次试点活动是数字人民币研发过程中的一次常规性测试,旨在通过使用数字人民币享有消费优惠的方式进一步扩大数字人民币试点人群,培养市民使用数字人民币消费的习惯。

活动期间,"数字人民币"App 用户在深圳市范围内指定商户使用数字人民币消费,只要人在深圳即可申请成为数字人民币"白名单"用户,在指定商家消费可无限次享受数字人民币专属优惠,如"全单 9 折""满 100 减 20"等不同的商家优惠。

至此,深圳市已完成数字人民币系统改造的商户有 3 万多家,本次消费优惠总额度 1 000 万元,由深圳市罗湖区政府和辖区内运营机构共同出资支持。

2. 苏州市数字人民币试点

苏州市数字人民币试点是我国进行的第二次数字人民币试点活动。

2020 年 12 月 11 日,"苏州发布"官方微信号发文宣布,"双 12 苏州购物节"会对符合条件的市民以抽签摇号的方式发放 10 万个数字人民币消费红包,每个红包包含 200 元数字人民币。中签者按照短信提示下载"数字人民币"App 并开通"数字人民币钱包",

到苏州地区指定线下商户进行消费，也可通过京东商城进行线上消费。这是首次在数字人民币试点中引入线上消费。

《人民日报》曾对苏州市数字人民币试点进行了报道，特别强调了"数字人民币支付体验流畅，没有网络也能付款"的优势，对"离线支付"进行了精彩描述：交易双方各自将手机调整到飞行模式，店主在数字钱包中输入收款金额，付款人打开数字钱包里的付款页面，两个手机相互碰一碰，只听"嗖"的一声，数字人民币支付就完成了，耗时不到2秒钟。

苏州市数字人民币试点作为我国第二个数字人民币试点，相较于深圳市罗湖区的数字人民币试点，具有以下四个变化。

(1) 数字人民币红包的数量和总金额都翻倍，这意味着参与数字人民币试点的公众更多。每个数字人民币红包数额仍是200元，但在发放数量上却增加了一倍，从5万中签人到10万中签人，扩大了参与数字货币试点的公众，可以为测试数字货币性能提供更多的数据。

(2) 参与此次测试的商业银行在工商银行、农业银行、中国银行和建设银行基础上，又增加了交通银行和邮政储蓄银行，为中签人员在银行选择上提供了更多可能性。商业银行参与测试，承担的功能是在中签人花光200元的"数字人民币红包"后，还能通过自己的银行账户提取数字人民币进行消费。与深圳市罗湖区数字货币试点相同，中签人员无须绑定银行卡，即可使用发放到"数字人民币钱包"中的"数字人民币红包"进行消费。

(3) 支持数字人民币的离线钱包体验。在智能手机无网络的情况下，利用指定手机内置的芯片钱包，以"碰一碰"的方式完成支付。离线钱包体验是指在没有网络或者网络信号弱的时候，用户在支付或转账时不需要连接后台系统，只需要在"数字人民币钱包"验证用户身份并确认交易信息后即可完成支付。此次离线支付仅针对一部分中签人员，也只能在指定的智能手机上才能体验该功能，这意味着数字人民币的硬钱包的离线支付功能对手机芯片有较高要求。

(4) 数字人民币的支付场景不局限于线下，也开启了线上支付。中签人员可使用数字货币进行线上消费，也可以对线上支付的商品选择使用数字人民币进行货到付款，只要收货地址在苏州市城区。与当前在电商平台开通不同支付工具进行支付不同的是，需要中签人在"数字人民币"App内向商户主动推送数字人民币钱包"子钱包"，可以对指定商户开启免密便捷支付。

3. 北京市数字人民币试点

北京市数字人民币的试点可以分为两部分，第一次是未公开的局部测试，第二次是公开地以发放"数字人民币红包"的方式进行试点。

1) 数字人民币的内部测试

北京市数字人民币的首个试点是在北京市丰台区的一家咖啡店，被邀请下载"数字人民币"App的消费者可以使用数字人民币进行支付，包括扫描二维码支付和"碰一碰"支付。虽然和支付宝、微信支付等第三方支付相似，但数字人民币支付与二者最大的不同就是商家收到的数字人民币后，直接进入商家的商业银行账户。

2020 年 12 月 29 日在北京地铁大兴机场线开始数字人民币北京冬奥会试点，被邀请的体验者可以开通"数字人民币钱包"，购买大兴机场的地铁票，还可以用数字人民币可穿戴设备钱包——滑雪手套"碰一碰"通过地铁闸机。

2) 呼应北京冬奥会的数字货币试点

北京市围绕冬奥会"衣食住行"消费全场景，2021 年 2 月 7 日启动"数字王府井冰雪购物节"数字人民币试点活动。本次活动由北京市东城区人民政府主办，通过预约报名、抽签发放红包的方式，向中签人员发放 5 万个数字人民币红包，每份红包金额 200元。中签者可在王府井指定商户和京东商城"数字王府井冰雪购物节"活动专区无门槛消费。

本次试点有以下主要特点。

(1) 与苏州市数字人民币试点相似，如参与的商业银行是 6 个，可以进行"线上＋线下"消费。①线上消费。在京东 App、京喜 App 上进行购物消费，可在特定专区购买自营商品；还有数字人民币 App 在"推送子钱包"中还可授权滴滴出行、美团骑车等更多的线上支付场景。②线下消费。在北京市东城区王府井商圈指定的活动商户进行购物消费，如商场、酒店、书店等。在北京市数字人民币试点中，也有中签者绑定银行卡对数字人民币钱包进行充值，充分享受使用数字人民币支付的便捷性。

(2) 对"硬钱包"的应用更为重视，数字人民币硬钱包只要"碰一碰"即可完成支付。数字货币作为公共产品，国家要提供条件来满足不同群体对数字货币支付的需求。①更加重视老年人等"数字弱势群体"使用数字人民币支付的权益。如可视卡、手表手环、充电宝、老年拐杖和老年警报器，只需要"碰一碰"即可支付。数字人民币无源可视卡硬钱包、指纹卡硬钱包上可以叠加"健康宝"功能。无源可视卡是数字人民币硬钱包的特点，具有大尺寸的墨水屏（可视区）和无须充电（无源）等优点，这种类型的硬钱包适合老年人使用。使用者用邮政储蓄银行的数字人民币无源可视卡硬钱包在"健康宝"设备上一贴，即可完成"健康宝"状态查询和登记，实现"一卡双用"。②对年轻人或者儿童来说，数字人民币钱包的可穿戴设备可能更具吸引力。北京市试点中测试了由中国银行和中国联通合作推出的多种可穿戴智能设备，如智能手套、智能手表、徽章等。可穿戴设备是数字人民币硬钱包的一种形式，都是在智能设备中嵌入数字人民币钱包的芯片，使用者"碰一碰"进行支付，在运动过程中或无网络等不方便使用手机的情况下使用。

(3) 实现了数字人民币的取现功能。在以往的试点中，只能从绑定的银行卡向数字人民币钱包充值，而此次试点还可以到 ATM 机上取现。此时，数字人民币与现金之间实现了双向兑换，也就是数字货币与纸币之间的双向兑换。

事实上，在北京冬奥组委园区内，立足科技冬奥、智慧冬奥建设，试点部署无人售货车、自助售货机、无人超市等创新应用场景，并推出支付手套、支付徽章、冬奥支付服装等可穿戴设备。试点用户普遍认为数字人民币有利于进一步提高支付效率，降低支付成本，社会公众、小微商户、企业切实感受到便利和普惠。冬奥会期间，数字人民币试点在北京地区覆盖交通出行、餐饮住宿、购物消费、旅游观光、医疗卫生、通信服务、票务娱乐等场景 40 多万个，开立对公、对私钱包 700 余万个，贡献了接近 96 亿元的交易规模。

4. 上海数字货币试点

与深圳和苏州试点不同，目前上海只是在特定场景进行内部测试。

2021年1月5日，在上海交通大学医学院附属同仁医院员工食堂，借助数字人民币"硬钱包"，实现点餐、消费、支付一站式体验。数字人民币"硬钱包"就是安装了芯片的智能卡，采用刷卡形式进行支付。在数字人民币"硬钱包"卡片右上角的水墨屏窗口中，可以看到消费金额、卡内余额和支付次数。

此次数字货币试点相较于前几次的不同在于：第一次脱离智能手机、采用"硬钱包"的方式来支付数字人民币，主要是为使用智能设备困难的人群提供一种可以使用数字人民币支付的方式。

本章小结

1. 数字人民币是中国人民银行发行的数字形式的法定货币，由指定运营机构参与运营，以广义账户体系为基础，支持银行账户松耦合功能，与实物人民币等价，具有价值特征和法偿性。

2. 数字人民币系统实现框架可以归纳为"一币、两库、三中心"。"一币"是指由中央银行负责数字货币的"币"本身的设计要素和数据结构。"两库"是指数字货币的发行库和数字货币商业银行库。"三中心"是指认证中心、登记中心和大数据分析中心。

3. 我国数字人民币采用双层运营架构，不改变现有货币投放体系和二元账户结构。双层运营模式是指数字人民币采用"自上而下"的模式发行，由中国人民银行将数字人民币发行给商业银行或其他运营机构，为保证货币不超发，商业银行或运营机构需要向中央银行按100%全额缴纳准备金。

4. 数字钱包是数字人民币的载体和触达用户的媒介。在数字人民币中心化管理、统一认知、实现防伪的前提下，中国人民银行制定相关规则，各指定运营机构采用共建、共享方式打造移动终端App，对钱包进行管理并对数字人民币进行验真。

复习思考题

1. 简述数字人民币和微信、支付宝之间的主要区别。
2. 试述数字人民币的设计特点。
3. 试述数字人民币的运行框架。

第 8 章 数字货币的应用案例

数字货币的应用场景分为宏观层面和微观层面。其中，宏观层面主要运用于支付监管与宏观调控；微观层面被广泛用于消费端、企业端和政府端，以及跨境支付等。在消费端的零售支付是数字货币的主要应用场景。本章主要介绍了数字货币的典型应用场景，同时介绍了具有代表性的数字货币应用案例。

学习目标

1. 了解数字货币的主要业务应用场景。
2. 了解数字货币领域的金融创新。
3. 熟悉数字货币的典型应用案例。

知识结构图

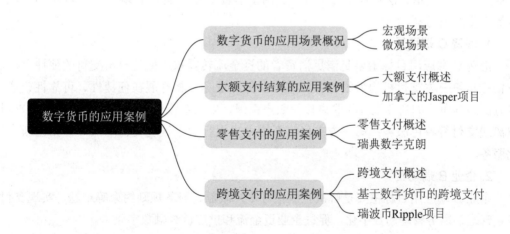

8.1 数字货币的应用场景概况

数字货币的应用场景分为宏观场景和微观场景。其中，宏观层面主要运用于支付监管与宏观调控；微观层面被广泛用于客户端（C端）、企业端（B端）和政府端（G端），以及跨境支付等场景。

8.1.1 宏观场景

1. 支付监管

法定数字货币的流通和支付仍以中央银行为中心,以数据流和信息流形式实现生成、分发、流通、结算等流程。

中央银行等监管机构可依法实施穿透式监管,以大数据手段提取数字钱包或账户中的数据;优化支付业务监测方式,提升反洗钱和反假币的效率,更精准地监测和追踪货币的流向与使用情况。中央银行可以在智能合约中设置自动识别和防控相关风险的条件。认证中心、大数据中心等预判和监管可疑交易,采取冻结交易等措施。此外,中央银行按照年度计划发行货币,以数据为支撑调控货币的投放、回笼和应用,而传统的统计手段很难准确监测纸钞和硬币的流向。

2. 宏观调控

法定数字货币将提升中央银行的宏观调控能力。中央银行可根据调控目的设计若干前瞻条件,对货币流通和应用进行智能化调控。一旦触发特定的前瞻条件,将执行相应的流程,畅通货币政策传导机制,实现逆周期调控效率最大化,使货币更好地支持实体经济。

8.1.2 微观场景

法定数字货币在微观领域的多场景应用,将打破对公和对私场景的藩篱,促使支付行业产生巨大变革。法定数字货币可广泛用于消费 C 端、企业 B 端、政府 G 端及跨境支付等主要微观场景。

1. 消费 C 端场景

消费 C 端应用目标主要是满足消费者的资金流转需求,促使日常支付的便捷化。商业银行与第三方支付机构为维持各自客户群体和业务,将开展在便捷性、可靠性、成本等方面的竞争。如商业银行将脱离传统账户束缚,以数字钱包 App 为客户提供近场支付、双离线支付等特色服务;第三方支付将新增中央银行数字钱包支付功能,开拓创新个性化服务。

2. 企业 B 端场景

企业 B 端应用目标主要是解决企业银行账户限额、财务规则约束等难题,实现支付、资金管理、财务管理的数字化,促进企业资金流和供应链金融数字化。

企业 B 端将由支付机构、第三方支付平台主导,提供企业间的支付、资金结算、财务管理等业务及增值服务,促使企业构建数字化账户和资金管理体系。

3. 政府 G 端场景

政府 G 端应用目标是将其作为政府转移支付的新型工具,更好地实施财政政策。G 端有助于政府更好地履行给付行政职能,监测财政政策执行情况,提升转移支付的精确度,是未来支付行业发展的新方向。特别在新冠肺炎疫情暴发后,由于社交隔离等措施的实施,国内外已开始探索社会福利的非现金支付方式。如美国正探索"数字美元"账户向个人和企业发放补贴,我国深圳已发放了数字人民币红包。

4. 跨境支付场景

跨境支付场景的应用面向消费者和企业客户,将降低跨境支付结算成本,提升安全性和竞争力。

总体来说,多场景应用使得支付系统渐趋复杂,如图 8-1 所示,也促使中央银行在宏观场景中提升监管和调控效率,促进货币政策与财政政策的协调,为企业、消费者提供支付便利,提升企业数字化管理。通过 G 端和跨境支付的应用,将促使政府实现数字化转型,优化数字经济中政府与市场主体的关系。

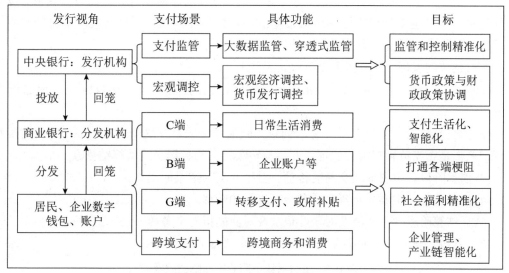

图 8-1 数字货币的应用场景

8.2 大额支付结算的应用案例

8.2.1 大额支付概述

1. 大额支付体系的形成

在银行发展的初期,银行仅需要提供银行内支付,即商人们向其他人支付款项时,无须转移当时普遍接受的法定货币(如金币),而是基于在同一银行的存款或者存款收据。随着经济的发展和交易需求的增多,不同银行客户之间的转移资金需求逐渐增多,为了实现这种不同银行间的资金转移,商业银行之间建立了互相的债权关系。

结算是更新所转让资产所有权记录的过程,为了对各银行之间的债权在某一时点进行结算,结算机构应运而生。20 世纪以后,由各国的中央银行承担为商业银行间的结算提供服务,为银行间交易提供最终结算资产。

中央银行在支付系统中起着核心作用,主导着整个支付系统,它处在整个结算系统层级的最上方。商业银行之间也形成了不同的结算层级,如有的规模较大的商业银行会成为支付结算系统的直接参与者,而有的商业银行则通过作代理人参与支付结算。

为了支持支付体系的发展,一般由中央银行负责推进支付基础设施建设。目前,支付基础设施越来越呈现出集中化的趋势,主要原因有:第一,基础设施的供给具有规模效应递增的特征。第二,基础设施具有正网络外部性,支付结算方加入该支付系统是因为其他参与者也加入其中。以 SWIFT 系统为例,目前 SWIFT 在全球市场以 200 个国家的近 8 000 名参与者占据主导地位,大额支付、证券交易及大部分外汇交易在很大程度上依赖 SWIFT。

2. 大额支付系统的构成

大额支付系统处于结算系统的中心地位,大额支付系统不仅结算批发银行间市场的债务,也结算产生于其他支付系统(如零售支付系统)的净额债务。通过与结算和清算系统的连接,系统也支持更广泛的金融市场活动,如与证券结算系统连接,支付给对手方的保证金通常也是通过大额支付系统转移的。

支付系统的流程一般分为五个阶段。

(1) 用户认证阶段。主要涉及的是与客户相关的合规法案,如反洗钱、反恐怖主义等。

(2) 预交易阶段。主要针对交易的创建、验证及传输。在这一阶段,银行需要对用户的账户余额是否支持转账进行验证,并将与转账相关的数据交给清算结算方。

(3) 清算阶段。主要处理交易的传输、对账及交易结果的确认。

(4) 结算阶段。主要涉及资产或者金融工具的转移。

(5) 后结算阶段。主要涉及对账、记录及对应的报告义务等。

支付系统每一阶段都面临着一定的问题,如表 8-1 所示。

表 8-1 支付系统不同阶段面临的问题

支付流程	面临的问题	备注
用户认证阶段	合规风险	主要涉及客户认证中的 KYC 政策、反洗钱政策、反恐政策
预交易阶段	数据处理	主要涉及数据检索、确认相关账户数据所需要的成本
清算阶段	对账速度及透明性	主要指双方对对方数据能否进行快速检索
	信用及流动性管理成本	清算时,可能会需要一定的流动性或者外部信用来解决相关堵塞问题
结算阶段	结算资产的可靠性	主要指在支付系统下交易的标的是否可靠
	结算业务的确定性	主要指交易的确定性
	结算相关的法律问题	主要是一个交易的完成在法律上和实际系统运行的情况存在出入
后结算阶段	对账速度及透明性	主要指双方对对方数据能否进行快速检索
	法律风险	主要指报告义务,支付机构对可能存在的可疑交易要主动报告给相关监管机构

大额支付系统中的系统风险主要来源于信用风险、流动性风险和操作风险三类风险,并且这些风险之间相互联系、相互影响。当支付系统中出现某一种风险时,如果不及时处理,该风险有可能继续扩大,风险之间的相互联结又会导致其他风险事件的发生,最终增加了整个支付结算体系的系统性风险。操作风险的发生,如基础设施的故障,可能导致支付系统无法完成结算,增加了流动性风险。信用风险的发生,如支付结

算代理机构的破产,会加重支付系统中的流动性风险与操作风险。总之,支付系统中的任一风险都必须加以重视,一旦其中某个环节出现问题,都会影响整个支付结算体系的运行。

8.2.2 加拿大的 Jasper 项目

1. 项目概况

为了厘清数字货币的本质及其对货币政策的影响,加拿大中央银行主导实施了以数字货币为支撑、以支付为基本场景的数字货币应用试验——Jasper 项目。Jasper 项目是全球首个由中央银行和私人部门合作,利用分布式账本技术来开展金融机构间结算支付的试验项目,CAD-coin 是在这个系统中使用的数字货币。

2016 年 3 月,加拿大中央银行启动了基于分布式账本技术的大额支付系统 (Large Value Transfer System,简称 LVTS),包括加拿大中央银行、加拿大皇家银行、加拿大多伦多道明银行及加拿大帝国商业银行等多家加拿大主要银行,加拿大支付公司 (Payments Canada,简称 PC) 等支付机构,TMX 集团和相关产业联盟参与了该项目。

Jasper 项目试验主要目标有两个:第一,评估以分布式账本技术为支撑的结算货币及其支付清算系统是否有效,是否符合国际金融基础设施准则,比如抵押、交易、结算、清算、信用风险及流动性风险管理标准等。第二,探讨中央银行能否与私人部门共同合作形成一种市场化的数字货币应用机制。

经过近五年的发展,Jasper 项目实施已完成四个阶段:

第一阶段应用以太坊平台的技术,以太坊可以加载智能合约,可以自动执行合约中的条款,使得数字货币的功能更加多样。

第二阶段应用了 R3 公司的 Corda 技术,试图协调支付结算系统的参与者,并减少系统中对流动性的需求。

第三阶段引入了更多复杂性的内容,将项目范围从批发支付拓展到证券支付结算应用场景,验证使用区块链技术进行自动、即时证券结算的可行性。

第四阶段是跨境支付项目的试验,是加拿大中央银行、加拿大支付公司与新加坡金融管理局、英格兰银行等进行的跨境、跨币种支付场景。

值得注意的是,第一阶段和第二阶段整体思路相近,通过数字资产的生成、转账及赎回,来探讨数字资产的可行性,重点研究运用分布式账本技术进行银行间大额现金支付、清算和结算的可行性。两个阶段的主要差异在于使用的分布式账本技术及平台存在实质性差异。

2. 项目内容

1) 分布式账本技术在大额支付系统中的适用性

第一阶段从 2016 年 3 月到 2016 年 6 月,主要目标是研究中央银行发行的数字存款收据 (DDR) 在银行间同业结算中使用的情况,实现模拟资金转账,分析分布式账本技术在大额支付系统中的适用性。

试验中创设一个基于分布式账本技术的结算货币 (CAD-coin),并测试其在支付清算体系中的运行状况。这一阶段在以太坊建立批量银行间结算平台,并使用了工作量证明作为共识机制，使参与机构能够在该平台上进行大规模结算，并以通过中央银行交换价值的形式，交换数字结算资产 DDR，但只有参与项目的银行才能使用 DDR 进行交易。

Jasper 第一阶段和第二阶段功能如图 8-2 所示。

(1) 数字资产的生成：中央银行内部生成 DDR，银行用加拿大元兑换 DDR。
(2) 数字资产的转账：银行间使用 DDR 进行交易。
(3) 数字资产的赎回：银行将 DDR 发送给中央银行兑换加拿大元（兑现）。

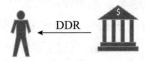

加拿大中央银行内部生成DDR（数字存款证明）后，将DDR发送至银行节点

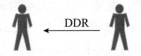

银行A通过区块链将DDR发送给银行B

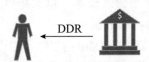

银行将DDR发送给加拿大中央银行，加拿大中央银行持有或销毁相关的DDR，并重新计算DDR数量

图 8-2　Jasper 的第一阶段和第二阶段功能

Jasper 项目团队根据为具有系统重要性的支付基础设施而制定的国际标准，对新平台进行了评估。关于其监督职能，加拿大中央银行确保重要系统（如每天结算数十亿美元的加拿大支付公司的大额转账系统）能够按照有助于促进加拿大金融系统稳定的风险管理标准运作。

第一个阶段试验显示基于分布式账本技术的大额支付系统基本可以有效运行，基于"工作量证明"的协议要求所有参与机构进行数据交换并保存在平台的数据库中。这个系统的优势之一就是中央分类账户对所有参与者完全可视，系统对所有参与者状况有良好的透明度。

但由于只有电子存托凭证持有者（主要是银行）才能参与该平台，同时试验显示在交易量大量提高时，因系统吞吐能力难以匹配，使整个系统的包容性和效率都大打折扣。同时，系统在资产所有权的确定性（资产是否在法律上无疑归属于金融机构）、操作风险、准入和参与要求等方面存在差距。

但这个阶段试验最大的问题在于结算的最终性是否完成不确定，这对监管者来说是一个巨大的挑战。

2) 分布式账本技术与大额支付系统

第二阶段从 2016 年 9 月开始实施,主要目标是针对以太坊难以判断结算的最终性,重点解决结算的最终性。同时,进一步分析分布式账本技术的应用范围和弹性,分析基于数据驱动的评估机制及流动性支持机制的绩效。

经过重新选择,加拿大中央银行选择了 R3 的开源分布式记账平台 Corda 作为开发平台,以分布式账本技术构建一个银行间大额支付系统,并加入流动性节约机制 (liquidity saving mechanism,简称 LSM) 等机制,用来进一步检验区块链的可行性。

在分布式账本上发行等量的数字货币 (CAD-coin),参与银行将现金抵押品保存到由加拿大中央银行持有的特殊账户中,中央银行随即将相同价值的中央银行数字货币 CAD-coin 发送到参与银行的分布式账户上,不同银行间使用 CAD-coin 进行交易和结算。

为提高交易验证的准确性和时效性,采取了以下具体措施。①创建了三种类型的节点,即参与者节点、公证节点和监督节点,每个节点维护一个专有的分类账,记录最新的交易记录信息。②在三个节点之间建立了共识机制,确立了以"公证节点"概念作为协商一致的核心。在此共识机制下,仅须参与者双方参与验证数据属性的准确性,由公证节点(即加拿大中央银行)负责确认交易的唯一性。③监督节点负责标记 DDR 交易义务,并创建反映全网节点交易记录的分类账。只有完成上述环节并获得三类节点的签名,该笔交易才能被确认为有效,并记录在区块链上。

该系统采用的是与现实情况相当的多样化结算工具,同时可以选择是自动匹配还是干预匹配。所谓干预匹配,是第二阶段新增的流动性节约机制 (LSM),该机制有助于解决支付时出现的堵塞问题,通过建设一个流动性集中排队匹配机制,促进平台上每日交易的流动性能够保持顺畅,相当于是对交易进行流动性相关的干预。通过结算各参与方的净额,减少交易数额及交易次数,降低对系统的要求。LSM 机制的设计相当于是在分布式账户体系之上设置了一个中心化的流动性支持机制,主要用于 Jasper 中的转账功能。

在 R3 Corda 平台中,更广泛的参与者、更多的工具选择及更强的处置能力得到了试验,同时显示"公证结点"协议比"工作量证明"协议具有更高的效率。更为重要的是,结算的最终性、扩展性和灵活性得到较好的确认,充分显示了分布式账本技术在大额支付系统具有潜在的应用前景。

但试验也表明 Jasper 项目存在以下局限性:①这个系统对参与方、公证方和监管方的签名要求也更高,如果没有这些签名,交易无法得到确认并记录在数据库之中,整体的操作风险仍然没有显著消除。②试验表明仅仅在一个中心化体系中加入单独的基于分布式账本技术的支付系统,是难以有效提升支付的效率和质量的。③仍然是一个独立的试验系统,与抵押、评级等外部系统尚未连接,与外部系统的兼容性不得而知,特别是与国际标准的匹配仍未有效测试,这项技术在实际应用中能否带来效率提高和效益提升仍然存在较大的不确定性。

第一阶段和第二阶段重点是研究分布式账本技术在批发性支付清算和国内银行间大额支付结算的应用可行性,Jasper 作为一个银行间的转账系统实现了三大功能:数字资产的生成、转账及赎回。但不同之处在于第一阶段是在以太坊 (Ethereum) 平台,第二阶段是在 R3 Corda 平台。在第二阶段的试验中，Jasper 项目表明分布式账本技术在银行间大额支付结算的最终性、扩展性和灵活性上具有可行性，能够满足实时总结算和流动性节约机制的技术要求。但由于第二阶段仍然维持在银行间大额支付体系之内，规模有限性和范围有限性难以判断分布式账本技术在支付结算领域的广泛适用性。

3) 分布式账本技术与债券支付结算

第三阶段从 2017 年 10 月开始实施，主要目标是拓展分布式记账技术进行债券清算和结算的可行性。

券款对付 (Delivery Versus Payment，DVP) 是债券结算方式的一种，是指交易达成后，在双方指定的结算日债券和资金同步进行交收并互为条件的一种结算方式。Jasper 采用的 DVP 类型为债券及资金均以逐笔金额方式交收的模式，实现方式为债券与资金同时过户。传统的 DVP 模式下，需要涉及债券和资金市场，使用区块链技术后，结算并互为结算条件的方式能将两个市场结合起来进行相关交割。从实际情况看，区块链技术并不负责相关债券的交易，仅仅负责到期的清算和结算，也就是说，用户持有债券的头寸及对应的资金情况是确定的。

试验内容包括以下三个方面：第一，利用 R3 Corda 创造的原子货银兑付交易制度，探索更高速、高效的自动化证券结算实现流程。第二，利用分布式账本技术，将加拿大证券清算、结算系统的证券和现金分类账与加拿大大额转账系统有效汇集，促进每日合并现金报告。第三，在外汇市场探索加元兑美元证券清算和结算系统的债务清算。

第三阶段从概念上证明了分布式账本技术平台可以用于证券支付和结算系统。基于分布式账本技术集成的证券支付和结算系统，可以更好地实现资产交互，任何参与者都可以在分类账上直接开展资产交互，从而简化各种 DVP 模型，降低协调成本，提高技术效率。同时，基于分布式账本技术的金融市场基础设施整合还可以优化银行间大额支付系统与证券结算系统之间的抵押需求。

此阶段在技术方面主要是创建一个共享账本，用于在单个分布式网络上与现金、股票进行令牌 (Token) 交互。将现金和股票代币化到共享分类账中，可以让任何参与者或功能直接访问资产，从而在 DVP 期间产生直接的资产交互。

由于债券对付的特殊性，整个系统的参与者可以分为债券发行者、债券持有者及相关结算方。其中，各个参与者的仓位信息由外部给出。

第三阶段相当于在第二阶段基础上的进一步应用，增加了一种资产进行交割，相关参与者通过区块链同时交割。第三阶段功能如图 8-3 所示。

第三阶段由于在区块链上同时对于交易仓位及现金进行交割结算，相较于传统的债券市场及现金市场分开结算，改进之处主要表现为：①资产之间的互动性大大增强，由于在同一个市场进行交易，债券及现金之间更方便进行相互交易并同时进行相关结算。②虽然在同一个市场进行操作，但是两种资产之间的关系在技术上没有那么紧密，可分别进行修改。③相对于传统的 DVP 结算，Jasper 支持在一笔交易清算后立即结算，然后现金即可到账，资金的利用率更高。

数字资产的生成 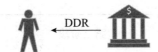 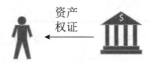 资产权证

清算参与者将法定货币兑换成DDR（数字存款证明）后，将DDR发送至银行节点　　债券存管者接收相关债券，并向持有者发放相关通证

数字资产的转账

参与者通过区块链系统运行相关的交割，可能需要相关节点的帮助

数字资产的赎回   资产权证

清算参与者将DDR兑换成法定货币后，银行持有或销毁相关的DDR，并重新计算DDR数量　　债券存管者接收相关通证，并持有或销毁相关的资产通证，并重新计算通证数量

图 8-3　Jasper 第三阶段功能

第三阶段与前两个阶段的对比如表 8-2 所示。

表 8-2　Jasper 项目的三个阶段对比

支付系统阶段	子问题	第一阶段	第二阶段	第三阶段
用户认证阶段	合规风险	没有相关问题，各个参与者需要满足一定条件才能加入	没有相关问题，各个参与者需要满足一定条件才能加入	仅仅允许满足相关条件的结算方加入，一般用户挂靠在结算方下进行结算
预交易阶段	数据处理	出现了较多问题：如在账户私钥管理上需要第三方软件进行管理；每个节点需要存储所有的交易数据，存在隐私泄露的问题，且成本较高	各个节点仅仅存储相关数据，仅有见证节点和监管节点可以获得所有数据	结算双方可能会了解彼此相关信息，产生隐私泄露的问题。
清算阶段	对账速度及透明性	在透明性上，由于Solidity①的限制，数据的可视性等表现差；参与各方不清楚未加入区块链的交易情况	各个节点仅仅保存与其相关数据，验证其他节点的状况需要大量的网络带宽进行传输	—
清算阶段	信用及流动性管理成本比	参与各方不知道彼此未确认的交易情况，存在一定的流动性风险	采用了 LSV 机制，由于 LSV 机制不是为分布式系统设计，存在单节点失败的问题，允许效率也存在问题	PoC②下的信用管理过于简单，在实践中情况较为复杂，所引致的相关风险较大

---

① Solidity 是以太坊的一种契约型编程语言，其语法与 JavaScript 类似，并且旨在定位到以太坊虚拟机。

② PoC 是概念验证(Proof of concept)的简称，是对某些想法的一个较短而不完整的实现，以证明其可行性，示范其原理。PoC 通常被认为是一个有里程碑意义的实现原型。

续表

支付系统阶段	子问题	第一阶段	第二阶段	第三阶段
结算阶段	结算资产的可靠性	DDR 是加拿大中央银行发行的数字存款凭款,没有信用问题	DDR 是加拿大中央银行发行的数字存款凭证,没有信用问题	DDR 是加拿大中央银行发行的数字存款凭证,没有信用相关问题
	结算业务的确定性	由于使用的共识机制是工作量证明,确定性由概率保证	使用见证人机制,确定性较高,削弱了系统的可靠性	使用见证人机制,确定性较高,削弱了系统的可靠性
	结算相关的法律问题	由于确定性较差,产生交易不确定	确定性较高,无相关问题	确定性较高,无相关问题
后结算阶段	对账速度及透明性	在透明性上,由于 Solidity 的限制,数据的可视性等表现差;参与各方不清楚未加入区块链的交易情况	各个节点仅仅保存与其相关数据,验证其他节点的状况需要大量的网络带宽进行传输	—
	合规风险	暂未讨论	暂未讨论	暂未讨论

4) 使用分布式账本技术实现跨境高价值转移

第四阶段从 2018 年 11 月开始实施,Jasper 项目和新加坡金融管理局 (MAS) 的 Ubin 项目合作,联合探索使用分布式账本技术进行支付和证券的清算和结算,主要着眼于大额跨境支付,如个人对个人的境外汇款等低额支付不考虑在内。

Jasper-Ubin 项目是加拿大银行和新加坡金融管理局之间的合作,重点是由不同的基于分布式账本技术的现金结算网络的互操作性支持的运营模式。该项目建立在加拿大银行、新加坡金融管理局、英格兰银行、汇丰银行,以及英国、加拿大和新加坡的其他商业银行之前所开展的工作的基础上,分析了各种业务运营模式,以探究实现更高效的跨境大额支付的可能性。

此阶段共提出三种跨境支付概念设计方案,即中介方式、扩大对网络的访问和网络中的多币种支持。其中,发送方和接收方使用不同货币、在不同分类账上进行交易。并且扩大对网络的访问和网络中的多币种支持两种方式涉及允许交易方获得中央银行的负债。

1) 中介方式

这种方式是通过中介机构来促进结算以实现跨境支付。中介机构是指付款的第三方,通常是银行,可以访问国内网络和国外网络。通过访问这两个网络,中介机构能够接收国内网络中的本地货币 (LCY) 汇款人的资金,并在国外网络中以外币 (FCY) 的方式向收款人汇款。

由于中介机构促进了支付过程,发送方不需要直接访问国外网络;同样,接收方也不需要直接访问发送方的国内网络。外汇转换和转账可以由中介提供,因为每个网络只能操作自己的货币。因此,筹资的过程被整合到转移过程中。

2) 扩大对网络的访问

通过授予交易方直接访问网络上的账户或钱包来实现直接访问。在这种方式中,银行可以访问本国网络和外国网络，并在每一个网络中持有资金。这种设计意味着发送银行能够在国外网络中持有一个钱包，该钱包中有外币(FCY)；而接收银行能够在国内网络中持有一个钱包，该钱包中有本地货币(LCY)。

但这种方式将改变现有的政策，需要扩大金融机构准入政策，因为在现行政策中只有一部分受国内监管的金融机构可以直接进入实时全额结算系统和中央银行负债。需要允许金融机构持有中央银行发行的外币(FCY)，即使它不是该特定管辖区的金融机构。

3) 网络中的多币种支持

在扩大对网络的访问中，资金从本地网络中的发送方发送到外地网络中的接收方，由于每个网络只能以自己的货币运作(不考虑其他融资安排)，外汇转换和转账是由中介管理。网络中的多币种支持模型则假设可以在每个网络中交易多种货币，例如汇款银行将在其国内网络中同时拥有本地货币(LCY)和外币(FCY)钱包。

Jasper 项目的经验表明，法定数字货币下的支付系统建设仍有很长的路要走。一方面，项目中所有支付结算参与者所进行的交易都是依靠中央银行的存款，交易中基本不存在风险，故项目中并未识别潜在的信用风险显然与现实不符。另一方面，加拿大的大额支付系统 LVTS 平均每天处理的支付业务规模达 1750 亿美元，支付次数约 32 000 次。Jasper 项目所采用分布式技术性能难以满足大量支付业务的处理。

8.3 零售支付的应用案例

8.3.1 零售支付概述

零售支付主要由传统零售支付和新兴零售支付两部分组成，其中，传统零售支付以银行卡为主，已得到了广泛应用；而新兴支付以网络支付、移动支付为主，增长迅猛，受到公众广泛青睐。

零售支付与大额支付的不同主要体现在以下 7 个方面：

(1) 应用范围不同。大额支付主要应用于银行间交易；零售支付更多的是与消费者或企业购买的货物或服务相关，是一种市场化的应用。

(2) 参与主体不同。大额支付的参与主体主要是中央银行和商业银行；而零售支付的参与主体则主要是商业银行、消费者、商家、非银行金融机构，参与主体更加丰富、更加多样。

(3) 交易额度不同。大额支付主要用于批发交易，额度要求较高；零售支付则是小额交易，没有固定的交易额度限制。但由于零售支付应用广泛、消费者人数多，众多的小额零售支付交易规模积累起了大规模的市场应用。

(4) 应用场景复杂度不同。大额支付是一种标准化、固定化的应用场景；零售支付的应用场景更为复杂且较为分散，比如移动支付、网络支付等，面对的是需求千变万化的消费者。

(5) 创新速度不同。大额支付作为支付体系的后台，以追求稳健为主，在服务的变化上较小；零售支付作为一种市场化的支付行为，虽然也是金融基础设施的重要组成部分，但更加注重效率，注重满足消费者需求的变化，在服务形态上创新速度快。

(6) 支付工具不同。大额支付的支付工具较为单一；零售支付提供了多样化的支付工具选择，各类新型支付工具不断推陈出新、层出不穷，尤其是近年来在相关技术的支持下，各类支付工具不断推出，满足了消费者随时随地的支付需求。

(7) 交易效率不同。大额支付在交易中通常有交易时滞；而零售支付则实时支付、实时到账，交易更快捷便利。

在消费 C 端的零售支付是数字货币的主要应用场景。大多数电子支付工具都配备了多样化功能，这虽然提升了电子支付的功能性，但在一定程度上降低了易用性。如仅支付这一功能，就需要经过联网、绑卡、扫码或出示付款码、认证等一系列操作，对于一些不熟悉电子设备操作的用户来说，使用电子支付并不一定会便利。而数字货币支付则不同，它的流程相对简便，既不需要联网、绑卡，也不需要太多操作，用户只需要安装数字钱包、将手机碰一碰，就可以完成支付或转账。因此在消费支付方面，数字货币能提高支付方式的便利性和安全性。

8.3.2 瑞典数字克朗项目

1. 研发背景与目标

1) 研发背景

在日益数字化的背景下，瑞典支付市场发生了巨大变化，电子支付工具盛行，近年来正逐渐变为无现金国家。自 2009 年以来，流通中的纸币和硬币的数量减少了 40%，而流行的移动支付 App(如 Swish) 则使电子支付的速度几乎与支付纸币一样快。瑞典也是全球最喜欢刷卡消费的国家之一。

随着现金使用率的锐减，货币周转和流通逐渐由私人公司等商业力量把控，瑞典中央银行正在丧失对货币的控制权，其控制货币流通的作用被大大削弱。"现金的边缘化"问题给瑞典中央银行支付系统的安全性和有效性提出了巨大挑战。为捍卫中央银行控制货币发行、调节货币周转从而调控经济的能力，并给公众提供一个更加安全、有效的支付系统，2017 年 3 月，瑞典中央银行启动了"E-krona"数字克朗项目，以此探索法定数字货币在零售支付方面的可行性，拟将数字克朗作为一种通用的电子支付手段和现金的补充，并确定国家和瑞典中央银行在未来支付体系中的角色。

2) 研发目标

数字克朗是瑞典克朗的一种数字形式，其不附息且价值等同于瑞典克朗。开发数字克朗主要用于小额零售支付，而大额支付依然交由现有的瑞典中央银行的中央支付结算系统 RIX 交易系统处理。

数字克朗必须满足以下要求：

(1) 数字克朗必须简单、易于使用。数字克朗既可以存放在瑞典中央银行的账户中，又可以存储在本地，例如卡上或手机应用程序中。

(2) 数字克朗必须同时满足高安全性和每周 7 天、每天 24 小时的全天候日常支付要求。

(3) 数字克朗可以用于实时支付，像发送短信一样轻松实现点对点支付。

(4) 数字克朗不能伪造或复制重复使用。

2. 研发历程

2019 年，瑞典中央银行设置了一个 E-krona 测试部门，通过探究数字货币相关的监管事宜，提升该机构对潜在数字货币结构设计的认知。

在瑞典中央银行发布的"E-krona"项目第二阶段研究报告中，其具体安排如图 8-4 所示。

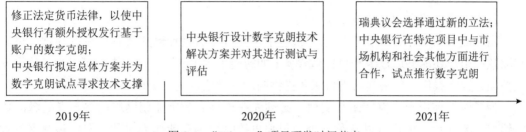

图 8-4 "E-krona"项目研发时间节点

2020 年 2 月，瑞典中央银行宣布开始进行对数字克朗的测试，即在试点环境中展示普通大众如何使用数字克朗，该测试预计持续到 2021 年 2 月。

项目的测试环境采用双层投放机制，如图 8-5 所示。

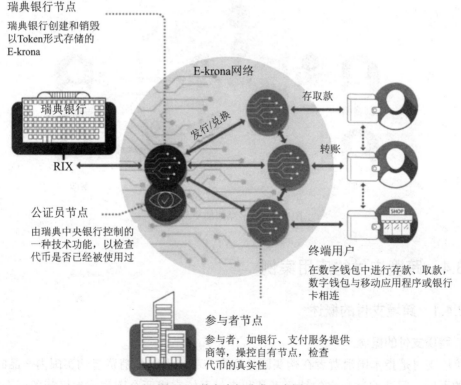

图 8-5 数字克朗分发示意图

1) 瑞典中央银行将向数字克朗网络的参与者发行数字克朗

数字克朗网络是私有网络，只有瑞典中央银行才能批准并向该网络添加新的参与者。数字克朗网络中的所有交易都与现有支付网络分开进行，作为独立系统，它可以在现有支付基础设施出现问题的情况下提供更强的稳健性。数字克朗网络中发生的付款无须瑞典中央银行结算系统 RIX 的参与,但其供应或赎回将通过 RIX 进行。

与现金类似,只有瑞典中央银行才能发行和赎回数字克朗。网络中的参与者将能够通过借记或贷记的储备金获得或兑现数字克朗,或通过 RIX 中的代表进行。参与者将为数字克朗网络注入流动性,无论是通过作为直接参与者,或通过间接参与者的代表,在 RIX 中支付储备金以换取瑞典中央银行向参与者的节点提供相同数量的数字克朗。

2) 参与者向终端用户分发数字克朗

用户能够将数字克朗保存在数字钱包中,并可以通过移动应用程序进行存款、付款和取款;用户还能够通过卡和可穿戴设备(如智能手表)进行付款。未来可以为其他设备类型创建数字钱包,并将其与支付服务提供商的移动应用程序集成。

为了能够使用数字克朗进行支付,必须先在连接到数字克朗网络的参与者处激活数字钱包。激活后,用户可以从另一个用户那里接收数字克朗作为付款,向零售商支付数字克朗,从他们的银行账户向数字钱包转账(反之亦然),以及检查他们的数字克朗余额。数字克朗的交易过程如图 8-6 所示。

韩梅梅想把60克朗转给李明,于是她通过电子钱包支付了60数字克朗

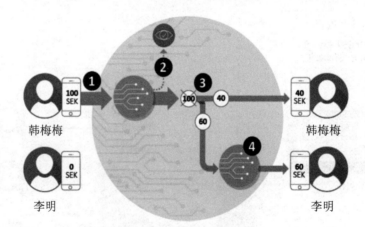

图 8-6　数字克朗的交易过程

8.4　跨境支付的应用案例

8.4.1　跨境支付的概述

1. 跨境支付的概念

跨境支付是指本国消费者在购买国外商家产品或者国外消费者购买国内产品时,因币种的不同,需要通过一定的结算工具和支付系统完成两个国家或地区间的资金转换,最终实现交易的过程。

2. 跨境支付的主要方式

跨境支付是国际商业贸易得以正常进行的关键要素,常见的跨境支付方式有以下 4 种。

1) 银行跨境电汇方式

目前,银行跨境电汇方式是使用最普遍的形式。主要是环球同业银行金融电讯协会(SWIFT)所创建的跨境电汇方式。在全球范围内,该协会的会员银行总数量在 8000 个以上。SWIFT 跨境电汇方式是指汇款银行收到汇款人的要求,采用 SWIFT 这一汇款结算方式将报文发送给国外的汇入行,汇款银行向收款人转交一定规模的资金最终实现跨境支付。

该方式的最大劣势在于汇款过程往往经历较长周期,汇款成本显著高于其他方式。但与大额汇款等相比,该支付方式能够保障汇款安全。

2) 专业汇款公司代汇方式

专业汇款公司代汇方式主要指提供专业汇款服务进行汇款结算的方式,如西联专业汇款公司等。具体操作是汇款人在专业汇款公司营业厅填写专有的表格,并将汇款和相应的手续费交给该公司;收款人凭借身份信息和汇款人提供的专有号码到该公司在全球各地设立的多家代理点取款即可。在整个汇款流程中,汇款人仅依靠专业的汇款公司,汇款过程不会利用银行系统实现,汇款交易只需几分钟即可实现。但汇款手续费会分级收取,因此该专业汇款公司代汇方式只适用于紧急且中小额度的汇款需求。

3) 国际信用卡支付方式

国际信用卡支付是利用国际信用卡如 VISA 和 MASTER 实现跨境支付的方式。该支付方式的适用场所往往是消费场景,失败率显著高于其他汇款方式。

4) 第三方支付方式

第三方支付方式是随着移动互联网的发展而发展起来的。在中国,支付宝等第三方机构被批准拥有互联网支付牌照之后,拥有了跨境外汇支付的权利。

第三方支付方式往往被使用在跨境消费小额支付过程中,该支付方式的资金到账时间往往会长于其他的支付方式。

主要跨境支付方式对比如表 8-3 所示。

表 8-3 主要跨境支付方式对比

支付方式	主要特征	主要应用场景	所需费用	到账时间	使用范围	交易时间
银行跨境电汇	通过 SWIFT 通道传输数据	跨国银行间来往	手续费、电汇费	2~3 天	大额	工作日
专业汇款公司代汇	境内外代理点	线下 POS 机刷卡	分级收取	10~15 分钟	小额	工作日
国际信用卡支付	国际信用卡结算系统	线上海淘交易	手续费	2 天	小额	不限
第三方支付	境内外合作银行	B2C 小额跨境支付	分级收取	3~5 天	小额	不限

3. 银行跨境支付流程

现阶段,基于 SWIFT 的银行跨境模式最为常见,跨境支付流程一般可以划分为 4 个阶段。

1) 支付发起阶段

在支付发起阶段，汇款方银行需要全面审查汇款人及位于其他国家的收款人，审查方式既涵盖身份检验审查，又涵盖反洗钱审查等，接受全方位审查之后，方能进行资金及服务费等的收取，并提供汇款服务。

一般在支付发起阶段，对汇款人和收款人身份核验的信息收集效率比较低。

2) 资金转移阶段

在资金转移阶段，汇款方银行主要利用 SWIFT 系统来实现电报汇款。若汇款方银行并非属于 SWIFT 成员银行的范畴，汇款的过程应该利用代理银行予以实现，把钱转移到收款方的境外银行。

在该阶段，无论是资金流还是信息流，都要经过包括商业银行等金融机构的审核，汇款的周期较长，汇款的效率偏低，而成本偏高。

3) 资金交付阶段

收款方银行给收款人发放取款指令后，收款人到达指定银行进行取款。此时，收款方银行有必要对收款人进行身份核验，待收款人的个人身份证实无误后，收款方银行转交特定款项并进行资金清算。

资金交付阶段非常相似于支付发起阶段，由于必须要经过身份检验方能进行款项的发放，所以信息收集效率也比较低。

4) 支付完成阶段

为了满足合规监管要求，所有参与跨境支付业务的主体银行在完成支付后，均须将汇款人身份、收款人身份、汇款的总资金规模等跨境支付业务的详细信息定期上报至相关监管部门。

由于监管合规要求较高，就会导致商业银行等金融机构的成本增加。

利用 SWIFT 的传统银行跨境支付流程如图 8-7 所示。

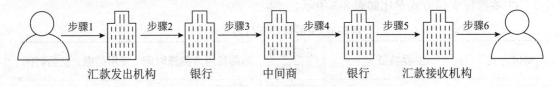

图 8-7 传统银行跨境支付流程

4. 跨境支付中存在的痛点

跨境支付中存在的问题突出表现在以下两个方面。

(1) 需要依靠大量人工操作，这导致了高成本，而且结算时间长、效率低。由于各方均有自己的中心化账本，传统的跨境支付模式对账方式为批量文件对账，交易需要在不同机构之间逐步地进行清结算处理，来保证交易的正确和安全性。

(2) 中间环节过多、程序复杂、费用较高。以人民币跨境支付为例，目前不同的跨境支付清算程序的过程有所不同。在跨境支付的过程中，不仅要支付一定比例的汇款手续费，还必须支付一定的电报费。另外，到账时间较长，往往会耗费 2~3 天甚至更久才能到达指定账户，整个支付过程效率低，也使得占用的在途资金量普遍较大。

8.4.2 基于数字货币的跨境支付

数字货币在跨境投资支付方面具有优势,基于分布式账本技术的数字货币或可解决现有跨境支付痛点。目前不少国家的中央银行正积极探索利用中央银行数字货币方案改善跨境支付。

相对于传统跨境支付方式,以区块链技术为底层架构的数字货币在跨境支付领域具有高效率、低成本和安全性强等优势。数字货币通过互联网转移有利于资产国际化和跨境转移,由于不再需要依赖第三方机构负责资金清算和交易信息存储,从而减少了跨境支付业务流程中价值和信息的流转次数,这对于传统银行支付结算效率的不断增加及交易成本的不断减少具有至关重要的意义。

基于区块链技术的跨境支付与结算过程概括如下。

(1) 汇款人向汇款行申请跨境支付,并接受汇款行的合规调查,存入一定金额的人民币。

(2) 汇款行通过区块链系统将一定金额的人民币兑换成美元并划入收款行。在这个步骤中,人民币和美元的转换是以区块链系统中的通证作为桥梁,人民币先转换成通证,同时通证转换为美元,这个过程可以看作是即时完成。

(3) 收款行将收到的美元划入收款人账户。

在汇款的过程中,基于区块链技术的跨境支付模式能够实现挂单交易订单,并可以通过探求订单公钥银行接单的方式来达到跨境支付及跨境计算的目的,且实现速度为秒级。另外,交易效率的提高源于随第三方机构减少而减少的价值对账和清算时间。区块链技术的自治性特性可以通过脚本的编写使得交易自动智能化执行,因而可以减少人工的介入,进而提高交易效率。

具体应用场景中,现实货币通过向数字货币转移实现了存量变更,再通过数字货币完成跨境转移,实现本地资金使用转变为境外资金,从而方便地用于境外支付。

区块链跨境支付流程如图 8-8 所示。

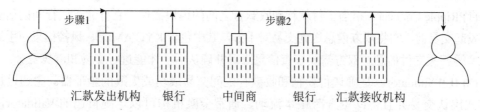

图 8-8 区块链跨境支付流程

8.4.3 Ripple 瑞波币项目

1. Ripple 的产生与发展

Ripple Labs 是一家区块链初创企业,Ripple Labs 旨在将金融机构、支付服务供应商和数字资产交易所三方连接起来,通过区块链技术来实现更快捷、更经济的全球支付。Ripple 是该企业开发的一款开源支付协议,也是全球第一个开放支付网络,它允许接入 Ripple 网络的用户以多种货币进行跨境实时支付。

受到比特币的启发，Ripple 在 2012 年开发了自己的共识账本——瑞波共识账本 (RCL)，并且推出了自己的加密数字货币——瑞波币 (XRP)。Ripple 一词既包含 Ripple Labs 公司，也包含 Ripple 协议与其数字加密货币。瑞波共识账本后来更名为现在的 XRP 账本，作为分布式系统运行，它不仅存储 Ripple 网络参与者的所有信息，还提供多币种的交易服务，甚至将其分布式账本开源以支持实时金融交易，并且通过自研的共识机制来对交易进行保障和验证。

Ripple 企业一开始是想创建一个价值网络协议，这个协议就如同互联网中的 TCP/IP(传输控制协议/网际协议)，货币可以像互联网数据一样在协议里快捷传输，这个构想可以解决传统 SWIFT 的诸多问题。然而直到 2013 年，Ripple 这种基于价值网络协议的跨境支付都没有取得实质进展，原因是 Ripple 缺乏一种可信的货币结算网络环境，Ripple 网络中所有经过验证的交易节点均由 Ripple Labs 自己控制，过于集中。

一开始 XRP 的发行总数就被设定为固定的 1 000 亿个，之后不再发行。与此同时，XRP 的价值来源也是通过交易手续费，这些手续费最终不会返回到系统账户，也不会用来奖励给验证交易的节点，而是直接销毁。所以如果使用 Ripple 网络的人越多，那么销毁的 XRP 也就越多，Ripple 就是通过这种销毁的通缩模型来让 XRP 升值。与同样是基于区块链技术开发的比特币相比，XRP 虽然推出较晚，并且价格仍低于比特币和以太币，但在 100 多种加密货币中市值总额排名第三。

XRP 可以流通于 Ripple 网络，与任何法定货币进行转账，甚至也包括数字货币比特币。除此之外，XRP 也用来支付交易的费用，但每次交易只有极少的 1/1 000 美分 (0.00001XRP) 交易手续费，这一做法是为了防止有人发起大量交易恶意破坏网络系统。

2. Ripple 跨境支付清算方案的基本组件

区块链跨境支付中剔除了中间代理银行和中央银行。Ripple 区块链技术构建了一个没有去中心化的分布式网络，旨在帮助银行间快速结算，取代传统 SWIFT 网络的跨境支付平台，打造全球统一网络的金融传输协议。

Ripple 支付清算方案主要包括 4 个基本组件。

(1) Ripple Connect。相当于付款行和收款行之间的模块插件，它打通了银行间的信息通道。发起交易前，它将双方信息送到交易对手方，其中包含 KYC/AML[①]、风控信息、手续费和汇率等相关支付信息。双方需要核查信息正确并确认后，才能进行交易和清算资金。

(2) ILP Validator。是确认付款行和收款行之间交易成功或失败的验证器。它通过加密的方式确认交易并且协助资金跨账本流动，通常金融机构可以定制自己的 Validator，也可以依赖运行第三方的 Validator。

(3) ILP Ledger。是在各自付款行和收款行账本中实现 ILP 分类账，作为原银行账本映射出的虚拟子分类账，它可以追踪交易双方的信贷、借记和流动资金，并且能以原子级方式结算资金，这等同于交易要么及时结算要么立刻终止。

(4) FX Ticker。相当于提供外汇行情，用来确定交易双方货币兑换的汇率，它也可以追踪 ILP 分类账。通常发起行可以提供外汇流动性，也可以由第三方提供。

---

① KYC: know your customer 的缩写，意为了解客户；AML: anti-money laundering 的缩写，意为反洗钱。

Ripple 跨境支付流程如图 8-9 所示。

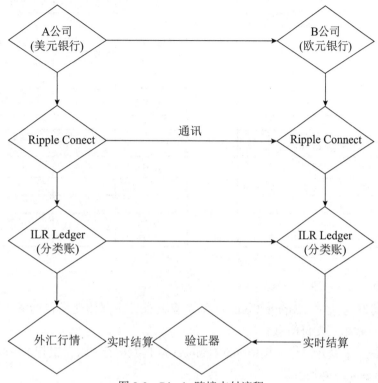

图 8-9 Ripple 跨境支付流程

现在，假设 A 公司 (美元银行) 向 B 公司 (欧元银行) 转账 100 欧元，来看 Ripple 跨境支付方式。通常，要实现一个跨境跨币种的支付，银行的外汇交易部门需要提供外汇流动性，或者可以由第三方做市商来提供流动性。假设 A 公司向 B 公司转账的过程中，由第三方做市商提供流动性。

交易前、交易中、交易后账户信息如图 8-10 至图 8-13 所示。

1) 交易前

在交易发起之前，流动性提供商需要保证在收款人银行 (B 公司所在的银行) 存有相应的货币资金。在 Ripple 的跨境支付方案中，交易双方银行账户需要拓展一个 Ripple 外挂账户 (Ripple Suspense Account)，该账户的余额会映射到外部的 ILP Ledge 分类账，此举是为了跟踪流动性提供方的资金状态。流动性提供方的资金状态变化会通过外挂账户直接映射到 ILP Ledge 分类账中的 Liquidity Provider 处，一旦映射到 ILP Ledge 上，整个交易运行就都在 Ripple 区块链网络中。

在该案例中，假设流动性提供方在 B 公司所在的欧元银行中存入了 200 000 欧元，然后将其中的 40 000 欧元转入到外挂账户中去，充当该笔交易的流动性支出。一般做市商需要在两个方向做市，那么在美元银行账户上也要有相应头寸，且划入到外挂账户。因为该案例只涉及一个方向做市，因此只需要在欧元银行上有头寸即可。一旦外挂账户有了资金，流动性提供方就会把 FX Ticker 报价给发起的美元银行，在该案例中假设 offer 价格为 EUR/USD 是 1.1429。

美元银行账簿

账号	借记	贷记	余额
交易发起人			$10 000
流动性提供商			
费用			
外挂账户			

欧元银行账簿

账号	借记	贷记	余额
交易发起人			3 000 €
流动性提供商	40 000 €	200 000 €	200 000 € 160 000 €
费用			
外挂账户		40 000 €	40 000 €

美元银行ripple ILP账簿

账号	借记	贷记	余额
冻结			$10 000
流动性提供商			

欧元银行ripple ILP账簿

账号	借记	贷记	余额
冻结			
流动性提供商		40 000 €	40 000 €

图 8-10 交易前账户信息

2) 交易中

当 A 公司发起支付，Ripple Connect 就在双方银行中开始交换包括 A、B 公司 KYC/AML 在内的所有相关支付信息。其中：

(1) 付款银行(美元银行)的 Ripple Connect 从收款银行(欧元银行)获取处理手续费信息，从做市商获取外汇价格；

(2) 付款银行的 Ripple Connect 会综合这些信息，其中也会算上付款行的手续费；

(3) 最终会呈现出来该笔交易的总成本"all-in cost"。

假定付款银行手续费 5 美元，收款银行手续费 5 欧元，根据 EUR/USD 为 1.1429 计算，该笔交易的总成本约为 125 美元 (100 欧元 ×1.1429+5 美元 +5 欧元 ×1.1429)。之后，A 公司如接受该笔费用，则支付将被发起。付款银行(美元银行)借记 A 公司的 -125 美元，并收下 5 美元的手续费，贷记外挂账户的 +120 美元。

美元银行账簿

账号	借记	贷记	余额
交易发起人	$125		$10 000 $9 875
流动性提供商			
费用		$5	$5
外挂账户		$120	$120

欧元银行账簿

账号	借记	贷记	余额
交易发起人			3 000 €
流动性提供商	40 000 €	200 000 €	200 000 € 160 000 €
费用			
外挂账户		40 000 €	40 000 €

美元银行ripple ILP账簿

账号	借记	贷记	余额
冻结		$120	$120
流动性提供商			

欧元银行ripple ILP账簿

账号	借记	贷记	余额
冻结			
流动性提供商		40 000 €	40 000 €

图 8-11 交易中账户信息变化 1

在外挂账户映射到 ILP Ledger 分类账时，这 120 美元并不会直接贷记到流动性提供方的账户上，而是先放在冻结账户 (Hold) 中，直到收款银行向 ILP Validator 验证器提供足够给收款人资金的证明。此时会触发 ILP Validator 验证器执行收款银行把资金存入冻结账户 (Hold) 且提供证明。收款银行把 105 欧元资金转入到冻结账户 (Hold) 中且发送一个收据 (receipt) 给 ILP Validator 验证器。其中，收据仅包括加密的资金存入证明，而不包括银行、交易对手或支付相关的其他细节信息。一旦 ILP Validator 验证器收到双方银行资金存冻结账户 (Hold) 的证明，它就开始触发资金清算 (settlement)，且同时记录双方账本，释放冻结账户 (Hold) 资金的同时转移资金。该流程完全自动化同步，且不会出现差错账。此举类似于淘宝购物的资金会先存放在淘宝平台，双方确认收货后才将款项打给淘宝卖家。

美元银行账簿

账号	借记	贷记	余额
交易发起人			$10 000
	$125		$9 875
流动性提供商			
费用		$5	$5
外挂账户		$120	$120

欧元银行账簿

账号	借记	贷记	余额
交易发起人			3 000 €
流动性提供商	40 000 €	200 000 €	200 000 € 160 000 €
费用			
外挂账户		40 000 €	40 000 €

美元银行ripple ILP账簿

账号	借记	贷记	余额
冻结		$120	$120
流动性提供商			

欧元银行ripple ILP账簿

账号	借记	贷记	余额
冻结		105 €	105 €
流动性提供商	105 €	40 000 €	40 000 € 39 895 €

图 8-12　交易中账户信息变化 2

美元银行账簿

账号	借记	贷记	余额
交易发起人			$10 000
	$125		$9 875
流动性提供商			
费用		$5	$5
外挂账户		$120	$120

欧元银行账簿

账号	借记	贷记	余额
交易发起人			3 000 €
		100 €	3 100 €
流动性提供商	40 000 €	200 000 €	200 000 € 160 000 €
费用		5 €	5 €
外挂账户		40 000 € 105 €	40 000 € 39 895 €

美元银行ripple ILP账簿

账号	借记	贷记	余额
冻结		$120	$120
	$120		$0
流动性提供商		$120	$120

欧元银行ripple ILP账簿

账号	借记	贷记	余额
冻结		105 €	105 €
	105 €		0 €
流动性提供商		40 000 € 105 €	40 000 € 39 895 €

图 8-13　交易后账户信息

从上述案例中可以看到，外挂账户(Ripple Suspense Account)的作用是反映流动性提供方的账户情况。外挂账户和 ILP Ledger 分类账一旦映射成功就完全进入了 Ripple 区块链当中，而该映射关系是由 Inter Ledger Protocol 协议规范的，银行接入 Ripple 网络一定要遵循这个规范。通过接入 Ripple 区块链进行分布式一致性记账的设计，Ripple 打通了传统银行的基础记账模块，再也无须实际资金的搬运，就可在短时间内进行信息处理和资金交割。

3. Ripple 跨境支付的基本工作原理

1) Ripple 协议打通信息通道

金融机构通过 Ripple 协议接入 Ripple 网络，能直接、高效地实现点对点的支付交易和点对点的支付信息传输。其中，在网关(Gateway)处核验个人数字信息，需要按照 KYC 政策对客户身份进行审核，同时结合智能合约规定跨境支付各参与者的权利义务关系，提高交易的自动化程度。网关可以使每一个节点单位都能够利用自己的网络平等接入，实现每个节点之间能够直接连接，这大大降低了信用和记账成本。

当双方交易正式开始前，Ripple connect 会通过履行 Ripple 协议，打通交易双方所在银行的信息通道，进行指令信息的传输，资金信息的传递。其中，包含了之前在网关处就收集到的 KYC/AML，以及风控信息、手续费和从做市商获取的汇率等相关支付信息。双方银行再确认 OK 后才能进行交易和清算资金。之后，Ripple 区块链账簿开始进行区块记录，自动换汇，最后形成分类账(ILP Ledger)。Ripple 协议里的一系列设置打破了传统跨境支付中的信息壁垒，并且由于该流程全程上链，通过区块链网络提高了信息传输的效率，实际上也会降低许多当前监管一直为之努力想要降低的风险。

2) 分布式结算加速资金转移

支付业务的本质不仅包括支付指令的信息传输，更重要的是账户余额的变动。Ripple 网络里关于账户余额的转移采用的机制就是区块链分布式结算，这种结算方式不需要中心化的机构参与更新账本，因为 Ripple 本身就是一个共享账本，只需要一套算法就可以触发结算，在释放冻结资金的同时转移资金，实时更新双方账本，而这个账本也会记录下发生在其中的每一笔交易并持续跟踪用户的账户余额，在区块链网络里该流程完全自动化同步，且不会出现差错账。

同时，使用 Ripple 网络的用户都可以实时查看和更新自己的账本，Ripple 采用了拜占庭容错的共识机制，通过节点投票，系统便可以在几秒钟之内完成交易确认。这种分布式结算也通过共识机制解决了在没有中央结算结构时，交易双方可能面临的双重支付问题，用户通过投票机制验证交易的真实性，选择同意或拒绝一笔交易的发生。这种分布式结算的方式只需要用户通过共识机制更新一个单一的共享账本，为大批量处理转账业务提供了可能性，也直接免去了传统金融机构代理行这一中转步骤。

3) 做市商机制提供外汇流动性

传统跨境支付背景下，双方银行的外汇交易部门需要提供外汇流动性，或者可以由第三方做市商来提供流动性。外汇做市商作为 Ripple 网络中仅存的第三方中间机构，为交易双方银行提供外汇流动性。

在 Ripple 网络中，银行和货币兑换商等金融机构扮演做市商，也可以由第三方流动性提供方提供，FX Ticker 则作为外汇报价连接器用于连接外汇行情，通常情况下，只要做市商报价多，流动性就充足。

在交易双发开始之前，流动性提供方的外挂账户里所包含的实时汇率在内的任何信息，都会直接映射到分类账 (ILP ledge) 上，这样所有的交易都在 Ripple 网络上进行，可以完成点对点地支付，也便于一致性地控制。同时，Ripple 网络为减少资金转变的成本，可以自动选择报价最低的做市商，但是 Ripple 协议不只是寻找出最低出价，它也会寻找出最低价通道，以此使做市商不仅可以提供流动性，还可以为了赚取差价而积极促成交易。这里做市商充分发挥了其他市场中的典型功能，匹配买卖双方赚取差价。

4) XRP 作为任何货币的兑换者

对于 Ripple 这样一个开放的支付网络，它支持该网络上转账的任何法定货币，甚至数字货币比特币。其他区块链跨境支付大多是数字货币仅仅承担法定货币与法定货币之间的兑换转账，但是，XRP 在 Ripple 网络中作为任何货币的通用翻译者，在做市商不足的情况下以保证外汇的流动性，这不仅实现了多币种的 P2P 兑换与支付，也实现了现实与虚拟货币的双向流通。本质上来说，XRP 与比特币并无竞争关系，因为 Ripple 跨境支付本身也包括与数字货币比特币的兑换。

同时，通过 Ripple 每进行一笔交易，只需要销毁极少的 XRP，与传统交易相比其成本可忽略不计，减少了跨境支付费用，也提升了系统处理效率，这种"通缩"模型较好地保证了 XRP 的价值，也为其商业运用提供了基础。与此同时，Ripple 用户仅需要一个保证金账户，可以用于不同银行的多笔交易，这进一步提高了便利性。另外，由于 Ripple 用户不要求必须使用协议中数字货币 XRP，这也促使包括中央银行、商业银行和跨境支付汇款公司等在内的全球 200 多家金融机构纷纷加入 Ripple 区块链跨境支付网络。

4. Ripple 跨境支付运行模式解决方案

Ripple 作为一个去中心化的分布式数据库和一致性账本技术的全球支付网络，提供了一种基于区块链技术的标准化解决方案。

目前，Ripple 提供了三种解决方案帮助金融机构或支付服务公司接入 Ripple 区块链网络，主要包括：①协助银行处理全球支付的 xCurrent；②帮助支付服务商提供流动性的 xRapid；③帮助普通公司接入瑞波网进行支付的 xVia。2019 年 Ripple 公司对 xRapid 已使用"按需流动性"(ODL) 来重命名，并且将产品之一的 xVia 也从 Ripple 体系中删除。

Ripple 推出的解决方案可以将其归纳为两大类区块链跨境支付运行模式：一类是将区块链技术视为支付机构与商业银行之间的接口技术；另一类是使用加密数字货币作为跨境支付中货币兑换的润滑剂。

1) 基于区块链优化清算方式的跨境支付

该运行模式旨在通过区块链技术将跨境支付中的多方整合优化到一个区块链网络中，在该区块链网络中传递信息，从而实现多方信息的协同操作，使得原本串行化的处理方式变为并行化，优化了信息传递和处理的效率。

事实上，该方案仅仅是通过区块链技术，来优化跨境支付的传输与共享，而银行的账务处理仍然在银行内部操作完成，该区块链运行模式仅仅实现了信息区块链而没有实现价值区块链。xCurrent 属于基于区块链优化清算方式的跨境支付，其中并没有涉及加密数字货币与法定货币的转换。

目前，Ripple 跨境支付业务主要就是采用 xCurrent 的解决方案。与 Ripple 建立合作关系的金融机构和支付服务企业，大部分的金融机构对使用数字货币都相对保守。不同于 xRapid，xCurrent 不基于 XRP 账本，也不依赖于 XRP 账本，而是作为一种为用户跨境支付提供即时结算和追踪的解决方案。

但 xCurrent 本质上是基于跨账本协议 (ILP) 构建的，是 Ripple 设计用于链接不同账本或支付网络的协议，所以 xCurrent 依旧运用了区块链的核心技术。正是因为 Ripple 下的 xCurrent 方案属于最典型的将区块链用作技术接口优化跨境支付业务，所以 Ripple 可以以一个外部插件的形式安装到现有的金融机构支付体系架构中去，可以说，Ripple 通过区块链技术优化了传统支付体系中的基础架构，但却没有干扰体系中各方原本的权利义务关系。例如，对于已加入 Ripple 网络的金融机构和支付服务供应商来说，它们还将继续被原先已签署的双边协议所约束，因此 Ripple 跨境支付颇受金融机构和监管当局青睐。

2) 基于加密数字货币 XRP 的跨境支付

通过加密数字货币介入区块链跨境支付中，使其成为不同货币的交易媒介，做到跨境转账时法定货币无缝且快速地兑换。在 Ripple 的三种运行模式中，xRapid 解决方案就是一种提供流动性保证的解决方案，即通过加密数字货币 XRP 来叠加使用 xCurrent 支付服务。

通常来说，上一类模式中将区块链作为技术接口已经可以大幅度优化传统跨境支付，但加密数字货币的介入会使区块链网络更加高效，甚至产生出新的业态。因为加密数字货币的可追踪性，一旦开始流通，那么金融机构在审计和合规验证方面的成本将大幅度降低，支付行业可能面临重新洗牌，但该模式下的跨境支付仍然处于探索阶段。

在了解第二类运行模式之前，首先要厘清 XRP 在 Ripple 网络中的两方面作用。

一方面，XRP 设计机制使得 Ripple 网络难以攻破。因为数据上链导致区块链跨境支付出现的新问题，即拒绝服务攻击（也称女巫攻击）。所谓拒绝服务攻击，是指在一个公共网络中，通过创建大量身份（账户）以此带来不成比例的巨大影响的一种恶意行为。例如，黑客创建大量 Ripple 账户（公钥）发起虚假交易或违法交易来占满 Ripple 网络，数量巨大的账户会危害共识机制，导致决策程序中断或者服务器瘫痪。而 Ripple 巧妙地利用了 XRP 机制来规避此类问题，在创建 Ripple 账户时必须花费一笔小数量的 XRP，通常是 20 个 XRP，相当于 0.16 美元。这 20 个 XRP 对于普通用户可以忽略不计，但对于创建大量账号进行虚假交易的攻击者来说，则是一笔巨大的成本。再加上提到过的 XRP 的通缩模型，要想在两道防线下攻破 Ripple 网络是极不划算的。

另一方面，XRP 的存在促使做市商提供了更强的流动性。Ripple 网络中创新地加入了做市商机制，通过提供流动性，促使双方达成交易。但如果想要消除付款人发起交易后款项无法到达指定收款人的风险，就必须要经过多重做市商，而 XRP 为无法一步到位进行货币兑换的法定货币提供了流动性，再加上 Ripple 的分布式账本，就导致一项跨境汇款会整笔交易同时发生，或者直接不会发生，不存在卡在某一做市商处，避免了交易对手风险。综上，加密数字货币 XRP 的介入更好地服务了 Ripple 区块链跨境支付。

5. Ripple 在跨境支付中的应用成效

如今 Ripple 网络中连接着使用 Ripple 跨境支付技术的 200 多家公司，多数依旧使用支付系统 xCurrent。通过加密数字货币的跨境支付方案 xRapid 在 Ripple 合作者中使用甚少，不仅因为该方式商业落地成本巨大，也因为加密数字货币依旧在监管的盲区内。

当前，Ripple 已经与全球 17 个国家的银行展开合作，使得这些合作银行的费用大幅降低。以欧洲的一家名为"菲罗"的银行为例。在与 Ripple 合作之前，因为没有存款网点，客户要进行开户并转余额的时候，就必须通过其他银行账户把余额转进去。但是在与 Ripple 合作之后，以前转账的手续费是每笔 5 欧元，现在则减少到 0.49 欧元，手续费降低了 10 倍。并且，在之前需要 2 个工作日才能完成转账，如今可以实现瞬时到账。无论是对于银行还是客户来讲，这都带来了很好的体验感。

Ripple 仅仅是利用区块链技术为众多银行等金融机构提供解决方案的典型代表。当前，Chain、Ethereum、IBM、Microsoft 等知名企业也开始利用区块链技术发展跨境支付与结算业务。可以预测在不久的未来，金融体系现有的传统交易模式将会被高效能、高安全性及成本低廉的区块链技术所取代。

本章小结

1. 数字货币的应用场景分为宏观层面和微观层面。其中，宏观层面主要运用于支付监管与宏观调控；微观层面被广泛用于消费端（C 端）、企业端（B 端）和政府端（G 端），以及跨境支付等微观场景。

2. 在消费 C 端的零售支付是数字货币的主要应用场景，如零售支付领域的瑞士数字克朗、中国数字人民币等案例。

3. 大额支付系统处于结算系统的中心地位，大额支付系统不仅结算批发银行间市场的债务，也结算产生于其他支付系统（如零售支付系统）的净额债务。如加拿大 Jasper 项目。

4. 跨境支付是国际商业贸易得以正常进行的关键要素。跨境支付是指本国消费者在购买国外商家产品或者国外消费者购买国内产品时，因币种的不同需要通过一定的结算工具和支付系统，完成两个国家或地区间的资金转换，最终实现交易的过程。如 Ripple 瑞波币项目。

复习思考题

1. 简述数字货币在宏观层面和微观层面的应用场景。
2. 简述零售支付与大额支付的不同。
3. 简述基于数字货币的跨境支付优势。

第 9 章 数字货币监管

加密虚拟数字货币的出现带来的挑战和风险并存,金融科技驱动的数字货币内含交易风险、系统性风险、流动性风险、法律风险、技术风险,甚至挑战主权货币,迫使国家监管部门必须予以有力回应。本章主要介绍了对数字货币的监管意义、主要监管模式及国内外的监管实践等。

学习目标

1. 了解数字货币面临的主要风险
2. 理解数字货币的监管意义
3. 掌握对数字货币的监管模式

知识结构图

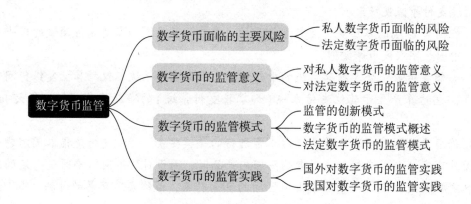

9.1 数字货币面临的主要风险

目前数字货币的发展方兴未艾,在过去的短短几年时间里,各国中央银行纷纷迅速加大了对中央银行数字货币的研究和开发力度。数字货币发展虽然不过十几年,但因实际的配套法律与监管还跟不上,很多问题和风险在实际的操作过程中逐渐暴露出来。数字货币被分为私人数字货币和法定数字货币,这两种不同类型的数字货币面临的风险有所不同。

9.1.1 私人数字货币面临的风险

私人数字货币本身具有较大的技术创新性，市场规模又比较有限，监管相对较为宽松。然而在这样的环境下，随着加密数字货币投资不断升温，价格泡沫、平台欺诈、洗钱、黑客攻击等风险事件时有发生，特别是随着加密数字货币市场与正规金融市场联系通道打开后，市场的波动有可能对主流金融市场产生扰动甚至"黑天鹅"①事件。

1. 技术风险

技术风险指受现有技术水平的限制，数字货币存在无法预见、无法解决的困难导致的风险。数字货币的技术风险主要来自于它所运用的技术，如区块链技术、密码学等不够完善就会导致数字货币安全事件的发生。例如，黑客利用 DeFi(去中心化金融)协议攻击库币(Ku Coin)，导致 2.8 亿美元资金被盗；2017 年 6 月，韩国最大交易所 Bithumb 被盗数十亿韩元，三万用户信息被泄露；2018 年 3 月 7 日，著名数字货币交易所——币安(Binance)遭受来自网络黑客的袭击，48 小时内蒸发了 750 亿美元；韩国交易平台 Coinrail 也证实在 2018 年 6 月被黑客攻击，入侵损失达 3690 万美元。

数字货币的安全威胁主要来自以下几个方面。

(1) 区块链技术应用风险。数字货币所依赖的区块链技术在一定程度上存在缺陷和漏洞，区块链技术面临着软硬分叉风险和密钥丢失风险，易受到黑客攻击，导致系统瘫痪或者系统中数据被窃取、篡改或资产被盗取。

(2) 密码算法风险。密码算法是数字货币的核心技术之一，其有效性决定了数字货币的效用，但现有的密码算法仍然面临风险。一方面随着密码分析技术和计算能力的提升，现有算法将面临威胁，例如对密码算法的暴力破解。另一方面，密码算法本质上是数学问题，数学分析攻击是对基于数学难题的各种密码算法的主要威胁，随着量子计算的发展，这些数学问题更加容易被破解。

(3) 数字货币的有限计算能力可能无法保证安全交易。以区块链技术为例，网络峰值交易通常在 20 笔/秒以内，远不能达到日常交易需要。据测算，我国数字货币系统至少要达到 10 万笔/秒的交易处理能力，如果没有强大的系统并发处理能力和计算能力与之配套，就会影响整个交易系统安全稳定运行。

2. 市场风险

市场风险是指由于市场因素的波动而导致的金融参与者的资产价值变化的风险。数字货币价格不稳定带来了市场风险，如比特币，积聚了大量的价格泡沫，风险极大。

(1) 数字货币缺少特定的锚定货币。不同于传统的货币有国家信用作为支撑，数字货币更像是一种商品，比如我国将比特币定性为特定的虚拟商品，美国将其定义为大宗商品，日本、德国等将其视为支付工具。在大多数投资者眼中，数字货币的基本价值来源于人们对数字货币及其区块链系统创新与未来可应用性的信心，而这种信心是不稳定的。

(2) 对数字货币市场监管较为落后，存在大量投机行为。公众投资数字货币主要有两方面原因，一方面，是纯粹的投机行为，持有并等待价格上涨或在价格波动中获利。从

---

① 黑天鹅事件指非常难以预测，且不寻常的事件，通常会引起市场连锁负面反应甚至颠覆。

历史走势看，数字货币总体上呈现价格快速上涨趋势，但也具有暴涨暴跌的特点，且没有涨跌停限制，涨跌 10% 司空见惯。Woo 等人 (2013) 给出了比特币的最大市值为 150 亿美元 (1BTC=1300 美元) 的估值，认为比特币币值的高波动性是投机活动的结果，这阻碍了它作为货币发挥支付手段的职能。但也有学者认为比特币没有内在价值 (Bouoiyouret.al，2014；Alstyne，2014；Hanley，2015)，包括美联储前主席格林斯潘和诺贝尔奖获得者席勒都认为比特币是没有内在价值的，是典型的资产泡沫。另一方面，是作为一种风险对冲工具。据研究，每当出现重大地缘政治事件或监管政策、技术发生变化时，往往会引起数字货币价格的大幅波动。

上述这些因素造成了数字货币价格的暴涨暴跌，不仅对数字货币的价格市场带来了严重影响，还会对区块链的初创企业造成了一定的破坏，影响企业的创新积极性和行业的健康发展。

3. 交易平台风险

数字货币交易平台大部分风险来自平台的运营管理，包括经营风险、流动性风险、信用风险、道德风险、安全风险等。

经营风险是指平台的决策人员和管理人员在经营管理中出现失误导致平台盈利水平变化，从而产生投资者预期收益下降的风险。

流动性风险是指在交易平台上不能及时以合理价格成交的风险，这与平台规模、平台用户活跃度、平台行业地位等因素有关，规模较大、知名度较高、交易活跃的交易平台的流动性风险相对较小。

信用风险是指交易对手未能履行约定契约中的义务而造成经济损失的风险。数字货币交易平台的信用风险主要是指投资者在平台上进行数字货币的充值、转账、提现等交易时，平台未履行应有义务对投资者造成损失的风险。

道德风险是指平台经营者为使自身利益最大化，采取损害投资者利益的自私行为，数字货币交易平台的道德风险主要表现在数字货币价格被操纵、从业人员参与交易。

安全风险是指在数字货币交易过程中存在的不安全因素带来的风险。自比特币诞生至今，数字货币交易平台安全事件屡见不鲜，主要表现有数字货币被黑客窃取、数字货币交易平台破产、交易平台诈骗事件及利用数字货币交易平台洗钱等。数字货币交易平台存在安全风险的原因主要有平台安全防护不到位、法律监管缺失和行业自律缺失等。

4. 法律风险

法律风险是指某些组织或个人利用数字货币规避现有法规或做出违法犯罪的行为。数字货币由于具有匿名性、可跨境流通等特点，并且针对数字货币的监管尚不完善，各国之间关于数字货币的监管原则存在差异，因此为各类违法犯罪提供了可操作的监管盲区，比如洗钱、恐怖组织融资、诈骗等。表 9-1 列示了典型的数字货币违法犯罪案件。福莱 (Foley) 等对 2009—2017 年的比特币交易用户数据进行分析，比特币交易中，25% 的用户、44% 的交易、20% 的交易金额和 51% 的持有量与非法活动有关。从时间上看，非法活动的交易金额占比虽有所下降，但是绝对数量仍持续增加。

表 9-1　典型的数字货币违法犯罪案件一览

种类	典型案例	案件描述	损失及后果
黑客攻击	2018年1月25日,日本最大的比特币交易所Coincheck遭到黑客攻击	Coincheck将新经币存储在安全系数低的冷钱包上,黑客将客户的数字货币转移至另一个账户	丢失了当时市值多达5.3亿美元的新经币
黑客攻击	2017年5月,Wan-naCray勒索软件攻击事件	黑客将电脑中的资料文档上锁,要求300美元的等价比特币解锁	超过150个国家的23万台计算机设备被勒索,造成数十亿美元的损失
诈骗、非法集资	2018年,"BTC Global"交易网站项目骗局	要求被害者购买至少1000美元的比特币转到骗子的钱包,并被承诺每周得到14%的利息	全球最大的比特币诈骗案,受害人数超2.6万,涉案金额超5千万美元
诈骗、非法集资	2017年,济南坤川"红币"骗局	该公司宣称"红币是一种创新型的加密数字资产",误导全国数千名投资者购买红币	涉案金额约5400万元人民币
诈骗、非法集资	2014年,香港My-coin.hk庞氏骗局	承诺租挖矿机挖矿,高利润回报投资者。又把新投资者的钱付给前任投资者,诱使更多人受骗	50多位受害人,涉案金额高达7400万港元
诈骗、非法集资	2017年,深圳普银区块链集团有限公司"普银币"非法集资、诈骗案	打着区块链幌子,创立绑定普洱茶资产的"普银币",操纵普银币价格,吸引投资者非法获利	3000千多人受害,涉案金额约3.07亿元人民币,最高单个损失约300万元人民币
洗钱	2017年,BTC-e洗钱案	通过操控KYC和AML系统,允许客户收回资金避免执法机构调查,为勒索软件分销商和黑客提供便利	被指控洗钱40多亿美元,处理了95%的勒索软件比特币赎金
毒品黑市交易	2018年,Bit-Instant公司CEO查理·施兰被控案	被指控向他人销售比特币,用于匿名购买和出售违禁药物	向毒品交易网站"丝绸之路"用户出售价值100万美元以上的比特币
毒品黑市交易	2017年,美国牵头关闭了全球最大的黑市交易网站AlphaBay	该网站在全球各地进行非法毒品、黑客工具、武器和有毒化学品等商品的交易	通过数字货币资产进行的交易规模超过10亿美元

导致出现这些违法行为的主要原因有以下几点。

(1) 匿名化交易容易被利用于隐藏洗钱犯罪。数字货币的持有者一般为网络用户,这些网络用户注册、登记及审核程序十分简单,没有机制对其真实身份进行核实和确认,因而数字货币具有很强的隐匿性,这使得执法人员很难对交易参与者开展持续的身份识别,更无法开展后续的反洗钱监测和追踪。

(2) 跨境交易也增加了追查洗钱犯罪数字货币的难度。不法分子通过数字货币交易,可以将非法来源的资金兑换成数字货币转移到国外账户,然后兑换成法定货币,顺利完成"黑钱"的清洗。虽然区块链可以永久记录任何交易,可以追查交易者,但数字货币可轻易实现迅捷的、跨越多国监管区域的交易,而且各国的反洗钱政策不同、国家与国家之间沟通成本高而效率低,实际追查洗钱犯罪困难重重。

(3) 数字货币交易平台存在准入标准低、平台监管不到位、信息披露不规范、面临黑客攻击等风险。相对于监管较为完善的传统金融行业,数字货币交易平台的非面对面业务本质特征给客户身份识别造成了极大困难,加上洗钱成本较低且洗钱的地域限制少,不法分子利用平台洗钱的便利性和可得性更强。

5. 消费者保护风险

数字货币的币值波动较大,极不稳定,且用于数字货币交易和流通的平台动机不一、技术水平参差不齐,容易遭遇黑客攻击或出现非法盗币、恶意欺诈用户、平台倒闭等情况。加上各国对私人数字货币的监管规则尚需完善,部分国家和地区甚至尚未建立相应的监管政策,消费者的财产安全权、信息知情权等面临较大风险。

6. 挑战主权货币风险

比特币已成为继美元、欧元、人民币、日元、卢比后的第六大"货币",随着全球影响力提升,比特币可能会逐步成为世界储备货币,使得一些主权货币边缘化,丧失国际地位。数字货币在全球范围内推动货币传输的"去中心化",不可避免地出现金融生态"去政府化"。

我国目前已全面禁止私人数字货币流通,这对整顿数字货币市场乱象、保护国内消费者、维护金融秩序起到了很大作用。但仍存在一些问题,一方面,由于数字货币具有全球性等诸多优点,那些真正想拥有数字货币的人不受法律的保护;另一方面,我国对数字货币的法律属性尚未明确,在司法实践中,有的法院会认定数字货币的交易合约合法有效;而有的法院认为数字货币交易属于不合法物。当消费者陷入数字货币、数字货币挖矿机等交易纠纷,想要寻求司法部门保护时会面临求偿权风险。同时,由于数字货币的交易过程需要所有者的私钥验证且不可逆转,因此即使债权人拥有合法的数字货币返还请求权,在没有债务人自愿主动支付的情况下,无法强制执行债务人返还所持有的数字货币。此外,数字货币交易涉及全球市场,因各国监管政策不一,可能由于管辖权的问题无法为投资者追回损失。

9.1.2 法定数字货币面临的风险

面对私人数字货币对国家主权货币带来的挑战,以及社会对法定数字货币的呼唤,中央银行数字货币在国家的管控下有序推进,风险较之私人数字货币减少了很多,但仍然面临着一些风险因素。

1. 技术安全风险

中央银行数字货币是以互联网技术、区块链技术等为基础,货币发行、流通和回笼等都需要依赖分布式账本技术,但这些技术尚处于早期发展阶段,还存在技术标准不统一、技术可扩展性差等问题,需要经过大规模实践应用才能确保技术的安全性。比如,中央银行数字货币在以分布式账本技术记录每笔交易时,系统要对每笔交易进行全面计算和存储,这必然会降低中央银行数字货币的交易效率,尤其是在大量交易的节假日或者促销周,对中央银行数字货币提出了较高的技术要求。从交易安全上看,中央银行数字货币实现了账本防篡改、不可逆等技术特性，但并不能很好地解决个人信息安全性问题，如果用户的私钥遭到黑客攻击，可能会面临财产损失风险。中央银行数字货币所有人在遭到黑客盗取或系统故障时所遭受的损失，将远远超过传统货币。

2. 法律监管风险

现有法律体系并未将中央银行数字货币列为法律对象，未将它的发行、使用、流通和监管等流程纳入法律规制范围。法律定位上的模糊会影响消费者对中央银行数字货币的信心。此外，对中央银行数字货币的监管也面临许多新挑战。比如，在对传统货币监管过程中，银行一旦发现假币可以立即收缴并造册登记，但数字货币是一种不以实物形式存在的货币，其造假方式和监管方式不同于传统货币。

3. 货币流通环境风险

中央银行数字货币流通与互联网基础设施、电信运营商等密切相关，这给中央银行数字货币流通带来新挑战。如，智能手机虽然在国内已经广泛普及，但还有许多中老年人、儿童群体不会使用智能手机上网；一些贫困地区的网络基础设施落后，智能终端普及率低，也影响着中央银行数字货币的推广普及。

9.2 数字货币的监管意义

数字货币带来的风险不仅繁多，而且还非常复杂，因此对数字货币进行有效监管具有重要意义。

9.2.1 对私人数字货币的监管意义

私人数字货币是具有颠覆式创新的货币数字化转型的产物，其大规模流通必将挑战现有经济秩序，成为经济社会发展中的不稳定因素，因此对私人数字货币进行政策监管具有重要意义。

1. 有利于防范违法犯罪行为风险

数字货币的技术特征会对金融市场产生一定影响，引发洗钱、逃避税和网络安全问题，从某种意义上说，只要犯罪存在利益动机，其行为就可以通过货币的方式进行追踪。保证货币的可追踪可能是我们运用科技手段在全球搭建防范违法和犯罪网络的最后堡垒。因此基于数字货币的可追溯性对私人数字货币进行监管可有效减少网络"技术暴力"。

2. 有利于保护消费者权益

私人数字货币往往由于法律性质和责任不清晰，监管主体不明确，消费者权益得不到保障。如比特币交易市场没有价格涨跌限制，其价格很容易被投机者操纵，波动大、风险大。同时，比特币交易市场因处于自发状态，消费者需要承担交易对手方风险、资金安全风险和清算结算风险等多种风险，如果能对私人数字货币进行有效的政策监管，将会大大提升对消费者的权益保护能力。

3. 有利于保持金融市场稳定

目前，数字货币市场价值及交易额较小，金融机构参与极少，并未对金融稳定造成系统性影响。但 IMF 的报告曾经强调，随着数字货币使用范围和规模的扩大，发生系统性风险的概率也会提升。如比特币的匿名性和去特定中介化特性,使它在国际货币交换体系中扮演越来越重要的角色,对全球货币市场产生冲击。因此有必要对比特币等私人数字货币进行监管,防止货币投机。

4. 有利于维护中央银行声誉

欧洲中央银行在2012年指出虚拟货币可能给中央银行带来声誉风险。因为当虚拟货币得到发展时,人们往往会把虚拟货币价格的上涨或者其他不良事件与中央银行没有对法定货币进行有效管理联系在一起。因此,需要对数字货币实行监管以防范声誉风险。

9.2.2 对法定数字货币的监管意义

法定数字货币的发展必须在合理的法治框架内进行,且要对法定数字货币进行合理的政策监管,避免因技术发展引发新的系统性风险。

1. 有利于缩小中央银行的信用风险敞口

对法定数字货币进行政策监管,能使有关部门合理调配法定数字货币发行量,减少数字经济背景下实体经济出现的信贷差异化现象,避免市场失调情况的发生,从而缩小中央银行信用风险敞口。

例如,在法定数字货币投入市场后,得益于使用的便利性与规模效应,储户可以将现钞按照币值直接转化为法定数字货币,但商业银行可以直接使用的现金存款将随之减少,此时商业银行可能通过提高存款利率的方式以减轻盈利能力受损的可能,导致实体经济出现信贷差异化明显,真正需要资金的主体无法获得优惠贷款。

另外,必须予以重点考虑的是中央银行担负的信用风险。对于中央银行而言,提供完整成熟的法定数字货币供应链,需要其在众多支付价值链中保持绝对领先与活跃。若市场对于法定数字货币的需求加大,中央银行的资产负债表将会迅速扩大。如果出现任何可能危及该系统稳定的攻击或干扰,均可能伤害中央银行的货币信用并引发后续国际影响。

2. 有利于新体系下的权利义务分配

法定数字货币体系的构建与使用,涉及规模宏大的系统工程,其牵涉的利益相关方众多且极为复杂,特别是牵涉权利义务的重新分配。有种观点认为,互联网支付手段提高了支付结算的效率,但直接侵犯了个人用户的隐私,而这种侵犯绝大多数是在后台进行的,普通用户极难知悉、取证、索赔。法定数字货币体系建立后,所有人的消费习惯、行踪轨迹甚至工作生活的方方面面都处于系统全时监控之下。因此,对法定数字货币进行政策监管能有效规制中央银行的权力和职责,使法定数字货币涉及的各方权利义务关系在现行规制下寻找到妥善对应的内容。

3. 有利于防范技术风险

法定数字货币体系建立后,社会形态将更加趋于向二维社会形态发展,即数字社会与传统社会。对包含法定数字货币在内的数字社会治理,已逐步被代码与算法渗透,任何个体均有可能被数据化。在数字空间下,运行代码比执行法律更有效率,一旦设定了程序,就无须担心人为因素的干扰。鉴于代码的强大优势,实务界试图将法律编程,以使计算机直接运行法律。因此，对数字货币的政策监管必须跟上技术的迅猛发展，否则将引致各种现实问题。

因此，法定数字货币在投入使用前，依靠法律对其体系和应用做好顶层规划和政策监管，有利于实现对法定数字货币的高效可控性，妥善达成法定数字货币的功能价值和战略意义。

9.3 数字货币的监管模式

9.3.1 监管的创新模式

过去五年中，全球范围内的监管创新愈发普遍，主要有"监管沙盒"、创新办公室和监管科技三类模式。

1. "监管沙盒"

"沙盒"一词是指"在一定的监督和安全保障机制下，允许市场机构向真实的客户测试其创新金融服务或商业模式"。"监管沙盒"(Regulatory Sandbox)，是指通过提供一个安全空间，放宽监管规定，减少金融科技创新的障碍，企业可以在该安全空间范围内测试其创新的金融产品与服务。

"监管沙盒"这种模式是由英国在2015年首先提出并运用的。为了避免金融监管制度滞后性对金融创新造成的阻碍，英国的金融行为监管局提出，金融科技、金融创新、金融产品可以在"监管沙盒"内运行，不用受到目前监管规则的约束。"监管沙盒"的本质是提供有弹性的差异性监管，通过在"监管沙盒"中测试、评估风险，决定该创新能否大面积使用。

目前，"监管沙盒"主要包括产品测试沙盒和政策测试沙盒两种模式。①产品测试沙盒，主要通过沙盒计划创造一个安全的试点区域，允许创新的市场机构在获得正式许可或牌照之前，对新产品进行基于真实用户的测试。②政策测试沙盒，主要功能是使用沙盒计划来评估法规和政策的有效性，测试其是否会对有益的新技术或商业模式形成阻碍。

"监管沙盒"为金融科技创新提供了实验室，既避免了监管过严对金融科技创新的扼杀，也避免了部分金融创新对经济和生活造成严重影响，在不危害金融消费者合法权益的前提下，实现金融创新和金融安全的"双赢"。目前，在世界范围内引起广泛关注，已有英国、中国香港等超过50多个国家和地区实施或计划实施"监管沙盒"项目。

2019年，俄罗斯在首都莫斯科、皮尔姆、卡卢加和加里宁格勒4个地区开展了针对数字货币的"监管沙盒"测试，允许在不违反法律的前提下开展数字货币试点。2020年2月10日，澳大利亚联邦议会审议通过了《2019年财务法修正案》，该法案确定了更为宽松的监管环境，将金融科技监管沙盒的时间延长到24个月，为金融创新提供更为宽松包容的监管空间。

针对法定数字货币，我国监管部门亦可以采用"监管沙盒"模式，改变过去强监管模式，采用柔性管理制度，增加监管的科技手段。事实上，我国也已经在深圳前海地区开展了"监管沙盒"试点工作,目前正在进一步细化试点方案。在此模式下,监管部门可以运用大数据、云计算等技术,实时监控法定数字货币的产生、流转和运用,监测风险、规范行为,既保障了金融创新,又保护了金融消费者的合法权益。

2. 创新办公室

创新办公室主要接触的是希望提供创新产品或服务的金融服务提供商(以下简称"创新主体"),并向后者做出相关监管说明。创新办公室的主要目标是在创新环境中推进监管部门与创新主体的相互联系和学习。这种互动有助于监管部门识别新出现的问题或沟通相关政策进展,也可以帮助创新主体了解当地监管环境及金融科技相关法规。特别是在美国,监管不确定带来的成本问题很突出,研究适用的法律和法规对金融科技公司尤为重要。一些金融科技初创企业声称,复杂的法规流程会推迟创新产品和服务的发布,因为可能出现监管问题,甚至不在美国发布。

与其他监管措施相比,创新办公室的优势在于以下几点。

(1) 实施容易。它不需要走冗长的法律或监管变更程序,监管部门可以从小处入手,仅仅给予创新主体在监管环境方面的指导,比如新型金融服务的相关监管举措或者发牌指导。

(2) 可以帮助创新主体快速便捷地了解监管框架,从而降低准入和创新门槛,以及降低监管不确定性,促进金融服务市场的准入、资本化及新兴企业的成长。

(3) 可以帮助更多的创新企业。与"监管沙盒"所支持的企业数量相比,从创新办公室得到帮助的企业数量有明显优势。全球监管沙盒已经帮助大约100家企业。而荷兰的联合创新中心已经向大约600家企业提供了监管说明;MAS金融科技与创新小组帮助新加坡和海外的500多家企业。美国消费者金融保护局通过开放对外办公时间和其他方式,每月约为100多家创新企业提供服务。

3. 监管科技

"监管科技"一词涵盖了所有可用于监管目的的技术。监管部门已开始考虑将监管科技作为一种跟踪金融服务市场重大变化的工具,监管科技的优势在于以下几方面。

(1) 监管科技大大改进了监管数据收集和分析工作。例如,韩国《信用信息使用与保护法》修订草案要求FSC(韩国金融服务委员会)设立一个专门的数据机构,负责数据跨部门流动的安全性。除此之外,这个数据机构还将提供一站式服务,包括数据组合和中间数据交易。

(2) 监管科技有助于改进KYC(充分了解你的客户)的质量和效率。如印度政府运营的KYC程序,可使银行和其他金融机构认证他们潜在客户身份的成本大大降低,这有助于印度监管方满足KYC的要求,同时,有利于政府建立国家身份系统的规划。

(3) 监管科技帮助监管部门改善监管金融服务市场的方式。监管部门可以通过监控发现系统性风险及损害消费者利益的情况,这些危害可能不仅仅局限于单一机构。同样,BCB的监管科技解决方案有助于确定哪些机构需要最密切的监控,这可以节约有限的监管资源。

9.3.2 数字货币的监管模式概述

1. "货币发行业"监管模式

以欧洲及日本为代表的"货币发行业"监管模式,将数字货币的发行视为一个单独的行业,侧重对数字货币发行机构进行审慎监管。相关政策包括欧盟的《电子货币指引》和《支付服务指引》、英国的《电子货币管理条例》、日本的《预付式证票规制法》等。欧盟委员会认为由银行业金融机构发行数字货币会阻碍创新,需要设立专门的数字货币发行机构,单独颁发专门的牌照,对其执行比银行业金融机构更为宽松的监管。

2. "类银行业"监管模式

以中国香港、中国台湾地区为代表的"类银行业"监管模式,将数字货币视为储蓄性的银行业务,允许且只允许商业银行或存款公司发行数字货币。相关政策包括中国香港的《多用途预付卡发行申请指引》、中国台湾的《银行发行现金预付卡许可及管理办法》等。在中国香港,规定只有持全牌照的商业银行和经过特别批准的存款公司才能发行多用途预付费充值卡,例如八达通卡的发卡公司就被中国香港货币当局当作一家特殊的存款机构进行监管。

3. "货币服务业"监管模式

以美国为代表的"货币服务业"监管模式,将数字货币视为是非储蓄性的货币服务业务,同时允许金融机构和非金融机构参与,侧重对产品和服务的监管。相关政策包括《统一货币服务法》《电子货币划拨法》等。美国各州根据《统一货币服务法》相继出台了适用本州的非金融机构从事货币服务的相关法律。金融机构类发卡者则受到联邦一级的监管,并且必须向联邦存款保险公司(FDIC)为所发卡的金额购买保险。

9.3.3 法定数字货币的监管模式

1. 监管理念

1) 明确专门的数字货币风险监督机构

设立专门的数字货币监管机构,主要负责监督数字货币发行和流通的各个环节的合法性,并对其间产生的技术风险、法律风险及时地进行提醒和建议;面对发行流通中的风险,建立科学的数字货币风险控制模型和系统,以预测风险、探知风险、控制风险为基本准则。

2) 实施"分层匿名——可控审计机制"

分段监管,如针对DC/EP的"分层匿名—可控审计机制",不同的额度梯度对应不同的监管实施力度。在现金交易中,小额现金交易几乎不受监管。但现金数额越大,造假、洗钱等风险越大,对应的监管就越严厉。DC/EP在监管原则上可以类推适用的现金监管方式。中央银行仍然采取中心化策略,中央银行拥有DC/EP的全量数据,仍可满足账户和交易审计的需求,但对于交易数据的查看需要规定明确的条件。

小额的交易完全自由、完全匿名,但在技术支持下,当交易达到一定次数和一定数量会引起监督机构的警惕,通过诸如大数据画像等技术手段对身份进行定位,以规制洗钱等违法犯罪行为。

3) 注重数据安全与隐私权的平衡

对法定数字货币的监管既要保障数据安全，也要保障金融消费者的隐私安全。如以比特币为主的数字货币都有一个公钥和一个私钥。公钥对参与网络的每个人都是可见的，网络参与者可以跟踪每一笔交易，而私钥只有比特币的持有者知道，因此交易链是可以跟踪的。法定数字货币能够完整地反映资金去向，提高经济活动透明度，方便监控资金用途，确保数据安全，实现特定的政策目的，降低逃税、洗钱、贪污、挪用等经济法犯罪行为。法定数字货币可以使决策者访问数字记录(假设中央银行管理分类账)，将交易数据保存在中央银行以保证付款的隐私性，但对数据安全性的担忧表明法定数字货币可能无法保证完全的匿名性，对人们的隐私造成损害。2020年2月中国人民银行发布的《金融分布式账本技术安全规范》对隐私保护做了专门规定，提高了对金融消费者隐私权的保护。 隐私信息是指在金融分布式账本系统中，单独或者与其他信息相结合能识别特定自然人身份或者反映特定自然人活动情况的各种信息，包括但不限于分布式账本系统中各方的账户信息、鉴别信息、交易信息、个人身份信息、财产信息及其他反映特定自然人活动的各种信息。法定数字货币具有较强的司法属性，在保障法定数字货币数据安全的前提下，强化对所有者的隐私权保护，在数字货币的身份信息读取机关、读取内容、读取条件、读取程序等方面进行法律限制性规定。

2. 监管制度构建

1) 建立数字货币的有效监管机制

(1) 利用"监管沙盒"进行有效的监管。传统货币监管思路和方法显然已经无法满足数字货币的发展需求，监管部门也应寻求技术和方法上的创新。"监管沙盒"(Regulatory Sandbox)为数字货币提供了新的监管思路。对于私人数字货币来说，对它的发行、交易、托管还没有形成一个稳定模式，尤其是私人数字货币ICO问题。法定数字货币也尚未成熟，对其发行、流通、支付、结算、监管等方面可能出现的问题也需要进一步地考察，如法定数字货币的发行与流通对传统纸币和银行存款产生现金替代、支付替代、储蓄替代等不良影响，对公众的消费和投资行为产生的影响，以及对金融基础设施、货币政策传导、金融监管，乃至未来数字经济社会发展产生的深远影响。因此，可以通过"沙盒监管"对关于数字货币各项潜在风险和监管政策进行全面的分析与把握，使监管更为有效。

(2) 将金融科技转化为监管科技。监管机构可以建立针对数字货币交易的大数据监控平台，积极将区块链、大数据、云计算、人工智能等各种金融科技的底层技术转化为监管科技，对数字货币市场进行持续跟踪研究和监测分析，把握它的发展动态，了解对现有金融体系的影响渠道，并通过建立相应的预警机制，及时有效地防范由数字货币引发的系统性金融风险。目前，我国在货币清分与支付、大额现金流通监管等方面所探索的新型监管科技手段，就可以为数字货币监管提供可借鉴经验。未来，监管部门可以在实践探索中，利用监管科技快速、高效、精准等特点，对数字货币的流通进行穿透式监管；同时结合大数据分析等手段，对数字货币的参与方进行有效监控。

(3) 监管部门密切关注数字货币发展。监管部门应时刻关注环境变化，以便在监管措施方面保持灵活，在遇到新挑战时能够迅速灵活地解决问题。在设计监管方法时，监管部门应考虑应用数字货币带来的新商业模式。

(4) 监管部门要审慎监管中介机构。监管不仅需要解决反洗钱、反恐组织融资、反欺诈等市场行为问题，还需要解决中介机构的金融稳定问题。经营是否规范可能会影响数字货币用户的权益和支付系统的稳定性。

(5) 加强数字货币的价格监管。数字货币价格变动大的背后往往是因为有人在操纵价格谋取非法利益，针对这点，可以效仿股票的每日涨跌幅限制，给数字货币的价格波动设置区间以保护投资者的权益。

2) 建立数字货币使用者的权益保护机制

由于投资人存在信息不对称的问题，且监管机构的不确定性和数字货币缺乏透明度，在保护数字货币用户的权益方面仍存在漏洞，如投机风险，数字货币系统、中介机构和服务提供商的风险，欺诈风险，以及交易不可逆转所带来的风险，面对这些风险有必要采取一些保护投资人的措施。

首先，建立健全市场准入机制。对市场准入做出限制，在确保完全竞争基础之上把不合格的经营者排除在外，例如币圈的一些山寨币骗局，就是准入监管尚未到位的体现，因此，加强市场准入，并对每个平台进行资格审查，是十分必要的。

其次，加强教育提高投资者风险防范意识。有关机构要注重宣传比特币等数字货币的风险，警告投资者采取预防措施，如发表强调数字货币风险的声明，司法部门在法律上要明确数字货币的法律定位、制定监管范围，使监管体系与现有经济体制融合，完善争议解决机制、保护投资者的合法权益。

再次，加强信息披露。建立数字货币服务机构的信息披露制度，并将数字货币服务平台的各个参与方纳入中央银行的征信体系，加强对金融消费者的保护。英国、美国、新加坡等国加强相关市场信息披露与市场处罚的监管政策可以带给我们一些启示：一方面要求数字货币服务机构披露主体资格与高管信息、资金托管情况、项目规划与实施进展，以解决信息不对称的问题，避免欺诈行为的发生。未经监管当局审核或注册登记的，则不准开展数字货币交易服务。市场上任何违反现有监管规定的行为，都必须接受监管机构的调查和惩处。

最后，制定法律保护投资者。在现有法律框架内各有关部门要严格执法，对于诈骗如庞氏骗局、盗窃数字货币的行为应当及时依法追究；出台针对性的法律。完善投资者投诉机制，明确主管部门，必要时为缓解投资者的举证困难应协助举证，并研究制定有利于投资者相关举证的细则，给予投资者适当的倾斜保护。

3) 加强国际交流与协作

针对数字货币在国际市场的流通，带来的洗钱、恐怖组织融资等违法犯罪交易，需要各国联合起来，加强国际交流与协作。针对监管套利的行为也需要各国间加强关于监管的沟通与交流；在目前国家边界仍然存在的现实世界中，主权货币框架仍然是各国的现实选择。货币一直是一个国家主权的重要象征，我国不仅要捍卫人民币的货币地位，还必须持续关注全球数字货币的发展。数字货币的出现，是否会打破主权货币框架这一格局，形成跨国界的数字货币联盟，这将促使我们加强与其他国家的数字货币交流与协作。

9.4 数字货币的监管实践

9.4.1 国外对数字货币的监管实践

一般认为区块链可以包括底层区块链和基于之上的数字货币。根据对区块链基本构成单元的不同认定，各国的监管政策也有所不同。在国外，很多国家认为"币"与"链"两者不可分，因此监管政策主要体现为对"币"的监管，有的将它定义为证券纳入现有的监管体系，有的专门制定法律监管数字货币的发行和交易，而区块链则在市场中自由发展。在我国，认为"币"与"链"两者可以分离，因此采用"币链分离"的监管原则，一方面依法严格监管数字货币，另一方面积极鼓励区块链技术的发展。

2020年以来，世界各国对加密数字货币在税收、反洗钱和稳定币风险等方面进行了重点关注。

1) 美国的监管

从整体上看，美国的监管政策将加密货币视为一种资产，倾向将加密货币纳入现有的法律框架中，而不是重建一个新的监管体系。从监管主体上，参与监管的机构与部门较多，包括了美联储、财政部、证券交易委员会、商品期货交易委员等多个重要部门。从监管对象上，重点监管数字货币ICO和稳定币银行托管。

(1) 美联储。美联储2020年重点关注中央银行数字货币，但对数字货币的态度仍不积极。美联储承认中央银行数字货币可能会改善美国的支付系统，但同时也表示美联储不急于发行自己的中央银行数字货币。围绕数字货币有许多诸如网络安全、个人私等问题需要处理，并且对数字货币是否能保持货币可信的中心地位仍然存疑。

(2) 财政部。财政部监管数字货币的三大主要执行机构包括金融犯罪执法网络、税务总局和货币监理署。

金融犯罪执法网络(FinCEN)主要关注反洗钱问题。其最新拟议的规则中想要求用户在将加密货币从中心化交易所转移到自己的私人钱包时，需要向交易所提供个人信息，这与要求虚拟资产服务提供商VASP实施客户认证(KYC)规则的总体监管趋势一致。

税务总局(TIGTA)主要关注税收问题。税务总局需要纳税人回答是否接收、出售、发送、交换，或以其他方式获得过任何数字货币。同时，2021年其开始评估不同加密货币的征税方式，并有意加强对加密交易所的审查。

货币监理署(OCC)主要监管内容是将加密货币的使用与传统银行业务进行合法对接。它曾宣布允许美国国家银行和联邦储蓄协会托管加密货币，明确此类托管服务是一种与托管服务相关的、现代形式的传统银行活动，这就为稳定币的发行提供了合法空间。

(3) 证券交易委员会。证券交易委员会(SEC)是美国监管数字货币的主力机构，其执法依据主要是《证券法》。SEC认为数字货币ICO发行可能会涉及证券的发行与出售，因此必须遵守联邦证券法发行的注册要求。近年来，SEC多次对ICO进行监管，如指控Ripple进行13亿美元的未经注册的证券出售，起诉科技公司Kik, ICO违反了《证券法》第5条的规定"在未提交注册声明或豁免注册的情况下提供和出售证券"；起诉John McAfee，称其"在未透露报酬的情况下推广ICO"，已涉嫌税务欺诈。在未来，强力监管

ICO 的趋势可能还会不断加强。

(4) 商品期货交易委员会。商品期货交易委员会 (CFTC) 已将全面地加密货币监管作为优先事项。在最近的指导方针中明确限制了"期货佣金商"存放客户数字货币的规则。另外，CFTC 还就加密货币交易向公众提示风险。

2) 亚洲国家的监管

亚洲地区的国家对中央银行数字货币的态度总体而言比较积极。日本、韩国、新加坡在发行中央银行数字货币、参与中央银行数字货币研究与跨国合作方面的态度积极。这三个国家在数字货币发行和交易方面的监管逐渐明确，或者纳入原有金融法案的监管范围，或者制定专门的监管法案，日本金融厅、韩国财政部、韩国金融服务委员会、新加坡金融管理局等部门都发布了相关的监管规则，监管内容主要包括反洗钱、牌照、税收、稳定币、衍生品交易等。其中，比较值得关注的动向包括以下内容：

(1) 积极探索中央银行数字货币 CBDC。日本中央银行正为发行 CBDC 做准备，已成立了 CBDC 工作组，旨在推进整个结算系统的数字化及对 CBDC 的研究。韩国中央银行称已完成基于 CBDC 的设计或需求定义，以及实施技术评审，并在此基础上开展第二阶段项目"CBDC 工作过程分析和外部咨询"，计划在 2021 年建立和测试 CBDC 试点系统。新加坡中央银行和新加坡金融管理局首席金融技术官表示，新加坡已准备好推出自己的非零售型中央银行数字货币。

(2) 牌照与反洗钱。韩国通过的《关于特定金融交易信息的报告与利用等法律(特别金融法)》中包含加密交易所牌照制度。另外，韩国特别强调了反洗钱。韩国金融服务委员会正在寻求法律修正案，强制要求虚拟资产服务提供商 (VASP) 上报其客户的姓名。新加坡金融管理局根据《支付服务法案》，为支付服务提供商提供强制许可制度，服务提供商需要申请"货币兑换商"牌照、"标准支付机构"牌照、"主要支付机构"牌照中的一种。

(3) 明确监管框架。日本和新加坡政府明确了监管数字货币交易和服务的法律框架。日本包含数字货币相关规定的修订版《资金结算法》于 2020 年 5 月开始生效，加密保管服务提供商和加密衍生品业务分别受到《支付服务法案》《金融工具和交易法》和《资金结算法》的监管。新加坡《支付服务法案》于 2020 年 2 月生效，新的《支付服务法案》是首个针对企业从事代币交易等活动的综合性监管规定。

3) 欧洲国家的监管

整体而言，欧洲各国对中央银行数字货币的态度比较积极，通过立法使数字货币获得合法地位，并强调对稳定币的监管。2020 年，包括法国、西班牙、德国、瑞士、意大利、瑞典、俄罗斯和葡萄牙等在内的多个欧洲国家都针对中央银行数字货币、稳定币和反洗钱出台相关的监管政策。

欧洲国家在监管方面努力侧重以下几点。

(1) 明确监管法案与监管创新。欧洲多国明确对数字货币的监管法案。如在德国，金融监管局强制要求在安装数字货币 ATM 机时须获得该机构的许可，相关条款设置在德国银行法案。在乌克兰，数字转型部于 2020 年 5 月发布了一份新的虚拟资产草案，旨在确定加密资产的法律地位及流通和发行规则。在俄罗斯，数字货币和区块链协会计划考虑起草一项新的数字货币法。另外,俄罗斯明确允许加密货币进行交易但禁止作为支付手段的监管准则。

(2) 关注稳定币风险。2020年欧洲监管风向中明显的变化在于关注法定货币稳定币的风险。俄罗斯中央银行表态,禁止私营企业提供由俄罗斯法定货币支撑的稳定币,而只能使用俄罗斯银行的数字卢布。法国中央银行认为,尽管稳定币为改善支付系统提供了机会,但也可能带来相当大的风险。

(3) 反洗钱。如法国、爱尔兰、西班牙在2020年重点强调反洗钱。法国的财政部公布了对在本国运营并提供服务的所有加密货币公司的全面客户认证(KYC)要求。爱尔兰内阁在出台的《2020年洗钱和恐怖主义融资修正案法案》中明确市场参与者的"义务实体"范围,从而使这些参与者受制于反洗钱和反恐融资要求。西班牙经济事务和数字转型部准备了一项法案草案以监管交易平台,法案将要求在西班牙运营的加密交易所、钱包提供商和加密托管服务提供商遵守新的反洗钱和恐怖主义融资协议。

4) 国际组织

2020年,经合组织、G7(七国集团)、G20(二十国集团)、欧洲联盟、金融行动特别工作组(FATF)、国际货币基金组织(IMF)、国际货币金融机构官方论坛(OMFIF)和资本市场与技术协会(CMTA)等国际组织也在积极探索和协调相关监管政策。从国际组织关注的内容来看,稳定币、反洗钱和监管框架是其三项主要内容。从相关政策的高频词来看,"数字货币""监管""稳定币""资产""框架""金融""欧元""标准""法律""中央银行""支付"等词较为常见。

CBDC欧盟是披露监管政策或监管意向最多的组织,其下属的欧盟委员会、欧洲中央银行、研究服务中心、证券及市场管理局等机构,都在积极参与国际区块链监管。

(1) 国际组织对稳定币的监管态度。如G7反对Libra这样的稳定币,强调此类支付服务必须得到适当的监管,以免破坏金融稳定、消费者保护、隐私、税收或网络安全。G20金融稳定委员会强调了监管"全球稳定币"的建议(Global Stablecoin, GSC),希望在各国司法管辖区实施国际监管标准,包括有效的合作、协调和信息共享安排。德国、法国、意大利、西班牙和荷兰欧盟五国财长呼吁欧盟委员会监管稳定币,以保护消费者并维护货币主权。

(2) 国际组织在反洗钱和协调监管框架方面也做出努力。如G20将全面开始探讨防止洗钱等监管措施,金融行动特别工作组计划加强加密交易所全球监管框架,以协调和共享有关虚拟资产服务提供商(VASP)的信息,欧盟监管机构公布的三年战略方针明确将数字货币引入法律框架。

以下从国外主要国家、地区和组织的监管实践分析:第一,从监管主体看,越来越多元化,不仅是国家内部各机构,还有国际机构。第二,从监管工具看,越来越多的国家明确了加密货币、虚拟货币、数字货币的法律地位,或将其纳入现有法律框架予以监管,或制定新的专门的法律予以监管。第三,从监管的对象看,已经涵盖了广泛的市场参与者,包括企业和个人。越来越明晰的监管规则可以规范行业朝着合法合规的方向继续发展。

9.4.2 我国对数字货币的监管实践

在我国 2019 年发布的《金融科技 (FinTech) 发展规划 (2019—2021 年)》，探索设计包容审慎、富有弹性的创新试错容错机制，划定刚性底线、设置柔性边界、预留充足发展空间，努力打造符合我国国情、与国际接轨的金融科技创新监管工具。2022 年中国人民银行印发《金融科技发展规划 (2022—2025 年)》(以下简称"规划")。《规划》依据《中华人民共和国国民经济和社会发展第十四个五年规划和 2035 年远景目标纲要》制定，提出新时期金融科技发展指导意见，明确金融数字化转型的总体思路、发展目标、重点任务和实施保障。《规划》指出要以加快金融机构数字化转型、强化金融科技审慎监管为主线。

我国对待私人数字货币和法定数字货币的态度不同。对私人数字货币，从 2013 年以来发布的一系列文件中可以体现出我国较为强硬的态度，禁止境内数字货币的发行，禁止金融机构、支付机构参与数字货币的交易，并严厉打击以销售和交易数字货币为名进行非法集资及诈骗。而对法定数字货币，我国一直保持着积极发展的态度。

1) 对私人数字货币的监管

2013 年，中国的比特币市场极其狂热，利用比特币进行违法犯罪的网络平台不在少数，如国内排名第 4 的比特币网络交易平台 GBL 携款"跑路"。为此，2013 年 12 月，中国人民银行、工业和信息化部、中国银行业监督管理委员会、中国证券监督管理委员会、中国保险监督管理委员会联合发布了《关于防范比特币风险的通知》(银发〔2013〕289 号)(以下简称"通知")。在《通知》中明确规定：各金融机构和支付机构不得开展与比特币相关的业务，包括以比特币为产品或服务定价，买卖或作为中央对手买卖比特币，承保与比特币相关的保险业务或将比特币纳入保险责任范围，以及直接或间接为客户提供其他与比特币相关的服务。

2017 年 1 月，中国人民银行等对数字货币交易平台进行实地检查，并于 9 月由中国人民银行联合中央网信办等七部门发布了《关于防范代币发行融资风险的公告》(以下简称"公告")。《公告》明确虚拟货币交易和 ICO 行为 (首次代币发行) 是非法金融活动，指明 ICO"本质上是一种未经批准非法公开融资的行为"，重申数字货币"不具有与货币等同的法律地位，不能也不应作为货币在市场上流通使用"。《公告》将限制范围扩大到以比特币为代表的所有数字货币上，规定"任何组织和个人不得非法从事代币发行融资活动""各金融机构和非银行支付机构不得开展与代币发行融资交易相关的业务"。

2018 年，包括比特币中国、OKcoin、消伪币和其他数字货币交易平台宣布将停止人民币充值业务并关闭交易平台。截至 2018 年 4 月，所有数字货币交易所宣布完全退出中国市场。同年，中央银行针对虚拟货币发布了《关于防范以"虚拟货币""区块链"名义进行非法集资的风险提示》和《常抓不懈 持续防范 ICO 和虚拟货币交易风险》两项虚拟货币政策。

2019 年，国家发展和改革委员会发布《产业结构调整指导目录 (征求意见稿)》，将虚拟货币"挖矿"列入淘汰类产业。

2020 年 4 月，中国互联网金融协会发文《关于参与境外虚拟货币交易平台投机炒作的风险提示》,郑重提醒"任何机构和个人都应严格遵守国家法律和监管规定,不参与虚拟货币交易活动及相关投机行为"。

2020年7月,最高人民法院联合国家发展和改革委员会于7月共同发布《关于为新时代加快完善社会主义市场经济体制提供司法服务和保障的意见》,要求加强对数字货币、网络虚拟财产、数据等新型权益的保护。

总体而言,我国对虚拟货币的司法监管态度主要是认定比特币不是法定货币,是一种虚拟商品,且国家禁止代币融资交易平台从事法定货币与代币、虚拟货币相互之间的兑换业务等活动。

2) 对法定数字货币的监管

对于法定数字货币,我国的中央银行是世界上最早研究数字货币的中央银行之一,一直在积极探索法定数字货币的发行。早在2014年,中央银行就组建了法定数字货币研究小组,对数字货币的发行、流通、组织架构等问题展开了一系列研究。

2020年,除了21个省在2020年政府工作报告中提及区块链以外,国家发展和改革委员会、工业和信息化部、中国人民银行、中国银行业监督管理委员会、中国证券监督管理委员会等中央部委也出台了相关文件支持和规范区块链产业发展。2020年10月29日通过的《中共中央关于制定国民经济和社会发展第十四个五年规划和二〇三五年远景目标的建议》提出建设现代中央银行制度,完善货币供应调控机制,稳妥推进数字货币研发,健全市场化利率形成和传导机制。从监管的主要内容看,主要包括中央银行数字货币试点、区块链标准制定、"监管沙盒"试点和数字货币风险提示。

本章小结

1. 私人数字货币和法定数字货币面临的风险有所不同。私人数字货币面临着技术、市场、交易平台、违法犯罪、消费者保护等风险;法定数字货币面临着技术安全性、法律监管、货币流通、信用等风险。

2. 私人数字货币是具有颠覆式创新的货币数字化转型的产物,其大规模流通必将挑战现有经济秩序,成为经济社会发展中一种重要的不稳定因素,因此对私人数字货币进行政策监管具有重大的现实意义。全球范围内监管创新主要有"监管沙盒"、创新办公室和监管科技三类模式。

3. 在我国,"币"与"链"两者被认为是可以分离的,因此采用"币链分离"的监管原则,一方面依法严格监管数字货币,另一方面积极鼓励区块链技术的发展。

复习思考题

1. 简述数字货币存在的风险。
2. 简述数字货币监管的内涵和意义。
3. 简述数字货币的监管模式。

第 10 章
数字人民币综合实验

本实验通过基于数字人民币的投融资实验完整展示了数字人民币的生成、发行、兑换、支付、流通、追踪等多环节。我们将人民币数字化、可编程化后，可以定制使用场景，追踪其支付流程，监控其支付行为。同时，智能合约与数字人民币的结合让企业间的业务行为更加智能化、规范化。未来，数字人民币将在金融、财会、政务等领域发挥巨大的价值。

10.1 实验概述

10.1.1 实验案例背景

本实验以数字货币的投资融资的交易为背景，提供投资融资资金划拨的支付结算途径，主要包含筹资人和投资人角色，通过开通并使用相应的数字货币钱包来完成投资行为和筹资行为。

本实验预置了 10 位投资人和一位筹资人，其中筹资人的筹资需求为 3 000 万元，同时出让公司 20% 的股份用于融资。筹资人根据投资人的投资金额所占的比重，划分相应的股份份额，并完成相应的工商登记变更。

10.1.2 实验案例仿真角色

1. 银行角色

1) 中国人民银行

中国人民银行是数字人民币的发行机构，负责数字人民币的生成、发行、调控等，具体信息如表 10-1 所示。

本实验中，中央银行负责生成数字人民币和发行数字人民币。

表 10-1 中国人民银行信息

中文名	中国人民银行	英文名	The People's Bank Of China
单位性质	国务院组成部门	成立时间	1948 年 12 月 1 日
主管部门	国务院		

2) 商业银行

在本案例中，北京科技银行股份有限公司是一家商业银行，注册资本为 200 000 万元，企业类型为"其他股份有限公司(上市)"，具体信息如表 10-2 所示。

在本实验中，它负责向中央银行申请发行数字货币的和向个人或企业兑换数字货币。

表 10-2 北京科技银行信息

法定代表人	徐南	经营状态	开业
注册资本	200 000 万元	实缴资本	—
曾用名	—	所属行业	货币金融服务
统一社会信用代码	91110105801717503Y	纳税人识别号	91110105801717503Y
工商注册号	100056008039344	组织机构代码	17043503-1
登记机关	北京市市场监督管理局	成立日期	2006-12-17
企业类型	其他股份有限公司（上市）	营业期限	2006-12-17 至无固定期限
行政区划	北京市西城区	审核/年检日期	2020-09-27
注册地址	北京市西城区金融大街 33 号		
经营范围	吸收公众存款；发放短期、中期、长期贷款；办理国内外结算；办理票据承兑与贴现；发行金融债券；代理发行、代理兑付、承销政府债券；买卖政府债券、金融债券；从事同业拆借；买卖、代理买卖外汇；从事银行卡业务；提供信用证服务及担保；代理收付款项及代理保险业务；提供保管箱服务；经中国银行保险监督管理委员会等监管部门批准的其他业务。（市场主体依法自主选择经营项目，开展经营活动；依法须经批准的项目，经相关部门批准后依批准的内容开展经营活动；不得从事国家和本市产业政策禁止和限制类项目的经营活动。）		

2. 监管机构角色

在本案例中，中国证券监督管理委员会作为投资行为的监管部门，负责对筹资人的筹资资金进行跟踪监管，具体信息如表 10-3 所示。

在本实验中，监管机构利用数字人民币的数字化特性，应用智能合约的自动化脚本来监管筹资行为和资金用途。

表 10-3 监管机构信息

中文名	中国证券监督管理委员会	英文名	China Securities Regulatory Commission
单位性质	国务院直属正部级事业单位	成立时间	1992 年 10 月
主管部门	国务院		

3. 筹资人角色

筹资人是一家刚成立的名为北京科峰电器制造有限公司的制造企业，注册资本为 1 000 万元，主要生产电风扇、加湿器、台灯等各类家用电器，具体信息如表 10-4 至表 10-7 所示。

在本实验中，企业因生产需要急需融资 3 000 万元。

表 10-4 筹资企业信息

法定代表人	王鹏	经营状态	开业
注册资本	1 000 万元	实缴资本	—
曾用名	—	所属行业	制造业
统一社会信用代码	91120110MA05J7848F	纳税人识别号	91120110MA05J7848F
工商注册号	110148055436760	组织机构代码	MA05J784-8
登记机关	北京市海淀区市场监督管理局	成立日期	2007-04-15
企业类型	有限责任公司（自然人投资或控股）	营业期限	2017-04-15 至 2038-04-15
行政区划	北京市海淀区	审核/年检日期	2019-09-27
注册地址	北京市海淀区西二旗工业园		
经营范围	电风扇、加湿器、台灯等各类家用电器		

表 10-5　筹资企业法人信息

姓名	王鹏	性别	男
身份证号	1102401986112031010	联系方式	18914560001
年龄	35 岁	民族	汉
国籍	中国		

表 10-6　筹资企业股权信息

序号	发起人/股东	持股比例	认缴出资额	实际出资额
1	王鹏	40%	400 万元	—
2	余一丰	30%	300 万元	—
3	张木	30%	300 万元	—

表 10-7　筹资企业股东信息

序号	姓名	性别	身份证号	联系方式
1	王鹏	男	340128197912012598	13617802180
2	余一丰	男	210314198011031717	17710697183
3	张木	男	410178198206132103	18910281730

4. 投资人角色

本实验共有 10 个投资人，每个投资人的个人信息、个人经历、投资经历等都不尽相同，具体信息可扫描右侧二维码获取。以下以王小亮为例，如表 10-8 所示。

本实验中，投资人负责开通相应的数字货币钱包，并向商业银行处兑换相应的数字人民币，使用数字人民币进行投资。

表 10-8　投资人 1(王小亮) 资料

基本信息			
姓名	王小亮	性别	男
年龄	28 岁	身份证号	340128198311301012
出生日期	1993 年 11 月 30 日	民族	汉
国籍	中国	血型	B 型
职业	IT 工程师	政治面貌	中共党员
学历	本科	专业	计算机专业
年薪	60 万元	证书	无
婚姻状况	已婚	配偶	无收入
子女	1 人，2 岁	父母	53 岁
住房情况	有房(自住)有房贷	账户信息	6077 4877 8325 7361
金融资产信息				
现金资产	股票	期货	基金	信托
1050 万元	150 万元	50 万元	300 万元	—
投资经历				

过去一年购买金融产品种类数量共 8 个
年交易额：100 万元

10.1.3 实验整体流程

整个实验流程如图 10-1 所示。

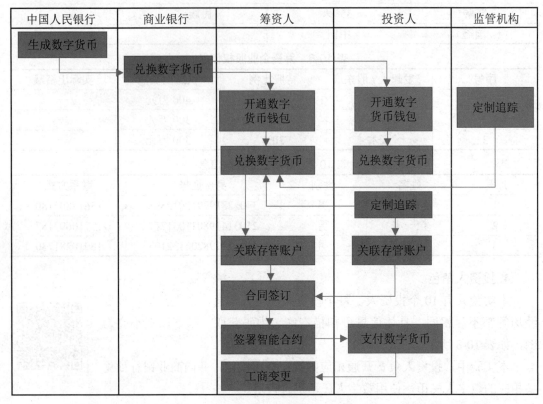

图 10-1 中国数字人民币综合实验流程图

10.2 中国人民银行生成数字货币实验

10.2.1 实验目的

理解数字人民币的生成机理是学习数字人民币的第一步。我们将通过实验，深入中央银行的内部，了解数字人民币是如何生成的。通过对数字人民币的生成机理的学习，让学生理解数字人民币的生成过程及生成过程中使用的技术手段，从而加深对数字人民币可控匿名、隐私安全、可追溯等多种技术特征的理解，为今后的研究与工作打下基础。

10.2.2 实验导入

中央银行数字货币原型系统按二元模型的总体设计原则，将中央银行数字货币的运行分为中央银行、商业银行、用户三层体系。其中，在系统的第一层，由中央银行负责数字货币的生成。

本实验提供了数字货币的生成方法，能在生成数字货币的同时，控制生成的数字货币的金额，同时保证生成的数字货币的合法性及安全性。

基于对中央银行生成数字货币的方法分析，数字货币生成实验地图如图 10-2 所示。

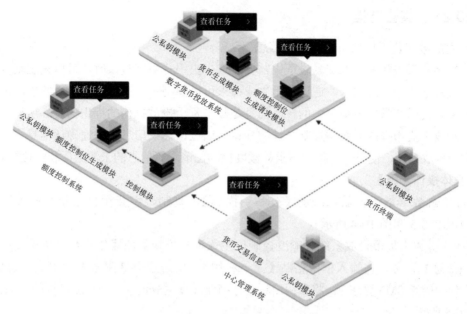

图 10-2 数字货币生成实验地图

10.2.3 实验全局流程

实验是由"数字货币投放系统""额度控制系统""中心管理系统"和"货币终端"4个系统组成,各系统的参与模块及功能如表 10-9 所示。

表 10-9 实验系统参与模块与功能

系统名称	参与模块	功能描述
数字货币投放系统	额度控制位生成请求模块	用于向额度控制系统发送额度控制位生成请求
	货币生成模块	用于接收额度控制系统生成的额度控制位,并根据接收的额度控制位及数字货币所有者的标识信息、数字货币投放机构的签名信息生成数字货币;同时,使用数字货币投放系统的第二私钥对额度控制位、数字货币所有者的标识信息进行加密,生成所述数字货币投放机构的签名信息
额度控制系统	额度控制位生成模块	用于根据所述货币交易信息、所述一个或多个货币生成金额、所述数字货币投放系统的标识信息、额度控制系统的签名信息生成一个或多个第一额度控制位,并将所述一个或多个第一额度控制位发送给所述数字货币投放系统
	控制模块	用于接收数字货币投放系统发送的额度控制位生成请求,额度控制位生成请求包含货币交易信息、一个或多个货币生成金额、数字货币投放系统的标识信息;还用于在货币交易信息指示了中心管理系统的签名信息的情况下,使用所述中心管理系统的签名信息对所述货币生成金额和数字货币投放系统的标识信息进行验证,当验证通过时,将所述一个或多个货币生金额、所述数字货币投放系统的标识信息发送给所述额度控制位生成模块
中心管理系统	货币交易信息	略
货币终端	公私钥模块	略

10.2.4 实验过程

1. 生成数字货币投放机构的标识信息

当数字货币投放系统在交易过程中需要生成中央银行数字货币时,可以先主动向中心管理系统发送货币生成请求,通过货币生成请求可以控制中央银行数字货币的生成额度和生成频率。货币交易生成请求中的核心信息是数字货币投放机构的标识信息。所谓标识信息,是对数字货币投放系统添加唯一性的标识。通过该标识信息可快速确认信息来源方是数字货币投放系统,便于之后货币请求、额度控制位请求等信息的来源验证和快速检索。

【具体操作步骤】

(1) 单击数字货币投放系统的【公私钥模块】,复制数字货币投放系统的【第一私钥】,如图 10-3 和图 10-4 所示。

(2) 单击数字货币投放系统【额度控制位生成请求模块】的【生成数字货币投放机构的标识信息】任务,在输入框中粘贴【第一私钥】,单击【SM3 生成】后生成标识信息。这一步使用的是 SM3 算法[①],将私钥信息进行摘要计算生成数字货币投放机构的标识信息,如图 10-5 所示。

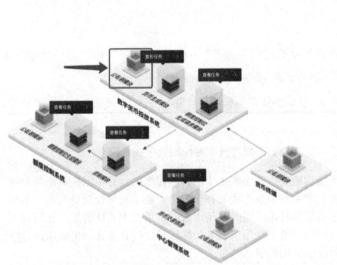

图 10-3 数字货币投放系统的公私钥模块　　　　图 10-4 复制第一私钥

图 10-5 生成数字货币投放系统的标识信息

---

① SM3 国家密码标准商用密码,属于密码学哈希函数,负责计算摘要,中国国家密码管理局在 2010 年发布,其名称是 SM3 密码杂凑算法。

(3) 生成的摘要信息回显到标识信息处，单击【完成】按钮，即可做完本任务，如图 10-6 和图 10-7 所示。

图 10-6　标识信息生成

图 10-7　标识生成确认信息框

2. 发起货币生成请求

数字人民币替代的是 M0。在发起货币生成请求时，要依据 GDP、CPI、失业率、进出口顺差、逆差等因素确定具体的发行额度。本任务在不具体考虑这些宏观因素的前提下，确定本次的货币生成请求。

【具体操作步骤】

(1) 单击数字货币投放系统【额度控制位生成请求模块】的【发起货币生成请求】任务，货币生成请求包含货币金额、数字货币投放系统标识信息及时间三个信息，如图 10-8 所示。其中，货币金额标识了中央银行的数字货币投放系统的生成额度，根据任务的要求输入货币金额；在下拉列表框中选择正确的数字货币投放系统标识信息，它确定需求的来源和生成的数字货币的归属；单击【发送】按钮，时间自动生成。

数字货币投放系统向中心管理系统发送货币生成请求，以获取中心管理系统的签名，这样就形成了一套在交易中随时完成找零、兑零工作的货币管理体系，保证数字货币合法性和安全性。

序号	货币金额	数字货币投放系统标识信息	时间	操作
1	请输入货币金额	请选择		发送　清空

图 10-8　货币生成请求界面

(2) 弹出货币生成确认信息框，单击【确认】按钮，如图 10-9 所示。同时，在图 10-8 中的时间字段自动填写当前时间。

图 10-9 货币生成确认信息框

3. 验证货币生成请求并签名

货币交易请求者为所属数字货币投放系统的情况下,货币交易信息需要收集到中心管理系统的签名信息,即需要经过中心管理系统的验证和签名。

对数字货币生成请求进行验证,验证范围主要包括:数字货币投放系统设定的可用额度与货币生成额度的大小关系,如果货币生成金额小于投放系统可用额度,则验证通过。在验证通过的情况下,完成中心管理系统的签名。本实验假设数字货币投放系统的可用额度为无限大。

中心管理系统的签名信息是使用中心管理系统的第一私钥。

【具体操作步骤】

(1) 单击进入中心管理系统【货币交易信息模块】的【验证货币生成请求并签名】任务,对货币生成请求进行验证。单击【验证】按钮,显示出要验证的货币生成请求。

(2) 单击【验证】按钮,弹出"验证规则设计"窗口,需要对验证规则进行设计。验证规则必须满足申请额度小于等于可用额度,才能验证通过,如图 10-10 所示。

图 10-10 验证规则设计

(3) 单击【验证】按钮后出现"验证"窗口,单击【确定】按钮表示验证通过,如图 10-11 所示。

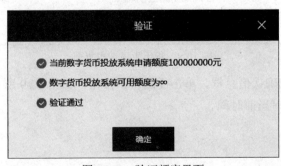

图 10-11 验证额度界面

(4) 单击进入中心管理系统的【公私钥模块】,复制中心管理系统的第一私钥。

(5) 单击【签名】按钮,在弹出的签名窗口将中心管理系统的第一私钥进行粘贴,完成签名,如图10-12所示。中心管理系统对生成请求进行签名,以标识通过了验证,并且标识了验证者的身份。

图 10-12　私钥签名界面

4. 生成额度控制位请求

中央银行投放数字人民币的流程与传统货币投放相似,在数字货币投放系统投放数字人民币前,需先向额度控制系统发送额度控制位生成请求。我们可以这么理解额度控制位,数字人民币有相应的货币面值,如1元、2元、5元等面值,这些面值就是由额度控制位决定的。那么,额度控制位生成请求是生成额度控制位的前提条件,根据请求中包含的内容来分配相应的额度控制位,如表10-10所示,以进行再次的业务核查和额度控制。

表 10-10　各字段名称及作用

字段名称	作用
数字货币投放系统的标识信息	指示了数字人民币生成的需求来源,通过该标识信息可快速定位到数字人民币的生成机构,便于之后数字人民币在流转过程中的追踪
货币生成金额	指示了本次生成需求的金额及额度的组成
货币交易信息	指示了中心管理系统的签名信息,即通过中心管理系统的签名信息可确认生成需求是否通过了验证,并且可以验证需求来源的身份

【具体操作步骤】

(1) 单击进入数字货币投放系统【额度控制位生成请求模块】的【生成额度控制位请求】任务,单击【生成】按钮进入生成程序,如图10-13所示。

(2) 在生成额度控制位请求窗口中,额度控制位请求组成字段具体包括:数字货币投放系统的标识信息、货币生成金额和货币交易信息,依次单击标签后,填写各字段值,如图10-13、图10-14、图10-15,单击【生成】按钮,在弹出的"提示"窗口中,如图10-16所示,单击【确定】按钮,即可生成额度控制位请求。

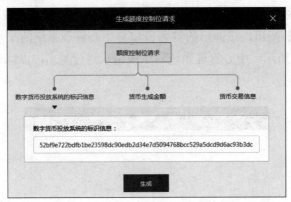

图 10-13 生成界面

图 10-14 货币生成金额

图 10-15 货币交易信息

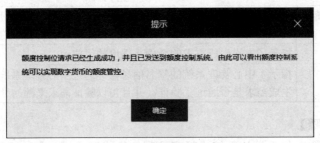

图 10-16 额度控制位已生成

5. 验证额度控制位请求

额度控制系统的【控制模块】接收到额度控制位生成以后，需要对额度控制位生成请求进行验证，验证的核心在于信息的正确性。通过比对摘要信息的一致性来验证信息是否被篡改，实施方法是使用中心管理系统的签名信息对货币生成金额和数字货币投放系统的标识信息进行验证。其具体包括以下内容。

(1) 使用 SM3 算法对一个或多个货币生成金额、数字货币投放系统的标识信息进行运算，生成摘要信息。此摘要信息是作为要验证的目标信息，也是控制模块接收到的生成请求。

(2) 使用 SM2 算法，以中心管理系统的第一公钥对中心管理系统的签名信息进行解密，获取摘要明文。这个类似于一个加盖了中心管理系统印戳的信封，信封中保存有货币金额信息和数字货币投放系统的标识信息，通过验证印戳打开信封获取到里面的明文，然后利用该明文对接收的信息进行验证。

(3) 通过对前面两步获取的摘要信息的一致性比对，以解密的明文摘要信息为目标源，以接收的摘要信息为验证源。通过两个摘要信息的对比，如果摘要信息一致，则证明接收到的信息无误；如果摘要信息比对不一致，则证明接收到的信息有误或者被篡改，需要拒绝该生成请求，回到上一任务重新发起。

【具体操作步骤】

(1) 单击进入额度控制系统【控制模块】的【验证额度控制位请求任务】，单击【验证】按钮，如图 10-17 所示。

验证	未通过				
序号	货币金额（元）	数字货币投放系统标识信息	中心管理系统签名信息	时间	操作
1	100000000	52bf9e722bdfb1be23598dc9 0edb2d34e7d5094768bcc52 9a5dcd9d6ac93b3dc	MEUCIEBd1jLRjcv780VhgXct N4IhrEUWhmSZT54+N/HvXt 1/AiEA4RG0/6xVmSeEdJ5eH Nly8MWvg+mtbqAJd+qrIdd 6GDA=	2022-09-10 18:09:47	验证

图 10-17　验证额度控制位请求

(2) 接收的额度控制位生成请求进行摘要，额度控制位生成请求中包括：货币金额和数字货币系统标识信息，拖动货币金额、数字货币系统标识信息标签到输入框，单击【SM3 生成】按钮对其进行摘要，在输出框中生成摘要信息 H1，如图 10-18 所示。

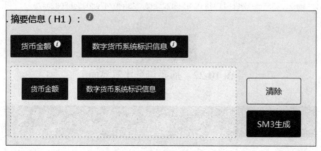

图 10-18　摘要信息 H1 生成

(3) 进入中心管理系统的【公私钥模块】，复制第一公钥。

(4) 单击【解密】按钮，如图 10-19 所示，以获取货币金额和数字货币系统标识信息的明文，如图 10-20 所示。

图 10-19　解密签名信息窗口　　　　　图 10-20　中心管理系统签名明文

(5) 生成摘要信息 H2。单击【SM3 生成】按钮，在输出文本框生成摘要 H2，如图 10-21 所示。

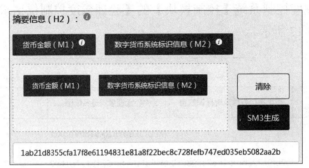

图 10-21　生成摘要信息 H2

(6) 单击【比对】按钮，验证信息的真假。判断摘要信息与摘要明文是否一致，若一致，则验证通过，在出现的"提示"窗口，单击【确定】按钮，如图 10-22、图 10-23 所示。

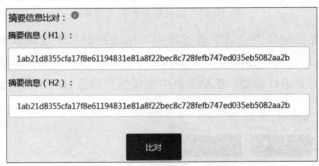

图 10-22　摘要信息比对界面

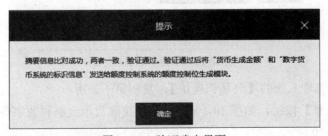

图 10-23　验证确定界面

6. 发送额度控制位相关信息

生成数字货币的关键在于生成额度控制位，因为额度控制位标识了数字人民币的面值，也将数字人民币的管理权限、加密技术等加入数字人民币中。

生成额度控制位的前提是将相关的信息进行收集和发送。发送信息包括：货币金额和数字货币投放系统标识信息。在发送额度控制相关信息之前，需要验证中心管理系统的签名信息，验证的目的是确认发送方的身份。

【具体操作步骤】

进入【发送额度控制位相关信息】任务，对接收到的信息进行发送，单击【发送】按钮，即可完成发送，如图 10-24 所示。

序号	货币金额（元）	数字货币投放系统标识信息	时间	操作
1	100000000	fe9305a2cb251509e1eb066047b4899b4e894fd8a0e54f8c36f39fa177d04e84	2021-09-02 15:12:36	发送

图 10-24　发送额度控制位相关信息窗口

7. 生成交易标识

生成额度控制位的条件之一就是具备额度控制系统签名信息，即在收集额度控制系统签名之前生成交易标识。数字人民币的发行是以交易信息的形态传输的，这个交易信息中包含发行总金额、发行来源系统，我们要给每一笔交易信息打上标签，即交易标识，通过交易标识可追踪每一分钱的流转和去向，并且在设备上进行可靠性验证，用于追踪后续交易。

若货币交易信息从中心管理系统发出，而且包含了中心管理系统签名信息，则需要使用 SM3 算法，对一个或多个货币生成金额、数字货币投放系统的标识信息进行运算，生成交易标识。

若货币交易信息从一个或多个用户终端发出，而且数字货币投放系统所拥有的数字货币对应的一个或多个第二额度控制位，则需要使用 SM3 算法，对一个或多个第二额度控制位、一个或多个货币生成金额、数字货币投放系统的标识信息进行运算，生成交易标识。

当前流程是中央银行生成数字人民币的过程，还未涉及用户提交货币兑换和货币交易的场景，所以货币交易信息是从中心管理系统发出的，交易标识的生成方法是由 SM3 算法对货币生成金额和数字货币投放系统的标识信息进行运算。

【具体操作步骤】

(1) 进入【生成交易标识】任务，目前控制模块获取到的信息是货币生成金额和数字货币投放系统标识信息。单击【生成】按钮，如图 10-25 所示。

序号	货币金额（元）	数字货币投放系统标识信息	交易标识	时间	操作
1	100000000	fe9305a2cb251509e1eb066047b4 899b4e894fd8a0e54f8c36f39fa17 7d04e84	—	2021-09-01 09:52:34	生成

图 10-25　生成窗口

（2）拖动货币金额和数字货币投放系统标识信息到输入框，单击【SM3 生成】按钮，进行运算即可生成交易标识信息，如图 10-26 和图 10-27 所示。

图 10-26　生成交易标识窗口

图 10-27　查看交易标识窗口

8. 生成额度控制系统签名信息

生成额度控制位条件之一是具备额度控制系统的签名信息，获取额度控制系统的签名信息就表示额度控制系统可通过该签名信息来验证来源者身份，也表示其对额度控制位生成的通过态度。生成额度控制系统签名信息是控制额度控制位生成的手段之一。

具体的实施方法是使用 SM3 算法对货币生成金额、数字货币投放系统的标识信息、交易标识进行运算，生成摘要信息。再使用 SM2 算法，通过利用额度控制系统的私钥对生成的摘要信息进行加密，生成额度控制系统的签名信息。总结为两步：第一步是生成摘要信息；第二步是对摘要信息进行签名。其中，第一步生成摘要信息的目的在于保证明文信息不可篡改，若明文信息被篡改了，则其输出的摘要信息会发生质的变化。同时，摘要信息既保证了信息的真实性，也对信息进行了压缩，变成一个容量非常小的数据指纹。在第二步中，我们采用非对称加密技术 SM2 对摘要信息进行签名。由于摘要信息容量非常小，所以可以保证签名效率较高，且能做好签名认证。

【具体操作步骤】

（1）进入【生成额度控制系统签名信息】任务，单击【生成】按钮，对"货币金额""数字货币系统标识信息""交易标识"进行摘要运算后生成摘要信息，如图 10-28、图 10-29、图 10-30 所示。

序号	货币金额（元）	数字货币投放系统标识信息	交易标识	额度控制系统签名信息	时间	操作
1	100000000	fe9305a2cb251509e1e b066047b4899b4e894 fd8a0e54f8c36f39fa17 7d04e84	aa68f87f69a70e26dae a0297444753a2c4d0a a4df7715219e63c0a39 491a8bc6	—	2021-09-01 09:52:34	生成

图 10-28　生成窗口

图 10-29　摘要信息生成窗口

图 10-30　摘要信息窗口

(2) 复制额度控制系统的私钥。

(3) 粘贴额度控制系统的私钥进行签名，如图 10-31 和图 10-32 所示。

图 10-31　签名窗口

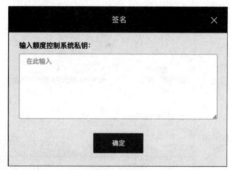

图 10-32　签名确认窗口

9. 生成额度控制位

额度控制位是一个经过签名的字符串，是生成数字人民币的核心，额度控制位包含加密唯一编号、数字货币投放系统的标识信息、货币生成金额、交易标识、额度控制系统签名信息等，具体功能如表 10-11 所示。

额度控制位生成过程包括：①使用 SM3 算法对交易标识、一个或多个货币生成金额、数字货币投放系统的标识信息及时间戳、随机数进行加密，生成加密的唯一编号。其中，时间戳是加密编码中的一个字段，通过时间戳可对当前额度控制位进行时间标记；随机数也是加密编码的一个字段，随机数的加入是为了增加加密编码的安全性和防攻击性。我们可以把随机数想象成一个熵值，即随机的附加值，在破解明文的同时，需要将随机数也破解，随机数的大小会使破解难度呈指数级增加，保证了加密编码的安全性。②根据交易标识、加密的唯一编号、一个或多个货币生成金额、数字货币投放系统的标识信息,以及时间戳、随机数生成额度控制系统的签名信息。③根据一个或多个货币生成金额、数字货币投放系统的标识信息及交易标识、额度控制系统的签名信息生成一个或多个额度控制位。

表 10-11 额度控制位信息与功能

字段	功能
加密唯一编号	它是对数字人民币进行唯一性地打标签,类似于纸币的冠字号,通过编号可以快速识别和追踪数字人民币
数字货币投放系统的标识信息	标识了数字人民币的发行方,可以通过该标识信息对发行方进行快速查询和识别
货币生成金额	标识了一个或多个额度控制位,以及生成的数字人民币的金额和数量
交易标识	通过交易标识可快速定位当前数字人民币的交易过程和流程环节
额度控制系统签名信息	标识了额度控制系统的身份和交易标识信息的验证状态

【具体操作步骤】

(1) 进入【生成额度控制位】任务,显示加密的唯一编号、数字货币投放系统的标识信息、货币生成金额、交易标识、额度控制系统签名信息标签。切换到"加密的唯一编号"标签下,单击【生成】按钮,显示加密编码的界面,使用 SM3 算法对货币金额、交易标识、时间戳、随机数、数字货币系统标识信息进行摘要运算,如图 10-33 和图 10-34 所示。

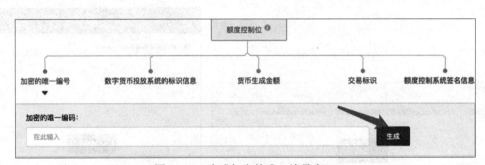

图 10-33 生成加密的唯一编号窗口

图 10-34 生成加密编码窗口

(2) 单击【时间戳】按钮，设置当前时间，如图 10-35、图 10-36 所示。

图 10-35　生成加密编码窗口进入时间戳　　　　图 10-36　设置时间戳

(3) 单击【随机数】按钮，设定相应位数的随机数，如图 10-37、图 10-38 所示。

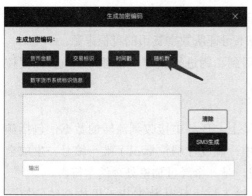

图 10-37　生成加密编码窗口进入随机数　　　　图 10-38　设定随机数

(4) 当【时间戳】和【随机数】这两个按钮点亮后，将所有标签拖动到输入框，单击【SM3 生成】按钮，使用 SM3 算法生成加密编码，如图 10-39 所示。

图 10-39　生成加密编码

(5) 单击【生成】按钮，生成额度控制位，如图 10-40 所示。单击【查看】按钮，查看额度控制位信息，如图 10-41 所示。

图 10-40　生成额度控制位

图 10-41　额度控制位提示信息

10. 生成数字货币投放系统的签名信息

数字货币投放系统的签名信息是验证和保证数字货币真实性的关键。之前我们生成数字货币投放系统的标识信息是为了标识出钱的来源，此处的签名信息是为了保证数字货币的真实性和发行身份。

在验证时，利用数字货币投放系统的数字证书进行验证，数字证书中包含了所有者的身份信息、私钥信息等关键数据，通过数字证书可证明数字货币的身份来源。

数字货币投放系统的签名信息的生成需要用到私钥进行加密，加密的字段为额度控制位和数字货币所有者标识信息。

【具体操作步骤】

生产数字货币投放系统的签名信息任务是从上一任务中接收到流转的数据，包括额度控制位、数字货币投放系统标识信息等。其中：额度控制位标识了唯一编号、生成金额、数字货币投放系统标识信息等多种数据字段，是一个经过加密处理的字符串。

单击【生成】按钮，弹窗显示私钥签名的输入框，粘贴数字货币投放系统的第一私钥，单击【确定】按钮，生成数字货币投放系统签名信息，如图 10-42、图 10-43 和图 10-44 所示。

序号	额度控制位	数字货币投放系统标识信息	数字货币投放系统签名信息	时间	操作
1	796100000000aa68ffe930MEUCIAloMF	fe9305a2cb251509e1eb066047b4899b4e894fd8a0e54f8c36f39fa177d04e84	—	2021-09-	生成

图 10-42　生成额度控制位

图 10-43　粘贴私钥窗口

序号	额度控制位	数字货币投放系统标识信息	数字货币投放系统签名信息	时间	操作
1	f211000000003778252b f9MEUCIQCp4v	52bf9e722bdfb1be23598dc 90edb2d34e7d5094768bcc 529a5dcd9d6ac93b3dc	MEQCIGVEmadVgRD4NgW sFYNkBYR2klJJQF4mlwT+xs 10cH3bAiBLhM/M1UkxVRj MytM0Vafj8iYm1utozCRR9 neVmtIrBA==	2022-09-10 18:09:47	已生成

图 10-44　生成数字货币投放系统签名信息窗口

11. 生成数字货币

数字货币投放系统的货币生成模块根据"额度控制位""数字货币所有者标识信息"和"数字货币投放系统签名信息"来生成数字货币。生成的数字货币是一个加密的字符串，具有与实际流通中的面值一样的币值意义。

【具体操作步骤】

(1) 添加数字货币所有者标识信息。中央银行生成的数字人民币是一个空白的加密字符串，未添加所有者的相关信息。这可以理解成一张刚印刷出来的纸质人民币还未进入流通环节。添加数字货币所有者标识信息是为了标识当前生成的数字人民币的归属人。单击【添加】按钮，弹出生成所有者标识信息的操作窗口，如图 10-45、图 10-46 和图 10-47 所示。

序号	额度控制位	数字货币所有者标识信息	数字货币投放系统签名信息	时间	操作
1	796100000000aa68ffe93 0MEUCIAIoMF	添加 单击添加	MEUCICS6kb6fkV4Aflj2/WshbClel hx9U8vcpV4SMZwe4go8AiEA2tj+ 00yr6/ns0bJ+1F7HRk+YLUwHrm ZZNuGW723TfE=	2021-09-01 09:52:34	

图 10-45　添加数字货币所有者标识信息

图 10-46　生成标识窗口 (1)

图 10-47　生成标识窗口 (2)

(2) 生成数字人民币。数字人民币包含数字货币归属人、额度控制位、数字货币名、数字货币投放系统签名信息。其中，数字货币归属人表示当前数字人民币的所有者；额度控制位表示当前数字人民币的面值；数字货币名标识了当前数字人民币的编号和唯一性；数字货币投放系统签名信息标识了当前数字人民币发行方，用于验证数字货币的真假。

实验思考题

思考题 1：中央银行在生成数字人民币发行机构的标识信息时，为什么要使用私钥作为标识的生成参数？

思考题 2：额度控制位是什么？包含哪几个部分？

10.3 中国人民银行发行数字货币实验

10.3.1 实验目的

与传统的运钞方式不同，数字人民币时代的运钞方式已变更为数据库之间的数据对接。

本实验详细展示了数字人民币的兑换原理，旨在让学生理解数字人民币的兑换过程及用到的技术手段；理解中央银行对商业银行的业务审核和风险核查，给商业银行相关的从业者提供简单的数字人民币发行认知；明确数字人民币的兑换机理，以及如何通过技术手段解决现实的问题。

10.3.2 实验导入

现有纸币的发行是从发行基金调拨入中央银行发行库，再从中央银行发行库转入银行机构业务库，然后从银行机构业务库进入流通领域。由于数字货币与现有货币存在本质上的不同，现有货币的发行、回笼流程无法适用于数字货币。中央银行提出了针对数字人民币发行的全新流程，对中央银行的发行库向商业银行的银行业务库的数字货币流通进行方法升级。

中央银行在生成数字货币的专利中，提供了一种数字货币的发行方法和系统将商业银行的前置机、中国人民银行的数字货币发行系统和 ACS 系统（中央会计核算系统）应用于发行的过程，能够提高货币发行的安全性、时效性，降低货币发行中耗费的成本。

中国人民银行发行数字货币的实验过程如图 10-48 所示。

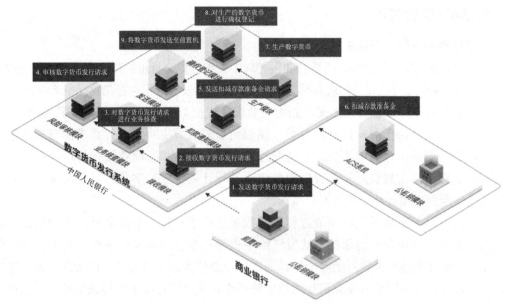

图 10-48 中国人民银行发行数字货币实验地图

10.3.3 实验全局流程

本实验是由"中国人民银行""商业银行"两种角色参与进行，其中：①中国人民银行参与数字货币发行系统的接收模块、业务核查模块、风险审核模块、扣款通知模块、生产模块、确权登记模块和发送模块，同时包括 ACS 系统；②商业银行参与前置机系统。政务系统与外网是物理隔离的，如果要进行数据交换，其间就需要一个信息交换系统，这就是前置机。前置机一般来说是一个物理系统，它主要起到网关的作用，以实现内外网的信息交换。

数字货币的发行请求是由商业银行前置机发出的，将请求发给中央银行的数字货币发行系统。数字货币的发行流程包括：①接收申请方发送的数字货币发行请求；②对数字货币发行请求进行业务核查；③在核查通过的情况下，向会计核算数据集中系统发送扣减存款准备金的请求；④在接收到会计核算数据集中系统发送的扣款成功应答的情况下，生产数字货币；⑤将数字货币发送至申请方。

中国人民银行发行数字货币实验的主要参与模块的功能如表 10-12 所示。

表 10-12 中国人民银行发行数字货币实验的主要参与模块与功能

参与模块	功能
接收模块	接收来自商业银行的发行请求，同时该模块还扮演着审核签名的角色
业务核查模块	对商业银行的发行请求进行业务核查，包括库标识、开户信息、申请明细等
风险审核模块	对商业银行进行风险审核，包括准备金、发行频率等
扣款通知模块	根据商业银行的发行请求对其存款准备金进行扣款通知
ACS 系统	对商业银行的存款准备金进行扣减
生产模块	将生成好的数字人民币进行属主的变更
确权登记模块	将生产好的数字人民币进行权属登记
发送模块	将登记好的数字人民币发送至商业银行的前置机，进行接收

10.3.4 实验过程

1. 发送数字货币发行请求

在传统的货币发行流程中,需要商业银行向中央银行提交货币发行的申请明细,通过申请明细来向中央银行兑换相应的现金额度。数字人民币的发行过程也存在发行申请的过程。

在中央银行发行数字货币之前,先由商业银行提交数字货币发行请求。具体流程为:①发行请求数据来源于商业银行经办员,他们负责汇总数字货币发行需求,形成申请发行计划;②由商业银行的审核员对申请发行计划进行审核;③商业银行将审核通过的申请发行计划提交至前置机;④前置机根据申请发行计划生成数字货币发行请求,并将发行请求发送至中央银行数字货币发行系统。

商业银行的前置机需要将申请方标识、数字货币库标识、申请金额、申请明细、申请方数字签名以申请发行请求的方式发送给中央银行数字货币发行系统。其中:①申请方标识:表示了当前商业银行的唯一性,通过标识能快速对申请方进行检索和查询;②数字货币库标识:表示申请方商业银行的数字货币库在中央银行库中的标识信息,通过该标识信息可快速检索到当前商业银行的银行库;③申请金额和申请明细:表示了申请方向中央银行申请兑换数字人民币的额度;④申请方的数字签名:表示了申请者的身份。

【具体操作步骤】

(1) 单击【前置机】进入【发送数字货币发行】任务,商业银行填写数字货币申请发行计划,包括项目名称、货币类型、发行总量、发行时间,如图10-49所示。

数字货币申请发行计划					
序号	项目名称	货币类型	发行总量	发行时间	操作
1	请输入项目名称	请选择货币类型	请输入发行总量	请选择时间	生成

图10-49 数字货币申请发行计划

其中:发行总量是商业银行向中央银行提交现金发行的总额度5 000 000 000元。依据商业银行提交的数字货币申请发行计划,标明数字货币的发行需求,包含数字货币的面值、张数、占比和用途,如图10-50所示。

数字货币发行需求			
数字货币面值	张数	占比	用途
100	15000000	30%	个人住房贷款
100	2500000	5%	个人消费贷
100	2500000	5%	车贷
100	20000000	40%	房地产贷款
100	2500000	5%	信用卡业务
100	5000000	10%	投资理财业务
100	2500000	5%	外汇业务

图10-50 数字人民币发行需求

(2) 单击【生成】按钮，弹出"生成数字货币发行请求"窗口，需要生成申请方标识、申请方数字签名，如图 10-51、图 10-52、图 10-53、图 10-54 所示。

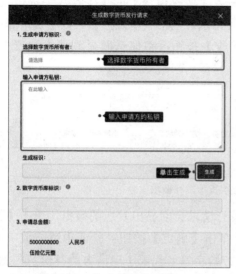

图 10-51　生成申请方标识 (1)

图 10-52　生成申请方标识 (2)

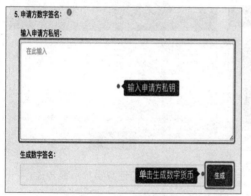

图 10-53　申请方数字签名 (1)

图 10-54　申请方数字签名 (2)

在【选择数字货币所有者】下拉列表框中，选择数字货币所有者。当前的任务流程是由商业银行向中央银行申请数字人民币，所以数字货币所有者为商业银行，在【输入申请方私钥】输入框中，粘贴商业银行的私钥，单击【生成】按钮，在申请标识输入框生成申请方标识和数字签名。

(3) 单击【发送】按钮，在弹出的"发起货币生成请求"确认窗口中，单击【确定】按钮，当前货币生成请求已经发送到中心管理系统，如图 10-55 所示。

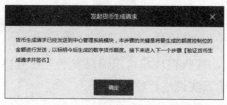

图 10-55　发起货币生成请求确认窗口

2. 接收数字货币发行请求

【具体操作步骤】

(1) 接收数字货币发行请求信息。单击进入【接收模块】的【接收数字货币发行请求】任务，接收前置机发过来的数字货币发行请求，包括申请方标识、数字货币库标识、申请总金额、申请方数字签名等。单击【接收】按钮，将信息回显到请求列表中，如图 10-56 所示。

序号	申请方标识	数字货币库标识	申请总金额	申请明细	申请方数字签名	操作
1	—	—	—	—	—	接收

图 10-56　接收数字货币发行请求

(2) 验证申请信息。接收后的数字货币发行请求会回显出发送的数据，单击【验证】按钮，在"解密"窗口粘贴申请方的公钥，单击【确定】按钮，验证申请方数字签名，如图 10-57、图 10-58 和图 10-59 所示。申请方数字签名代表了申请方的身份及同意的态度，通过验证签名，可以验证申请方的身份。

图 10-57　验证数字货币签名 (1)

图 10-58　验证数字货币签名 (2)

图 10-59　验证数字货币签名 (3)

(3) 单击【发送】按钮，接收模块将请求信息发送至业务核查模块，业务核查模块开始对请求中的每一个数据的真实性进行核查。

3. 对数字货币发行请求进行业务核查

业务核查主要包括：① 根据申请方标识核查申请方是否开户；② 根据数字货币公钥核查申请方的数字货币是否已经登记；③ 核查申请总金额与申请明细中的金额是否一致。

【具体操作步骤】

(1) 单击进入【接收模块】的【对数字货币发行请求进行业务核查】任务，如图 10-60 所示。

申请方标识	数字货币库标识	申请总金额	申请明细
91110105801717503Y	DC342426	5000000000	查看

图 10-60　接收核查信息窗口

(2) 核查申请方是否开户。单击【核查申请方是否开户】，在"核查申请方是否开户"窗口中，输入申请方标识 91110105801717503Y，单击 🔍 ，在中央银行申请方库中完成对标识的检索和查询，根据检索结果，单击【核查】按钮来核查当前申请方是否已开户，如图 10-61、图 10-62、图 10-63 所示。

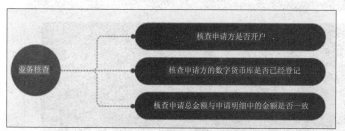

图 10-61　业务核查界面　　　　图 10-62　申请方是否开户检索窗口

图 10-63　开户行核查界面

(3) 核查申请方的数字货币库是否已经登记。单击【核查申请方的数字货币库是否已经登记】，显示出一个模拟的数据库表，单击【新建查询】标签，通过编写查询的 SQL[1] 语句来进行查询数据库标识，如 DC342426[2]，查询到该标识的数据记录后单击【审核】按钮，如图 10-64、图 10-65 所示。在该记录中可以看到登记状态一栏中的字段数据。通过该数据即可核查出当前申请方数字货币库是否登记。本教学任务是根据 1 或 0 来标识，不代表真实的标记状态。如果为 1，则代表已经登记；如果为 0，则代表未登记或登记失效。

图 10-64 查询界面

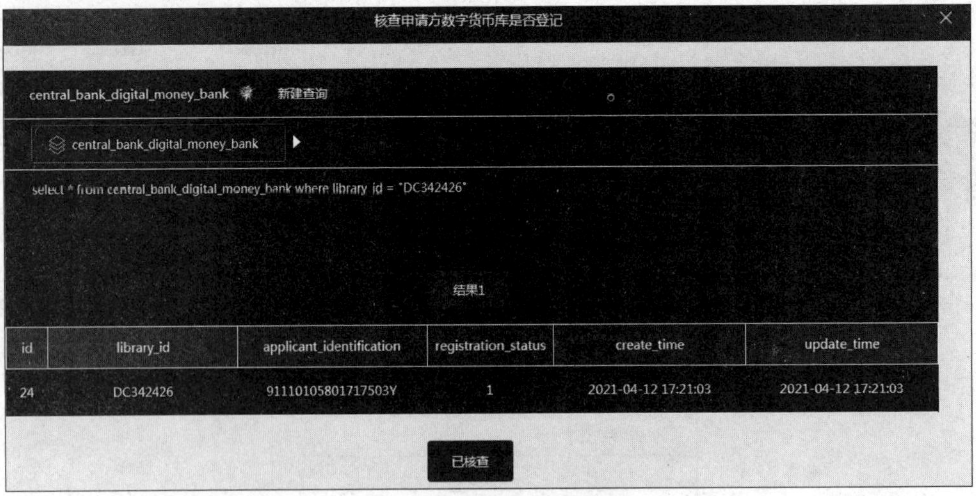

图 10-65 查询结果界面

(4) 核查申请总金额与申请明细中的金额是否一致。单击【核查申请总金额与申请明细中的金额是否一致】，弹窗显示核查申请总金额的信息，通过对申请明细的计算得出的明细总金额与申请总金额之间进行比对来完成核查，如图 10-66 所示。

---

[1] SQL，结构化查询语言，是一种特殊目的的编辑语言，是一种数据库查询和程序设计语言。
[2] select * from central_bank_digital_money_bank where library_id = "DC342426"。

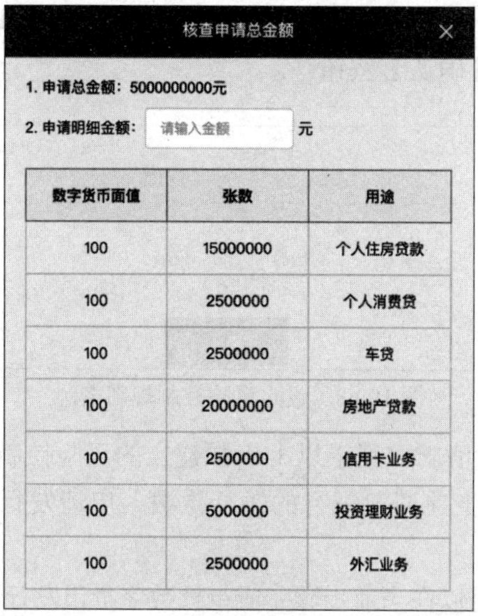
核查申请总金额

1. 申请总金额：5000000000元

2. 申请明细金额：请输入金额 元

数字货币面值	张数	用途
100	15000000	个人住房贷款
100	2500000	个人消费贷
100	2500000	车贷
100	20000000	房地产贷款
100	2500000	信用卡业务
100	5000000	投资理财业务
100	2500000	外汇业务

图 10-66　申请总金额与明细总金额一致性核查

中央银行对商业银行核查的第三项是关键的一步，主要是判别商业银行提交的请求中的金额与明细中的一致性，依此鉴别申请金额的真伪。

(5) 业务核查模块对申请请求进行业务核查，通过业务核查对商业银行的发行请求进行控制，三个方面的业务核查必须全部通过之后才能认为业务核查通过。核查通过之后，单击【发送】按钮，将数字货币发行请求发送到下一模块，由风险审核模块进行接收。

4. 审核数字货币发行请求

数字货币发行系统的风险审核模块接收到来自业务核查模块发送的发行请求，进行进一步的风险审核，以降低货币发行的风险，提高数字货币发行流程的安全性，需要根据预设的风险控制规则对数字货币发行请求进行审核。

【具体操作步骤】

(1) 设定风险控制规则。单击进入【接收模块】的【审核数字货币发行请求】任务，需要从银行性质类型、存款准备金额度、申请发行频率等方面进行控制规则的设定，如图 10-67 所示。

银行性质类型可以从国有银行、股份制银行、地方性银行等银行类型进行判断。中央银行会基于当前申请的商业银行进行类型判断，根据银行性质的不同，其存款准备金额度和申请发行频率不同。

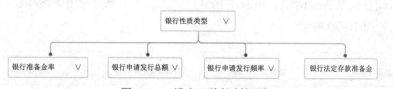

图 10-67　设定风险控制规则

我们给的案例背景中的商业银行为“北京科技银行股份有限公司”，其银行类型为股份制银行，注册资本为 200 000 万元，属于大型银行，所以它的银行存款准备金率为

11%，申请发行频率为 3～5 次，存款准备金为百分百缴纳，即 5 000 000 000 元，设定后如图 10-68 所示，单击【确认】按钮。

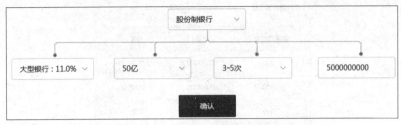

图 10-68　设定风险控制规则案例

(2) 审核数字货币发行请求。基于以上步骤建立的风险控制规则，对当前商业银行的发行请求进行审核。判断当前商业银行的发行次数、申请发行额度、存款准备金是否符合规则。

基于上面的分析我们可以在当前步骤完成审核数字货币发行请求的操作，如图 10-69 所示，在填写框中输入对应的数值，只要是符合案例中商业银行的审核规则标准即可。单击【审核】按钮，通过审核数字货币发行请求，对商业银行的申请行为进行了再一次的风险确认。

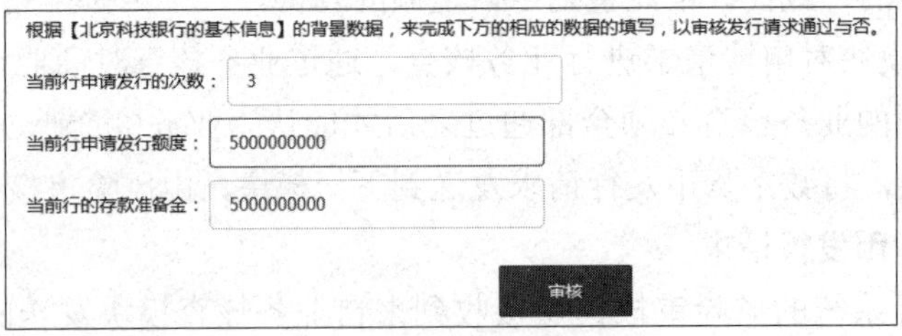

图 10-69　审核数字货币发行请求

接下来将发行请求发送到扣款通知模块，来完成存款准备金的扣减操作。

5. 发送扣减存款准备金请求

在核查结果为商业银行已开户、数字货币库已登记、申请总金额与申请明细中的金额总和一致的情况下，数字货币发行系统向 ACS（中央银行会计核算数据集中系统）发送扣减存款准备金请求，以通知 ACS 系统扣减该商业银行的存款准备金。

扣款通知模块的作用是接收风险审核模块的审核通知，向 ACS 系统发送扣款通知。

【具体操作步骤】

(1) 生成扣减存款准备金请求。单击进入扣款通知模块【发送扣减存款准备金】任务，形成扣减存款准备金请求，请求中包含申请方标识、数字货币库标识、申请总金额、申请明细，如图 10-70 所示。

序号	申请方标识	数字货币库标识	申请总金额（元）	申请明细	操作
1	91110105801717503Y	DC342426	5000000000	查看	发送

图 10-70　扣减存款准备金请求

(2) 发送扣减存款准备金请求。单击【发送】按钮将自动在扣减请求中添加扣减机构和扣减金额,并形成相应的交易编号。其中,交易编号标识了当前扣减交易的唯一性;扣减机构表示要扣减存款准备金的机构,从商业银行中扣减存款准备金;扣减金额表示要扣减的准备金金额的大小,如图 10-71 所示。

图 10-71　发送扣减存款准备金请求界面

6. 扣减存款准备金

ACS 根据扣款请求扣减申请方的存款准备金,并向数字货币发行系统反馈对于扣减存款准备金请求的应答。其中,应答可能是扣款成功应答,也可能是扣款失败应答。一般来说,存款准备金是指商业银行存在中央银行的超过法定存款准备金率的那部分存款,也可称为"超额准备金"或者"支付准备金"。

【具体操作步骤】

(1) 处理交易编号。单击进入 ACS 系统的【扣减存款准备金】任务,接收到扣款请求后,对商业银行进行百分之百扣减存款准备金。

在本案例中我们模拟了 ACS 系统 (不代表真实的 ACS 系统),假设商业银行在中央银行那里已经缴纳了足额的存款准备金,ACS 系统直接进行存款准备金的扣减。单击待办任务下方的【交易编号】进行该笔业务的处理,会在 ACS 系统中回显相应的账号和户名,单击【查询】按钮即可查询到当前商业银行的账户标识、账户名称等信息,如图 10-72 所示。

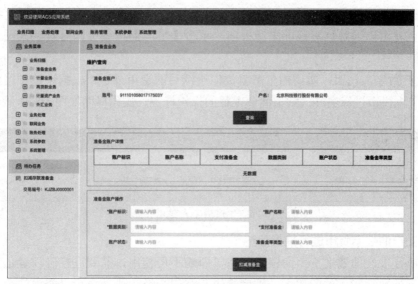

图 10-72　处理交易编号

(2) 扣减准备金。通过扣款通知模块发来的扣款交易编号，可以查询到当前商业银行的账户标识、数据类别、账户状态、支付准备金等信息。单击【扣减准备金】按钮，完成扣减，如图 10-73 所示。

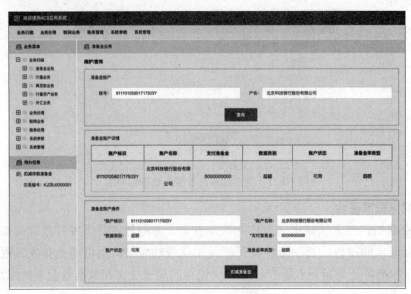

图 10-73　扣减准备金窗口

7. 生产数字货币

ACS 系统对商业银行进行了存款准备金的扣减，接下来将同等额度的数字人民币进行生产，生产的核心是将中央银行的数字人民币字符串的归属人进行变更，即变更为商业银行。具体实施时，数字货币发行系统可调用加密机或加密程序生产数字货币，并将生产的数字货币进行保存。

【具体操作步骤】

(1) 变更数字货币属主。生产模块根据接收的申请方标识、数字货币库标识、申请总金额将中央银行的数字人民币的原归属人进行变更，变更为商业银行的归属。我们通过归属的变更就可以追踪这笔钱的来源去向。单击【生产】按钮可以对数字人民币的归属人进行变更。

(2) 生产数字人民币。所谓的生产就类似于纸币的造币过程，根据申请额度对每一个面值的数字人民币进行生产，贴上商业银行的标识标签，操作界面如图 10-74 所示。

图 10-74　生产数字人民币界面

8. 对生产的数字货币进行确权登记

中央银行生产的数字货币为锁定状态，即还不可使用，需要进行确权登记。将发行给商业银行的数字货币的归属人、额度等进行登记。登记成功之后，变更的数字货币才可使用。这里面使用到了区块链的技术，即"确权链"，通过区块链技术保证权属信息的正确性、不可篡改性及追踪特性。

【具体操作步骤】

(1) 对生产的数字货币进行确权登记。进入确权登记模块的【对生产的数字货币进行确权登记】任务，单击【确权登记】按钮，进行权属的验证和信息上链，通过交易的方式将信息摘要上链，如图 10-75 所示。

图 10-75　确权登记

(2) 更改数字货币的登记状态。将生产的数字货币在数据库中的登记状态设为"可用"，单击【更改状态】按钮，对生产的数字人民币进行状态的变更，如图 10-76 所示。

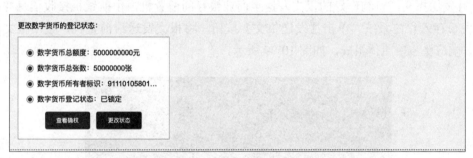

图 10-76　更改登记状态

9. 将数字货币发送至前置机

登记模块将数字人民币进行权属登记和登记状态的变更后，需要将可用的数字人民币发送至商业银行，商业银行通过前置机接收中央银行发行的数字人民币。此过程可以理解成纸币运钞的过程。具体的实施策略是将生产的数字货币携带在数字货币发行请求的应答报文中，通过 MQ(消息队列) 报文方式发送至前置机。所谓报文 (message)，是网络中交换与传输的数据单元，即站点一次性要发送的数据块。报文包含了将要发送的完整的数据信息，其长短很不一致，长度不限且可变。

【具体操作步骤】

(1) 生成报文。商业银行的前置机用于接收外部的消息和数据，它接收完数字人民币之后传输到商业银行行内系统，或者前置机可将该报文保存在本地，由商业银行操作人员通过前置机界面查看数字货币情况。单击【生成报文】按钮完成应答报文的生成如图 10-77 所示。

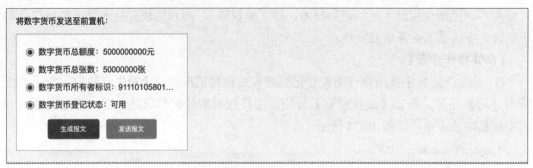

图 10-77　生成报文

(2) 制作报文响应体。响应体中包含了报文传输的主要信息,在数字人民币传输中包含了申请方标识、数字货币库标识、申请总金额、申请方数字签名和数字货币名,以 JSON[①] 字符串的方式组成。

其中:申请方标识为商业银行的标识信息,数字货币库标识的作用同申请方标识,通过库标识信息可定位到商业银行在中央银行的信息表;申请总金额向商业银行传达了数字人民币金额;申请方数字签名表示了该笔资金的归属人;数字货币名表示了实际的可花费的资金,具体操作如图 10-78 所示。

(3) 发送报文。将制作好的报文发送至商业银行的前置机,由前置机接收信息并将数字人民币存入行内系统。单击【发送报文】按钮,将报文发送给前置机,整个报文由响应行、响应头、响应体组成,如图 10-79 所示。

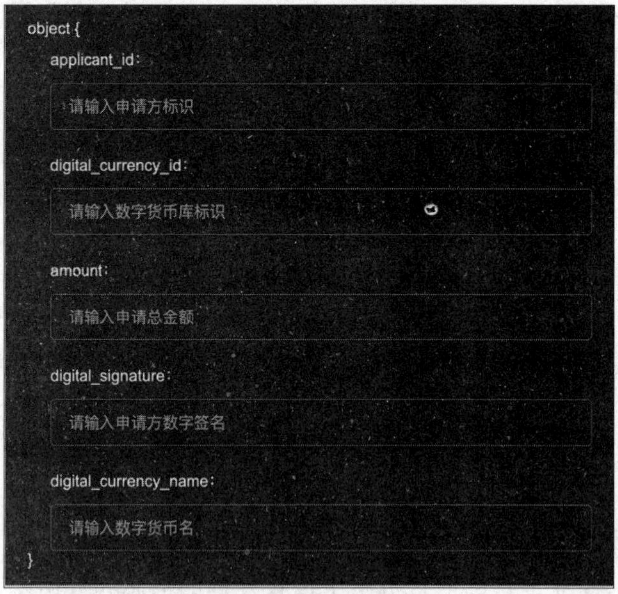

图 10-78　制作报文响应体

---

① JSON (JavaScript Object Notation,JS 对象简谱) 是一种轻量级的数据交换格式。它基于 ECMAScript (European Computer Manufacturers Association,欧洲计算机协会制定的 JS 规范) 的一个子集,采用完全独立于编程语言的文本格式来存储和表示数据。简洁和清晰的层次结构使得 JSON 成为理想的数据交换语言。易于人阅读和编写,同时也易于机器解析和生成,并有效地提升网络传输效率。

图 10-79　发送报文

实验思考题

思考题 1：中央银行在对商业银行进行业务核查时，主要从哪几个方面进行核查？

思考题 2：中央银行在对生成的数字人民币进行确权登记时用到了何种技术？目的是什么？

10.4　开通数字货币钱包

10.4.1　实验目的

在本实验中，学生可基于用户的视角学习如何开通数字货币钱包，也可基于服务端、服务商等视角分析钱包开通中涉及的数据和技术，旨在让学生理解钱包开通的全过程，以及熟悉数字人民币钱包的技术特征，有利于学生对数字人民币钱包进行设计、优化和开发。

10.4.2　实验导入

数字货币是由一系列字符串表示的法定货币，其中数字货币的安全性通过密码算法进行保护。公众接触数字人民币的唯一途径是开通数字货币钱包，通过数字人民币钱包进行兑换、支付、转账等操作。

现有的电子化或数字货币的钱包，都是基于账户体系的。钱包的功能是账户功能的延伸，其只是账户访问的一个入口或介质，并且这些钱包参与的交易，实际都是背后账户系统的交易，其不像现实中的钱包那样存放实际的资金或资产，只是作为后台账户系统账务数据和功能的前端展示。因此，这些钱包都不是独立的钱包，而是依赖于原有账户系统。同时，现有的数字化钱包与数字货币发行机构没有系统之前的交互和访问机制，无法支持数字货币发行机构发行的数字货币，并且无法全面实现基于终端环境的完整数字货币钱包的全部功能，如底层完整的、高安全级别的密钥安全认证，以及数字货币实际存放保管等功能。

现有钱包在密钥管理方面过于依赖钱包服务商或商业银行等机构，钱包安全方面存在不足。为充分利用本地化安全技术，以比特币为代币的私人准数字货币钱包，只是管理密钥，并且与真实身份之间并没有关联，不能与现有金融基础设施融合，而且不能很好地应用于现有金融服务和交易场景中。

针对中央银行数字人民币这一诞生在新型计算机技术和互联网技术背景下的新型货币，需要一种全新设计的数字人民币钱包，以支持各种场景的需求，并且和现今的支付体系形成融合作用。本实验基于中央银行关于数字货币钱包的开通方法进行研读、理解和探究，通过钱包服务商开通数字货币钱包，并在数字货币钱包终端上签名部署数字货币钱包合约，以及将钱包与账户绑定，同时将开通的钱包信息在数字货币发行登记机构进行注册登记。中央银行数字货币运行模式如图10-80所示。

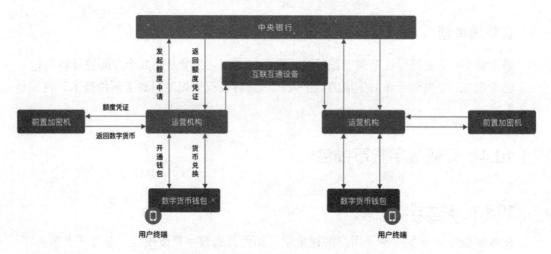

图10-80　中央银行数字货币运行模式

10.4.3　实验全局流程

本实验是由"数字货币发行登记机构""钱包服务商""数字货币钱包终端""用户客户端"4种角色参与进行，实验地图如图10-81所示。

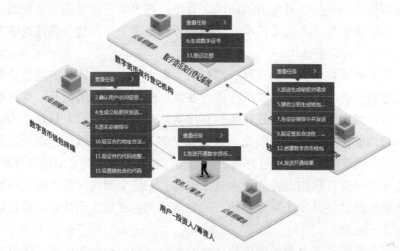

图10-81　开通数字货币钱包实验地图

开通数字货币钱包实验包括如下模块。
(1) 数字货币发行登记机构模块：包括公私钥模块和数字货币发行登记系统。
(2) 钱包服务商模块：包括公私钥模块和钱包服务商系统。
(3) 数字货币钱包终端模块：包括公私钥模块和数字货币钱包终端。
(4) 用户客户端模块：包括公私钥模块和用户客户端(投资人/筹资人)。
数字货币钱包开通参与模块的功能如表10-13所示。

表10-13　数字货币钱包开通主要参与模块的功能

参与模块	功能
数字货币发行登记机构	登记用户身份并生成用户身份证书
钱包服务商	创建数字货币钱包，与发行登记机构进行交互
数字货币钱包终端	核查用户身份信息、生成用户身份信息、验证合约代码完整性
用户客户端	通过用户客户端发送指令，如安装、查询等

开通数字货币钱包流程主要包括：发送开通数字货币钱包请求；确认用户访问信息合法性并发送开通请求；发送生成密钥对请求；生成公私钥并发送公钥；接收公钥生成钱包标识，将公钥和钱包标识发送出去；生成数字证书；生成并发送安装指令；签名安装指令；验证签名合法性并签名钱包合约代码地址和钱包合约属性信息；验证钱包合约地址合法并下载钱包合约代码；验证钱包合约代码完整性并签名发送；创建数字货币钱包；登记注册；发送开通结果；设置钱包合约代码。

10.4.4　实验过程

1. 发送开通数字货币钱包请求

本案例是以投融资为场景进行的。用户如果要使用数字货币进行投资和筹资，需先开通数字货币钱包，数字货币钱包相当于保管箱。银行根据与客户的约定权限管理保管箱，从而保留数字货币作为加密货币的所有属性，将来也可以利用这些属性灵活定制应用。

【具体操作步骤】

(1) 身份认证。在开通数字货币钱包时，需要先进行身份的认证，根据注册用户的身份，来判定不同类型的数字货币钱包，以提供不同的服务，发送的开通请求中携带有用户标识。本任务是投资人用户"王小亮"，以普通用户身份进行钱包的开通。用户用【客户端】发起开通请求，单击【创建数字货币钱包】按钮，输入用户信息后，单击【继续】按钮，如图10-82和图10-83所示。

图10-82　创建钱包　　　　图10-83　身份认证

(2) 生成用户标识。在本任务中，用户标识也是申请方标识，通过标识信息可以确定用户的身份类别，以及追踪该用户。自主设置用户标识，可以设置成"DCEPLL00001"[①]，如图 10-84 所示。

图 10-84　设置用户标识信息

(3) 用户通过用户客户端完成身份认证，并设置用户的标识，单击【发送】按钮，组成开通请求发送给钱包终端进行信息确认和公私钥的生成。

2. 确认用户访问信息合法性并发送开通请求

数字货币钱包终端会接收用户输入的登录信息，这些登录信息将会被登录模块验证，如果使用的是指定的用户名与密码，则允许程序登录，否则不允许登录。该过程就是验证用户访问信息合法性的过程。

【具体操作步骤】

(1) 用户在钱包界面中输入登录信息，完成登录信息与注册信息的核验。单击【验证】按钮，输入用户名和登录密码，再单击【验证】按钮，如图 10-85、图 10-86 所示。

图 10-85　输入登录信息　　　　图 10-86　验证通过信息提示

(2) 发送开通请求。钱包终端完成用户登录信息的合法性验证之后，将开通钱包的请求发送至钱包服务商。单击【发送】按钮，将开通请求发送至钱包服务商，如图 10-87、图 10-88 所示。

[①] 不代表真实的用户标识，在本任务中只做知识点教学。

序号	用户标识	登录用户名	登录密码	操作
1	DCEPXL00001	王小亮	admin123	查看 发送

图 10-87　发送请求

序号	用户标识	登录用户名	登录密码	操作
1	DCEPLL00001	王小亮	admin123	查看 已发送

图 10-88　发送成功

由此我们可以看出，钱包的开通过程其实是由钱包终端完成的身份合法性的验证过程，由钱包客户端与用户进行直接的交互，获取用户的身份数据，再通过钱包终端与钱包服务商交互，完成开通钱包需要的核心数据。

3. 发送生成密钥对请求

钱包服务商收到钱包终端发来的开通请求后，会再次确认用户账户信息是否具有合法性。合法性验证通过后，钱包服务商将"生成密钥对"的请求发送至数字货币钱包终端；如果验证出用户访问信息或者用户账户信息不具有合法性，则停止数字货币钱包开通的操作。应对用户的身份安全性进行多重的保障，以增加钱包的账户安全。

确认用户信息是否具有合法性的操作同数字货币钱包终端的验证过程，不再重复赘述，本任务默认数字货币钱包已确认用户访问信息具有合法性，将直接完成密钥对生成请求的操作。

【具体操作步骤】

单击【发送】按钮，将合法性核查通过的身份信息发送给钱包终端，以此表示身份合法，可以完成密钥对的生成。

对钱包服务商来说，密钥对请求是一个消息指令的作用，该指令标明了生成密钥对的行为，如图 10-89 所示。

序号	用户标识	登录用户名	登录密码	操作
1	DCEPXL00001	王小亮	admin123	发送

图 10-89　发送密钥对生成请求

4. 生成密钥对并发送公钥

数字货币钱包终端根据收到的生成密钥对的请求生成密钥对，并将密钥对中的公钥发送给钱包服务商。生成的密钥对应与注册用户一一匹配。本任务主要解决了用户通过钱包进行转账、支付、兑换等交易时的加密、解密、签名等问题。公私钥对的生成是钱包账户体系中的基础，也是核心。对数字人民币钱包来说，生成公私钥对使用的算法是非对称加密算法——SM2 国密算法。

生成公私钥对的第一步是创建密钥对，分为公钥串和私钥串。通过公钥串我们可以生成公钥，通过私钥串可以生成私钥。生成公私钥串的核心在于传入用户标识作为初始化参数，可以理解成 SM2 算法需要有一个初始值（也可以是空值）进行计算，依次运算生成公私钥串。

【具体操作步骤】

(1) 创建密钥对。本任务使用的是用户标识，用户标识具有唯一性。生成的公私钥与用户进行一一匹配。先在"传入初始化参数"输入框中输入"用户标识 DCEPLL00001"，再单击【SM2 生成】按钮，即可生成公私钥串，如图 10-90、图 10-91 所示。

图 10-90　生成公私钥串 -1

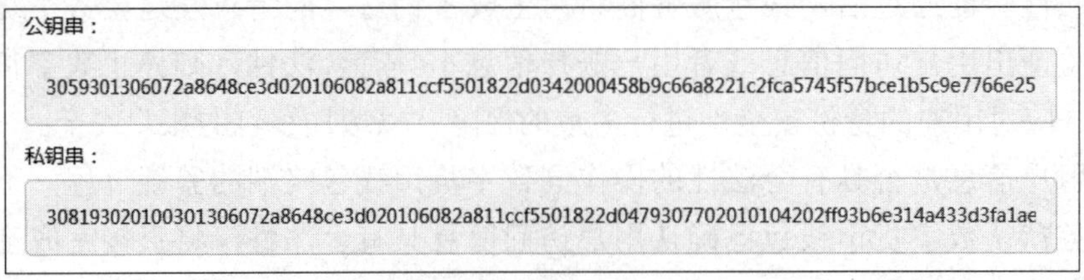

图 10-91　生成公私钥串 -2

(2) 生成公钥。生成的公私钥串是作为公私钥生成的参数，通过解析生成公钥和私钥，这一步生成公私钥才是用户真正使用的公私钥对。在"传入公钥串"输入框输入"公钥串"，单击【SM2 生成】按钮生成对应的公钥，如图 10-92 所示。

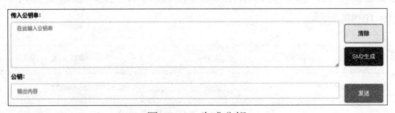

图 10-92　生成公钥

(3) 发送公钥。单击【发送】按钮，将生成的公钥发送给钱包服务商，钱包服务商通过公钥得到钱包标识，如图 10-93 所示。

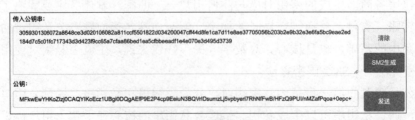

图 10-93　发送公钥

(4) 生成私钥。在"传入私钥串"输入框中输入"私钥串",单击【SM2生成】按钮生成对应的私钥,如图10-94所示。

图 10-94　生成私钥

5. 接收公钥生成钱包标识,将公钥和钱包标识发送

数字货币钱包服务商从钱包终端那里接收到用户的公钥,以公钥为参数来生成当前用户的钱包标识。利用公钥生成钱包标识可以做到钱包与用户一一匹配,因为公钥与私钥是成对存在的,可以用用户的私钥与公钥进行相互验证,从而证明钱包的身份。

钱包标识是数字货币钱包的唯一标签,通过钱包标识可进行转账、兑换等业务操作。标识的生成来自用户的公钥,因为公钥是唯一存在的,所以钱包标识也是唯一的。生成钱包标识的途径有很多种,无论是哪种方式生成的钱包标识,我们可以得知两点:第一,标识是由公钥得来,是公开的;第二,钱包标识不是钱包编码,而是由钱包标识推导出的钱包编码,两者一一对应。

【具体操作步骤】

生成钱包标识。本任务是从用户公钥中进行部分截取形成的,单击【截取】按钮,选择公钥中的一部分作为钱包标识即可,单击【发送】按钮,如图10-95和图10-96所示,

图 10-95　获取钱包标识

图 10-96　发送钱包标识

6. 生成数字证书

数字货币发行登记机构接收钱包服务商的"公钥"和"钱包标识",利用公钥和钱包标识生成数字证书。数字证书的生成目的是标识用户的身份,它是验证身份的关键文件。将公钥和钱包标识放入数字证书的目的是便于将来做身份验证和信息篡改验证。

【具体操作步骤】

(1) 生成摘要信息。在生成数字证书前，要先生成相关信息的散列值，以达到信息的验证、防伪等目的，保证数字证书中包含的信息是未篡改的。

单击【生成密钥对请求】按钮，分别复制用户公钥、钱包标识，粘贴到二者输入框中；单击进入数字货币发行登记机构的公私钥模块，复制"第一公钥"，粘贴到颁发者公钥。鼠标拖动证书序列号、颁发者公钥、证书有效期、钱包标识、用户公钥标签到摘要信息框，单击【SM3生成】按钮，如图 10-97 所示。

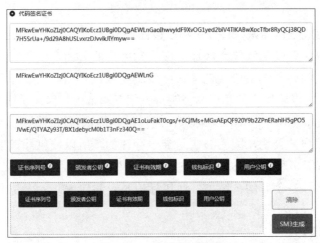

图 10-97　生成摘要信息

(2) 生成认证机构签名。通过认证机构的私钥对证书中的信息进行签名，以标明认证机构的身份。单击进入数字货币发行登记机构的公私钥模块中，复制认证机构的"第一私钥"粘贴完成签名，如图 10-98 所示。

(3) 生成数字证书。单击【生成】按钮，生成数字证书，如图 10-99 所示。

图 10-98　生成数字签名　　　　图 10-99　生成数字证书

数字货币发行登记机构生成数字证书构成了数字货币钱包安装的基本条件，生成数字证书就代表获取了登记机构的同意，接下来，钱包服务商即可安装数字人民币钱包。

7. 生成并发送安装指令

数字货币钱包服务商接收到用户公钥、钱包标识和数字证书，并且钱包服务商存储钱包服务协议，具备了生成安装指令的条件。钱包服务商在生成安装指令时获取存储的钱包服务协议，进而生成包括钱包服务协议和钱包合约属性信息的安装指令。其中，安装指令是获取数字货币钱包终端开通钱包请求的前提条件，只有拿到钱包终端的开通请求，才能创建数字货币钱包。

【具体操作步骤】

(1) 生成钱包合约代码哈希值。单击进入【生成安装指令并发送】任务，单击钱包合约代码哈希值下方的【生成】按钮，将钱包合约代码标签拖入输入框中，单击【SM3生成】按钮，生成钱包合约哈希，如图 10-100、图 10-101 所示。

图 10-100　生成钱包合约属性信息

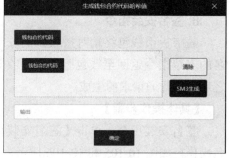

图 10-101　生成钱包合约哈希

(2) 生成钱包合约属性信息。在图 10-101 中，单击操作下方的【生成】按钮，单击【执行】按钮，通过执行合约代码来完成，运行结束后单击【编译】按钮。单击【开始部署】按钮后，出现钱包属性信息，如图 10-102 和图 10-103 所示。其中，合约属性信息显示的是当前用户的钱包类型及钱包权限。

图 10-102　合约部署

图 10-103　钱包属性信息

(3) 生成安装指令。安装指令也可以理解成计算机执行安装操作的命令，在安装指令中包含了"数字货币钱包服务协议"和"钱包合约属性信息",如图 10-104 所示,单击【查看安装指令】按钮。在数字货币钱包服务协议界面,选择【同意协议】,单击【安装】按钮。

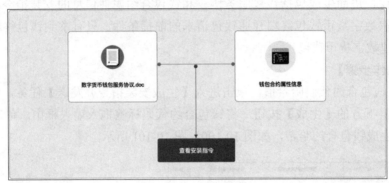

图 10-104　生成安装指令

8. 签名安装指令

数字货币钱包终端对接收到的安装指令进行签名,以生成签名的安装指令,并将签名的安装指令返回至钱包服务商。收集钱包终端的签名,是为了实现终端的同步,便于之后钱包开通请求的生成。

【具体操作步骤】

签名安装指令。单击【签名安装指令】按钮,复制数字货币钱包终端的私钥完成签名操作,如图 10-105 和 10-106 所示。

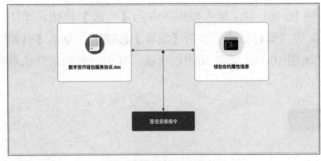

图 10-105　签名安装指令

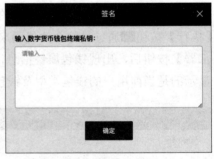

图 10-106　输入私钥签名

9. 验证签名合法性并签名钱包合约代码地址和钱包合约属性信息

数字货币钱包服务商确认签名的安装指令具有合法性,签名验证通过后,对钱包合约代码地址和钱包合约属性信息进行签名。

【具体操作步骤】

(1) 验证安装指令签名的合法性。利用数字货币钱包终端的公钥进行签名的验证,其目的在于验证安装指令的发送方身份。单击【签名信息】按钮,在输入框中复制粘贴钱包终端的公钥后单击【确定】按钮进行验证,如图 10-107 所示。

图 10-107 验证签名

(2) 签名钱包合约代码地址和钱包合约属性信息。签名的目的是标识发送的信息所属人身份,便于接收方进行验证和确权。单击【签名】按钮,在输入框中复制粘贴钱包服务商的私钥后单击【确定】按钮完成签名,如图 10-108、图 10-109 所示。

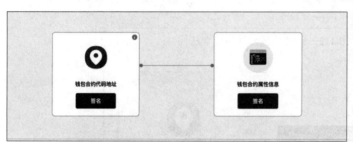

图 10-108 签名钱包合约代码地址和钱包合约属性信息

图 10-109 签名窗口

(3) 发送钱包合约代码地址和钱包合约属性信息。完成签名后界面如图 10-110 所示,单击【发送】按钮,将钱包合约代码地址和钱包合约属性信息发送至下一模块,如图 10-111 所示。

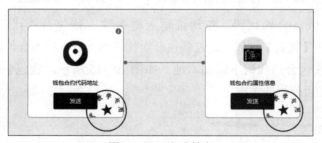

图 10-110 完成签名

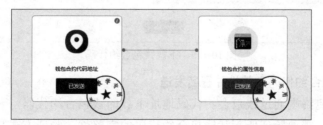

图 10-111 钱包合约代码地址和钱包合约属性信息发送完成

10. 验证钱包合约地址合法性并下载钱包合约代码

在这一步将完成钱包合约代码的下载,这是数字人民币钱包区别于其他传统支付工具的关键,通过钱包合约代码可自主完成身份的校验、支付的记账、加密等多种业务操作。

【具体操作步骤】

(1) 验证钱包合约代码合法性。利用数字货币钱包服务商的公钥进行签名的验证,单击【验证】按钮,在输入框中复制粘贴数字货币钱包服务商的公钥后,单击【确定】按钮,进行身份验证,如图 10-112、图 10-113、图 10-114 所示。

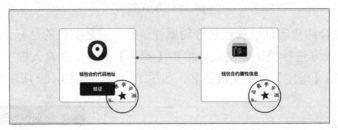

图 10-112　验证钱包合约地址合法性

图 10-113　钱包公钥输入窗口　　图 10-114　验证通过

(2) 检索下载钱包合约代码。在地址输入框中输入钱包合约代码地址,如:www.zhilian.com[①],单击【搜索】按钮,通过钱包合约代码地址进行检索合约代码,单击【立即下载】按钮,将钱包合约代码下载到本地,如图 10-115 所示。钱包合约代码是否部署,是数字货币钱包能否使用的关键。

图 10-115　下载钱包合约代码

11. 验证钱包合约代码完整性并签名发送

数字货币钱包终端通过钱包合约代码地址下载的钱包合约代码,无法保证其真实性及是否被篡改过。需要验证所下载钱包合约代码的完整性,验证方式是通过钱包合约哈希值的比对来进行。

---

① 这个地址在本任务中只做形式上的展示教学,不代表真实的钱包合约地址。

钱包合约代码的完整性公式：H1=SM3(钱包合约代码)；H2=钱包合约代码哈希值；H1=H2。

【具体操作步骤】

(1) 验证钱包合约代码的完整性。拖动钱包合约代码标签到输入框，单击【SM3生成】按钮，在输出端输出钱包合约代码哈希值 H1。单击【比对】按钮，将 H1 与之前任务中生成的 H2 进行比对，即 H1 为目标对象、H2 为源对象，如图 10-116 所示。数字货币钱包终端验证合约代码的完整性无误后，对钱包合约属性信息进行签名确认。

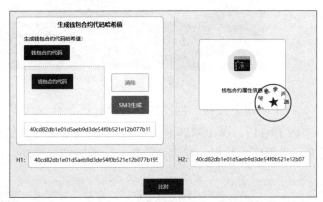

图 10-116　钱包合约代码完整性验证

(2) 签名合约属性信息并发送开通请求。通过收集自己的签名和数字货币钱包服务商的签名，形成双方签名的钱包合约属性信息，然后将开通请求发送给钱包服务商。单击【签名】按钮，复制粘贴钱包终端的私钥完成签名操作，单击【发送】按钮，将携带签名的钱包合约属性信息的开通请求发送给钱包服务商，完成安装钱包操作，如图 10-117 所示。

钱包合约属性信息	数字货币钱包服务商签名	数字货币钱包终端签名	操作
钱包编号：5071099602702141 钱包类型：三类钱包 余额上限：2000.00元 单笔支付上限：2000.00元 日累计支付限额：2000.00元 年累计支付限额：50000.00万元	MEQCICkNcD2tMLyC7FWdPld1fu4nsU4O/ XTgBGFGOkDRQ6YSAiBlLUceTpWi/NaKA ZL+aOGYKT/KYu8m4DeAiqEHckQSjg==	签名	发送

图 10-117　发送开通请求

12. 创建数字货币钱包

对于用户来说，钱包的创建看似是一个下载安装的简单过程，但这背后涉及多重签名的技术思想、合约代码的业务参数传递、钱包安全协议等原理。每一个原理的背后与具体的业务优化、业务方案、流程设计等密切相关，也与相应的岗位密切相关。

数字货币钱包服务商利用双方的公钥验证签名信息的真实性对身份进行确权。根据包括双方签名的钱包合约属性信息创建数字货币钱包。由此可见，创建数字货币钱包需要得到钱包服务商和钱包终端双方的签名同意才能进行创建。

【具体操作步骤】

(1) 验证签名。利用签名双方的公钥完成身份确权。单击【验证签名】按钮，复制粘贴签名者的公钥，完成签名者的身份验证后，如图 10-118 所示。

钱包合约属性信息	数字货币钱包服务商签名	数字货币钱包终端签名	操作
钱包编号：5071099602702141 钱包类型：三类钱包 余额上限：2000.00元 单笔支付上限：2000.00元 日累计支付限额：2000.00元 年累计支付限额：50000.00万元	验证签名	验证签名	创建

图 10-118　验证签名

(2) 创建钱包。单击【创建】按钮，创建钱包，执行钱包合约代码，将钱包合约代码进行编译和部署，如图 10-119、图 10-120 所示。创建钱包是执行钱包合约代码的过程，类似于执行安装程序，将相应的数据、配置、信息、功能等部署成功。

钱包合约属性信息	数字货币钱包服务商签名	数字货币钱包终端签名	操作
钱包编号：5071099602702141 钱包类型：三类钱包 余额上限：2000.00元 单笔支付上限：2000.00元 日累计支付限额：2000.00元 年累计支付限额：50000.00万元	MEQCICkNcD2tMLyC7FWdPld1fu4nsU4 O/XTgBGFGOkDRQ6YSAiBILUceTpWi/ NaKAZL+aOGYKT/KYu8m4DeAiqEHck QSjg==	MEUCIQDrtfmoOCYxuyDPXWm/d2srZB NOnIPMYgrxpP1jNEKhgAlgTQo2lw4Fo2 6aEKmDdlaanzgNZdu/o4BXqt+Sgm75o zw=	创建

图 10-119　创建数字钱包

图 10-120　验证签名执行钱包合约代码

(3) 部署钱包合约代码。单击 【部署】按钮，需要输入初始化参数[①]，包括用户名、登录密码、真实姓名、身份证号、银行账号等 (本实验具体数据依次为王小亮、wxl123456、王小亮、340128198311301012、6077487783257361)，单击【开始部署】按钮，如图 10-121 所示。

图 10-121　部署合约代码

(4) 发送注册请求。单击【发送】按钮，向数字货币发行登记机构发送注册请求，如图 10-122 所示。

钱包合约属性信息	数字货币钱包服务商签名	数字货币钱包终端签名	操作
▾ 钱包编号：5071099602702141 钱包类型：三类钱包 余额上限：2000.00元 单笔支付上限：2000.00元 日累计支付限额：2000.00元 年累计支付限额：50000.00万元	MEQCICkNcD2tMLyC7FWdPld1fu4nsU4 O/XTgBGFGOkDRQ6YSAiBlLUceTpWi/ NaKAZL+aOGYKT/KYu8m4DeAiqEHck QSjg==	MEUCIQDrtfmoOCYxuyDPXWm/d2srZB NOnIPMYgrxpP1jNEKhgAlgTQo2lw4Fo2 6aEKmDdlaanzgNZdu/o4BXqt+Sgm75o zw=	发送

图 10-122　发送注册请求

13. 登记注册

数字货币发行登记机构根据接收的注册请求对钱包标识、钱包证书进行登记注册。在进行登记之前，要确认接收的注册请求具有合法性，如果验证接收到的请求不具有合法性，则停止操作。

在对钱包标识、钱包证书进行登记注册之后，通过钱包服务商将开通成功的通知发送给数字货币钱包终端。

【具体操作步骤】

登记注册的信息包括用户登录名、用户标识、真实姓名、身份证号、钱包标识和钱

[①] 所谓的参数就是合约执行的数据。

包证书。输入用户的钱包标识和钱包证书(进入 6.生成数字证书进行复制粘贴),完成登记注册即可,如图 10-123 所示。

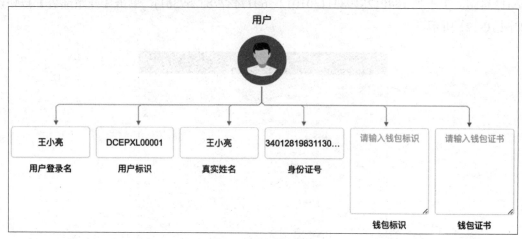

图 10-123　登记注册

14. 发送开通结果

数字货币钱包服务商接收登记机构的钱包开通成功的通知消息,将该开通成功的通知发送给数字货币钱包终端。本步骤只是一个消息传递的步骤,没有实际的教学操作。

15. 设置钱包合约代码

数字货币钱包终端在接收到开通成功的通知以后,就需要将钱包的合约代码设置为可执行。同时,将创建的钱包与用户的私钥进行绑定,使其可以进行身份确权和签名。

【具体操作步骤】

(1)设置状态。单击【设置状态】按钮,将合约代码的状态变更为【可执行】状态,如图 10-124 所示。

(2)绑定私钥。单击【绑定私钥】输入用户私钥即可,如图 10-125 所示。

图 10-124　设置合约代码状态

图 10-125　绑定私钥

实验思考题

思考题 1:请从数字人民币开通的整体流程的维度,阐述数字人民币钱包与微信、支付宝的区别?

思考题 2：在数字人民币钱包中包含了数字证书、私钥、公钥及钱包编码，请分别说明这些信息的价值和用途。

10.5 向商业银行兑换数字货币

10.5.1 实验目的

本实验以用户的角度完成向商业银行进行数字人民币的兑换操作，通过剖析数字人民币兑换的实验原理，旨在让学生理解数字人民币兑换的全过程及兑换流程中应用的技术手段；理解数字人民币归属人变更、资金扣减、币串存入等操作，通过数字货币在兑换过程中使用的实现手段和技术手段来解决现实问题。

10.5.2 实验导入

所谓的数字货币兑换，是指公众向商业银行进行数字人民币的存取操作，主要是通过数字货币钱包实现的。

我们目前使用的电子钱包是作为银行卡或其他卡介质访问的聚合入口存在的。这种钱包只实现卡功能的聚合管理，将多个卡的网络支付入口功能进行封装，实现单一入口访问，简化用户多卡操作的复杂性，这种钱包的功能需要对应调用某个具体卡的网络应用功能来实现。这种聚合类电子钱包不算是真正意义上具有直接资金操作和交易处理功能的钱包，不具有实际钱包支付等功能。

现有的使用电子化或数字化的钱包兑换数字货币的方案，实际都是背后账户系统的交易，钱包本身不实际存放任何实际的资金和资产，只是作为后台账户账务数据和功能的前端展示。现有的技术中至少存在如下问题：①与数字货币发行登记机构没有系统之间的交互和访问机制。②与用户真实身份没有关联，更不能与账户打通，缺乏与现有金融基础设施融合，不能很好地应用于现有金融服务和交易场景中。③在安全保护机制上，过于依赖钱包服务商或商业银行等机构，钱包安全方面存在不足。④无法实现数字货币实际存放保管、数字货币真实直接转移到钱包等功能。

本实验依据数字货币研究小组申请的关于数字货币兑换的专利进行研读、理解、设计而来，提供一种数字货币兑换的方法，能够与数字货币发行登记机构系统对接，并与传统账户体系关联绑定，实现现有金融基础设施和用户的无差异体验和平滑过渡，提供一整套本地化安全保护机制，不依赖后台系统和其他机构，提高整个钱包操作和数字货币兑换过程的安全性，提高钱包的安全保护能力，并可基于完全独立的终端钱包，提供数字货币的真实存放和直接转移。

10.5.3 实验全局流程

本实验是由"数字货币发行登记端""数字货币钱包服务端""数字货币钱包终端""数字货币钱包"4种角色参与进行，实验地图如图10-126所示。

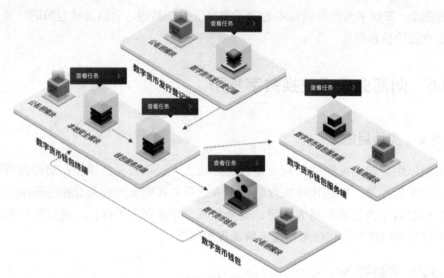

图 10-126　向商业银行兑换数字货币实验地图

"数字货币发行登记端""数字货币钱包服务商""数字货币钱包终端""数字货币钱包"4 种角色下的模块的功能如表 10-14 所示。

表 10-14　兑换数字货币实验主要参与模块与功能

参与模块	功能
数字货币发行登记端	变更数字货币归属人
数字货币钱包服务端	与客户端进行交互,返回相应的取币数据
数字货币钱包终端	通过钱包客户端完成相应的取币指令、绑定操作、查询操作
数字货币钱包	对用户进行记账,扣减用户账户额度

开通数字货币钱包流程主要包括:绑定银行卡;发送取币信息;确定取币用户通过身份认证;生成未签名取币指令;签名取币指令;扣减余额资金并匹配数字货币;变更数字货币的属主;币串列表存入数字货币钱包;数字货币余额展示。

10.5.4　实验过程

1. 绑定银行卡

在前面的任务中,我们创建了数字货币钱包并开通了钱包账户,此时的钱包账户余额为 0 元。需要向商业银行兑换一定额度的数字货币。首先,要将该商业银行的银行卡绑定到数字货币钱包,通过银行卡向商业银行办理数字货币的兑换业务。

本任务以其中一个投资人王小亮的身份来完成绑定银行卡的业务操作。王小亮的具体信息可在数字人民币学习平台中侧边栏功能中找到,也可以在本实验中的实验案例角色中找到。

【具体操作步骤】

单击进入【绑定银行卡】任务,单击【我的】—【更多设置】—【绑定账户】—【添加银行账户】,输入银行账号、银行预留手机号等信息完成银行卡绑定的操作,如图 10-127、图 10-128 和图 10-129 所示。

图 10-127　绑定账户入口　　图 10-128　添加银行账户　图 10-129　输入账户相关信息

2. 发送取币信息

数字货币兑换的第一步是确定取币信息,后续的步骤根据取币信息来生成相应的指令和数字货币。所谓的取币信息,就是用户通过钱包客户端输入的兑换金额,对计算机程序来说,兑换金额是通过取币指令进行传递的。

取币信息的获取是用户在【数字货币钱包端】进行的相应输入。用户在数字货币钱包客户输入的取币信息包括取币金额、取币用户的钱包标识和钱包关联账户的信息。

【具体操作步骤】

(1) 单击进入【发送取币信息】任务,单击【发送】按钮,如图 10-130 所示。

序号	用户钱包编码	用户真实姓名	用户身份证号	银行账号	用户数字证书	兑换金额	操作
1	5000 7753 4526 6766	王小亮	340128198311301012	6077487783257361	查看	-	发送

图 10-130　发送取币信息

(2) 单击【存入钱包】按钮,输入充值金额,即需要向钱包中充值的金额,单击【下一步】按钮,弹出取币信息发送成功的提示,如图 10-131、图 10-132 和图 10-133 所示。

图 10-131　存入钱包　　图 10-132　设置充值金额

图 10-133　取币信息发送成功提示

3. 确定取币用户通过身份认证

用户在申请数字货币钱包时，提交了用户相关的身份信息，并由数字货币发行登记机构进行了登记注册。

数字货币钱包将取币的信息发送到了数字货币钱包终端，在生成取币指令之前，需要先由【本地安全模块】进行安全性的验证，主要是针对取币用户的身份进行认证。需要使用到钱包标识在身份认证数据中进行认证检索，以此来核查用户是否通过了身份认证。

【具体操作步骤】

(1) 单击进入【确定取币用户通过身份认证】任务，单击【查看】按钮，如图 10-134 所示。

序号	用户钱包编码	用户真实姓名	用户身份证号	银行账号	用户数字证书	取币金额	检索状态	操作
1	5000775345266766	王小亮	340128198311301012	6077487783257361	查看	1000	已认证	查看

图 10-134　查看窗口

(2) 在检索输入框中输入钱包编码[①]，单击【核查】按钮，如果检索出用户存储的记录并且认证状态为"已开户"，则表明该用户通过了身份的认证，单击【确定】按钮，如图 10-135、图 10-136 所示。

图 10-135　核查用户是否身份认证

图 10-136　核查通过提示

4. 生成未签名取币指令

本步骤根据取币信息生成取币指令，利用取币指令来运行取币的机器动作。

【具体操作步骤】

(1) 单击进入【生成未签名取币指令】任务，单击【生成指令】操作，根据指令的相关知识进行取币指令的结构设计，使用的是三地址指令：(Ad1)OP(Ad2) → (Ad3)。将取币金额、钱包标识、账户信息按照三地址的形式完成，如图 10-137、图 10-138 所示。

---

① 用户的钱包编码与用户的钱包标识是一一对应的关系，通过钱包编码就可以检索到对应的用户信息。

序号	用户钱包编码	用户真实姓名	用户身份证号	银行账号	用户数字证书	取币金额	检索状态	操作
1	5000775345266766	王小亮	340128198311301012	6077487783257361	查看	1000	已认证	生成指令

图 10-137　生成指令操作窗口

图 10-138　取币指令

(2) 单击【发送】按钮后，单击【确定】按钮，如图 10-139、图 10-140 所示。取币指令生成之后，此时的指令是未签名的状态，需要发送给本地安全模块进行签名的收集，只有拿到了签名，才能发送给钱包服务端。

图 10-139　发送取币指令

图 10-140　取币指令发送成功提示

5. 签名取币指令

钱包服务终端将生成的未签名的取币指令发送到本地安全模块进行签名，以生成签名后的取币指令。其目的在于，数字货币钱包服务端会根据签名的取币指令来完成数字货币的兑换。这一步骤的签名动作和之前的签名算法是一致的，通过 SM2 国密算法，利用数字货币钱包终端的私钥完成取值指令的签名。

【具体操作步骤】

(1) 单击进入【签名取币指令】任务，单击【签名】按钮，在输入框中复制粘贴数字货币钱包终端的私钥后单击【确定】按钮即可完成签名操作，如图 10-141、图 10-142 所示。

序号	取币金额	取币指令					签名	操作
1	10000	OP	取币金额	钱包标识	账户信息	显示	—	签名

图 10-141　取币指令签名窗口

图 10-142　数字货币钱包终端私钥输入

(2) 单击【发送】按钮,将签名后的取币指令发送给数字货币钱包服务端完成扣款操作,如图 10-143、图 10-144 所示。

序号	取币金额	取币指令					签名	操作
1	1000	OP	取币金额	钱包标识	账户信息	显示	MEUCIQCr+2J5ZBtu+ E7mmxcsf7cSOrwFVj PYOmY+1aRRCLbOK QIgee9B0Q7Uga6Zc/ J6xwaoTiQO8Up/P/K X4a/64R5VRow=	发送

图 10-143　取币指令发送窗口

图 10-144　取币指令发送成功提示

6. 扣减余额资金并匹配数字货币

钱包服务端收到来自本地安全模块的已签名的取币指令,根据取币指令中的内容进行账户金额的资金扣减和数字货币的兑换。

这一步骤主要是数字货币兑换的准备阶段,根据预设的规则来进行数字货币的匹配,根据预设的转移策略来确定实际转移金额和找回金额。这一过程也是生成数字货币的过程,根据取币的金额会匹配相应的数字人民币,这里面会涉及多种匹配情况,如:存在找零情况、存在等值情况等。同时,其也涉及整取还是零取等情况。

本任务核心在于通过分析数字人民币的匹配的原则和过程,来深入分析数字人民币的存取原理。

【具体操作步骤】

(1) 扣减关联账户余额资金。单击【扣减】按钮,从商业银行(本案例中的商业银行是北京科技银行)的账户中扣减相应的金额,如图 10-145、图 10-146、图 10-147 所示。

序号	取币指令					扣减账户余额资金	操作
1	OP	取币金额	钱包标识	账户信息	显示	—	扣减

图 10-145　扣减操作窗口

图 10-146 扣减取币金额

图 10-147 扣减成功提示

(2) 匹配数字货币。根据取币金额匹配数字货币，单击【预设】按钮，选择转移策略。如选择【整进整出】策略后，我们能看到待转移的数字人民币都是整钱的面值，如图 10-148、图 10-149 和图 10-150 所示。

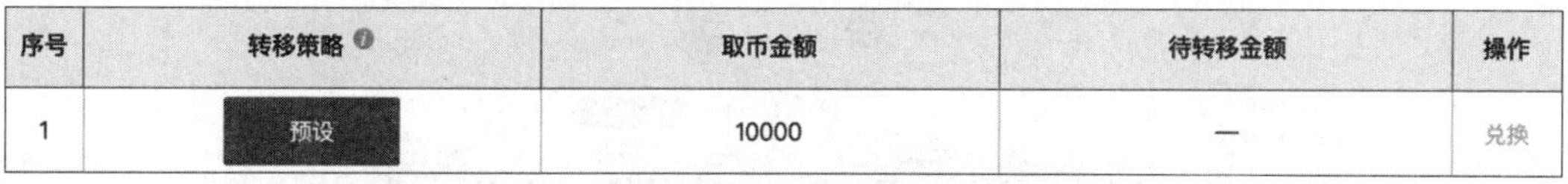

序号	转移策略	取币金额	待转移金额	操作
1	预设	10000	—	兑换

图 10-148 预设策略窗口

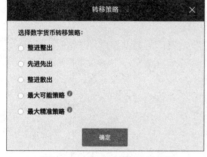
图 10-149 转移策略选择

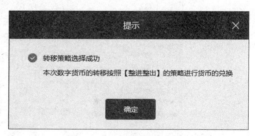
图 10-150 选择成功提示

这里涉及两个概念：一个是取币金额，即用户要兑换的货币金额；另一个是待转移金额，即钱包根据转移策略从数字货币库中匹配的要转移的数字人民币，这个金额有可能比取币金额大，但会产生找零金额。根据专利我们可以看出中央银行公布了 5 种转移策略，分别是整进整出策略、先进先出策略、整进散出策略、最大可能策略、最大精准策略。对这 5 种转移策略的解读如下。①整进整出策略：按照人民币的面值进行划分，分为整钱和零钱。在数字人民币转移的过程中优先整钱兑出、整钱兑入。②先进先出策略：对数字人民币进入银行库的先后时间进行划分，在数字人民币转移的过程中时间在前的先进行兑出。③整进散出策略：按照人民币的面值进行划分，分为整钱和零钱。在数字人民币转移的过程中优先零钱兑出、整钱兑入。④最大可能策略：按照最大可能策略确定实际转移金额和找回金额。当取币金额与待转移金额一致时，则实际转移金额就是取币金额，找回金额为零。当取币金额与待转移金额不一致时，实际转移金额为取币金额与待转移金额二者之中的最小值。如果取币金额大于待转移金额，则找回金额为零；如果取币金额小于待转移金额，则找回金额为待转移金额与取币金额的差值。⑤最大精准策略：按照最大精准策略确定实际转移金额和找回金额。当取币金额与待转移金额一致时，则实际转移金额就是取币金额，找回金额为零。当取币金额与待转移金额不一致时，如果取币金额小于待转移金额，则实际转移金额为取币金额，且找回金额为待转移金额与取币金额的差值；如果取币金额大于待转移金额，则实际转移金额和找回金额为零。

(3) 兑换数字人民币。单击【兑换】按钮，如图 10-151 所示，再单击【兑换】按钮，数据库会根据转移策略生成对应的待转移金额，图 10-152 和图 10-153 所示。

序号	转移策略	取币金额	待转移金额	操作
1	已预设	1000	—	兑换

图 10-151　兑换操作窗口

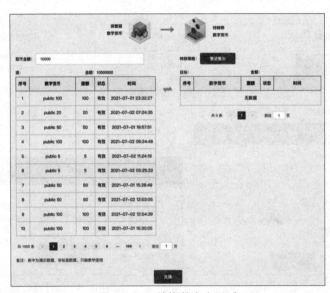

图 10-152　兑换数字人民币

序号	数字货币	面额	状态	时间
1	public 100	100	有效	2021-07-01 23:32:27
2	public 20	20	有效	2021-07-02 07:24:35
3	public 50	50	有效	2021-07-01 19:57:51
4	public 100	100	有效	2021-07-02 06:24:48
5	public 5	5	有效	2021-07-02 11:24:19
6	public 5	5	有效	2021-07-02 05:25:22
7	public 50	50	有效	2021-07-01 15:28:49
8	public 50	50	有效	2021-07-02 12:03:05
9	public 100	100	有效	2021-07-02 12:54:39
10	public 100	100	有效	2021-07-01 15:30:05

⇌

序号	数字货币	面额	状态	时间
1	public 100	100	有效	2021-07-01 23:32:27
2	public 100	100	有效	2021-07-02 06:24:48
3	public 100	100	有效	2021-07-02 12:54:39
4	public 100	100	有效	2021-07-01 15:30:05
5	public 100	100	有效	2021-07-01 17:09:24
6	public 100	100	有效	2021-07-02 04:27:18
7	public 100	100	有效	2021-07-01 20:21:29
8	public 100	100	有效	2021-07-01 21:26:01
9	public 100	100	有效	2021-07-02 13:32:21
10	public 100	100	有效	2021-07-02 05:45:29

图 10-153　兑换成功窗口

7. 变更数字货币的属主

数字货币钱包服务端根据取币金额从保险箱中取出对应金额的数字货币，并将数字货币的状态变更为待转移状态。

接下来，就是数字货币发行端针对待转移的数字货币进行属主的变更，所谓属主就是变更货币的归属人。变更的属主包括：实际转移金额的属主和找回金额的属主。待转移金额还不属于用户的钱，同时待转移金额和取币金额之间的大小关系需要通过判断来确定是否存在找零币。

【具体操作步骤】

(1) 单击进入【变更数字货币的属主】任务，确定实际转移金额和找回金额。单击【判断】按钮，输入待转移金额、取币金额，以判断找回金额和实际转移金额，单击【确定】按钮，如图 10-154、图 10-155、图 10-156 所示。

序号	取币金额	待转移金额	实际转移金额	找回金额	操作
1	1000	1000	—	—	判断　关系图谱

图 10-154　判断操作窗口

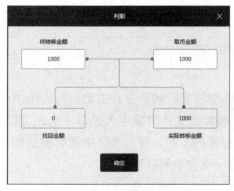

图 10-155　判断待转移金额

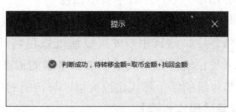

图 10-156　判断成功提示

(2) 单击【关系图谱】按钮，进行查看，如图 10-157 所示。判断完成之后，原先的待转移金额的状态变更为作废状态，根据策略新生成找零币和去向币。

由此可以看出，中央银行数字人民币的兑换过程其实是旧币作废、新币产生的过程。那么，基于这种方式，我们可以对数字人民币进行来源、去向的追踪。这和传统的电子支付有本质的区别。

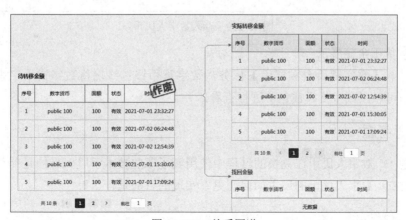

图 10-157　关系图谱

(3) 变更数字货币的属主。在【实际转移金额属主】下拉列表框中,单击选择取币用户,在【找回金额属主】下拉列表框中,单击数字货币钱包服务商。取币的核心是,属主的变更只有经过属主的变更才能判断钱的归属,才可使用,如图 10-158 所示。

图 10-158　变更数字货币的属主

8. 币串列表存入数字货币钱包

存入数字货币钱包的过程实际上是钱包终端将实际转移金额的数据写入用户的数字货币钱包中,这样用户才可以通过钱包客户端看到兑换的数字人民币。由此可以看出,数字人民币的存在形式是以加密字串的形态存在的,而且每一个字串都有相应的货币面值,与传统的纸币形式比较类似,与传统的电子支付金额区别很大。

【具体操作步骤】

单击进入【币串列表存入数字货币钱包】任务,单击【判断】按钮,数字货币钱包终端确认实际转移金额的属主为取币用户,将币串列表存入数字货币钱包中。单击【存入】按钮,将数据写入用户的数字货币钱包中,如图 10-159 所示。

序号	实际转移金额	属主	操作
1	10000	王小亮	已存入

图 10-159　存入数字人民币

9. 数字货币余额展示

单击进入【数字货币余额展示】任务,数字货币钱包终端将数字货币字串写入钱包中后,我们可以在数字货币钱包中进行查看。

实验思考题

思考题 1:数字人民币在兑换的过程中使用到了哪些技术手段?目的是什么?

思考题 2:数字人民币的属主如何变更?实现的目的是什么?

10.6 定制数字货币追踪方法

10.6.1 实验目的

本实验将数字人民币独有的技术特征——定制追踪的性质进行全面解析，通过结合投资场景中的具体业务需求，让学生完成需求分析，以及合约规则的设计，旨在让学生理解数字人民币是如何做到货币追踪的，使学生具备追踪需求的分析能力及实际的业务分析能力。

10.6.2 实验导入

数字货币是电子货币形式的替代货币。目前，一般认为数字货币是中央银行发行或中央银行授权发行的，以代表具体金额的加密数字串为表现形式的法定货币，包括数字货币的金额、发行方标识和所有者标识。

在货币的流通过程中，出资人对资金的使用和投向在很多时候都有特殊要求。而往往当资金到达使用方后，资金的运用可能脱离原先出资人的控制范围。如何对资金的流向进行跟踪，成为出资人关注的焦点。在现有的技术中，对资金流的追踪通常是通过对接商业银行，获取付款转账记录来查询资金的使用和流向。由于各商业银行在跨行付款过程中只能记录一次付款，因此现有的资金流监控是依靠将分散在不同商业银行的付款记录汇总，来分析推导资金流的链路。

现有的使用电子化或数字化的钱包兑换数字货币的方案，实际是背后账户系统的交易，钱包本身不实际存放任何实际的资金和资产，只是作为后台账户账务数据和功能的前端展示。现有技术存在如下问题：第一，现有技术中资金流的追踪方式需要对接大量商业银行，以避免资金汇划路径超出连接银行范围而出现无法追踪的情况；第二，涉及的所有商业银行都需要开通账户监管功能，从而导致系统建设实施和业务运作的难度大，复杂性高，关联方多，协调困难。

本实验根据中央银行关于数字货币定制追踪方法的专利解读而来，实验围绕数字人民币可追踪、可定制等方面展开，能够解决资金付款方跨主体、层层追踪资金流向的问题，并且支持货币流向的定制追踪，在发起方管理范围内进行资金流向追踪，从而保护用户隐私。数字人民币定制追踪的原因是数字人民币是一个加密字串，由多个字段组成，结构如图 10-160、图 10-161 所示。

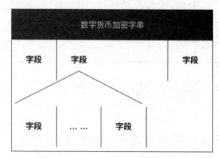

图 10-160　数字货币加密字串

图 10-161　数字货币包含的字段

10.6.3 实验全局流程

本实验的背景是投资人向筹资人进行数字人民币的注资，注资的数字人民币规定了相应的使用用途，通过数字人民币的定制追踪的方法来完成。其中，投资人和监管机构被中央银行授权可进行追踪，可以查看资金的使用过程和流向。

本实验是由"投资人""监管机构""数字货币定制追踪系统"三种角色参与进行，实验地图如图 10-162 所示。定制数字货币追踪实验流程包括：发送追踪请求；接收追踪请求；设置追踪；发送查询请求；验证来源币所有者信息；反映追踪链条。

其中：投资人角色参与的模块是投资人客户端和公私钥模块；监管机构角色参与的模块是监管机构客户端和公私钥模块；数字货币定制追踪系统角色参与的模块是接收模块、设置模块、身份验证模块、追踪模块和公私钥模块。定制数字货币追踪实验主要参与模块的功能如表 10-15 所示。

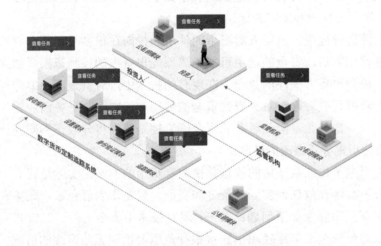

图 10-162　定制数字货币追踪实验地图

表 10-15　定制数字货币追踪实验主要参与模块与功能

参与模块	功能
投资人	追踪注资金额，提出追踪需求
监管机构	监控资金风险与违法行为
接收模块	接收追踪请求，是追踪系统的信息接收入口，并将接收的追踪请求发送到设置模块
设置模块	接收追踪请求，根据追踪请求在交易过程中产生的去向币设置追踪，并保存去向币
身份验证模块	验证来源币所有者身份，如果身份合法，则返回追踪链条
追踪模块	反映追踪的数字人民币使用情况

10.6.4 实验过程

1. 发送追踪请求

在本案例中，需要追踪数字货币的来源币所有者包括投资人和监管机构。来源币所有者的第一步是要向数字货币定制追踪系统发送追踪请求。

对投资人来说，对数字人民币的追踪主要包括数字货币的资金流向、资金用途等方面。投资人作为来源币所有者，通过设置数字货币的追踪标识——数字货币名，来追踪数字人民币的来源币信息、去向币信息、后续参与方、使用用途和转账账户等信息，触发该追踪脚本的条件是数字货币证书和私钥证书。这是投资人追踪数字人民币请求的具体信息和条件，可以根据业务的实际用途通过数字人民币的特定标识作为追踪标识，来查询具体的业务信息，同时可以对查询条件、触发条件进行设定，限制信息的范围。

对监管机构来说，以资金监管的身份来追踪数字人民币的使用行为，主要包括数字货币的来源、去向、用途等方面。以数字货币名作为追踪标识，追踪数字人民币的来源币信息、去向币信息、后续参与方、使用金额和申请是否相符、转账账户监控等，触发该追踪脚本的条件是数字货币证书和查询私钥证书。这是监管机构追踪数字人民币请求的具体信息和条件，与投资人的区别在于更侧重转账账户的安全性、资金的使用行为。

【具体操作步骤】

(1) 设计追踪脚本。单击进入【发送追踪请求】任务，单击【数字货币追踪需求】按钮，打开背景内容来完成投资人追踪脚本的设计。

(2) 发送追踪请求。单击【发送】按钮，将包含追踪请求的脚本发送给数字货币定制追踪系统，如图 10-163 所示。

序号	追踪币	操作
1	10000	发送

图 10-163　发送追踪请求至数字货币定制追踪系统

2. 接收追踪请求

接收模块作为数字货币定制追踪系统中从外部接收信息的入口，将接收的信息传输到内部系统中进行流转。其会从投资人和监管机构处接收不同的追踪请求，包含对应的追踪脚本。

【具体操作步骤】

单击【接收模块】进入任务，单击【发送】按钮，将接收的追踪请求发送至设置模块，对追踪请求进行处理，如图 10-164 所示。

序号	追踪人	追踪币	追踪脚本	操作
1	投资人,监管机构	10000	查看	发送

图 10-164　发送追踪请求至设置模块

3. 设置追踪

通过设置追踪功能，我们可以对数字货币追踪的信息、查看的权限、追踪的规则等进行设置，追踪设置是整个追踪功能的核心。设置追踪包括开通追踪、授权追踪、关闭追踪。

【具体操作步骤】

(1) 开通追踪。数字人民币由多种字段组成[①]，在数字货币字串中设置追踪脚本，在应用属性字段中单击【添加】按钮，将投资人脚本和监管机构的脚本添加到字段中，如图 10-165 所示。

图 10-165　添加追踪脚本

添加追踪脚本后，可开始设置追踪标识，将追踪标识添加到脚本中，设置脚本执行的触发条件及查询条件。追踪标识通过定制追踪系统的公钥使用 SM3 国密算法生成，如图 10-166 和图 10-167 所示。

图 10-166　添加追踪标识　　　　图 10-167　生成追踪标识

(2) 授权追踪。在追踪脚本中添加签名授权标识，进行授权追踪的各级主体都可依照该方式实现追踪授权。授权标识由相应追踪人的公钥通过对称加密算法生成，将生成的授权标识添加到数字人民币追踪授权的集合中，存在集合中的授权标识就可以对数字人民币进行追踪，不在集合中的授权标识，对应的追踪人无法对数字人民币进行追踪，如图 10-168 和图 10-169 所示。

图 10-168　添加授权标识　　　　图 10-169　生成授权标识

---

① 最初数字人民币只能满足最基础的支付功能，如果要基于数字人民币进行定制追踪需要在数字人民币的货币应用属性中，添加相应的追踪程序。

(3) 关闭追踪。数字人民币的设置模块可以关闭数字人民币的追踪过程。交易的后续参与方收到数字货币字串之后，在继续支付过程中不再追踪脚本添加签名授权标识。此任务，不设置关闭追踪，因为我们后续需要追踪数字人民币的支付过程。

通过对数字人民币的一系列设置，我们可以看出数字人民币已经成为一种可编程的货币，数字人民币可授权追踪人、可设置追踪权限、可自定义追踪信息等。这种可编程特性在实际的产业应用中将发挥巨大的作用。

4. 发送查询请求

追踪设置完毕之后，来源币所有者发送查询请求进行数字货币的追踪查看。查询请求包含来源币信息、交易信息、去向币信息等。发送查询请求的过程，是调用智能合约查询数字人民币信息的过程，也可以理解成查询请求是数字人民币追踪合约的触发条件。当前的投资人以角色信息中的王小亮为例来模拟发送查询请求的过程。

【具体操作步骤】

(1) 投资人发送查询请求。投资人王小亮发送查询来源币信息、交易信息等的请求，同时针对查询请求进行私钥加密。查询请求需要使用来源币所有者或者后续的参与者的私钥进行加密，目的是确权和身份验证，如图 10-170 所示。

(2) 监管机构发送查询请求。监管机构发送查询来源币信息、交易信息等的请求，同时针对查询请求进行私钥加密。具体操作与第一步相同。

5. 验证来源币所有者身份

本步骤是对投资人、监管机构两方的查询请求进行身份验证，以确认查询主体是用于发起查询的数字货币的所有者或者查询者在追踪脚本的授权范围内。

图 10-170　生成签名

【具体操作步骤】

验证来源币所有者身份。单击【验证解密】按钮，输入签名者的公钥，以验证查询主体的身份，如图 10-171 所示。

序号	请求发起者	加密信息	操作
1	投资人	MEQCIDYAxGy0xNbZAGNgViMP4uuLpL1XHzGtN9s+Vjmw8MkGAiBJsYau6t1YSPnHC4EgRUJtl B9xCzBD5S9nd5wS+T4FMg==	验证解密
2	监管机构	MEUCICYPI9U65t5Q+tJUTiBrq7PgTJfFcJTsljFZ1w/wemsUAiEAna5W3pv3sXupqh7RBQMe9dg 6AC06F8hbChESNXgnwfM=	验证解密

图 10-171　验证解密

6. 反映追踪链条

在身份验证模块对身份验证通过之后，追踪模块将数字货币的追踪信息反馈到查询请求的发起端，返回的是一个完整的追踪链条，主要包括交易时间、交易金额、来源币、来源币所有者信息、去向币、去向币所有者信息。

【具体操作步骤】

反映追踪链条就是调用追踪脚本，拿到数字人民币的追踪标识及查询条件，将查询的信息反映给追踪人，如图 10-172 所示。

序号	请求发起者	交易时间	交易金额	来源币	来源币所有者信息	去向币	去向币所有者信息	操作
1	投资人，监管机构	——	10000	——	王小亮	——	——	反映

图 10-172　反映追踪链条

实验思考题

思考题 1：在追踪数字人民币时，使用到的追踪标识是什么？

思考题 2：在添加追踪标识时，使用到的技术包含哪些？分别起到什么作用？

10.7　关联存管账户

10.7.1　实验目的

本实验通过学习数字货币钱包关联存管账户的实验原理，结合案例中的投融资场景将第三方平台中的账户与数字人民币进行关联的实验操作。

本实验旨在让学生理解数字货币钱包关联账户中的技术手段，明确在数字货币钱包关联账户的过程中通过技术手段是如何解决现实问题的。

10.7.2　实验导入

本案例基于投资和筹资背景来完成，其中，投资平台会建立一个较大的存管账户，现有资金存管系统通过存管账户进行统收统付操作；同时，投资人和筹资人在存管账户下挂靠虚拟账户，记录在存管账户中的资金金额。投资人与筹资人银行账户之间的资金划拨通过存管账户完成，通过存管账户与数字货币钱包进行关联来完成整个实验案例。

现有的货币钱包有三种类型：①基于账户体系的电子化或数字化的钱包。这一类钱包是账户功能的延伸，甚至只是账户访问的一个入口或介质，这一类钱包并不是独立的钱包，而是依赖于原有账户系统的。因此，这一类钱包所参与的交易，实际只是原有账户系统的交易，即这类钱包本身不实际存放任何实际的资金或资产，只是作为后台账户系统账务数据和功能的前端展示。②作为银行卡或其他卡介质访问的聚合入口的电子钱包。这类钱包只实现卡功能的聚合管理，钱包并不具有直接资金操作和交易处理功能，其功能的实现还需要调用对应的某个卡的网络应用功能，即本身不具有实际钱包支付等功能，而是将多个卡的网络支付入口功能进行封装，实现单一入口访问，简化用户多卡操作的复杂性。③私人准入数字货币钱包。私人准入数字货币是基于区块链技术发展而来的，这一类钱包主要用于保存私钥，以及对区块链上记录的私人准入数字货币进行签名交易，即这类钱包类似于地址或秘钥保管箱，而不具有对资金或资产的存储功能。同时，这类钱包是完全匿名的，任何人都可以生成新的钱包地址，并通过私钥将数字资产转移给任何地址，一旦转移目标发生错误，则无法追回，如比特币钱包。

现有技术的钱包存在如下问题：由于数字货币可以体现或携带于数字货币钱包中，现有技术缺少通过数字货币钱包访问关联账户的方法，也缺少基于数字货币钱包查询关联账户的方法。

本实验解析的是一种数字货币钱包关联账户的方法，关联的账户就是我们在平台注册的存管账户，能够在数字货币钱包终端的基础上，通过钱包服务机构为用户提供查询关联账户的服务。实验流程如图 10-173 所示。

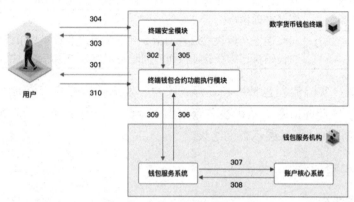

图 10-173　存管账户关联实验流程

10.7.3　实验全局流程

本实验的基本案例背景是投资人向筹资人进行数字人民币的注资，这是一个投资行为。作为投资人，需要先在投资平台上有存管账户，然后通过存管账户给筹资人进行注资。那么，就涉及存管账户与数字人民币钱包的关联，否则无法进行数字人民币的投资。

本实验是由"用户""钱包服务机构""数字货币钱包终端"三种角色参与进行。其中：用户角色中参与的模块是用户客户端和公私钥模块；钱包服务机构角色中参与的模块是账户核心系统、钱包服务系统和公私钥模块；数字货币钱包终端角色参与的模块是终端安全模块、终端钱包合约功能执行模块和公私钥模块。实验地图如图 10-174 所示。

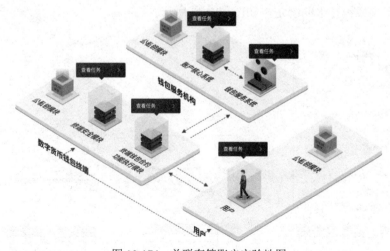

图 10-174　关联存管账户实验地图

"用户""钱包服务机构""数字货币钱包终端"三种角色下的模块的功能如表 10-16 所示。

表 10-16 关联存管账户主要参与模块与功能

参与模块	功能
用户客户端	在钱包客户端接收用户的行为操作,转化成操作指令
账户核心系统	将查询结果返回到钱包服务系统
钱包服务系统	验证查询指令的身份,并发送查询结果至钱包终端
终端安全模块	签名查询指令
终端钱包合约功能执行模块	向终端安全模块发送查询指令列表和用户的数字货币钱包概要信息;合约代码执行指令验证操作,同时与用户客户端打通反馈查询指令列表

关联存管账户实验流程包括:开通存管账户、发送关联账户查询指令、查询指令相关列表、发送账户查询指令、私钥签名查询指令、验证查询指令、验证签名指令、返回查询结果、发送查询结果、展示查询结果。

10.7.4 实验过程

1. 开通存管账户

实验第一步是在投资平台开通存管账户,通过存管账户对投资人和筹资人的资金进行管理。存管账户是银行提供的一项金融服务,它不是一个具体的账户,而是一种资金管理方式。存管账户亦称为客户交易结算资金簿记台账。

【具体操作步骤】

本任务是以其中一个投资人的身份为例来完成存管账户的开通操作,投资人为王小亮。

(1) 实名认证。提供开通人的证件信息、身份信息、工作信息等,同时签署相关存管账户的服务协议、授权协议等,如图 10-175 所示。

(2) 设置交易密码。实名认证通过之后,为该存管账户设置交易密码,作为接下来通过存管账户划拨资金的密码口令,一般为 6 位数字的交易密码,如图 10-176 所示。

(3) 绑定银行卡。输入王小亮的银行卡号"6077487783257361",单击【下一步】按钮,根据提示完成银行卡的绑定,如图 10-177 所示。

图 10-175 实名认证　　图 10-176 设置交易密码　　图 10-177 绑定银行卡

2. 发送关联账户查询指令

用户向数字货币钱包终端发送查询关联账户的指令，钱包终端接收到用户的操作指令后会将关联账户的行为转化成关联请求。数字货币钱包终端接收查询请求，通过签名向钱包服务机构进行查询，最终返回查询结果。查询账户的指令涉及查询钱包标识、账户余额等。

【具体操作步骤】

发送关联账户查询指令。单击进入【发送关联账户查询指令】任务，单击【发送】按钮，将查询的钱包编码、账户号、账户名等相关信息发送到钱包服务终端，由钱包服务终端反馈相关的指令列表，如图10-178所示。

序号	钱包编号	账户号	账户名	账户余额	操作
1	5000775345266766	6077***7361	王小亮	1000	发送

图 10-178　发送查询指令相关信息

3. 查询指令相关列表

通过用户发送查询钱包标识、账户号、账户名等指令，把查询出的钱包概要信息发送给终端安全模块，同时执行钱包的合约将指令列表发送给安全模块。

【具体操作步骤】

查询指令列表。单击进入【查询指令相关列表】任务，单击【点击查询】按钮，输入"钱包编号" 5000775345266766 后按回车键确认，查询用户钱包的"身份信息"，将钱包中存储的余额信息、钱包机构信息进行反馈。输入"账户号"，获取合约代码中的查询指令列表，包括关联账户查询指令、交易明细查询指令、数字货币明细查询指令，如图10-179，图10-180、图10-181所示。

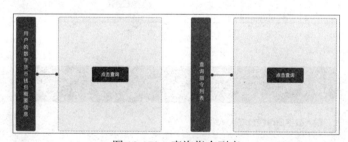

图 10-179　查询指令列表

图 10-180　查询提示 (1)

图 10-181　查询提示 (2)

4. 发送账户查询指令

在用户发送账户查询指令的前一步是终端安全模块接收查询指令集，将指令集发送给用户。用户接收到指令集后，对要发送的指令进行操作，账户查询指令是本实验的指令目标，接下来通过安全模块和钱包服务机构来完成结果的查询反馈。

【具体操作步骤】

发送账户查询指令。单击进入【关联账户查询指令】任务，用户在数字人民币钱包客户端中的查询指令列表中选择要查询的指令，单击相关指令即可，如图10-182所示。

5. 私钥签名查询指令

本步骤是对用户的查询指令进行签名授权，相当于给查询指令进行了盖章。

图 10-182　发送查询指令

签名的过程是数字货币钱包终端的安全模块接收来自用户的关联账户查询指令，利用钱包的私钥对账户查询指令进行签名，生成一个数字签名。

【具体操作步骤】

私钥签名查询指令。单击进入【私钥签名查询指令】任务，接收的查询指令包括查询钱包标识、账户号、账户名称、账户余额等信息。单击【签名】按钮，输入数字货币钱包终端的私钥对查询指令进行签名，如图10-183、图10-184所示。

图 10-183　签名查询指令

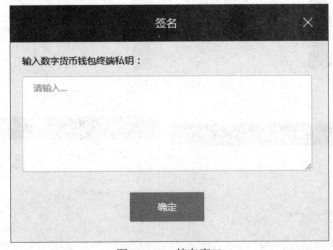

图 10-184　签名窗口

6. 验证查询指令

数字货币钱包终端合约功能模块利用数字货币钱包终端的证书，对已签名的查询指令进行验证，验证通过后将查询指令发送到钱包服务机构。

钱包终端的证书中包含其公钥，需要与私钥签名进行匹配来完成验证。

【具体操作步骤】

验证查询指令。单击进入【终端钱包合约功能执行】任务，单击【验证】按钮，输入钱包终端的数字证书进行签名验证，如图10-185、图10-186所示。利用数字货币钱包终端的数字证书对终端签名进行验证，数字证书中包含钱包终端的公私钥体系及钱包标识。

图 10-185　验证查询指令

图 10-186　签名验证窗口

7. 验证签名指令

钱包服务系统接收来自钱包终端发送的查询指令，查询指令的结果查询是由账户核心系统进行的，在这之前需要由钱包服务系统先进行验证，是利用证书对已签名的关联账户查询指令的签名进行验证，验证通过后将已签名的关联账户查询指令发送到账户核心系统。

注：此步骤与上一步操作一致，所以在此不再进行实验操作，默认已验证通过，进入到下一步。

8. 返回查询结果

账户核心系统的功能是对指令结果进行执行并返回结果。其本身会对指令进行验证，验证通过之后，通过解析指令的查询参数进行查询，获取关联账户查询结果，然后将查询结果返回给钱包服务系统，最终返回给用户。

【具体操作步骤】

返回查询结果。账户核心系统通过用户的钱包编号在数据库中检索对应的用户信息，通过输入的账户名和密码进行身份的核对和查询授权，查询用户的钱包标识及钱包类型。依次将对应的查询结果返回到用户客户端，通过使用私钥对查询结果进行签名，表明查询者的身份，如图10-187所示。

图10-187　返回查询结果

9. 发送查询结果

本步骤只是接收查询结果和发送结果，操作比较简单。

【具体操作步骤】

发送查询结果。单击进入【发送查询结果】任务，钱包服务系统将账户核心系统查询到的信息发送到用户客户端，查询到的结果包括账户号、账户名、账户余额等信息，如图10-188所示。

序号	钱包编号	钱包类型	账户号	账户名	账户余额	钱包服务机构数字签名	操作
1	5071099602702141	一类钱包	6077487783257361	王小亮	10000	MEYCIQCPPjIGw6x0XbwqTi0nmFlYCbg93o39kRmDUeQPB1nK2wihAKta3BsHPTuzaQVntBL37yURVomqGvTeK7kSGnqkHyk8	发送

图10-188　发送查询结果

10. 展示查询结果

用户接收钱包终端返回的查询结果，最终将结果展示到用户的界面。

实验思考题

思考题1：在数字人民币钱包关联账户信息时，主要通过什么技术手段进行信息的传递？

思考题2：对指令的签名使用了哪些技术手段？这种做法能够达到的实际效果是什么？

10.8　筹资人/投资人完成合同签订

10.8.1　实验目的

本实验是非数字人民币的实验，属于数字人民币案例场景中的业务实验。通过案例中的投融资的合同签订实验，让学生明确投资理财相关的知识点，增强相关的业务能力，旨在让学生理解合同的内容及相关的条款，为接下来合同转化成智能合约做铺垫，提高学生的业务思考能力和需求分析能力。

10.8.2　实验导入

个人资信评估是所有资信评估的重要组成部分，由独立的社会中介机构资信评估公司，分析企业、债券发行者、金融机构、个人等市场参与主体的信用记录、经营水平、财务状况、所处外部环境等因素，对其信用能力做出综合评价。

个人资信评估涉及的范围、内容非常广泛，既有客观的、法定的必然程序，也有主观的意见。从法定程序而言，凡个人参与资本项目、融资等，必须由法定的个人资信评估机构对个人的收入按法定程序进行评估；就个人主观而言，如个人申请消费贷款、开办独资企业、参与企业兼并、拍卖、合股、联营等，由个人提出，个人资信评估机构进行评定。

个人资产信用是个人资信的一个组成部分和主体，包括有形资产和无形资产。有形资产可以分为个人金融资产、实物资产和其他资产。其中金融资产又包括流动性金融资产和长期投资资产，如股票投资和债券投资。实物资产包括消费性资产和不动产。无形资产包括个人专利、著作权、商标权和其他技术专有权等。

10.8.3　实验全局流程

本实验是基于数字人民币进行投资，投资人在投资前需要对投资人身份进行资信评估，评估其风险类型。同时，完成与筹资人的合同签订，在合同签订成功之后才能应用数字人民币进行投资，投资金额大小取决于投资人评估的资信类型。

本实验是由"投资人""筹资人""投资平台"三种角色参与进行。其中：投资人角色中参与的模块是投资人客户端；筹资人角色中参与的模块是筹资人客户端；投资平台角色中参与的模块是投资平台客户端，实验地图如图 10-189 所示。三种角色模块的功能如表 10-17 所示。

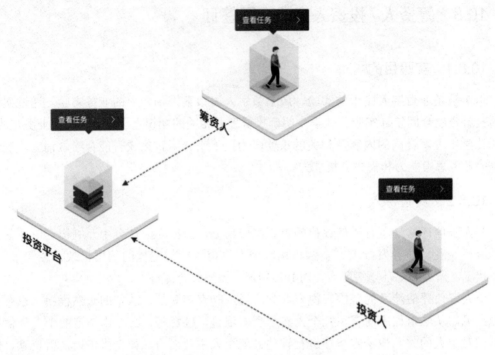

图 10-189　合同签订实验地图

表 10-17　合同签订实验主要参与模块与功能

参与模块	功能
投资人客户端	投资人在客户端完成资信的评估
筹资人客户端	筹资人在客户端完成融资信息的填写
投资平台客户端	投资人确认认购意向，并撮合投资人和筹资人进行合同签订

合同签订实验流程主要包括：投资平台评估资信；筹资人进行融资信息填写；投资人在平台确认认购意向；投资人与筹资人签订网络合同。

10.8.4　实验过程

1. 投资平台评估资信

当前投资人在进行投资之前，需要进行个人资信评估，即通过评估金融资产和投资经历及做风险评测等，来决定当前投资人的投资条件和风险承受能力。

【具体操作步骤】

(1) 评估资产。本案例内置了 10 位投资人。在【角色信息】处可查看 10 位投资人的个人信息。评估资信的第一项是完成 10 位投资人的金融资产评估，通过金融资产的评估初步判断当前投资人的风险类型。评估项包括现金资产、股票、期货等，如图 10-190 所示。

金融资产			
现金资产	现金资产比例	股票	股票资产比例
请输入…	请输入…	请输入…	请输入…
期货	期货资产比例	基金	基金资产比例
请输入…	请输入…	请输入…	请输入…
信托	信托资产比例	金融总资产	投资人风险类型
请输入…	请输入…	请输入…	请输入…

图 10-190　评估资产

(2) 填写风险评估报告。风险评估报告是任何一家投资性活动必须进行的测验，通过收集客户的投资经历、金融资产构成完成"投资者风险承受能力和风险偏好测试问卷"，从收入稳定、财富水平、风险水平、人生阶段、负债水平 5 个维度来衡量当前投资人的类型，具体操作如图 10-191 所示。

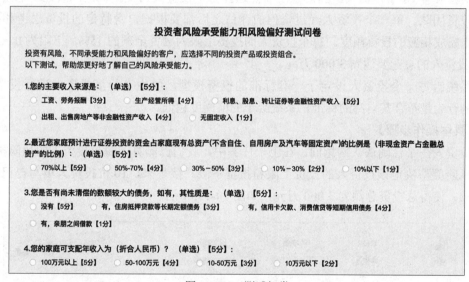

图 10-191　测试问卷

2. 筹资人填写融资信息

在填写融资信息的时候，应站在筹资人的角度尽可能地提高公司的估值，减少融资份额，增加融资金额。

本步骤需要学生仔细分析融资信息中的每一个信息的填写内容，应用背景资料来完成。

【具体操作步骤】

筹资人填写融资信息。筹资人应从公司概况、财务状况、年销售收入、年税后利润、年末现金流量净额、年末 EBITDA(税息折旧及摊销前利润) 等角度进行思考，填写融资计划书，如图 10-192 所示。

公司概况					
公司名称		北京科峰电器制造有限公司			
注册地址		北京市海淀区西二旗工业园			
注册资本	1000万(元)		成立时间		1997-04-15
员工人数	80人		所有制性质		私有
联系人	王鹏	电话	010-66032617	电子邮件	edu@educhainx.com
所属行业		制造业			
主要股东情况	股东名称	出资额(元)	出资形式	股份比例(%)	股东单位性质
	王鹏	400万(元)		40%	
	余一丰	300万(元)		30%	
	张木	300万(元)		30%	
经营范围		经营范围包括生产笔、美术用品、文具等各类文教及办公用品			

图 10-192　填写融资计划书

3. 投资人在平台确认认购意向

实验设有 10 个投资人，当前学生需要选择一个投资人为主投资人，其他 9 个投资人作为投资团队。每一个投资人经过资信的评估之后都要根据自身特定的投资思考和投资需求来完成相应的投资额度。每个投资人的投资上限为融资金额的 15%，下限为 0。最终 10 个投资人的总额要达到 3 000 万元。

系统给每一个投资人设定了一套标准的投资模型，学生在扮演投资人进行投资时，投资的行为越符合其自身的标准，系统给予的偏离度越低。

【具体操作步骤】

投资人在平台确认认购意向。在上一任务中，我们已测算了每位投资人的风险类型，当前风险类型决定该投资人的投资上限和投资下限。接下来，10 位投资人填写自己的投资金额，使得总投资总额为 3 000 万元，如图 10-193 所示。

图 10-193　确认认购意向

4. 投资人与筹资人签订网络合同

本案例涉及 10 位投资人的合同签订操作，由于每位投资人的签订动作是一致的，本步骤只做一个投资人与筹资人的签订操作，默认其他 9 位投资人的合同也签订完毕。

【具体操作步骤】

投资人与筹资人签订网络合同。本步骤是签订《股权投资协议》，使其投资行为产生法律效力，主要包括甲方基本信息、股权投资、注资期限、责任与保证、违约责任等合同条款，如图 10-194 所示。

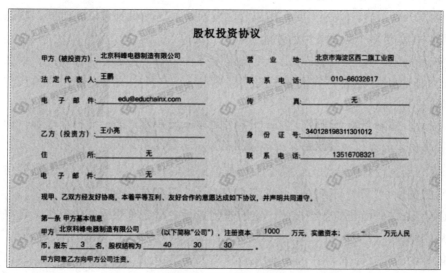

图 10-194　股权投资协议

本实验在整个数字人民币案例中比较重要，通过本实验确定了合同相关的条款，为后续基于数字人民币做智能合约设置做好业务铺垫；本实验的注资金金额的确定既考察了学生对投资相关知识的掌握，也为接下来的对公转账的原理做了相关的数据方面的引导。

实验思考题

思考题 1：请思考合同和智能合约之间的区别与联系？

思考题 2：请结合实际的股权投资协议格式，分析协议中的条款及触发条件等。

10.9　投资双方签署智能合约

10.9.1　实验目的

本实验结合了数字人民币的可编程性的特性及具体的业务需求，将通过投资双方智能合约签署实验，完成智能合约的编写、部署等实验操作，旨在培养学生的程序化思维、程序设计能力及规则分析能力。学生可根据本实验的学习利用智能合约来解决现实问题，了解智能合约的判断条件、执行条件及生效条件。

10.9.2 实验导入

智能合约是一种旨在以信息化方式传播、验证或执行合同的计算机协议。智能合约允许在没有第三方的情况下进行可信交易，这些交易可追踪且不可逆转。数字形式意味着合约不得不写入计算机可读的代码中。只要参与方达成协定，智能合约建立的权利和义务就会由一台计算机或者计算机网络执行。

智能合约是一种代码协议，合约的参与方达成合同规则，以代码的形式写入计算机，由计算机代替进行执行。智能合约的构成主要包括以下内容。

(1) 触发条件：合约执行需要有相应的触发机制，这种机制可以是时间、状态、动作等，也可以是满足多个触发条件后才能执行。

(2) 执行规则：智能合约在满足一定的触发条件之后，会进行执行调用。那么如何执行，中间如何变化，这就是我们要说的执行规则，这些规则的设定必须依照参与方达成的共识条款。

(3) 状态：智能合约在执行过程中处于不断变换的状态，如可执行、生效、调用等状态，每一种状态的变化都是某种条件的满足。

(4) 值：当执行智能合约时，需要上传数值，也叫传参。合约规则通过这些传入的值进行相应的变化。

(5) 响应条件：当智能合约按照一定的规则执行之后会有相应的值产生，这些值是规则执行后的结果。

智能合约的执行原理如图 10-195 所示。

图 10-195　智能合约的执行原理

10.9.3 实验全局流程

本实验是由"投资平台""智能合约系统""投资人钱包应用装置""筹资人钱包应用装置"4种角色参与进行。其中，投资平台角色参与的模块是投资平台客户端和公私钥模块；智能合约系统角色参与的模块是智能合约系统；投资人钱包应用装置角色参与的模块是投资人钱包客户端和公私钥模块；筹资人钱包应用装置角色参与的模块是筹资人钱包客户端和公私钥模块，实验地图如图 10-196 所示。

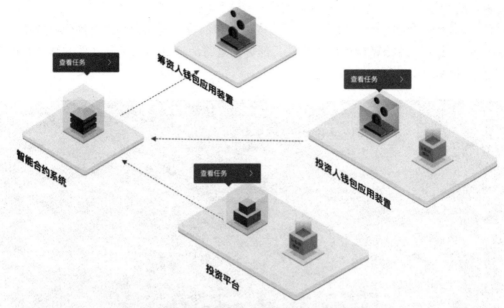

图 10-196　投资双方签署智能合约实验地图

"投资平台""智能合约系统""投资人钱包应用装置""筹资人钱包应用装置"4 种角色下的模块的功能如表 10-18 所示。

表 10-18　主要参与模块与功能

参与模块	功能
投资平台客户端	在投资平台完成智能合约的发布
智能合约系统	在智能合约系统中传入相关的参数，完成智能合约的生效
投资人钱包客户端	添加投资人投资相关信息
筹资人钱包客户端	添加筹资人相关信息

智能合约签署实验流程包括：发布智能合约；添加筹资请求信息；验证并签名；添加投资请求信息；智能合约生效。

10.9.4　实验过程

1. 发布智能合约

上一实验中，投资双方完成了网络合同的签订，这种合同的签订需要中间人的背书和执行。数字人民币支持可编程化，就可以在数字人民币的基础之上进行智能合约的设计。

按照《股权投资协议》编写合约，主要包含两个实验操作：一是将签订的网络合同中的规则、条款等编写成智能合约；二是将编写好的智能合约部署到智能合约系统。

【具体操作步骤】

(1) 编写智能合约。通过解读股权投资协议书可以将协议的内容划分为筹资人基本信息、筹资人的筹资请求、投资人的投资请求、双方签名、筹资人违约及投资人违约情况，对每一部分进行需求分析，如筹资人的筹资请求包括股权转让比例、股东变更时间、融资金额、违约等。

(2) 部署智能合约。合约的部署过程分成编译和部署。编译就是将合约代码转化成二进制文件，这是一种计算机可读的文件。部署就是将编译好的二进制文件安装到智能合约平台，如图 10-197 所示。

图 10-197　部署智能合约

2. 添加筹资请求信息

筹资人钱包应用装置在接收到智能合约以后，向智能合约中添加筹资请求信息。这一过程是给智能合约传入参数的过程，也是合约生效的必备环节。添加的筹资请求信息包括筹资人个人信息、筹资金额、筹资人数字签名，这些信息作为参数传入合约中，作为合约执行数据。

【具体操作步骤】

添加筹资请求信息。单击进入【添加筹资请求信息】任务，本步骤是将筹资请求相关的业务数据传入，其中传入数据包括筹资总额、筹资人私钥、筹资人所属机构名称、筹资人标识，如图 10-198 所示。其中，筹资总额标明了当前融资的额度；筹资人私钥用于信息的签名和数据的解密；筹资人所属机构名称和筹资人标识标明了筹资人的唯一性，作为合约执行过程中的唯一标签。

图 10-198　传入合约参数

3. 验证并签名

投资平台接收到智能合约之后,从合约中获取筹资人的筹资请求进行验证,确认筹资请求中的信息无误之后进行签名确认。

【具体操作步骤】

验证并签名。通过股权投资协议书中的信息来判断下方的筹资请求信息的真假,并验证筹资人的签名,确认无误后通过私钥完成签名,如图 10-199 所示。

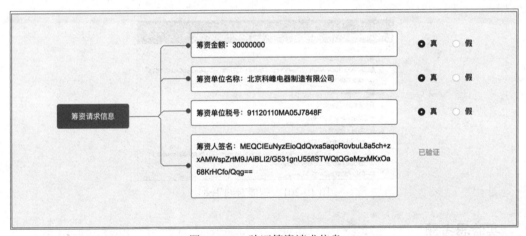

图 10-199　验证筹资请求信息

4. 添加投资请求信息

投资人钱包应用装置在接收到智能合约后,向智能合约中添加投资请求信息,该过程是给智能合约传入参数的过程,也是合约生效的必备环节。本步骤以投资人王小亮为例进行实验操作,其他投资人的"添加投资请求信息"的操作与此一致,故本实验只操作一位投资人的。整个过程同本实验的第二步操作一致。

【具体操作步骤】

添加投资请求信息。将投资请求相关的业务数据传入,其中,传入数据包括投资金额、投资人私钥、投资人姓名、投资人标识,如图 10-200 所示。

图 10-200　传入投资请求信息

5. 智能合约生效

在智能合约系统进行智能合约生效之前，由投资平台完成投资请求信息的验证和签名，因为和验证筹资请求的步骤一致，在这里就不再赘述。

投资平台在验证并通过双方请求后，对智能合约进行生效标记，也就是改变智能合约的状态，让其可以进行调用执行。

【具体操作步骤】

智能合约生效。智能合约生效的原理与合同生效是一致的，需要双方签字确认才可生效。因而智能合约生效也需要收集投资双方的数字签名并验证其签名才可以生效，如图 10-201 所示。

图 10-201　智能合约生效

实验思考题

思考题 1：在本实验中，智能合约的生效条件是什么？

思考题 2：智能合约在本实验中实现的用途有哪些？

10.10　支付数字货币

10.10.1　实验目的

本实验是以现实中经常接触的场景为基础，来解析数字人民币在各用户之间转移的过程。其包含请求的发起、验证，合约的执行及付款登记等多个环节，以此让学生理解转账的过程，深刻理解数字人民币在转移过程中的技术保障及数字人民币的状态变化。让学生掌握 DCEP(数字人民币) 的支付过程，以及如何通过技术手段解决现实的问题。

10.10.2 实验导入

目前，基于电子账户实现的移动支付已经十分普遍，然而这种支付方式本质上还只是一种支付工具，是一种对现有法定货币的信息化过程，还不能称作严格意义上的数字货币。

所谓中央银行数字货币通常是由中央银行发行或中央银行授权发行的，以密码学技术作为技术支撑，以代表具体金额的加密数字串为表现形式的法定货币。与传统的移动支付相比，数据货币其本身就是法定货币，也可以不再需要与电子账户关联，因此数字货币已经不只是支付工具。

本实验涉及投资方向筹资方通过支付合约来完成数字货币的支付，在支付的过程中涉及付款条件、付款验证、付款登记、交易匿名等多种技术环节。通过这种支付手段保证了交易信息的隐私、信息的准确，以及避免了投资平台的资金沉淀问题。

本实验根据中央银行关于数字货币的支付方法进行操作，该方法包括接收付款方发来数字货币的付款操作请求，然后通知收款方，以便付款方和收款方按照支付合约进行业务操作。其中，付款操作请求包括收款方标识、支付合约匹配信息，获取付款方和收款方按照支付合约进行业务操作之后产生的支付验证信息。根据支付合约对支付验证信息进行验证，验证通过之后执行付款操作，具体的执行过程如图 10-202 所示。

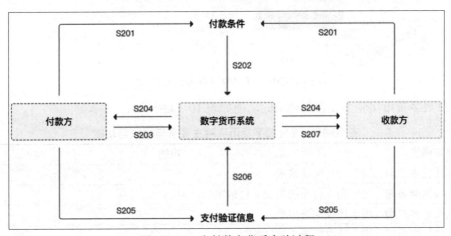

图 10-202 支付数字货币实验过程

10.10.3 实验全局流程

本步骤需要按照合约中的规则，支付数字人民币。这种支付行为属于小额、高频的支付类型，主要关注的是数字人民币的旧币作废、新币生成、属主变更、权属登记等环节。

本实验是由"筹资人数字货币钱包""投资人数字货币钱包""数字货币支付系

统""数字货币交易付款登记系统"4种角色参与进行。其中：筹资人数字货币钱包角色参与的模块是公私钥模块、钱包客户端和钱包服务端；投资人数字货币钱包角色参与的模块是公私钥模块、钱包客户端和钱包服务端；数字货币支付系统角色参与的模块是公私钥模块、合约保存模块、付款启动模块、信息校验模块和付款执行模块；数字货币交易付款登记系统角色参与的模块是公私钥模块、接收模块、登记模块、发送模块、确权模块，实验地图如图10-203所示。

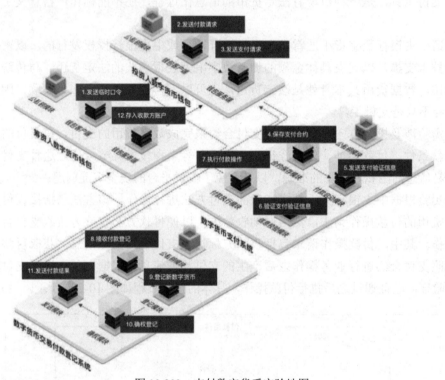

图 10-203　支付数字货币实验地图

支付数字货币实验主要参与模块的功能如表10-19所示。

表 10-19　支付数字货币实验主要参与模块与功能

参与模块	功能
投资人钱包客户端	用于发送付款请求
投资人钱包服务端	用于向支付系统发送支付请求
筹资人钱包客户端	用于接收动态口令
筹资人钱包服务端	用于接收投资人的付款
合约保存模块	用于存储支付合约代码
付款启动模块	将支付请求转化成待验证信息发送到信息校验模块
信息校验模块	验证支付信息，确定当前支付的身份和安全性
付款执行模块	执行付款
接收模块	将支付的数字人民币存入筹资人客户端
登记模块	对接收的登记请求进行数字货币的状态登记，负责将旧币作废、新币登记
发送模块	将付款成功的通知发送到接收模块

支付数字货币实验流程包括：发送临时口令；发送付款请求；发送支付请求；保存支付合约；发送支付验证信息；验证支付验证信息；执行付款操作；接收付款登记；数字货币登记；确权登记；发送付款结果；存入收款方账户。

10.10.4 实验过程

1. 发送临时口令

在传统的收款中，筹资人作为收款方，其信息对服务机构、第三方等是公开的。

本实验的第一步是筹资人发送临时口令，本任务是要确保收款身份信息的安全性和隐私性。数字人民币不同于现有的电子账户中的电子金额，而是现金纸币的数字化，具有虚拟实体的特性。在交易过程中，为了解决收款方的身份容易被付款方锁定的问题，也是为了解决交易双方身份隐私问题，在本实验中引入了匿名交易的技术手段。匿名交易的关键是临时口令。临时口令又称动态令牌、动态口令，是一种临时有效、动态更新的字符串或数字串。通过临时口令可以隐藏交易双方的账户信息，从而代替账户地址进行匿名交易。

【具体操作步骤】

(1) 生成临时口令。钱包服务端存储收款方临时口令，并存储收款方临时口令与收款方账户之间的对应关系。客户端将当前有效的收款方临时口令进行发送，就可以代替收款方账户标识。临时口令的生成一般会采用一次验证码的技术，即我们经常遇到的短信验证码的场景，通过当前账户的账户名和密码进行生成。先生成 OTP(一次性密码) 的密钥，再结合钱包编号生成扫描可用的字符串，将字符串转化成二维码，通过扫描二维码动态生成临时口令，如图 10-204 所示。

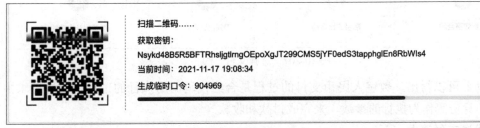

图 10-204　生成临时口令

(2) 发送临时口令。将生成的口令发送到投资人钱包客户端，其中，临时口令中标识了筹资人的登录信息、钱包编码等身份信息。单击【发送】按钮，即可发送到投资人钱包客户端，如图 10-205 所示。

序号	登录账户	登录密码	钱包编号	OTP密钥	临时口令	操作
1	北京科峰电器制造有限公司	admin123	6574005124333011	Nsykd48B5R5BFTRhsljgtlrngOEpoXgJT299CMS5jYF0edS3tapphglEn8RbWls4	421277	发送

图 10-205　发送临时口令

2. 发送付款请求

本步骤是投资人钱包客户端向服务端发送付款请求的过程,其中由客户端接收付款需求,由服务端执行付款操作。投资人钱包客户端接收筹资人钱包客户端的临时口令,通过对口令的解析来确定收款方账户。

【具体操作步骤】

(1) 发送付款请求。以其中一个投资人为例来完成付款请求的发送,将该投资人的付款钱包编号、付款金额及收款方发送的临时口令发送到钱包的服务端,如图 10-206 所示。

序号	付款钱包编号	收款方临时口令	付款金额	合约状态	操作
1	请输入	421277	请输入	生效	发送

图 10-206 发送付款请求

(2) 发送支付合约。根据股权投资协议书的投资人付款条件及完整的股权合约,将支付合约部分的内容一同发送到钱包服务端,这部分合约内容包括投资人投资请求和合同生效的合约部分,由钱包服务端支付请求的方式发送至数字货币支付系统,如图 10-207 所示。

图 10-207 选择支付合约

从以上可以得出,数字人民币支付的过程是合约代码调用执行的过程,通过请求中的金额、身份等作为执行的参数,来完成付款和收款。

3. 发送支付请求

投资人钱包服务端接收来自客户端的付款请求,然后针对付款请求生成支付请求,发送到数字货币系统完成支付。在支付请求中携带着数字货币的金额、付款方的钱包标识、交易金额、账户等信息。钱包服务端是与支付系统进行数据交互的端口,将支付相关信息发送到数字货币支付系统。

【具体操作步骤】

发送支付请求。钱包服务端接收客户端的数字货币交易请求,完成支付请求的发送。依据上一步骤的付款请求和当前投资人的数字货币钱包的货币列表来形成支付请求。此步骤的核心是将钱包中存储的数字人民币按照转移策略转移成待转移数字货币,即形成旧币作废的数据列表,如图 10-208 所示。

序号	付款钱包账户	付款方钱包编号	取币金额	收款方金额	付款方签名	操作
1	王小亮	7317644883339442	添加	2500000	MEUCIQCjXrbtahFsv8AE/jwrQ5Xdh5CXmc4OCVl1bcuZBnPywlgKMWr+Gzgg0WpE7CkRg0YxlXvMqy2opDzCMycQVhxAnA=	已发送

图 10-208　发送支付请求

4. 保存支付合约

数字货币系统接收付款方发来的数字货币的支付请求后通知收款方，以便付款方和收款方按照支付合约进行业务操作，所属付款操作请求包括收款方标识和支付合约匹配信息。

【具体操作步骤】

保存支付合约。由合约保存模块将支付合约进行接收和保存，在前面的任务中获取支付合约相关的内容，接下来的支付操作按照支付合约的规则执行，如图 10-209 所示。

图 10-209　保存支付合约

5. 发送支付验证信息

付款启动模块接收付款方发来的支付请求，然后通知收款方，以便付款方和收款方按照支付合约进行业务操作。

【具体操作步骤】

发送支付验证信息。本步骤是正式进行数字货币支付前的准备工作，录入待验证的信息，包括：付款时间、付款金额、付款的钱包编号等。单击【发送】按钮即可，如图 10-210 所示。

图 10-210　发送验证信息

6. 验证支付验证信息

信息验证模块接收付款启动模块发送的支付验证信息，此步骤将对支付验证信息进行验证。验证的过程是利用支付合约对信息进行验证，也可以叫作预执行。所谓的预执行，就是在未正式进行支付之前先对参数进行执行，查看执行结果的对错。

【具体操作步骤】

验证支付验证信息。对合约代码进行预编译执行，向合约中传入付款时间、付款金额、付款钱包编号等支付验证参数，判断相关合约规则，如图10-211所示。

图10-211　验证支付验证信息

7. 执行付款操作

信息校验模块验证已通过的支付验证信息，将支付信息流转到付款执行模块。本步骤是付款执行模块对支付信息进行付款操作的过程，整个操作过程包括：销毁原数字货币，并生成与原数字货币金额相等的新的数字货币，然后将新的数字货币的所有者登记为收款方。这里的数字货币是加密字串，包括数字货币的金额、发行方标识和所有者标识。

【具体操作步骤】

(1) 销毁原数字货币并生成新的数字货币。数字人民币的转账是待转移货币的作废，也叫作旧币作废，实际转移金额和找回金额的生成，也叫作新币生成，如图10-212所示。

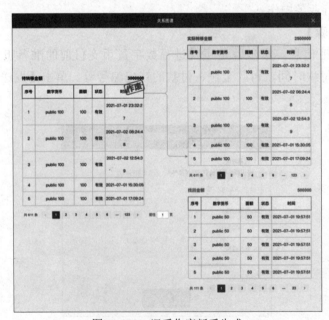

图10-212　旧币作废新币生成

(2) 变更数字货币的属主。将实际转移金额的属主变更为收款方，将找回金额的数字货币属主变更为付款方。单击【属主】列表选择去向币和找零币的归属人，对本案例来说，去向币就是筹资人北京科峰电器制造有限公司，找零币的归属人是当前的投资人王小亮，如图 10-213 所示。

实际转移金额				2500000	找回金额				500000
属主:	北京科峰电器制造有限公司				属主:	王小亮			
序号	数字货币	面额	状态	时间	序号	数字货币	面额	状态	时间
1	public 100	100	有效	2021-07-01 23:32:27	1	public 50	50	有效	2021-07-01 19:57:51
2	public 100	100	有效	2021-07-02 06:24:48	2	public 50	50	有效	2021-07-01 19:57:51
3	public 100	100	有效	2021-07-02 12:54:39	3	public 50	50	有效	2021-07-01 19:57:51
4	public 100	100	有效	2021-07-01 15:30:05	4	public 50	50	有效	2021-07-01 19:57:51
5	public 100	100	有效	2021-07-01 17:09:24	5	public 50	50	有效	2021-07-01 19:57:51

图 10-213　变更数字货币的属主

8. 接收付款登记

原有数字货币的作废标识和新的数字货币的属主变更，是由付款登记系统来完成的，包括作废旧币列表、生成新币列表、改变数字货币的登记状态并将登记成功的应答返回至交易双方。

本步骤是数字货币支付系统的付款执行模块将新的数字货币的所有者登记为收款方，同步向数字货币交易付款登记系统发起付款登记的请求，由登记系统的接收模块来完成请求的接收。

【具体操作步骤】

接收付款登记。本步骤只是一个接收的操作。交易付款登记请求包括：作废旧币列表，生成新币列表。由交易付款登记系统的接收模块从数字货币支付系统接收数字货币字串信息，将接收的信息传达给数字货币交易付款登记系统。接收的登记信息包括作废的旧币列表、实际转移金额、找回金额等。单击【接收】按钮即可完成接收付款登记，如图 10-214 所示。

序号	作废旧币列表	实际转移金额	找回金额	操作
1	2500000	2500000	500000	已接收

图 10-214　接收付款登记

9. 数字货币登记

登记模块根据登记请求，将旧的数字货币的登记状态设为销毁，并对新的数字货币进行登记。登记的过程是一个记账的过程，将数字人民币登记为不同的使用状态。

对旧币和新币的登记，实质上是数据库中字段的变更。本步骤会涉及数据库操作，从计算机的角度来看待数字货币登记。

【具体操作步骤】

(1) 旧币的作废登记。所谓的旧币作废，其实就是在保存旧币的数据库中，改变旧币的状态字段。本实验假设生效状态为 1，作废状态为 0。在旧币数据库中来完成状态的变更（注：此操作为数据库模拟操作，不代表真实的操作情况），如图 10-215 所示。

id	digital_id	quota	wallet_id	owner	state
1	Pcd544840...	100	7317644883339442	王小亮	0
2	Pcd544841...	100	7317644883339442	王小亮	0
3	Pcd544842...	100	7317644883339442	王小亮	0
4	Pcd544843...	100	7317644883339442	王小亮	0

图 10-215　旧币作废登记

(2) 登记新的数字货币。所谓登记新的数字货币，就是将新生成的数字货币的属主变更为收款人，如果有找回的数字货币，应将找回的数字货币属主变更为付款人。在新币数据库中来完成属主的变更（注：此操作为数据库模拟操作，不代表真实的操作情况），如图 10-216 所示。

id	digital_id	quota	wallet_id	owner	state
1	Pcd544840...	100	1723291516986663	北京科峰电器制造有限公司	1
2	Pcd544841...	100	1723291516986663	北京科峰电器制造有限公司	1
3	Pcd544842...	100	1723291516986663	北京科峰电器制造有限公司	1
4	Pcd544843...	100	1723291516986663	北京科峰电器制造有限公司	1

图 10-216　新币登记

到此，数字货币的登记就完成了，在旧币作废和新币登记的过程中已经把对应的属主在数据库中进行变更。从数字人民币在数据库中的存储的状态可以得出，数字人民币有对应的面额，本案例使用完整面额 100 元为例进行知识讲解，在现实中还会有零币面额，同时当前数字人民币的归属和存储在哪个钱包编码下都以数据的形式进行了标记。值得注意的是，数字人民币的标识也存储在数据库中，我们可以通过数字人民币的标识进行快速检索、查询追踪、变更等操作。

10. 确权登记

在向收款人和付款人发送付款结果之前，需要通过确权模块进行相关的确权登记操作。在确权登记的具体实现中，应预先设置确权登记表和交易登记表。其中，确权登记表用于记录确权登记情况，主要包括确权登记状态属性字段；交易登记表用于记录交易登记情况，其主要包括付款交易状态属性字段。确权登记成功之后，将这两个字段的属性设置为成功，进入到下一步骤。

【具体操作步骤】

(1) 确权登记。所谓确权登记，就是对登记的记录进行权属标识，也就是用私钥进行数据的签名。输入数字货币交易付款登记系统的私钥进行签名，如图 10-217 所示。

序号	作废旧币列表	实际转移金额	找回金额	确权签名	操作
1	2500000	2500000	500000	MEQCIGYH7RQ2kjzf5+LwZLfuabQz4gb7idqlhaRaMlhF6a+VAiBmzdoiMz8gYi54R0HNWI2Y9hAO8gMPgOSlqqloC1sdmw==	已接收

图 10-217　确权登记

(2) 登记状态的变更。确权登记成功之后，将确权的结果存储在确权登记表中。同时，对确权登记状态和交易登记状态进行设置，在确权登记表中修改确权登记状态，将确权登记状态修改为【成功】，表示当前交易中的新币归属登记完成；在交易登记表中修改付款交易状态，将交易状态变更为【成功】，表示当前交易执行成功，如图 10-218 所示。

确权登记表

标识	确权登记	确权登记状态
1	MEQCIGYH7RQ2kjzf5+LwZLfuabQz4gb7idqlhaRaMlhF6a+VAiBmzdoiMz8gYi54R0HNWI2Y9hAO8gMPgOSlqqloC1sdmw==	● 成功　○ 失败

交易登记表

标识	交易记录	付款交易状态
1	查看（实际转移金额） 查看（找回金额）	● 成功　○ 失败

图 10-218　修改登记状态

11. 发送付款结果

本步骤是发送模块将数字货币付款结果通过前置机发送给付款方和收款方，只是一个消息通知的步骤，没有额外的实验知识点操作。

【具体操作步骤】

发送付款结果。将付款结果发送给数字货币交易付款登记系统的接收模块，如图 10-219 所示。

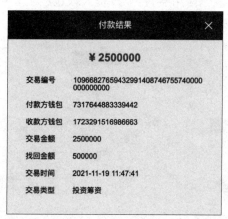

图 10-219　发送付款结果

12. 存入收款方账户

在本实验，我们以一个投资人为例进行操作。筹资人接收付款人发送的数字货币，本步骤查询账户余额为所有已签协议的投资人发来的数字货币。

【具体操作步骤】
本步骤以筹资人的身份查看投资方支付的所有的数字人民币。

实验思考题

思考题 1：请简述数字人民币的转移过程。

思考题 2：登记新币是将新产生的数字人民币进行登记操作。那么，所谓的登记指的是什么？

10.11 更新智能合约状态

10.11.1 实验目的

本实验是由学生根据业务数据来完成智能合约的状态更新，完成智能合约的变更，涉及智能合约的更新、接收等多个实验环节。通过实验，可培养学生的程序化思维、程序设计能力及规则分析能力，利用智能合约来解决现实问题。

10.11.2 实验导入

本实验是基于上一实验进行的，在前面我们完成了投资人的数字人民币支付，按照智能合约中规则的设定，筹资人收到投资方的付款后，需要完成相应的股权变更及股东信息的变更。那么，在变更之前需要对智能合约的状态进行更新，更新的目的在于执行智能合约的条款，即达到了智能合约的触发条件，满足条件后按照合约中的规则执行。

10.11.3 实验全局流程

本实验是由"筹资人钱包应用装置""投资人钱包应用装置""智能合约系统"三种角色参与进行，实验地图如图 10-220 所示。

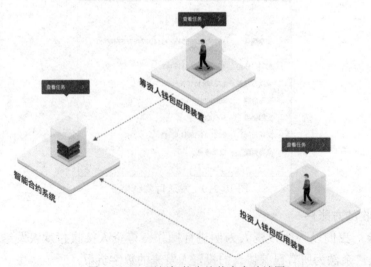

图 10-220　更新智能合约状态实验地图

更新智能合约实验流程包括：接收投资到账通知；更新智能合约状态；接收支付完成通知；更新智能合约状态。"筹资人钱包应用装置""投资人钱包应用装置""智能合约系统"三种角色下的主要参与模块的功能如表 10-20 所示。

表 10-20 更新智能合约状态实验主要参与模块与功能

参与模块	功能
筹资人钱包应用装置	筹资人的钱包客户端接收投资人的支付到账通知
智能合约系统	根据支付状态变更智能合约的状态
投资人钱包应用装置	投资人的钱包客户端接收投资人的支付成功通知

10.11.4 实验过程

本实验的主要目的在于智能合约的状态更新，通过支付消息作为触发条件来变更合约的状态。

1. 接收投资到账通知

由筹资人的钱包应用装置接收投资到账通知，这个通知是由筹资人的银行账户发送的。

【具体操作步骤】

接收投资到账通知。本步骤是以投资人的数字货币到账为教学案例进行展示，筹资人的钱包接收来自 10 位投资人的支付通知，单击【接收】按钮，即可查看转账的详细信息，如图 10-221 所示。

图 10-221 到账通知

2. 更新智能合约状态

投资人钱包应用装置接收到通知后，向智能合约系统发送支付完成通知。智能合约系统根据支付完成通知，更新智能合约的状态，如更新智能合约状态为"筹资人已收到投资人的投资"。更新智能合约的状态，其实是调用已经部署好的智能合约，将收款通知作为参数传入合约中，来更新合约状态。

数字人民币钱包中包含了完整的合约代码，而且支持第三方自主编程智能合约，我们可以进入合约的界面查看钱包合约目前为生效状态，可以获取合约的地址和智能合约的 JSON 接口，接口中包含账户地址、账户类型、支付金额、金额类型、账户状态等。

【具体操作步骤】

(1) 读取合约中的数据，单击【读取】按钮，从合约中读取账户数据，包括钱包编码和账户金额，如图 10-222 所示。

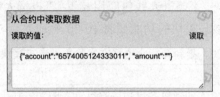

图 10-222　读取合约中的数据

(2) 调用合约。单击【调用】按钮，输入合约执行的金额，本案例是筹资人所收到的金额 (30 000 000 元)，如图 10-223 所示。

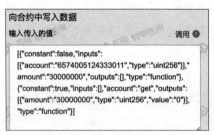

图 10-223　调用合约

3. 接收支付完成通知

本实验步骤和"接收投资到账通知"的实验操作保持一致，由投资人的钱包应用装置接收支付完成通知，这个通知是由投资人的银行账户发送的。

【具体操作步骤】

接收支付完成通知。本实验以投资人王小亮的数字货币支付成功为例来进行支付完成的通知接收，具体展示形式如图 10-224 所示。

图 10-224　接收支付完成通知

4. 更新智能合约状态

智能合约系统根据支付完成通知更新智能合约的状态，如更新智能合约状态为"筹资人已收到投资人的投资"。本步骤的更新智能合约的状态其实是调用已经部署好的智能合约，将收款通知作为参数传入合约中来更新合约状态。

【具体操作步骤】

更新智能合约状态。数字人民币钱包中包含了完整的合约代码，而且支持第三方自主编程智能合约，我们可以进入合约的界面查看钱包合约目前为生效状态，可以获取到合约的地址和智能合约的 JSON 接口，接口中包含账户地址、账户类型、支付金额、金额类型、账户状态等。

(1) 读取合约中的数据。单击【读取】按钮，从合约中读取账户数据，包括钱包编码和账户金额，此时的钱包编码是投资人的钱包编码，如图 10-225 所示。

图 10-225 读取合约中的数据

(2) 调用合约。单击【调用】按钮,在合约中写入数据,输入合约执行的金额,本案例是筹资人所收到的金额 (1 800 000 元),如图 10-226 所示。

图 10-226 调用合约

调用的过程是合约执行的过程,调用成功之后合约的状态从"生效"状态变更为"筹资人已收到投资人的投资"状态。再次单击【读取】按钮,可以从合约中读取存入的数据,呈现出支付资金 1 800 000 元的额度。

由此可见,我们操作数字人民币钱包的过程,是合约代码不断读取数据、调用合约、变更数据、存储数据等的过程。同时基于合约的可编辑性,可以实现定制化的功能和规则。

实验思考题

思考题:本实验中触发智能合约状态变更的条件是什么?

10.12 公司工商变更

10.12.1 实验目的

在本实验中,由学生以筹资人的角色在仿真的工商局界面,根据融资的相关信息完成公司工商变更。

通过公司信息的变更实验,让学生明确真实情况下公司工商变更的注意事项及流程。

10.12.2 实验导入

本实验是筹资人根据股权投资协议中的条款,通过股份的转让完成融资,通过前面的实验投资人完成了数字人民币的支付,同时更新了智能合约状态,接下来就是筹资机构进行股权的变更,将投资人所占的股份、股权、比例等在工商局进行变更。

根据《中华人民共和国公司法》,设立公司应当依法向公司登记机关申请设立登记,并完成整个登记过程。登记事项包括:公司名称、法定代表人姓名、注册资本、地址、公司类型、经营范围、经营期限等。工商变更是公司在经营发展过程中，因业务发展的变化，将变更公司法人、股权、地址和经营范围，因此需要通过工商部门变更信息，更新工商许可信息。工商变更具体可变更的内容如下。

(1) 企业名称变更登记：企业变更名称的，应当自变更决议或者决定作出之日起 30 日内申请变更登记。

(2) 企业住所变更登记：企业变更住所的，应当在迁入新住所前申请变更登记，并提交新住所使用证明。

(3) 企业法人变更登记：企业变更法定代表人的，应当自变更决议或者决定作出之日起 30 日内申请变更登记。

(4) 企业注册资本变更登记：企业变更注册资本的，应当提交依法设立的验资机构出具的验资证明。

(5) 公司经营范围变更登记：公司经营范围变更的，应当自作出变更决议或者决定之日起 30 日内申请变更登记；经营范围变更涉及法律、行政法规或者国务院决定规定在登记前须经批准的项目的，应当自国家有关部门批准之日起 30 日内申请变更登记。

(6) 企业类型变更登记：企业类型变更的，应当按照拟变更公司类型的设立条件，在规定期限内向企业登记机关申请变更登记，并提交有关文件。

(7) 股东及股权变更登记：有限责任公司股东转让股权的，应当自股权转让之日起 30 日内申请变更登记，并提交新股东的主要资格证书或者自然人身份证明。

(8) 企业合并、分立变更登记：现有企业合并、分立，登记事项发生变化的，应当申请变更登记；因合并、分立解散的，应当申请注销登记；因合并、分立新设企业的，应当申请设立登记。公司合并、分立的，应当自公告之日起 45 日后申请登记，提交合并协议和合并、分立决议或者决定，以及公司在报纸上登载公司合并、分立公告的有关证明和债务清偿或者债务担保情况的说明。

本实验是由"筹资人""北京市市场监督管理局"两种角色参与进行，实验地图如图 10-227 所示。

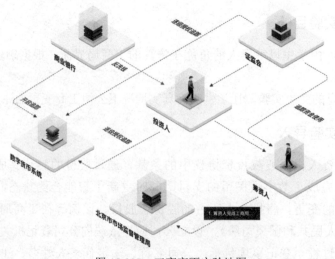

图 10-227　工商变更实验地图

10.12.3 实验过程

筹资人完成工商变更

筹资人在投资平台集资完成,按照合同的条款规定,需进行企业股权变更。

【具体操作步骤】

(1) 进入北京市市场监督管理局界面(仅作教学使用),单击【企业变更】按钮,进入变更界面,如图 10-228 所示。

图 10-228　企业变更入口

(2) 筹资人完成工商局变更。单击【法人服务】按钮,完成相关企业变更的流程。经办人信息登录(本案例为北京科峰电器制造有限公司的法人),登录后进入"股东/注册资本"界面进行变更,将注册资本由原来的 1 000 万变更为 4 000 万元,同时将 10 位投资人的股权,添加到股东栏中,具体如图 10-229、图 10-230 所示。

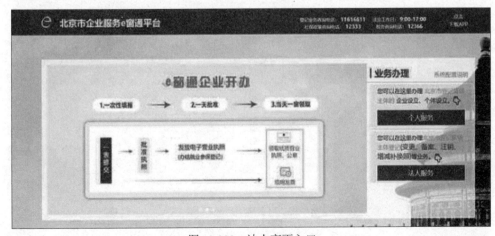

图 10-229　法人变更入口

图 10-230　股权变更

参考文献

[1] 巴曙松，张岱晁，朱元倩. 全球数字货币的发展现状和趋势 [J]. 金融发展研究，2020(11)：3-9.

[2] 齐志远. 中央银行数字货币 DCEP 的本质论析——基于马克思的货币职能理论 [J/OL]. 当代经济理，2021(01)：1-9.

[3] 管弋铭，伍旭川. 数字货币发展：典型特征、演化路径与监管导向 [J]. 金融经济学研究，2020，35(03)：130-145.

[4] 朱阁. 数字货币的概念辨析与问题争议 [J]. 价值工程，2015，34(31)：163-167.

[5] 钱婷婷，孙志强，刘融，王荣. 货币银行学 [M]. 北京：人民邮电出版社，2013：318.

[6] 孙宝文，王智慧，赵胤钘. 电子货币与虚拟货币比较研究 [J]. 中央财经大学学报，2008(10)：28-32.

[7] 帅青红. Q 币、U 币、POPO 币与电子货币 [J]. 电子商务，2007(01)：45-50.

[8] 李建军，朱烨辰. 数字货币理论与实践研究进展 [J]. 经济学动态，2017(10)：115-127.

[9] 胡庆康. 货币银行学 [M]. 上海：复旦大学出版社，2014.

[10] 弗雷德里克·S. 米什金. 货币金融学 [M]. 北京：中国人民大学出版社，2016：765.

[11] 徐明星，刘勇，段新星，等. 区块链重塑经济与世界 [M]. 北京：中信出版社，2016.

[12] 唐塔·普斯科特，亚力克斯·塔普斯科特. 区块链革命：比特币底层技术如何改变货币、商业和世界 [M]. 凯尔，孙铭，周沁园，译. 北京：中信出版社，2016.

[13] 井底望天，武源文，史伯平，等. 区块链世界 [M]. 北京：中信出版社，2016.

[14] 徐明星，田颖，李霁月. 图说区块链：神一样的金融科技与未来社会 [M]. 北京：中信出版社，2017.

[15] 唐文剑，吕雯. 区块链将如何重新定义世界 [M]. 北京：机械工业出版社，2016.

[16] 谭磊. 区块链 2.0[M]. 北京：电子工业出版社，2016.

[17] 赵增奎，宋俊典，庞引明，等. 区块链：重塑新金融 [M]. 北京：清华大学出版社，2017.

[18] 黄步添，蔡亮. 区块链解密：构建基于信用的下一代互联网 [M]. 北京：清华大学出版社，2016.

[19] 长铗，韩锋，等. 区块链：从数字货币到信用社会 [M]. 北京：中信出版社，2016.

[20] 李蕙珺，尚秀芬，胡姝瑶，等. 基于区块链第三方支付存在的问题和应用前景 [J]. 北方经贸，2019(2)：3.

[21] 李晓枫. 金融移动支付标准与移动支付发展策略 [J]. 中国金融电脑，2013(6)：4.

[22] 长铗，韩锋，杨涛. 区块链：从数字货币到信用社会 [J]. 中国信用，2020(3)：1.

[23] 肖风. 数字货币的价值起源 [J]. 清华金融评论，2017(04)：24-27.

[24] 本刊编辑部. 中央银行发布金融支付技术标准 [J]. 金融科技时代，2013(1)：2-2.

[25] 姚前. 数字货币的前世与今生 [J]. 中国法律评论，2018(6)：8.

[26] 吕旭峰，尹亚伟，华锦芝. 移动支付技术发展趋势简析 [J]. 软件产业与工程，2012(6)：5.

[27] JR/T 0093.5-2012，中国金融移动支付远程支付应用 第5部分：短信支付技术规范 [S].

[28] 左明宗. 中国移动近场支付业务发展新策略 [J]. 中国金融电脑，2013(6)：6.

[29] A M Antonopoulos. Mastering Bitcoin: Unlocking Digital Cryptocurrencies [M]. Sebastopol: O'Reilly Media，Inc.，2014.

[30] 张健. 区块链：定义未来金融与经济新格局 [M]. 北京：机械工业出版社，2016.

[31] 邹均，曹寅，刘天喜. 区块链技术指南 [M]. 北京：机械工业出版社，2016.

[32] 阿尔文德·纳拉亚南，等. 区块链：技术驱动金融 [M]. 林华，等译. 北京：中信出版社，2016.

[33] 朱岩，甘国华，邓迪，等. 区块链关键技术中的安全性研究 [J]. 信息安全研究，2016，2(12)：1090-1097.

[34] 袁勇，王飞跃. 区块链技术发展现状与展望 [J]. 自动化学报，2016，42(4)：481-494.

[35] 翟建宏. 信息安全导论 [M]. 北京：科学出版社，2011.

[36] 沈昌祥. 信息安全导论 [M]. 北京：电子工业出版社，2009.

[37] 杨波. 现代密码学 [M]. 北京：清华大学出版社，2007.

[38] 张焕国，王张宜. 密码学引论 [M]. 武汉：武汉大学出版社，2009.

[39] 朱建明，高胜，段美姣. 区块链技术与应用 [M]. 北京：机械工业出版社，2017.

[40] 王腾鹤，辛泓睿，黄永彬. 一本书读懂数字货币 [M]. 北京：机械工业出版社，2020.

[41] 姚前，汤莹玮，YAO，等. 关于央行法定数字货币的若干思考 [J]. 金融研究，2017(7)：82-89.

[42] 姚前. 中国法定数字货币原型构想 [J]. 中国金融，2016(17)：3.

[43] 姚前. 中国版数字货币设计考量 [J]. 中国金融，2016(12)：2.

[44] 姚前. 区块链与中央银行数字货币 [J]. 清华金融评论，2020(3)：5.

[45] 姚前. 法定数字货币对现行货币体制的优化及其发行设计 [J]. 国际金融研究，2018(4)：3-11.

[46] 李三强. 推动数字货币在跨境投资领域的应用 [N]. 中国财经报，2021-01-12(5).

[47] 杨峻，李亚梅. 中央银行数字货币的应用展望 [J]. 商展经济，2020(10)：45-47.

[48] 青岛银行首席经济学家办公室. 数字货币未来应用场景展望 [N]. 青岛日报，2020-09-03(9).

[49] 陈翰书. 数字经济背景下法定数字货币的应用前景及风险防范 [J]. 农村经济与科技，2020，31(16)：109-110.

[50] 卢贵珍. 数字货币的应用场景与发展趋势研究 [J]. 环渤海经济瞭望,2020(08)：8-9.

[51] 李冲. 数字货币在支付体系中的应用探索 [J]. 青海金融，2020(07)：61-63.

[52] 万虹，刘伟超. 法定数字货币应用场景分析 [J]. 现代金融，2020(06)：3-6.

[53] 丁昱. 数字货币应用前景分析 [J]. 青海金融，2016(04)：19-21.

[54] 中国人民银行宜宾市中心支行课题组，黎明，梁尤伟. 数字货币发展应用及货币体系变革探讨——基于区块链技术 [J]. 西南金融，2016(05)：69.

[55] 姚前. Libra2.0 与数字美元 1.0[N]. 第一财经日报，2020-05-12(A03).

[56] 黄洛. 数字加密货币市场风险分析 [D]. 南昌：南昌大学，2020.

[57] 李敏. 数字货币的属性界定：法律和会计交叉研究的视角 [J]. 法学评论，2021，39(02)：107-120.

[58] 袁曾. 法定数字货币的法律地位、作用与监管 [J/OL]. 东方法学：1-11[2021-03-28].

[59] 戚聿东，褚席. 国际私人数字货币对中国经济的影响与应对之策 [J]. 财经问题研究，2021(02)：53-61.

[60] 谢平，石午光. 数字货币的风险、监管与政策建议 [J]. 新金融评论，2018(1).

[61] 刘向民. 央行发行数字货币的法律问题 [J]. 中国金融，2016(17)：17-19.

[62] 范云朋，尹振涛. 数字货币的缘起、演进与监管进展 [J]. 征信，2020,38(04)：6-12.

[63] 任仲文. 数字货币——领导干部读本 [M]. 北京：人民日报出版社,2019.

[64] 钟伟，魏伟，陈骁. 数字货币：金融科技与货币重构 [M]. 北京：中信出版集团，2018：74-105.

[65] 付烁，徐海霞，李佩丽，马添军. 数字货币的匿名性研究 [J]. 计算机学报，2019(5)：1045-1062.

[66] 金亚浩，马艳华. 电子货币风险及其防范 [J]. 经济研究导刊，2019(22)：80-83.

[67] 郭笑春，汪寿阳. 数字货币发展的是与非：脸书 Libra 案例 [J]. 管理评论，2020(8)：314-324.

[68] 朱民. 天秤币 Libra 可能带来的颠覆 [EB/OL] .http://finance.sina.com.cn/zl/china/2019-09-23/zl-iicezueu7822307.shtml，2019-09-23.

[69] Bank for International Settlements. Central Bank Digital Currencies［EB/OL］. https://www.bis.org/cpmi/publ/d174.pdf，2018-03-12/2020-01-07.

[70] Bank of England. Innovations in payment technologies and the emergence of digital currencies[R].2014.

[71] 普华永道. 全球央行数字货币（CBDC）指数报告 [R].2021.

[72] 人大金融科技研究所. 央行数字货币的幕后：新兴趋势、见解和政策启示 [R].2022.

[73] 艾瑞咨询.2021 年中国数字人民币发展研究报告 [R].2022.

[74] Sveriges Riksbank. The Riksbank's e-krona project report 1[R].2017.

[75] Sveriges Riksbank. The Riksbank's e-krona project report 2[R].2018.